머리말

NCS(국가직무능력표준. 이하 NCS)는 현장에서 직무를 수행하기 위해 요구되는 능력을 국가적 차원에서 표준화한 것으로 2015년부터 공공기관을 중심으로 본격적으로 실시되었습니다. NCS는 2016년 이후 산하기관을 포함한 약600여 개의 공공기관으로 확대 실시되고, 이중 필기시험은 직업기초능력을 평가합니다.

NCS는 기존의 스펙위주의 채용과정을 줄이고자 실제로 직무에 필요한 능력을 위주로 평가하여 인재를 채용하겠다는 국가적 방침입니다. 기존의 공사·공단 등의 적성검사는 NCS 취지가 반영된 형태로 변하고 있기 때문에 변화하는 양상에 맞추어 NCS를 준비해야 됩니다.

필기시험을 내용으로 대체되는 직업기초능력은 총10개 과목으로 출제기관마다 이중에서 대략 5~6개의 과목을 선택하고 시험을 치릅니다. 주로 의사소통능력, 수리 능력, 문제해결 능력을 선택하며 기업에 따라 3~4개의 과목을 추가로 선택하기 때문에 지원하고자 하는 기업의 직무기술서를 확인하시는 것이 좋습니다.

본서는 공사·공단 대비 전문 수험서로, 새롭게 도입되어 생소한 영역인 직업기초능력을 NCS 공식 홈페이지의 자료를 연구하여 필요한 지문과 이론을 정리하여 수록하였고, 이에 맞춰 기초응용문제를 출제하여 시험 대비에 충분한 연습을 할 수 있게 제작되었습니다. 각 과목마다 중요한 내용을 이론과 여러 유형의 문제로 정리하였고, 400개 이상의 문제가 수록되어 있습니다. 또, 실전 모의고사를 통해 학습자의 실력을 스스로 확인해 볼 수 있게 준비하였습니다. 직업기초능력 외에도 인성검사, 면접, 공사·공단에 대한 자료를 수록하여 학습자가 조금이라도 더 NCS에 대해 쉽게 이해할 수 있게 구성되어 있습니다.

예비 공사·공단인들에게 아름다운 합격이 함께하길 기원하겠습니다.

NCS(국가직무능력표준)란 무엇인가?

1. 표준의 개념

국가직무능력표준(NCS, national competency standards)은 산업현장에서 직무를 수행하기 위해 요구되는 지식·기술 소양 등의 내용을 국가가 산업부문별 수준별로 체계화한 것으로 산업현장의 직무를 성공적으로 수행하기 위해 필요한 능력(지식, 기술, 태도)을 국가적 차원에서 표준화한 것을 의미합니다.

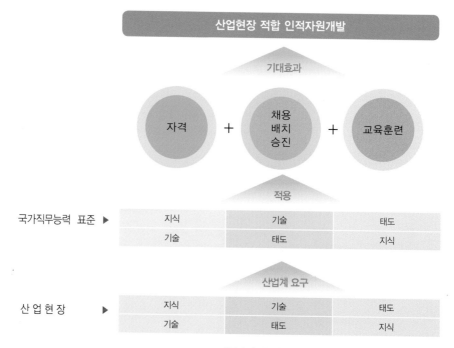

〈국가직무능력표준 개념도〉

2. 표준의 특성

Ⅰ 한 사람의 근로자가 해당 직업 내에서 소관 업무를 성공적으로 수행하기 위하여 요구되는 실제적인 수행 능력을 의미합니다.

- 직무수행능력 평가를 위한 최종 결과의 내용 반영
- 최종 결과는 '무엇을 하여야 한다' 보다는 '무엇을 할 수 있다'는 형식으로 제시

┃ 해당 직무를 수행하기 위한 모든 종류의 수행능력을 포괄하여 제시합니다.

– 직업능력 : 특정업무를 수행하기 위해 요구되는 능력
– 직업관리 능력 : 다양한 다른 직업을 계획하고 조직화하는 능력
– 돌발상황 대처능력 : 일상적인 업무가 마비되거나 예상치 못한 일이 발생했을 때 대처하는 능력
– 미래지향적 능력 : 해당 산업관련 기술적 및 환경적 변화를 예측하여 상황에 대처하는 능력

┃ 모듈(Module)형태의 구성

– 한 직업 내에서 근로자가 수행하는 개별 역할인 직무능력을 능력단위(unit)화 하여 개발
– 국가직무능력표준은 여러 개의 능력단위 집합으로 구성

┃ 산업계 단체가 주도적으로 참여하여 개발

– 해당분야 산업별인적자원개발협의체(SC), 관련 단체 등이 참여하여 국가직무능력표준 개발
– 산업현장에서 우수한 성과를 내고 있는 근로자 또는 전문가가 국가직무능력표준 개발 단계마다 참여

3. 표준의 활용 영역

– 국가직무능력표준은 산업현장의 직무수요를 체계적으로 분석하여 제시함으로써 '일–교육 · 훈련–자격'
을 연결하는 고리 즉 인적자원개발의 핵심 토대로 기능

〈국가직무능력표준의 기능〉

- 국가직무능력표준은교육훈련기관의 교육훈련과정, 직업능력개발 훈련기준 및 교재 개발 등에 활용되어 산업수요 맞춤형 인력양성에 기여합니다. 또한, 근로자를 대상으로 경력개발경로 개발, 직무기술서, 채용·배치·승진 체크리스트, 자가진단도구로 활용 가능합니다.
- 한국산업인력공단에서는 국가직무능력표준을 활용하여 교육훈련과정, 훈련기준, 자격종목 설계, 출제기준 등제·개정시 활용합니다.
- 한국직업능력개발원에서는 국가직무능력표준을 활용하여 전문대학 및 마이스터고·특성화고 교과과정을 개편합니다.

구 분		활용콘텐츠
산업현장	근로자	평생경력개발경로, 자가진단도구
	기 업	직무기술서, 채용·배치·승진 체크리스트
교육훈련기관		교육훈련과정, 훈련기준, 교육훈련교재
자격시험기관		자격종목 설계, 출제기준, 시험문항, 시험방법

NCS 구성

능력단위

- 직무는 국가직무능력표준 분류체계의 세분류를 의미하고, 원칙상 세분류 단위에서 표준이 개발 됩니다.
- 능력단위는 국가직무능력표준 분류체계의 하위단위로서 국가직무능력표준이 기본 구성요소에 해당됩니다.

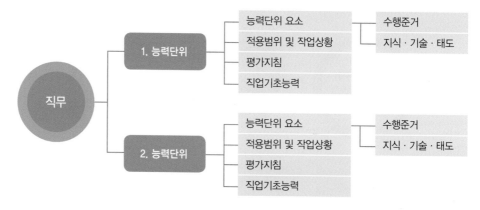

〈 국가직무능력표준 능력단위 구성 〉

– 능력단위는 능력단위분류번호, 능력단위정의, 능력단위요소(수행준거, 지식 · 기술 · 태도), 적용범위 및 작업상황, 평가지침, 직업기초능력으로 구성

구성항목	내 용
1. 능력단위 분류번호(Competency unit code)	– 능력단위를 구분하기 위하여 부여되는 일련번호로서 14자리로 표현
2. 능력단위명칭(Competency unit title)	– 능력단위의 명칭을 기입한 것
3. 능력단위정의(Competency unit description)	– 능력단위의 목적, 업무수행 및 활용범위를 개략적으로 기술
4. 능력단위요소(Competency unit element)	– 능력단위를 구성하는 중요한 핵심 하위능력을 기술
5. 수행준거(performance criteria)	– 능력단위요소별로 성취여부를 판단하기 위하여 개인이 도달해야 하는 수행의 기준을 제시
6. 지식 · 기술 · 태도(KSA)	– 능력단위요소를 수행하는 데 필요한 지식 · 기술 · 태도
7. 적용범위 및 작업상황(range of variable)	– 능력단위를 수행하는데 있어 관련되는 범위와 물리적 혹은 환경적 조건 – 능력단위를 수행하는 데 있어 관련되는 자료, 서류, 장비, 도구, 재료
8. 평가지침(guide of assessment)	– 능력단위의 성취여부를 평가하는 방법과 평가시 고려되어야 할 사항
9. 직업기초능력(key competency)	– 능력단위별로 업무 수행을 위해 기본적으로 갖추어야할 직업능력

주요 공공기관 NCS 채용제도

기 관	NCS 채용제도
국민건강보험공단	직업기초능력+법률+인성검사, 직무수행역량평가
한국교통안전공단	직업기초능력+전공, 역량면접
건강보험심사평가원	직업기초능력+직무수행능력+인성검사, 역량면접
국민연금공단	직업기초능력+종합직무지식, 역량면접
국립공원관리공단	직업기초능력+직무수행능력, 경험 및 상황면접
한국보훈복지의료공단	직업기초능력+직무수행능력, AI면접, 역량면접
한국환경공단	직업기초능력+직무수행능력, 온라인 인성검사, 면접
한국수력원자력(주)	직업기초능력+기초전공지식, 인성검사, 심리건강진단, 면접
한국산업인력공단	직업기초능력+한국사+영어, 직무수행능력 면접

주요 공사 · 공단 채용 사례

한국토지주택공사

채용분야		신입직원 6급 : 사무직, 기술직(토목, 조경, 건축, 기계, 전기)
지원자격	학력	고교졸업 예정자 및 최종학력이 고졸인 자(고교 검정고시 합격자 및 대학 중퇴자, 대학 재학 · 휴학자 포함) – 공고일 기준 대학(전문대학 포함) 졸업자 및 졸업학년 2학기 재학 이상인 자는 지원할 수 없으며, 별도 수업 없이 대학 졸업이 가능한 경우도 졸업한 것으로 간주하여 고졸자에서 제외
	병역	• 병역을 기피한 사실이 없는 자(병역 미필자도 지원 가능하며, 현재 군 복무중인 자는 전역 예정자로서 전형절차에 응시 가능자 지원 가능)
	기타	• 내신등급, 연령, 성별 : 제한 없음 • 공사 직원채용 결격사유에 해당되지 않는 자 • 채용즉시 근무가 가능하고 인턴기간 중 1개월 내외 합숙교육이 가능한 자
전형절차		서류전형 → 필기전형 → 면접전형 → 신체검사, 신원조사 → 합격
	서류전형	자기소개서 평가
	필기전형	• 직무능력검사(NCS 직업기초능력) – 의사소통능력, 문제해결능력, 수리능력 등 총 50문항 (갑질 · 성희롱 · 직장내괴롭힘 분야 5% 수준 포함)
	면접전형	• 온라인 인성검사, AI면접 : 태도, 직업윤리 등 인성전반 평가 • 직무역량 및 인성 검증면접(자기소개서, 인성검사결과지 등 활용 인터뷰형식) : 문제해결 및 논리전개 능력, 직업관, 가치관, 사회적 책임감 등 평가
우대사항	특별우대	취업지원대상자(국가유공자), 장애인, 국민기초생활수급자, 북한이탈주민, 다문화가족, 이전지역(경남)인재 등 해당자에게 전형별 만점의 5~10% 가산점 부여 ※ 모집분야별 선발인원이 3명 이하인 경우에는 관계법령 등에 따라 특별우대 가산점 미부여
	일반우대	우대자격증 소지자, 수상경력 보유자, LH 우수인턴 및 탁월인턴 등 해당자에게 전형별 만점의 3~10% 가산점 부여 또는 서류전형 면제

한국전력공사

채용분야	고졸 채용형 인턴 : 사무, ICT, 전기(졸업), 전기(재학)

채용조건	• 사무, ICT, 전기(졸업) : 종합평가 기준점수 이상 득점자 전원 정규직 전환

[1단계] 인턴근무 (3개월)	[2단계] 인턴 종합평가	[3단계] 정규직 전환
기간 : '당해.12월 ~ '익년.3월	일시 : '익년. 3월 중 (절대평가)	80점 이상 전원 정규직 전환

※ 인턴 종합평가 기준미달·당사에서 정한 인턴 근로계약 해지 사유 발생시 정규직 전환 제외

• 전기(재학) : 자격(「전기산업기사」또는「전기공사산업기사」) 취득자에 한하여 정규직 전환

[1단계] 인턴근무(12개월)	[2단계] 자격 취득기간 부여	[3단계] 정규직 전환
기간 : '당해.12월 ~ '익년.12월 ☞ 산업기사 응시요건 구비 (기능사 + 경력 1년)	기간 : 인턴 종료일부터 1년간	자격취득자 전원 정규직 전환

※ 자격증 미취득·인사평가 기준미달·당사에서 정한 인턴 근로계약 해지 사유 발생시 정규직 전환 제외

지원자격	• 최종학력이 '고등학교 졸업'인 자 (연령제한 없음) – '익년. 2월 고교 졸업예정자(현재 고3) 지원가능 　– 전문대·대학 졸업자 또는 졸업예정자('21년 상반기에 최종학기를 이수(등록)한 자] 지원 불가 　– 인턴근무 시작일 전 '21년 하반기 최종학기를 이수(등록)하는 자는 합격 제외 　– 고졸학력만 제시하여 합격된 전문대·대학 졸업자 및 졸업예정자가 사후 적발될 경우에는 당사 취업규칙에 의거 합격취소 및 직권해임 　– 고등학교 재학생이 아닌 경우, 한국장학재단에서 대학학자금·장학금 신청내용을 확인할 수 있는 서류를 발급받아 제출 ※ 대학학자금·장학금 신청사실이 있더라도 대졸자 또는 졸업예정자가 아닌 경우 지원이 가능하며 제적증명서, 재학증명서 등도 함께 제출하여 대학졸업 여부 확인

전형절차	전형단계	평가기준	배점	합격배수	동점자 처리기준
	1차전형 (서류전형)	자기소개서 평가	적·부	적격자 전원 합격	－
	2차전형 (필기전형)	NCS 직무능력검사 한전 인재상·핵심 가치 등 적합도 결과	100 적·부	사무·ICT 4배수 전기(졸업) 4배수 전기(재학) 2.5배수	동점자 전원합격

전형절차	3차전형 (직무면접)	면접점수 2차 직무능력검사	100 50	사무·ICT 2배수 전기(졸업) 2배수 전기(재학) 1.5배수	① 취업지원대상자 ② 장애인 ③ 2차전형
	4차전형 (종합면접)	면접점수	100	채용분야별 1배수	① 취업지원대상자 ② 장애인 ③ 3차전형 ④ 2차전형
	신체검사 및 신원 조사		적·부		

※ 선발 배수에 따른 합격인원 산정 시 소수점 첫째자리에서 반올림

※ 1차전형 판단요소 : 블라인드 위반 여부, 타 지기소개서 표절 및 단순어휘 반복 등

우대사항	• 취업지원대상자(국가유공자 등) : 전형단계별 5% 또는 10% 가점 • 장애인 : 전형단계별 10% 가점 [사무(장애인) 전형 제외] • 고졸 채용형인턴 정규직 제외자 : 2차전형 5% 가점

한국공항공사

채용분야	신입 5급간 : 행정, 전신, 시설, 기술
지원자격	• 학력, 전공, 연령, 성별, 자격(증) 제한 없음(연령은 규정에 따른 정년(만 60세) 이내) • 병역필 또는 면제자(전역 예정자로서 전형절차에 응시 가능자 지원 가능)
	외국어 (상·하반기) — 다음의 지정 어학시험 중에서 한 종목을 지정점수 이상 득한 자
전형절차	서류전형 → 필기시험(전공, 인성 및 직업기초능력평가) → 1차 면접시험(직무역량면접, AI면접) → 2차 면접시험(심층면접) → 채용 신체검사 및 신원조회
직업기초 능력평가 (50문항)	• 공통 : 의사소통, 수리능력, 문제해결능력, 정보능력 – 행정 : 자원관리능력 – 전산·시설·기술 : 기술능력

우대사항	• 서류전형 우대 : 어학 및 자격, 비수도권 지역인재, 기초생활수급자, 북한이탈주민, 다문화가족 자녀, 한국공항공사 청년인턴 근무자 등 • 필기전형 우대 : 재직자, 특수자격증 소지자 • 특별 우대 : 취업지원대상자(국가보훈대상자), 장애인

한국석유공사

채용분야	• 신입직 8급 　- 전국, 비수도권인재 : 기계(재난 · 안전) 　　이전지역인재 : 기계, 전기	
지원자격	최종학력이 고등학교 졸업자(졸업예정자) 또는 고등학교 졸업에 상응하는 지식, 학력, 기술을 보유한 것을 인정받은 자로 관련 분야 기능사 이상의 자격증 소지자 - 지원서 공고 마감일 기준 고등학교 검정고시 합격자 및 대학중퇴자, 재학생, 휴학생이여야 하며, 전문대 이상 졸업예정자 및 졸업자는 제외	
전형절차	원서접수 → 1차전형 → 2차전형 → 3차전형 → 예비소집 → 합격	
	1차전형(40%)	• 직무수행능력평가(40%) 　- 지원분야전공 76문항(95%) : 관련 전공 고졸 및 기능사 수준 　- 한국사(중급) 4문항(5%) : 공통 • 자격 및 가점심사
	2차전형(30%)	• 직업기초능력검사(30%) • 공통역량(인성)검사 - 부적격여부 판단
	3차전형(30%)	종합면접(10%), 직무면접(20%)
우대사항	• 장애인고용촉진 및 직업재활법 및 동법 시행령에 따른 장애 대상자 • 모집분야 관련 기사 자격증 소지자는 5% 가점 부여 • 모집분야 관련 기능장 · 기술사 자격증 소지자 또는 박사 학위 소지자는 10% 가점 부여	

국민연금공단

구분		내용
응시자격	공 통	• 성별, 연령, 학력 제한 없음(공단 정년) 초과자는 제외 • 남성의 경우 군필 또는 면제자 • 공단 인사규정 제11조(결격사유)에 해당하지 않는 자
	사무직	• 공통 지원자격 외 별도의 응시자격 없음 ※ 최종합격 후 공단 본부(전주) 및 전국에서 근무가능한 자
	심사직	• 간호사, 물리치료사, 임상병리사, 작업치료사 면허증 소지자로 면허 취득 이후 관련업무* 1년 이상 경력자 * 관련업무 : 병원급 의료기관(의료법 제3조제2항제3호)의 임상 경력 또는 우리 공단 심사경력(기초근평 의학적 평가 포함) 【의료법 제3조(의료기관)제2항제3호】 병원급 의료기관 : 의사, 치과의사 또는 한의사가 주로 입원환자를 대상으로 의료행위를 하는 의료기관으로서 그 종류는 다음 각 목과 같다. 가. 병원, 나. 치과병원, 다. 한방병원, 라. 요양병원, 마. 종합병원 ※ 경력환산은 30일을 1개월로, 365일을 1년으로 함
	기술직	• 국가기술자격법에 의한 해당 분야 기사 이상의 자격 취득 후 관련 분야 1년 이상 경력자 ※ 최종합격 후 공단 본부(전주) 및 전국에서 근무가능한 자
서류심사 기준	공 통	NCS 기반 역량중심 자기소개서(각 항목을 반드시 1,000자 이상 구체적으로 성실하게 작성(최대 1,200자, 2,400바이트)) ※ 불성실 작성자에 대한 불이익 있음
	사무직	• 정보 사무분야 자격증 : 컴퓨터활용능력 1급, 컴퓨터활용능력 2급, 정보처리기사, 정보처리산업기사, 사무자동화산업기사, 워드프로세서 • 공인외국어 성적 : 영어 TOEIC, TOEFL, TEPS, 일본어 JPT, 중국어 新HSK
	심사직	• 간호사, 물리치료사, 임상병리사, 작업치료사 자격증 • 관련분야 실무 경력증명서
서류심사 기준	기술직	• 기술분야 자격증 • 경력증명서
전형절차		서류전형 → 필기시험(종합직무지식평가) → 인성검사 → 면접전형(집단토론 및 집단면접) → 최종합격자 선발(신체검사 합격자에 한하여 임용) → 임용 및 직무교육

우대사항	• 취업지원대상자 • 장애인(장애인고용촉진 및 직업재활법 시행령 제3조에 따른 장애인) • 차상위계층 및 한부모가족지원 대상자 • 우리공단 시간선택제 근로경력자 • 서류전형 면제(1회에 한함) 　－ 국민연금 대학생 영상 공모전 우수상 이상 수상자 　－ 국민연금 대학생 홍보대사 및 대학생기자 수료자

공무원연금공단

채용분야	신입직원 7급 : 사무, 전기, 건축, 기계		
지원자격	• 인사규정에 의한 임용결격 사유가 없는 자 • 7급은 병역사항 무관 • 최종학력이 고등학교 졸업인 자(졸업예정자 및 대학 중퇴자 포함) • 내신 평균 2.0등급 이내 자로서 특성화고, 마이스터고 학교장 추천서를 받은 자(학교당 5명 이내) ※ 최종학력이 대졸이상 또는 대학교 재적중(재학생, 휴학생, 졸업예정자, 졸업유예자, 수료자 등)인 경우 지원 불가		
전형절차	서류전형→필기시험→면접전형→합격		
	서류전형	• 자격, 교육, 경력, 경험 등 NCS 기반 능력평가 • 정량평가(70점)+정성평가(30)점+우대사항(최대10점)=110점 － 정량평가 : 자격사항(30점)+학업성적(40점) － 정성평가 : 경력·경험기술서(15점)+자기소개서(15점) ※ 장애인, 기초생활수급자, 비수도권 인재 등 만점의 최대 10% 가점 부여	
	필기시험	직업기초 : 공단 직무유형에 따른 행동역량 평가(객관식 60문항) 의사소통, 수리, 문제해결, 자원관리, 대인관계, 정보능력 등	
	면접전형	• 종합인성면접 : 인재상, 가치관, 기업의 이해 등 종합평가(40%) • 직무수행능력면접 : PT를 통해 공단 직무관련 직접적인 수행능력 평가(30%) • 교육, 경력, 경험 및 직업기초능력 기반 개인별 맞춤형 역량평가(30%)	
우대사항	• 장애인 : 서류·필기전형 만점의 5% 가점 부여 • 기초생활수급자, 비수도권 인재(제주 포함) : 서류전형 만점의 3% 가점 부여 비수도권 인재는 최종출신학교가 서울·인천·경기·해외 이외 소재여야 함 • 공무원연금공단 우수체험형 청년인턴 : 체험형 청년인턴 계약 종료 후 3년 이내인 자는 1회에 한해 서류전형 면제 • 청년인턴을 제외한 유형은 전형별 만점대비 40%이상 득점자에 한해 가점이 부여됨		

※ 본서에 수록된 채용내용은 추후 변경 가능성이 있으므로 반드시 응시 기간의 채용 홈페이지를 참고하시기 바랍니다.

··구성과 특징

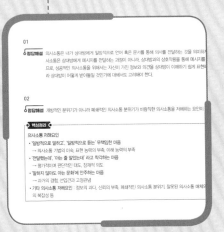

영역 안내

영역별 채택 비율과 출제 경향에 대하여 기존 시험과 각 기업들의 분석을 통해 안내하고, 각 단원의 공부방법과 반드시 체크해야 될 부분을 설명하였습니다.

핵심정리

해설 부분에서 문제에 대한 해설뿐 아니라 그 문제와 관련된 이론 내용을 첨부하여 관련된 문제를 쉽게 이해하고 풀 수 있게 만들었습니다.

실전모의고사

연습문제만 푸는 것 외에도 실전과 같은 모의고사를 통해 얻을 수 있는 경험이 있습니다. 실전처럼 시간에 맞추어 수록된 OMR카드에 풀어 보세요. 실전 감각을 익혀야 시험장에서 당황하지 않고 풀 수 있습니다.

기초응용문제

각 영역에서 자주출제 되는 대표 유형의 응용 문제들을 싣고 자세한 해설을 통해 쉽게 이해 할 수 있으며, 다양한 변수들에 적응할 수 있 게 만들었습니다.

CONTENTS

Part 01

NCS 10과목
핵심 이론 및 문제

의사소통능력

- 의사소통능력은 모든 직장인에게 공통적으로 요구하는 직업기초 능력으로 NCS 10과목 중에서 반드시 채택되는 영역이다.
- 의사소통능력은 일반 상식과 관련된 내용이 많기 때문에 전체적인 이해가 중요한 영역이다.
- 핵심이론과 관련된 일반적인 지식 문제와 응용문제에서 요구하고 있는 문서이해 및 글을 파악하는 능력 등이 문제로 출제된다.

1. 의사소통능력

– 의사소통능력이 무엇인지 알아본다.

2. 문서 이해 능력

– 문서의 종류와 용도를 알아본다.
– 문서를 이해한다.

3. 문서 작성 능력

– 문서작성법을 알아본다.

4. 경청 능력

– 올바른 경청 방법을 알아본다.
경청 능력을 키우는 방법을 알아본다.

5. 의사 표현 능력

– 원활하고 상황에 맞는 의사 표현을 하는 방법을 알아본다.
– 의사표현이 어려운 이유를 알아본다.

6. 기초 외국어 능력

– 기초 외국어 능력을 향상시키는 법을 알아본다.
– 외국인과의 의사소통 법에 대해 이해한다.

1 〉 의사소통능력 핵심이론

(1) 의사소통능력이란?

① 두 사람 또는 그 이상의 사람들 사이에서 일어나는 의사 전달 및 상호교류를 의미하며, 어떤 개인 또는 집단에게 정보 · 감정 · 사상 · 의견 등을 전달하고 받아들이는 과정을 의미 한다.

② 한 사람이 일방적으로 상대방에게 메시지를 전달하는 과정이 아니라 상대방과의 상호작용을 통해 메시지를 다루는 과정이므로, 성공적인 의사소통을 위해서는 자신이 가진 정보와 의견을 상대방이 이해하기 쉽게 표현해야 할 뿐 아니라 상대방이 어떻게 받아들일 것인가에 대해서도 고려해야 한다.

③ **의사소통의 기능** : 조직과 팀의 효율성과 효과성을 성취할 목적으로 이루어지는 정보 및 지식의 전달 과정으로써, 여러 사람의 노력으로 공동의 목표를 추구해 나가는 집단의 기본적인 존재 기반이자 성과를 결정하는 핵심 기능을 한다.

④ **의사소통의 중요성** : 제각기 다른 사람들의 시각 차이를 좁혀주며, 선입견을 줄이거나 제거해주는 수단이다.

(2) 의사소통능력의 종류

① **문서적인 측면**

㉠ **문서이해능력** : 업무에 관련된 문서를 통해 구체적인 정보를 획득 · 수집 · 종합하는 능력

㉡ **문서작성능력** : 상황과 목적에 적합한 문서를 시각적 · 효과적으로 작성하는 능력

② **언어적인 측면**

㉠ **경청능력** : 원활한 의사소통의 방법으로, 상대방의 이야기를 듣고 의미를 파악하는 능력

㉡ **의사표현력** : 자신의 의사를 상황과 목적에 맞게 설득력을 가지고 표현하는 능력

(3) 바람직한 의사소통을 저해하는 요인

① '일방적으로 말하고', '일방적으로 듣는' 무책임한 마음

→ 의사소통 기법의 미숙, 표현 능력의 부족, 이해 능력의 부족

② '전달했는데', '아는 줄 알았는데'라고 착각하는 마음

→ 평가적이며 판단적인 태도, 잠재적 의도

③ '말하지 않아도 아는 문화'에 안주하는 마음

→ 과거의 경험, 선입견과 고정관념

(4) 의사소통능력 개발
① 사후검토와 피드백 활용
② 언어의 단순화
③ 적극적인 경청
④ 감정의 억제

(5) 인상적인 의사소통
① 인상적인 의사소통이란, 의사소통 과정에서 상대방에게 같은 내용을 전달한다고 해도 이야기를 새롭게 부각시켜 좋은 인상을 주는 것이다.
② 상대방이 '과연'하며 감탄하도록 내용을 전달하는 것이다.
③ 자신에게 익숙한 말이나 표현만을 고집스레 사용하면 전달하고자 하는 이야기의 내용에 신선함과 풍부함, 또는 맛깔스러움이 떨어져 의사소통에 집중하기가 어렵다. 상대방의 마음을 끌어당길 수 있는 표현법을 많이 익히고 이를 활용해야 한다.
④ 자신을 인상적으로 전달하려면, 선물 포장처럼 자신의 의견도 적절히 꾸미고 포장할 수 있어야 한다.

2 〉 문서이해능력

(1) 문서이해능력이란?
① 작업현장에서 자신의 업무와 관련된 인쇄물이나 기호화된 정보 등 필요한 문서를 확인하여 문서를 읽고, 내용을 이해하여 요점을 파악하는 능력이다.
② 문서에서 주어진 문장이나 정보를 읽고 이해하여 자신에게 필요한 행동이 무엇인지 추론할 수 있어야 하며 도표, 수, 기호 등도 이해하고 표현할 수 있는 능력을 의미한다.

(2) 문서의 종류와 용도
① **공문서** : 정부 행정기관에서 대내외적 공무를 집행하기 위해 작성하는 문서
② **기획서** : 적극적으로 아이디어를 내고 기획해 하나의 프로젝트를 문서 형태로 만들어, 상대방에게 기획의 내용을 전달하고 기획을 시행하도록 설득하는 문서
③ **기안서** : 회사의 업무에 대한 협조를 구하거나 의견을 전달할 때 작성하며 흔히 사내 공문서로 불림
④ **보고서** : 특정한 일에 관한 현황이나 그 진행 상황 또는 연구·검토 결과 등을 보고할 때 작성하는 문서

⑤ **설명서** : 상품의 특성이나 사물의 성질과 가치, 작동 방법이나 과정을 소비자에게 설명하는 것을 목적으로 작성하는 문서

⑥ **보도자료** : 정부 기관이나 기업체, 각종 단체 등이 언론을 상대로 자신들의 정보가 기사로 보도되도록 하기 위해 보내는 자료

⑦ **자기소개서** : 개인의 가정환경과 성장과정, 입사 동기와 근무자세 등을 구체적으로 기술하여 자신을 소개하는 문서

⑧ **비즈니스 레터(E-mail)** : 사업상의 이유로 고객이나 단체에 편지를 쓰는 것이며, 직장 업무나 개인 간의 연락, 직접 방문하기 어려운 고객 관리 등을 위해 사용되는 문서이나, 제안서나 보고서 등 공식적인 문서를 전달하는 데도 사용된다.

⑨ **비즈니스 메모** : 업무상 필요한 중요한 일이나 앞으로 체크해야 할 일이 있을 때 필요한 내용을 메모 형식으로 작성하여 전달하는 글이다.

(3) 문서 이해의 구체적 절차

① 문서의 목적 이해하기

② 문서가 작성된 배경과 주제 파악하기

③ 문서에 쓰여진 정보를 밝혀내고 문제가 제시하고 있는 현안문제 파악하기

④ 문서를 통해 상대방의 욕구와 의도 및 나에게 요구하는 행동에 관한 내용 분석하기

⑤ 문서에서 이해한 목적 달성을 위해 취해야 할 행동을 생각하고 결정하기

⑥ 상대방의 의도를 도표나 그림 등으로 메모하여 요약 · 정리해보기

(4) 문서이해를 위해 필요한 사항

① 각 문서에서 꼭 알아야 하는 중요한 내용만을 골라 필요한 정보를 획득하고 수집, 종합하는 능력

② 다양한 종류의 문서를 읽고, 구체적인 절차에 따라 이해하고 정리하는 습관을 들여 문서이해 능력과 내용종합능력을 키워나가는 노력

③ 책이나 업무에 관련된 문서를 읽고, 나만의 방식으로 소화하여 작성할 수 있는 능력

3 〉 문서작성능력

(1) 문서작성능력이란?

① 직업생활에서 목적과 상황에 적합한 아이디어나 정보를 전달할 수 있도록 문서를 작성할 수 있는 능력이다.

② 문서작성을 할 때에는 문서를 왜 작성해야 하며, 문서를 통해 무엇을 전달하고자 하는지를 명확히 한 후에 작성해야 한다.

③ 문서작성 시에는 대상, 목적, 시기, 기대효과(기획서나 제안서 등의 경우)가 포함되어야 한다.

④ 문서작성의 구성요소

    ㉠ 품위 있고 짜임새 있는 골격

    ㉡ 객관적이고 논리적이며 체계적인 내용

    ㉢ 이해하기 쉬운 구조

    ㉣ 명료하고 설득력 있는 구체적인 문장

    ㉤ 세련되고 인상적이며 효과적인 배치

(2) 종류에 따른 문서작성법

공문서	• 누가, 언제, 어디서, 무엇을 어떻게(왜)가 정확하게 드러나야 한다. • 날짜 작성 시 연도와 월일을 함께 기입하며 날짜 다음에 괄호를 사용할 경우에는 마침표를 찍지 않는다. • 내용은 한 장에 담아내는 것이 원칙이다. • 마지막에는 반드시 '끝'자로 마무리 한다. • 복잡한 내용은 항목 별로 구분한다.('-다음-' 또는 '-아래-') • 대외문서이고 장기간 보관되는 문서이므로 정확하게 기술한다.
설명서	• 명령문보다는 평서형으로 작성한다. • 정확하고 간결하게 작성한다. • 소비자들이 이해하기 어려운 전문용어는 가급적 사용을 삼간다. • 복잡한 내용은 도표를 통해 시각화하여 이해도를 높인다. • 동일한 문장 반복을 피하고 다양하게 표현하는 것이 좋다.
기획서	• 핵심 사항을 정확하게 기입하고, 내용의 표현에 신경 써야 한다. • 상대방이 요구하는 것이 무엇인지 고려하여 작성한다. • 내용이 한눈에 파악되도록 체계적으로 목차를 구성한다. • 효과적인 내용전달을 위해 표나 그래프 등의 시각적 요소를 활용한다. • 충분히 검토를 한 후 제출하도록 한다. • 인용한 자료의 출처가 정확한지 확인한다.
보고서	• 진행과정에 대한 핵심내용을 구체적으로 제시한다. • 내용의 중복을 피하고 핵심사항만 간결하게 작성한다. • 참고자료는 정확하게 제시한다. • 내용에 대한 예상 질문을 사전에 추출해보고, 그에 대한 답을 미리 준비한다.

(3) 문서작성의 원칙

① 문장은 짧고 간결하게 작성한다.

② 상대방이 이해하기 쉽게 쓴다.

③ 한자의 사용은 자제한다.

④ 긍정문으로 작성한다.

⑤ 간단한 표제를 붙인다.

⑥ 문서의 주요한 내용을 먼저 쓴다.

(4) 문서작성 시 주의사항

① 육하원칙에 의해서 써야 한다.

② 문서의 작성시기가 중요하다.

③ 하나의 사항을 한 장의 용지에 작성해야 한다.

④ 문서작성 후 반드시 내용을 검토해야 한다.

⑤ 첨부자료는 반드시 필요한 자료 외에는 첨부하지 않는다.

⑥ 문서내용 중 금액, 수향, 일자 등의 기재에 정확성을 기해야 한다.

⑦ 문장표현은 작성자의 성의가 담기도록 경어나 단어 사용에 신경을 써야 한다.

(5) 문서표현의 시각화

① **차트 표현** : 개념이나 주제 등을 나타내는 문장표현이나 통계적 수치 등을 한눈에 알아볼 수 있게 표현하는 것이다.

② **데이터 표현** : 수치를 표로 나타내는 것이다.

③ **이미지 표현** : 전달하고자 하는 내용을 그림이나 사진 등으로 나타내는 것이다.

④ **문서를 시각화 하는 포인트**

㉠ 보기 쉬워야 한다.

㉡ 이해하기 쉬워야 한다.

㉢ 다채롭게 표현되어야 한다.

㉣ 숫자를 그래프로 표시한다.

4 〉 경청능력

(1) 경청능력이란?

   ① 다른 사람의 말을 주의 깊게 듣고 공감하는 능력으로, 대화의 과정에서 신뢰를 쌓을 수 있는 최고의 방법이다. 경청할 때 상대방은 안도감을 느끼고, 무의식적인 믿음을 갖게 된다.

   ② 경청을 함으로써 상대방을 한 개인으로 존중하게 되고, 성실한 마음으로 대하게 된다. 또한 상대방의 입장을 공감하고 이해하게 된다.

(2) 올바른 경청의 방해요인

   ① **짐작하기** : 상대방의 말을 믿고 받아들이기보다 자신의 생각에 들어맞는 단서들을 찾아 자신의 생각을 확인하는 것

   ② **대답할 말 준비하기** : 상대방의 말을 듣고 곧 자신이 다음에 할 말을 생각하는 데 집중해 상대방이 말하는 것을 잘 듣지 않는 것

   ③ **걸러내기** : 상대방의 말을 듣기는 하지만 상대방의 메시지를 온전히 듣는 것이 아니라 듣고 싶지 않은 것들은 막아버리는 것

   ④ **판단하기** : 상대방에 대한 부정적인 판단 때문에, 또는 상대방을 비판하기 위해 상대방의 말을 듣지 않는 것

   ⑤ **다른 생각하기** : 상대방이 말을 할 때 자꾸 다른 생각을 하고, 상황을 회피하는 것

   ⑥ **조언하기** : 다른 사람의 문제에 지나치게 간섭하고 본인이 해결해주고자 하는 것

   ⑦ **언쟁하기** : 단시 논쟁하기 위해서 상대방의 말에 귀를 기울이며, 상대방이 무슨 말을 하든지 자신의 입장을 확고히 한 채 방어하는 것

   ⑧ **자존심 세우기** : 자신의 부족한 점에 대한 상대방의 말을 듣지 않고 인정하지 않으려는 것

   ⑨ **슬쩍 넘어가기** : 대화가 너무 사적이거나 위협적이면 주제를 바꾸거나 농담으로 넘기는 것

   ⑩ **비위 맞추기** : 상대방을 위로하기 위해서 혹은 비위를 맞추기 위해서 너무 빨리 동의하는 것

(3) 효과적인 경청의 방법

   ① **준비한다** : 강의의 주제나 용어에 친숙해지도록 미리 강의 자료를 읽어둔다.

   ② **주의를 집중한다** : 말하는 사람의 모든 것에 집중해서 적극적으로 듣는다.

   ③ **예측한다** : 대화를 하는 동안 시간 간격이 있으면, 다음에 무엇을 말할 것인가를 추측해본다.

   ④ **나와 관련짓는다** : 상대방이 전하려는 메시지가 무엇인가를 생각해보고 자신의 삶, 목적, 경험과 연관지어본다.

   ⑤ **질문한다** : 질문을 하려고 하면 적극적으로 경청할 수 있고 집중력도 높아진다.

   ⑥ **요약한다** : 대화 도중에 주기적으로 대화의 내용을 요약하면 상대방이 전달하려는 메시지를

이해하고, 사상과 정보를 예측하는데 도움이 된다.

⑦ **반응한다** : 상대방이 말한 것에 대해 질문을 던지고 이해를 명료화한 뒤 피드백을 한다.

(4) 경청훈련

　　① 주의 기울이기(바라보기, 듣기, 따라하기)

　　② 상대방의 경험을 인정하고 더 많은 정보 요청하기

　　③ 정확성을 위해 요약하기

　　④ 개방적인 질문하기

　　⑤ '왜?'라는 질문 피하기

5 〉 의사표현능력

(1) 의사표현능력이란?

　　① 말하는 이가 자신의 생각과 감정을 듣는 이에게 음성언어나 신체언어로 표현하는 행위이다.

　　② 의사표현은 의사소통의 중요한 수단으로 특히, 의도나 목적을 가지고 이를 달성하고자 할 때 효과적인 말하기 방식이다.

　　③ 의사표현의 종류에는 상황이나 상태에 따라 공식적 말하기, 의례적 말하기, 친교적 말하기가 있다.

　　　㉠ **공식적 말하기** : 준비된 내용을 대중을 상대로 하여 말하는 것(연설, 토론 등)

　　　㉡ **의례적 말하기** : 정치·문화적 행사에서와 같이 의례 절차에 따라 말하는 것(주례, 회의 등)

　　　㉢ **친교적 말하기** : 매우 친근한 사람들 사이에서 자연스럽게 떠오르는 대로 말하는 것

(2) 의사표현의 방해요인

　　① **연단공포증** : 연단에 섰을 때 가슴이 두근거리고 입술이 타고 식은땀이 나며, 얼굴이 달아오르는 생리적 현상

　　② **말** : 장단, 고저, 발음, 속도, 쉼, 띄어 말하기 등

　　③ **음성** : 목소리, 명료도, 쉼, 감정이입, 완급, 색깔, 온도 등

　　④ **몸짓** : 청자에게 인지되는 비언어적 요소(외모, 동작 등)

　　⑤ **유머** : 웃음을 주는 요소(흥미 있는 이야기, 풍자 등)

(3) 상황과 대상에 따른 의사표현법

① 상대방의 잘못을 지적할 때
- 모호한 표현은 설득력을 약화시키므로, 상대방이 알 수 있도록 확실하게 지적한다.
- 현재 꾸짖고 있는 내용에만 한정해야지 이것저것 함께 꾸짖으면 효과가 없다.
- 힘이나 입장의 차이가 클수록 지적에 대한 저항이 적다.

② 상대방을 칭찬할 때
- 자칫하면 아부로 여겨질 수 있으므로 상황에 맞게 적절히 해야 한다.
- 처음 만나는 사람에게 말을 할 때는 먼저 칭찬으로 시작하는 것이 좋다.

③ 상대방에게 부탁을 해야 할 때
- 먼저 상대방의 사정을 우선시한다.
- 상대방이 응하기 쉽게 최대한 구체적으로 부탁한다.

④ 상대방의 요구를 거절해야 할 때
- 먼저 사과한 다음, 응해줄 수 없는 이유를 설명한다.
- 불가능하다고 여겨질 때는 모호한 태도를 보이는 것보다 단호하게 거절하는 것이 좋다.

⑤ 명령해야 할 때
- 강압적으로 말하기보다는 부드럽게 말한다.

⑥ 설득해야 할 때
- 일방적으로 강요하거나 상대방만이 손해를 보라는 식의 '밀어붙이기 식' 대화는 금물이다.
- 먼저 양보하고 이익을 공유하겠다는 의지를 보여준다.

⑦ 충고해야 할 때
- 예를 들거나 비유법으로 깨우쳐주는 것이 바람직하다.

⑧ 질책해야 할 때
- '칭찬의 말' + '질책의 말' + '격려의 말'처럼 질책을 가운데 두는 '샌드위치 화법'을 사용하는 것이 좋다.

(4) 원활한 의사표현을 위한 지침
① 올바른 화법을 위해 독서를 하라.
② 좋은 청중이 되라.
③ 칭찬을 아끼지 마라.
④ 공감하고, 긍정적으로 보이게 하라.

⑤ 겸손은 최고의 미덕임을 잊지 마라.

⑥ 과감하게 공개하라.

⑦ '뒷말'을 숨기지 마라.

⑧ '첫마디'말을 준비하라.

⑨ 이성과 감성의 조화를 꾀하라.

⑩ 대화의 룰을 지켜라.

    ㉠ 상대방의 말을 가로막지 않는다.

    ㉡ 혼자서 의사표현을 독점하지 않는다.

    ㉢ 의견을 제시할 때에는 반론의 기회를 준다.

    ㉣ 임의로 화제를 바꾸지 않는다.

⑪ 문장을 완전하게 말하라.

6 〉 기초외국어능력

(1) 기초외국어능력이란?

  ① 글로벌 시장에서 한국어만이 아닌 다른 나라의 언어로 의사소통을 하는 능력을 말한다.

  ② 외국어로 된 간단한 자료를 이해하거나, 외국인 전화응대와 간단한 대화 등 외국인의 의사표현을 이해하고, 자신의 의사를 외국어로 표현할 수 있는 능력이다.

  ③ 외국어로 의사소통을 함에 있어 대화뿐 아니라 몸짓과 표정, 무의식적인 행동으로 자신의 기분과 느낌을 표현하는 것도 함께 이해해야 한다. 즉, 직업 활동에 있어 외국인과 성공적으로 협력하기 위해서는 기초외국어능력을 키우는 것뿐만 아니라 그들의 바디랭귀지를 포함한 문화를 이해하려는 노력도 중요하다.

(2) 기초외국어능력 향상을 위한 공부법

  ① 외국어공부를 왜 해야 하는지 그 목적부터 정하라.

  ② 매일 30분씩 눈과 손과 입에 밸 정도로 반복하여 공부하라.

  ③ 실수를 두려워하지 말고, 기회가 있을 때마다 외국어로 말하라.

  ④ 외국어와 익숙해 질 수 있도록 쉬운 외국어 잡지나 원서를 읽으라.

  ⑤ 혼자 공부하는 것보다는 라이벌을 정하고 공부하라.

  ⑥ 업무와 관련된 외국어 주요용어는 꼭 메모해 두어라.

  ⑦ 출퇴근 시간에 짬짬이 외국어방송을 보거나, 라디오를 들어라.

  ⑧ 외국어 단어를 암기할 때 그림카드를 사용해보라.

⑨ 가능하면 외국인 친구를 많이 사귀고 대화를 자주 나눠보라.

(3) 외국인과의 의사소통

① 표정으로 알아내기

- 외국인과 대화할 때 그들의 감정이나 생각을 가장 쉽게 알 수 있는 방법이다.
- 웃는 표정은 행복과 만족, 친절을 표현하는데 비해서 눈살을 찌푸리는 표정은 불만족과 불쾌를 나타낸다. 눈을 마주 보면 관심이 있음을, 다른 곳을 보고 있으면 무관심을 의미한다.

② 음성으로 알아내기

- 어조 : 높은 어조 – 적대감이나 대립감
         낮은 어조 – 만족이나 안심
- 목소리 크기 : 큰 목소리 – 내용 강조, 흥분, 불만족
             작은 목소리 – 자신감 결여
- 말의 속도 : 빠른 속도 – 공포나 노여움
           느린 속도 – 긴장 또는 저항

③ 외국인과의 의사소통에서 피해야 할 행동

- 상대를 볼 때 흘겨보거나, 아예 보지 않는 행동
- 팔이나 다리를 꼬는 행동
- 표정 없이 말하는 것
- 대화에 집중하지 않고 다리를 흔들거나 펜을 돌리는 행동
- 맞장구를 치지 않거나, 고개를 끄덕이지 않는 것
- 자료만 보는 행동
- 바르지 못한 자세로 앉는 행동
- 한숨, 하품을 하는 것
- 다른 일을 하면서 듣는 것
- 상대방에게 이름이나 호칭을 어떻게 할 지 먼저 묻지 않고 마음대로 부르는 것

기초응용문제

정답 및 해설 p.2

01 다음 중 의사소통에 대한 설명으로 옳지 않은 것은?

① 의사소통이란 둘 이상의 사람 간의 의사의 전달과 상호교류가 이루어진다는 것을 의미한다.

② 기계적인 무조건적 정보 전달을 의사소통이라 볼 수는 없다.

③ 의사소통은 내가 상대방에게 언어나 문서를 통해 메시지를 전달하는 일방적인 과정을 말한다.

④ 의사소통을 위해서는 정보를 상대방이 어떻게 받아들일 것인가에 대한 고려가 바탕이 되어야
한다.

02 다음 중 바람직한 의사소통을 저해하는 요인으로 볼 수 없는 것은?

① 표현 능력의 부족

② 평가적이고 판단적인 태도

③ 과다한 정보와 메시지의 복잡성

④ 개방적인 의사소통 분위기

03 A부서의 송 과장은 부하직원들에게 매일 같은 말만 계속 한다는 평가를 받고 있다. 이를 개선하기 위
한 내용으로 옳지 않은 것은?

① 같은 내용을 전달한다고 해도 이야기를 새롭게 부각시켜 인상을 줄 필요가 있다.

② 자주 사용하는 표현을 반복적으로 활용해 상대방에게 인상을 깊게 남긴다.

③ 주위의 언어 정보에 민감하게 반응하고 활용할 수 있도록 노력해야 한다.

④ '다른 표현은 없을까?'라는 질문을 스스로 던져보도록 한다.

04 다음 용도에 맞는 문서로 옳은 것은?

> 황 부장 : "이 대리, 이번에 새로 시작할 사업에 대해 알고 있지? 시행할 수 있게 모레까지 간단하게
> (   ) 만들어서 제출하도록."
> 이 대리 : "네. 알겠습니다. 이번 프로젝트 반드시 성공시키겠습니다."

① 비즈니스 레터   ② 보고서

③ 기안서   ④ 기획서

05 당신은 한 대기업의 신입이다. 하루는 마케팅 팀장이 상반기 문건들을 넘겨주면서 "오늘 회의에 필요한 것만 간추려 분류해봐"라는 요청을 하였다. 팀장이 요청한 업무를 처리하기 위해 신입인 당신에게 필요한 능력으로 가장 알맞은 것은?

① 자신의 생각과 감정을 언어로 표현하는 능력

② 다른 사람의 말을 주의 깊게 듣고 공감하는 능력

③ 구체적인 정보를 획득 · 수집하고 종합하기 위한 능력

④ 타인에 대해 한 가지 방식만 고수하지 않는 수용 능력

06 직장생활에서 의사소통의 기능으로 옳지 않은 것은?

① 조직과 팀의 효율성과 효과성을 성취할 목적으로 이루어지는 구성원간의 정보와 지식의 전달 과정이다.

② 공통의 목표를 추구해 나가는 집단내의 기본적인 존재 기반이고 성과를 결정하는 핵심 기능의 역할을 한다.

③ 자신의 생각과 느낌을 일방적으로 표현하여, 어떠한 상황에서도 자신의 의견을 상대방에게 주장할 수 있도록 한다.

④ 조직 구성원 간의 정보를 공유하는 역할을 한다.

07 이 사원은 사람들과 대화를 할 때면 답답하다는 소리를 많이 듣는다. 원활한 의사소통을 위해 이 사원이 노력해야 할 부분으로 적절하지 않은 것은?

① 상대방의 말을 듣고 충분히 검토한 다음 피드백을 한다.

② 명확하고 전문성이 높은 단어를 사용하여 신뢰감을 준다.

③ 상대방과 대화할 때 다른 행동을 하지 않고 경청한다.

④ 자신의 감정을 드러내지 말고 침착하게 조절한다.

08 신입사원이 신제품에 대한 설명서를 작성하였지만, 상사인 윤 대리는 다음과 같은 지적을 하며 다시 쓰라고 하였다. 윤 대리가 지적한 내용으로 옳지 않은 것은?

① "설명을 명령형으로 작성했네? 평서형으로 고쳐서 다시 가져와."

② "내용이 너무 복잡해. 이해하기 쉬운 단어로 간결하게 수정해보자."

③ "연도와 월일은 함께 기입하고 마지막에 '끝'자를 붙여야지."

④ "이 내용에서는 도표를 넣는 것이 이해하는데 쉽지 않을까?"

09 다음은 의사소통능력의 한 종류이다. 다음 설명에 옳은 의사소통능력은?

> 업무에 관련된 문서를 통해 구체적인 정보를 획득하고, 수집하고, 종합하기 위한 능력

① 문서이해능력   ② 문서작성능력

③ 문서표현능력   ④ 문서검토능력

10 다음 중 경청의 올바른 방법으로 적절하지 않은 것은?

① 의견이 다르더라도 일단 수용한다.

② 논쟁할 때는 먼저 주장을 하고 상대방의 주장을 듣는다.

③ 오감을 이용하여 적극적으로 경청한다.

④ 시선을 맞춘다.

11 다음은 의사소통에 대한 설명이다. (A), (B)에 각각 들어갈 적절한 용어로 옳은 것은?

> 의사소통이란 두 사람 또는 그 이상의 사람들 사이에서 일어나는 (A)과(와) (B)가(이) 이루어진다는 뜻이며, 어떤 개인 또는 집단이 개인 또는 집단에 대해서 정보, 감정, 사상, 의견 등을 전달하고 그것들을 받아들이는 과정이라고 할 수 있다.

	(A)	(B)
①	의사의 전달	상호교류
②	선입견	일방적 메시지 전달
③	상호교류	선입견
④	기계적인 정보의 전달	상호교류

12 다음 중 문서와 그에 대한 설명이 옳지 않은 것은?

① 결재문서 : 기안문서에 그 내용에 대하여 권한 있는 결재권자의 결재를 받은 문서
② 공람문서 : 일정한 양식에 인쇄하여 필요한 사항을 쉽게 기입할 수 있도록 만든 사무문서
③ 특수문서 : 일반 문서에 속하지 않는 문서로 기업의 정과, 규칙, 회의록 등이 포함되어 있다.
④ 주간업무보고서 : 한 주 간에 진행된 업무를 보고하는 문서

13 문서작성의 구성요소로 옳지 않은 것은?

① 문서는 주관적이고 논리적이며 체계적인 내용이 좋다.
② 문서는 품위와 짜임새가 있는 골격이어야 좋다.
③ 문서는 이해하기 쉬워야 좋다.
④ 문서는 명료하고 설득력 있는 구체적인 문장이어야 좋다.

14 경청할 때의 자세로 옳은 것은?

① 상대를 정면으로 마주하는 것은 예의에 맞지 않는다.

② 상대방을 향하여 상체를 기울여 다가앉는 것은 열심히 듣고 있는 모습이다.

③ 손이나 다리를 꼬며 개방적인 자세를 취하는 것은 상대에게 마음을 열어 놓은 모습이다.

④ 우호적인 눈의 접촉은 자신이 지루하다는 사실을 알리는 모습이다.

15 다음 중 외국인과의 비언어적인 의사소통의 특징으로 옳지 않은 것은?

① 눈을 마주 쳐다보는 것은 흥미와 관심을 나타낸다.

② 말의 어조가 낮은 경우 긴장감이나 대립감을 나타낸다.

③ 목소리 크기가 큰 경우 흥분이나 불만족을 나타낸다.

④ 말의 속도가 빠른 경우 공포나 노여움을 나타낸다.

16 의사소통의 형태와 종류를 구분해 놓은 것으로 옳지 않은 것은?

① 언어적 – 대화 　　　　　　　② 문서적 – 기획서

③ 비언어적 – 편지 　　　　　　④ 비언어적 – 손짓

17 기초외국어능력에 대한 설명으로 옳지 않은 것은?

① 외국어로 된 간단한 자료를 이해하거나, 외국인과의 전화응대와 간단한 대화 등 외국인의 의사 표현을 이해하고, 자신의 의사를 외국어로 표현하는 능력이다.

② 외국인과의 의사소통이 어려울 것이라는 선입견을 갖지 말고, 사용하는 언어가 다르다고 생각 한다면 외국어로 의사소통을 하는 것이 어렵지 않게 느껴진다.

③ 기초외국어능력을 키우는 것은 그들의 바디랭귀지를 포함한 문화를 이해하려는 노력보다 더욱 중요하다.

④ 직업 활동에서 요구되는 기초외국어능력은 전문가와 같은 실력을 요구하는 것이 아니다.

18 다음은 문서이해의 구체적인 절차이다. 빈칸에 들어갈 순서로 옳은 것은?

> 문서의 목적 이해 → 문서가 작성된 배경과 주제 파악 → [　　　　　　] →
> [　　　　　　] → [　　　　　　] → 상대방의 의도를 도표나 그림 등으로 메모하여 요약, 정리하기

① 문서에 쓰여진 정보를 밝혀내고, 문서가 제시하고 있는 현안문제 파악 → 문서에서 이해한 목적 달성을 위해 해야 할 행동 결정 → 문서를 통해 상대방의 의도 및 요구되는 행동에 관한 내용 분석

② 문서를 통해 상대방의 의도 및 요구되는 행동에 관한 내용 분석 → 문서에 쓰여진 정보를 밝혀내고, 문서가 제시하고 있는 현안문제 파악 → 문서에서 이해한 목적 달성을 위해 해야 할 행동 결정

③ 문서에서 이해한 목적 달성을 위해 해야 할 행동 결정 → 문서를 통해 상대방의 의도 및 요구되는 행동에 관한 내용 분석 → 문서에 쓰여진 정보를 밝혀내고, 문서가 제시하고 있는 현안문제 파악

④ 문서에 쓰여진 정보를 밝혀내고, 문서가 제시하고 있는 현안문제 파악 → 문서를 통해 상대방의 의도 및 요구되는 행동에 관한 내용 분석 → 문서에서 이해한 목적 달성을 위해 해야 할 행동 결정

19 다음 중 문서작성 시 고려해야할 사항으로 옳지 않은 것은?

① 대상 및 목적　　　② 시기
③ 고객의 요구　　　④ 기대효과

20 다음 중 적극적 경청의 태도로 옳지 않은 것은?

① 대화 시 흥분하지 않는다.
② 단어 이외의 표현에도 신경을 쓴다.
③ 충고적인 태도를 취한다.
④ 상대가 말하는 동안 경청하고 있다는 것을 표현한다.

21 다음 중 상황과 대상에 따른 의사표현법의 설명으로 옳지 않은 것은?

① 상대방의 잘못을 지적하는 경우 상대방이 알 수 있도록 확실히 지적한다.

② 상대방의 요구를 거절하는 경우 무조건 안 된다고 딱 부러지게 말하는 것이 좋다.

③ 처음 만나는 사람에게 말을 하는 경우 칭찬으로 시작하는 것이 좋다.

④ 상대방에게 부탁하는 경우 기간, 비용 등을 명확하게 제시하는 것이 좋다.

22 다음 종류에 따른 문서작성법을 알맞게 짝 지은 것은?

① 공문서 – 누가, 언제, 어디서, 무엇을, 어떻게(왜)가 정확히 드러나도록 작성한다.

② 설명서 – 소비자의 이해를 돕기 위해 전문용어를 사용한다.

③ 기획서 – 상품과 제품에 대해 설명하는 성격에 맞추어 정확하게 기술한다.

④ 보고서 – 상대가 채택할 수 있도록 설득력을 갖추어 어필해야 하므로, 상대가 요구하는 점을
고려하여 작성한다.

23 직장생활에서 사용되는 문서의 종류 중 다음 (A)와 (B)에 해당하는 것을 모두 알맞게 짝 지은 것은?

> (A) 사안의 수입과 지출결과를 보고하는 문서
> (B) 언론을 상대로 자신의 정보가 기사로 보도되도록 하기 위해 보내는 자료

	(A)	(B)
①	영업보고서	비즈니스 레터
②	결산보고서	비즈니스 레터
③	영업보고서	보도자료
④	결산보고서	보도자료

24 다음 글의 주제로 알맞은 것은?

> 상업성에 치중한다는 이미지를 극복하기 위해 자사 브랜드를 의도적으로 노출하지 않는 '노 브랜드 콜라보레이션'이 도입되고 있다. 그 사례로 한 기업이 특정 예술 작품을 모티프로 한 기획전을 콜라보레이션 형태로 진행하되, 일반인은 기획전을 관람하면서도 직접적으로 해당 기업의 존재를 알아차리지 못했던 경우를 들 수 있다. 이는 소비자들의 브랜드에 대한 긍정적인 인식이 반드시 구매라는 시장 반응으로 연결되지는 않는다는 한계를 소비자들의 감성에 호소하는 방법을 통해 극복하기 위한 하나의 대안이기도 하다.

① 노 브랜드 콜라보레이션의 도입과 그 이유
② 콜라보레이션의 개념과 기원
③ 콜라보레이션의 다양한 유형
④ 노 브랜드 콜라보레이션의 특징과 한계

25 다음 글을 읽고 내용과 일치하는 것은?

> 경제학은 인간의 합리성을 가정하나 동물 근성도 잘 감안하지 않으면 안 된다. 인간은 쉽사리 감정적이 되며, 경제 사회가 불안할수록 동물 근성이 잘 발동된다. 이런 의미에서도 경제 안정은 근본 문제가 된다. 그리고 경제는 이러한 인간의 경제 행위를 바탕으로 하므로 그 예측이 어렵다. 예를 들어 일기 예보의 경우에는 내일의 일기를 오늘 예보하더라도 일기가 예보 자체의 영향을 받지 않는다. 그러나 경기 예측의 경우에는 다르다. 예를 들어 정부가 경기 침체를 예고하면 많은 사람들은 이에 대비하여 행동을 하고, 반대로 경기회복을 예고하면 또한 그에 따라 행동하기 때문에 경기 예측 그 자체가 경기 변동에 영향을 미친다. 따라서 예측이 어느 정도 빗나가는 것이 보통이다. '될 것이다.' 또는 '안 될 것이다.'와 같은 예측은 이른바 '자기실현적 예언'이 될 소지가 크다.

① 일기 예보는 날씨 변화에 영향을 주기 쉽다.
② 경기 예측은 사람들의 행동에 영향을 미친다.
③ 경기 예측과 실제 경기 변동은 아무런 상관이 없다.
④ 인간 행동의 변화를 통해 경기 예측이 가능하다.

26 다음의 내용과 일치하지 않는 것은?

> 힐링(Healing)은 사회적 압박과 스트레스 등으로 손상된 몸과 마음을 치유하는 방법을 포괄적으로 일컫
> 는 말이다. 우리보다 먼저 힐링이 정착된 서구에서는 질병 치유의 대체 요법 또는 영적·심리적 치료 요
> 법 등을 지칭하고 있다. 국내에서도 최근 힐링과 관련된 갖가지 상품이 유행하고 있다. 간단한 인터넷
> 검색을 통해 수천 가지의 상품을 확인할 수 있을 정도다. 종교적 명상, 자연 요법, 운동 요법 등 다양한
> 형태의 힐링 상품이 존재한다. 심지어 고가의 힐링 여행이나 힐링 주택 등의 상품들도 나오고 있다. 그
> 러나 많은 돈을 들이지 않고서도 쉽게 할 수 있는 일부터 찾는 것이 좋을 것이다. 우선 명상이나 기도 등
> 을 통해 내면에 눈뜨고, 필라테스나 요가를 통해 육체적 건강을 회복하여 자신감을 얻는 것부터 출발할
> 수 있다.

① 서양보다 동양에서 먼저 힐링이 정착되었다.

② 고가의 힐링 여행도 다양한 형태의 힐링 상품 중 하나이다.

③ 많은 돈을 들이지 않고 쉽게 할 수 있는 힐링 방법을 찾는 것이 좋다.

④ 우선 내면에 눈뜬 후에 육체적 건강을 회복하여 자신감을 얻는 것이 힐링이다.

27 다음 빈칸에 들어갈 알맞은 속담 또는 사자성어는?

> 대중문화, 좁게 말해서 대중음악에 대한 편견은 아카데미즘이 지배하고 있는 대학이나 학문 세계에서
> 쉽게 찾아볼 수 있다. 그래서 대중음악에 대한 연구는 음악학자나 사회학자 모두에게 있어서 서로 미루
> 는 대복이 되고 말았다. 음악학자는 대중음악에 대해서 음악적으로 분석할 가치가 없으며, 나머지 사회
> 적 측면은 사회학자가 다루어야 한다고 미룬다. 반대로 사회학자는 음악적 측면을 배제한 채 가사를 분
> 석하여 그 사회적 의미를 발견하거나 설문 조사 방법을 통하여 대중음악에 있어서의 취향의 분포를 통
> 계적으로 조사해내는 데에 그치는 경우가 많다. 음악학과 사회학의 비협력 관계는 결국 대중음악의 본
> 질에 대한 포괄적인 시각을 놓치게 하여 (   ) 식의 우를 범하게 만들었다.

① 초상난 데 춤추기   ② 호박에 말뚝 박기

③ 나루 건너 배 타기   ④ 장님 코끼리 만지기

28 다음 중 밑줄 친 ⊙과 유사한 사례로 가장 적절한 것은?

> 일반적으로 문화는 '생활양식' 또는 '인류의 진화로 이룩된 모든 것'이라는 포괄적인 개념을 갖고 있다. 이렇게 본다면 언어는 문화의 하위 개념에 속하는 것이다. 그러나 언어는 문화의 하위 개념에 속하면서도 문화 자체를 표현하여 그것을 전파·전승하는 기능도 한다. 이로 보아 언어에는 그것을 사용하는 민족의 문화와 세계인식이 녹아 있다고 할 수 있다. ⊙ <u>가령 '사촌'이라고 할 때, 영어에서는 'cousin'으로 통칭(通稱)하는 것을 우리말에서는 친·외·고종·이종 등으로 구분하고 있다. 친족 관계에 대한 표현에서 우리말이 영어보다 좀 더 섬세하게 되어 있는 것이다.</u> 이것은 친족 관계를 좀 더 자세히 표현하여 차별 내지 분별하려 한 우리 문화와 그것을 필요로 하지 않는 영어권 문화의 차이에서 기인한 것이다.

① 한국인들은 보편적으로 개가 짖는 소리를 '멍멍'으로 인식하지만 일본인들은 '왕왕'으로 인식한다.

② 무지개의 색깔이 단지 '빨강, 주황, 노랑, 초록, 파랑, 남색, 보라' 일곱 개로 이루어져 있는 것만은 아니다.

③ 우리가 책이라 부르는 것을 미국인들은 'book', 중국인들은 '册', 독일인들은 'buch'라는 말로 지칭한다.

④ 쌀을 주식으로 했던 우리 민족은 '모, 벼, 쌀, 밥'이라는 네 개의 단어를 각각 구별하여 사용하지만, 그렇지 않았던 영어권에서는 이 네 가지 개념을 오직 'rice'라는 단어 하나로 표현한다.

29 다음에 제시된 글의 밑줄 친 부분과 같은 의미로 사용된 것은?

> 불과 며칠 전의 맹추위를 비웃기라도 하는 듯 어느새 봄기운이 곳곳에 <u>흐르고</u> 있었다.

① 영화는 뒤로 갈수록 이야기가 예기치 못한 방향으로 <u>흐르고</u> 있었다.

② 내가 즐겨 찾는 카페에서는 항상 조용한 재즈 음악이 <u>흐른다</u>.

③ 세련은 커녕 옷차림에 촌티가 좔좔 <u>흐르던</u> 모습만이 떠올랐다.

④ 이곳에는 고압 전류가 <u>흐르고</u> 있으므로 관계자 외에는 출입을 엄금합니다.

30 다음 문장의 밑줄 친 부분과 의미상 가장 비슷한 것은?

> 학생들은 시험 때문에 <u>오금이 묶여</u> 다른 일은 생각지도 못한다.

① 무슨 일을 하고 싶어 가만히 있지 못하여

② 일에 매여서 꼼짝 못하게 되어

③ 무엇인가를 찾거나 구하려고 무척 바쁘게 돌아다녀서

④ 큰소리치며 장담하였던 말과 반대로 말이나 행동을 할 때에, 그것을 빌미로 몹시 논박을 당할
까봐

수리능력

- 수리능력은 모든 직장인에게 공통적으로 요구하는 직업기초 능력으로 NCS 10과목 중에서 자주 채택되는 영역이다.
- 수리능력은 직업인으로서 업무를 효과적으로 수행하기 위해서는 다단계의 복잡한 연산을 수행하고 다양한 도표를 만들고, 내용을 종합하기 때문에 중요한 영역이다.
- 핵심이론과 관련된 기초연산 문제와 응용문제에서 요구하고 있는 수 추리 및 통계자료나 그래프들을 해결하는 능력 등이 문제로 출제된다.

1. 수리능력
– 수리능력이 무엇인지 알아본다.

2. 기초 연산
– 기초연산능력을 알아본다.

3. 기초 통계
– 직업인에게 필요한 통계를 알아본다.

4. 도표분석 및 작성
– 도표분석 및 작성의 필요성을 알아본다.

1 〉 수리능력

(1) 수리능력이란?

직장생활에서 요구되는 사칙연산과 기초적인 통계를 이해하고, 도표 또는 자료(데이터)를 정리 · 요약하여 의미를 파악하거나, 도표를 이용해서 합리적인 의사결정을 위한 객관적인 판단근거로 제시하는 능력이다.

(2) 구성요소

① **기초연산능력**

직장생활에서 필요한 기초적인 사칙연산과 계산방법을 이해하고 활용하는 능력

② **기초통계능력**

직장생활에서 평균, 합계, 빈도와 같은 기초적인 통계기법을 활용하여 자료를 정리하고 요약하는 능력

③ **도표분석능력**

직장생활에서 도표(그림, 표, 그래프 등)의 의미를 파악하고, 필요한 정보를 해석하여 자료의 특성을 규명하는 능력

2 〉 사칙연산

(1) 사칙연산이란?

수 또는 식에 관한 덧셈(+), 뺄셈(−), 곱셈(×), 나눗셈(\) 네 종류의 계산법이다. 보통 사칙연산은 정수나 분수 등에서 계산할 때 활용되며, 여러 부호가 섞여 있을 경우에는 곱셈과 나눗셈을 먼저 계산한다.

(2) 수의 계산

구분	덧셈(+)	곱셈(×)
교환법칙	a+b=b+a	a×b=b×a
결합법칙	(a+b)+c=a+(b+c)	(a×b)×c=a×(b×c)
분배법칙	(a+b)×c=a×c+b×c	

3 〉 검산방법

(1) 역연산

답에서 거꾸로 계산하는 방법으로 덧셈은 뺄셈으로, 뺄셈은 덧셈으로, 곱셈은 나눗셈으로, 나눗셈은 곱셈으로 바꾸어 확인하는 방법이다.

(2) 구거법

어떤 수를 9로 나눈 나머지는 그 수의 각 자리 숫자의 합을 9로 나눈 나머지와 같음을 이용하여 확인하는 방법이다.

4 〉 단위환산

(1) 단위의 종류

① 길이 : 물체의 한 끝에서 다른 한 끝까지의 거리 (mm, cm, m, km등)
② 넓이(면적) : 평면의 크기를 나타내는 것 (mm², cm², m², km² 등)
③ 부피 : 입체가 점유하는 공간 부분의 크기 (mm³, cm³, m³, km³ 등)
④ 들이 : 통이나 그릇 따위의 안에 넣을 수 있는 물건 부피의 최댓값 (㎖, ㎗, ℓ, ㎘ 등)

(2) 단위환산표

단위	단위환산
길이	1cm=10mm, 1m=100cm, 1km=1,000m=100,000cm
넓이	1cm²=100mm², 1m=10,000cm², 1km²=1,000,000m²
부피	1cm³=1,000mm³, 1m³=1,000,000cm³, 1km³=1,000,000,000m³
들이	1㎖=1cm³, 1㎗=100cm³=100㎖, 1 ℓ=1,000cm³=10㎗
무게	1kg=1,000g, 1t=1,000kg=1,000,000g
시간	1분=60초, 1시간=60분=3,600초
할푼리	1푼=0.1할, 1리=0.01할, 모=0.001할

5 〉 통계

(1) 통계란?

① **의미**

집단현상에 대한 구체적인 양적 기술을 반영하는 숫자를 의미한다. 특히 사회집단 또는 자연
집단의 상황을 숫자로 나타낸 것이다.

② **기능**

㉠ 많은 수량적 자료를 처리가능하고 쉽게 이해할 수 있는 형태로 축소시킨다.

㉡ 표본을 통해 연구대상 집단의 특성을 유추한다.

㉢ 의사결정의 보조수단이 된다.

㉣ 관찰 가능한 자료를 통해 논리적으로 어떠한 결론을 추출 · 검증한다.

(2) 통계치

① **빈도** : 어떤 사건이 일어나거나 증상이 나타나는 정도

② **빈도 분포** : 어떤 측정값의 측정된 회수 또는 각 계급에 속하는 자료의 개수

③ **평균** : 모든 사례의 수치를 합한 후에 총 사례수로 나눈 값

④ **중앙값** : 크기에 의하여 배열하였을 때 정확하게 중간에 있는 값

⑤ **백분율** : 전체의 수량을 100으로 하여 생각하는 수량이 몇이 되는 가를 가리키는 수(퍼센트)

(3) 통계의 계산

① **범위** : 최댓값-최솟값

② **평균** : $\dfrac{\text{전체 사례 값들의 합}}{\text{총 사례수}}$

③ **분산** : $\dfrac{(\text{관찰값}-\text{평균})^2\text{의 합}}{\text{총 사례수}}$

④ **표준편차** : $\sqrt{\text{분산}}$

6 도표

(1) 도표란?

선, 그림, 원 등으로 그림을 그려서 내용을 시각적으로 표현하여 다른 사람이 한 눈에 자신의 주장을 알아볼 수 있게 한 것이다.

(2) 도표의 종류

구분	목적	용도	형상
종류	• 관리(계획 및 통제) • 해설(분석) • 보고	• 경과 그래프 • 내역 그래프 • 비교 그래프 • 분포 그래프 • 상관 그래프 • 계산 그래프 • 기타	• 선(절선) 그래프 • 막대 그래프 • 원 그래프 • 점 그래프 • 층별 그래프 • 레이더 차트 • 기타

① 선(절선) 그래프
- 시간의 경과에 따라 수량에 의한 변화의 상황을 선(절선)의 기울기로 나타내는 그래프
- 시간적 추이(시계별 변화)를 표시하는데 적합

  예 월별 매출액 추이 변화

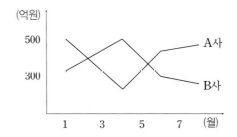

② 막대 그래프
- 비교하고자 하는 수량을 막대 길이로 표시하고, 그 길이를 비교하여 각 수량간의 대소 관계를 나타내고자 할 때 가장 기본적으로 활용할 수 있는 그래프
- 내역, 비교, 경과, 도수 등을 표시하는 용도로 활용

  예 영업소별 매출액

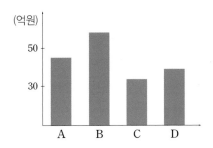

② 원 그래프

- 내역이나 내용의 구성비를 원에 분할하여 작성하는 그래프
- 전체에 대한 구성비를 표현할 때 다양하게 활용

  예 기업별 매출액 구성비 등

④ 점 그래프

- 지역분포를 비롯하여 도시, 지방, 기업, 상품 등의 평가나 위치, 성격을 표시하는데 활용할 수 있는 그래프

  예 각 지역별 광고비율과 이익률의 관계 등

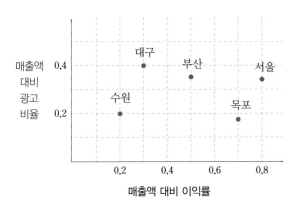

⑤ 층별 그래프

- 선의 움직임 보다는 선과 선 사이의 크기로써 데이터 변화를 나타내는 그래프
- 층별 그래프는 합계와 각 부분의 크기를 백분율로 나타내고 시간적 변화를 보고자 할 때 활용
- 합계와 각 부분의 크기를 실수로 나타내어 시간적 변화를 보고자 할 때 활용
  예 월별·상품별 매출액 추이 등

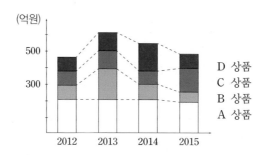

⑥ 레이더 차트(거미줄 그래프)

- 비교하는 수량을 직경 또는 반경으로 나누어 원의 중심에서의 거리에 따라 각 수량의 관계를 나타내는 그래프
- 다양한 요소를 비교할 때, 경과를 나타낼 때 활용
  예 상품별 매출액의 월별변동 등

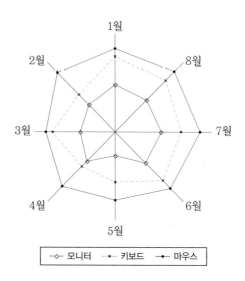

(3) 도표 해석상의 유의사항

① 요구되는 지식의 수준

직업인으로서 자신의 업무와 관련된 기본적인 지식의 습득을 통하여 특별한 지식을 상식화
할 필요가 있다.

② 도표에 제시된 자료의 의미에 대한 정확한 숙지

주어진 도표를 무심코 해석하다 보면 자료가 지니고 있는 진정한 의미를 확대하여 해석할
수 있으므로 유의해야 한다.

③ 도표로부터 알 수 있는 것과 알 수 없는 것의 구별

주어진 도표로부터 알 수 있는 것과 알 수 없는 것을 완벽하게 구별할 필요가 있다. 도표를
토대로 자신의 주장을 충분히 추론할 수 있는 보편타당한 근거를 제시해주어야 한다.

④ 총량의 증가와 비율증가의 구분

비율이 같다고 하더라도 총량에 있어서는 많은 차이가 있을 수 있다. 또한 비율에 차이가 있
다고 하더라도 총량이 표시되어 있지 않은 경우 비율차이를 근거로 절대적 양의 크기를 평가
할 수 없기 때문에 이에 대한 세심한 검토가 요구된다.

⑤ 백분위수와 사분위수의 이해

백분위수는 크기순으로 배열한 자료를 100등분 하는 수의 값을 의미한다.
사분위수란 자료를 4등분한 것으로 제 1사분위수=제 25백분위수, 제 2사분위수=제 50백분
위수(중앙치), 제 3사분위수=제 75백분위수에 해당한다.

7 》 도표작성능력

(1) 도표의 작성절차

① 어떠한 도표로 작성할 것인지를 결정

업무수행 과정에서 도표를 작성할 때에는 우선 주어진 자료를 면밀히 검토하여 어떠한 도표
를 활용하여 작성할 것인지를 결정

② 가로축과 세로축에 나타낼 것을 결정

주어진 자료를 활용하여 가로축과 세로축에 무엇을 나타낼 것인지를 결정

③ 가로축과 세로축의 눈금의 크기를 결정

주어진 자료를 가장 잘 표현할 수 있도록 가로축과 세로축의 눈금의 크기를 결정

④ 자료를 가로축과 세로축이 만나는 곳에 표시

자료 각각을 결정된 축에 표시

⑤ 표시된 점에 따라 도표 작성

표시된 점들을 활용하여 실제로 도표 작성

⑥ 도표의 제목 및 단위 표시

도표를 작성한 후에는 도표의 상단 혹은 하단에 제목과 함께 단위를 표기

(2) 도표작성 시 유의사항

① 선(절선) 그래프 작성 시 유의점

- 일반적으로 선(절선)그래프를 작성할 때에는 세로축에 수량(금액, 매출액 등), 가로축에는 명칭구분(연, 월, 장소 등)을 제시한다.
- 축의 모양은 L자형으로 하는 것이 일반적이다.
- 선의 높이에 따라 수치를 파악하는 경우가 많으므로 세로축의 눈금을 가로축의 눈금보다 크게 하는 것이 효과적이다.
- 선이 두 종류 이상인 경우에는 반드시 무슨 선인지 그 명칭을 기입하여 주어야 한다.

② 막대그래프 작성 시 유의점

- 막대를 세로로 할 것인가 가로로 할 것인가의 선택은 개인의 취향이나, 세로로 하는 것이 보다 일반적이다.
- 축은 L자형이 일반적이나 가로 막대그래프는 사방을 틀로 싸는 것이 좋다.
- 세로축에 수량(금액, 매출액 등), 가로축에는 명칭구분(연, 월, 장소, 종류 등)을 제시한다.
- 막대 수가 부득이하게 많을 경우에는 눈금선을 기입하는 것이 알아보기 쉽다.
- 막대의 폭은 모두 같게 하여야 한다.

③ 원 그래프 작성 시 유의점

- 정각 12시의 선을 시작선으로 오른쪽으로 그리는 것이 일반적이다.
- 분할선은 구성비율이 큰 순서로 그린다.
- '기타' 항목은 구성비율의 크기에 관계없이 가장 뒤에 그리는 것이 좋다.
- 각 항목의 명칭은 같은 방향으로 기록하는 것이 일반적이지만, 만일 각도가 적어서 명칭을 기록하기 힘든 경우에는 지시선을 써서 기록한다.

④ 층별 그래프 작성 시 유의점

- 층별을 세로로 할 것인가 가로로 할 것인가 하는 것은 작성자의 기호나 공간에 따라 판단하지만 구성 비율 그래프는 가로로 작성하는 것이 좋다.
- 눈금은 선 그래프나 막대그래프 보다 적게 하고 눈금선을 넣지 않아야 하며, 층별로 색이나 모양이 모두 완전히 다른 것이어야 한다.
- 같은 항목은 옆에 있는 층과 선으로 연결하여 보기 쉽도록 한다.
- 세로 방향일 경우 위에서부터 아래로, 가로 방향일 경우 왼쪽에서 오른쪽으로 나열하면 보기가 쉽다.

기초응용문제

정답 및 해설 p.10

01 한 개의 주사위를 세 번 던질 때, 첫 번째는 홀수, 두 번째는 3의 배수, 세 번째는 짝수가 나오는 확률은?

① $\dfrac{1}{6}$

② $\dfrac{1}{9}$

③ $\dfrac{1}{12}$

④ $\dfrac{1}{15}$

02 다음에 나열된 숫자들에 적용된 규칙을 찾아 빈 칸에 들어갈 알맞은 숫자를 구하면?

91	95	86	102	77	( )

① 115

② 113

③ 111

④ 109

03 다음은 일정한 규칙에 따라 숫자를 나열한 것이다. 빈칸에 가장 알맞은 숫자는?

3	7	28	4	9	43	6	( )	55

① 22

② 13

③ 8

④ 5

04 산악회에서 등산을 갔는데 올라갈 때는 시속 3km의 속력으로 걷고, 내려올 때는 올라갈 때보다 4km 더 먼 다른 길을 시속 4km의 속력으로 걸어서 총 4시간 30분이 걸렸다. 이 산악회 회원들이 올라간 거리와 내려온 거리는 모두 몇 km인가?

① 10km

② 14km

③ 16km

④ 18km

05 어느 가게에서는 항상 상품들을 정상가격에서 10% 할인해서 판매하고, 세일 기간에는 할인가격에서 다시 20% 추가 할인을 해준다. 세일 기간에 이 가게에서는 물품을 정상가격에서 몇 % 할인하여 판매하는가?

① 27%

② 28%

③ 29%

④ 30%

06 A와 B가 함께 일을 하면 8일 걸리는 일을 B가 4일 동안 일한 후, 그 나머지는 A가 10일 걸려서 완성하였다. 이 일을 A 혼자서 하려면 며칠이나 걸리겠는가?

① 8일

② 10일

③ 12일

④ 14일

07 집에서 회사까지 갈 때는 시속 2km, 회사에서 집으로 올 때는 시속 3km의 속력으로 걸어서 집에서 회사까지 왕복하는데 1시간 반이 걸린다. 집에서 회사까지의 거리를 구하면?

① $\frac{6}{5}$km

② $\frac{7}{5}$km

③ $\frac{8}{5}$km

④ $\frac{9}{5}$km

08 둘레가 Am인 원형 공원 주위에 Bm 간격으로 나무를 심으려고 할 때, 몇 그루의 나무가 필요한가?

① $\frac{B}{A}$

② $\frac{B-1}{A}$

③ $\frac{A}{B}$

④ $\frac{A+1}{B}$

09 모자를 10,000원에 구입하여 20%의 이익을 남기고 되팔려면 얼마에 팔아야 하는가?

① 12,000원

② 12,500원

③ 12,750원

④ 13,000원

10 길이 L인 끈이 있는데, A가 끈의 절반을 가져가고, B가 남은 끈의 절반을 가져갔으며, C가 다시 남은 끈의 절반을 가져갔다. 이후 D가 다시 남은 끈의 $\frac{2}{3}$을 가져갔다. D가 가져간 후 남은 끈의 길이가 50cm라면, 원래 끈의 길이 L은 얼마인가?

① 5.6m ② 12m

③ 6.4m ④ 6.8m

11 연속하는 두 정수가 있는데, 큰 수의 제곱에서 작은 수의 제곱을 뺀 값이 101이라면, 두 수는?

① 10, 11 ② 20, 21

③ 50, 51 ④ 70, 71

12 길이가 30m인 배가 150m 길이의 터널을 완전히 통과하는데 30초 걸렸다. 이 배의 초속을 구하면?

① 4m/s ② 5m/s

③ 6m/s ④ 7m/s

13 공기 중에서 소리의 속력은 기온이 x°C일 때, 매초 약 $(0.6x+331)$m/s이다. 기온 25°C에서 번개가 보이고 10초 후 천둥소리를 들었다면, 번개가 발생한 지점까지의 거리는?

① 3,200m

② 3,365m

③ 3,400m

④ 3,460m

14 동아리 회원의 나이 평균은 25살이다. 새로운 회원의 나이가 20살이고, 이 회원으로 인해 전체 모임의 평균나이가 1만큼 줄었다면, 최초 회원의 수는?

① 10명

② 8명

③ 6명

④ 4명

15 사흘 안에 끝내야 할 일의 $\frac{1}{3}$을 첫째 날에 마치고, 남은 일의 $\frac{2}{5}$를 둘째 날에 마쳤다. 셋째 날 해야 할 일의 양은 전체의 몇 %인가?

① 40%

② 30%

③ 20%

④ 10%

16 320L짜리 물통을 A호스를 이용하여 물을 채운다. 12분 후 물통의 60%가 찼다면 A호스가 1분간 채울 수 있는 물의 양은?

① 15L   ② 16L

③ 17L   ④ 18L

17 62% 소금물 100g과 26% 소금물 50g을 섞었을 때 이 용액의 농도는?

① 45% ② 50%

③ 55% ④ 60%

18 둘레가 54m이고, 가로의 길이가 세로의 길이의 2배보다 6m 더 긴 직사각형 모양의 운동장이 있다. 이 운동장의 넓이를 구하면?

① 120m^2 ② 130m^2

③ 140m^2 ④ 150m^2

19 연속하는 세 홀수의 합이 591일 때 가장 작은 홀수를 x, 연속하는 세 짝수의 합이 714일 때 가장 작은 짝수를 y라 할 때, $x+y$의 값은?

① 402   ② 413

③ 429   ④ 431

20 어른 3명, 아이 5명이 원탁에 앉을 때, 어른과 어른 사이에 적어도 한 명의 아이가 들어가는 경우의 수는?

① 1,210가지

② 1,320가지

③ 1,440가지

④ 1,570가지

21 A주머니에는 파란공이 3개, 빨간색 공이 2개 들어있고, B주머니에는 파란색 공이 5개, 빨간색 공이 2개 들어있다. A와 B주머니에서 각각 공을 한 개씩 꺼낼 때 하나는 빨간색 공, 다른 하나는 파란색 공일 확률은?

① $\dfrac{16}{35}$

② $\dfrac{12}{35}$

③ $\dfrac{2}{7}$

④ $\dfrac{1}{5}$

22 다음 표는 어느 렌트카 회사에서 제시하는 요금제이다. B요금제의 연장 요금을 30분당 2,000원으로 인상한다면, 4시간 사용 시 A요금과 B요금을 바르게 비교한 것은? (단, A와 B 요금제는 각각 1시간, 3시간 초과 시 연장 요금을 받는다.)

요금제	기본 요금	연장 요금
A	1시간 15,000원	초과 30분당 1,000원
B	3시간 17,000원	초과 30분당 1,300원

① A요금>B요금

② A요금=B요금

③ A요금<B요금

④ 2×A요금=B요금

23 다음 제시된 도표는 E사의 2021년 1분기(3개월간)의 전체 매출에서 핸드폰과 TV가 차지하는 비율을 나타낸 매출현황이다. 이것을 보고 직원들이 해석한 내용으로 옳은 것은? (전체 매출에서 차지하는 비율이 40% 초과 시 주력 제품이라 한다.)

(단위 : %)

구분	핸드폰	TV
1월	21	30
2월	35	33
3월	43	34

① A씨 : 3개월간의 평균 매출점유율은 TV가 더 높군요.

② B씨 : 1월, 2월만 본다면 핸드폰의 평균 매출점유율이 더 높군요.

③ C씨 : E사의 3월 주력 제품은 핸드폰이겠군요.

④ D씨 : 전체적으로 핸드폰의 매출이 더욱 고르다고 할 수 있겠군요.

[24-25] 아래는 총 100명의 지원자들의 졸업성적과 면접점수의 상관관계를 조사하여 그 분포수를 표시한 것이다. 다음 물음에 답하시오.

(단위 : 명)

면접점수 / 졸업성적	60점	70점	80점	90점	100점
100점	1	5	4	6	1
90점	2	4	5	5	4
80점	1	3	8	7	5
70점	4	5	7	5	2
60점	2	3	6	3	2

24 졸업성적과 면접점수를 합친 총점이 170점 이상인 지원자 중 면접점수가 80점 이상인 사람을 합격자로 할 때, 합격자 총 수는 몇 명인가?

① 37명　　　　　　　　② 39명

③ 42명　　　　　　　　④ 44명

25 성적이 상위 25% 이내에 드는 지원자의 총점 평균을 구하면? (단, 소수점 이하는 무시한다.)

① 180점
② 182점
③ 184점
④ 186점

26 신년을 맞아 회사에서 단체로 다이어리를 주문하기 위해 업체를 선정하려고 한다. 다음과 같은 조건에서 다이어리를 적어도 몇 권 이상 주문했을 때 B업체가 A업체보다 유리해지는가?

구분	가격(권 당)	배송비
A업체	2,600	무료
B업체	2,200	2,500

① 4권
② 5권
③ 6권
④ 7권

27 다음은 어떤 시험에 응시한 남녀 응시자와 합격자 수를 나타낸 것이다. 이에 대한 설명으로 옳지 않은 것은?

(단위 : 명)

구분	응시자	합격자
남자	2,536	331
여자	1,127	106

① 총 응시자 중 남자 비율은 대략 70%이다.
② 응시자 대비 합격률은 남자보다 여자가 높다.
③ 여자의 응시자 대비 합격률은 대략 9.4%이다.
④ 총 응시자의 합격률은 11%가 넘는 수준이다.

[28-29] 아래는 자동차 시장의 규모와 자동차 업체 A, B, C 세 곳의 시장 점유율을 나타낸 것이다. 이를
토대로 다음 물음에 답하시오.

구분	2016년	2017년	2018년	2019년	2020년
전체 시장 규모 (백억 원)	7,830	8,620	9,310	10,120	10,350
A업체 점유율(%)	5.7	6.0	6.5	7.1	7.5
B업체 점유율(%)	5.3	5.0	4.5	4.3	4.0
C업체 점유율(%)	3.5	3.6	3.1	2.9	3.0

28 다음 중 옳지 않은 것은?

① A업체의 매출은 계속하여 증가하고 있다.

② B업체의 매출은 계속하여 감소하고 있다.

③ C업체의 시장 점유율은 2017년에서 2018년 사이에 가장 크게 감소했다.

④ 다른 조건의 변화가 없다면 2021년 A업체와 B업체의 점유율 격차는 이전보다 더 커질 것이다.

29 2021년 자동차 시장 규모가 전년도 비해 2% 증가하고 C업체의 2021년 점유율은 전년도와 같다
고 가정할 때, 2021년 예상되는 C업체의 매출 총액에 가장 가까운 것은? (다른 나라에서의 매출은
고려하지 않는다.)

① 대략 3조 1,600억 원　　　　　② 대략 3조 2,000억 원

③ 대략 2조 2,400억 원　　　　　④ 대략 2조 2,800억 원

30 한 은행의 수신업무를 담당하고 있는 A는 본사로부터 2018년도 고객서비스 만족도 전수평가를 위해 조사기간 동안 내방한 고객들을 대상으로 실시하여 보고하라는 지침을 받았다. A가 상담한 고객을 중심으로 만족도에 대한 응답을 요청하여 얻은 결과는 아래와 같다. 이에 대한 설명 중 옳지 않은 것은?

만족도	응답자수(명)	비율(%)
매우 만족	㉠	22%
만족	60	㉡
보통	㉢	㉣
불만족	28	14%
매우 불만족	㉤	3%
합계	200	100%

① 매우 만족을 나타내는 응답자수는 보통을 응답한 수의 절반 이상이다.

② 은행에 내방한 고객 중 200명을 대상으로 만족도를 조사하였다.

③ 매우 불만족을 응답한 고객의 수는 6명이다.

④ ㉡의 비율은 ㉣의 비율보다 조금 높은 수준이다.

MEMO

문제해결능력

- 문제해결능력은 모든 직장인에게 공통적으로 요구하는 직업기초 능력으로 NCS 10과목 중에서 주로 채택되는 영역이다.
- 문제해결능력은 창조적이고 논리적인 사고를 통하여 이를 올바르게 인식하고 적절히 해결하기 때문에 이해가 중요한 영역이다.
- 핵심이론과 관련된 문제와 응용문제에서 요구하고 있는 언어 추리 및 다양한 업무 상황의 글을 해결하는 능력 등이 문제로 출제된다.

1. 문제
- 문제의 개념을 알아본다.
- 문제의 유형별 특징을 알아본다.

2. 문제해결
- 문제해결의 개념을 알아본다.
- 문제해결을 위해 4가지 기본적 사고를 알아본다.
- 문제해결의 장애요소와 해결방법을 알아본다.

1 〉 문제

(1) 문제란?

원활한 업무수행을 위해 해결되어야 하는 질문이나 의논 대상을 의미한다.

※ **문제점** : 문제의 근본원인이 되는 사항으로 문제해결에 필요한 열쇠인 핵심 사항

(2) 문제의 분류

구분	창의적 문제	분석적 문제
문제제시 방법	현재 문제가 없더라도 보다 나은 방법을 찾기 위한 문제 탐구로 문제자체가 명확하지 않음	현재의 문제점이나 미래의 문제로 예견될 것에 대한 문제 탐구로, 문제자체가 명확함
해결 방법	창의력에 의한 많은 아이디어의 작성을 통해 해결	분석, 논리, 귀납과 같은 논리적 방법을 통해 해결
해답 수	해답의 수가 많으며, 많은 답 가운데 보다 나은 것을 선택	답의 수가 적으며, 한정되어 있음
주요 특징	주관적, 직관적, 감각적, 정성적, 개별적, 특수성	객관적, 논리적, 정량적, 이성적, 일반적, 공통성

(3) 문제의 유형

① 기능에 따른 문제 유형

제조문제, 판매문제, 자금문제, 인사문제, 경리문제, 기술상 문제

② 해결방법에 따른 문제 유형

논리적 문제, 창의적 문제

③ 시간에 따른 문제유형

과거문제, 현재문제, 미래문제

④ 업무수행과정 중 발생한 문제유형

발생형 문제 (보이는 문제)	• 눈앞에 발생되어 당장 걱정하고 해결하기 위해 고민하는 문제 • 눈에 보이는 이미 일어난 문제 • 원인지향적인 문제
탐색형 문제 (찾는 문제)	• 현재의 상황을 개선하거나 효율을 높이기 위한 문제 • 눈에 보이지 않는 문제 • 잠재문제, 예측문제, 발견문제

설정형 문제 (미래 문제)	• 미래상황에 대응하는 장래의 경영전략의 문제 • 앞으로 어떻게 할 것인가 하는 문제 • 목표 지향적 문제 • 창조적 문제

2 〉 문제해결

(1) 문제해결의 정의 및 의의

① **정의**

문제해결이란 목표와 현상을 분석하고, 이 분석 결과를 토대로 주요과제를 도출하여 바람직한 상태나 기대되는 결과가 나타나도록 최적의 해결안을 찾아 실행, 평가해 가는 활동을 의미한다.

② **의의**

㉠ **조직 측면** : 자신이 속한 조직의 관련분야에서 세계 일류수준을 지향하며, 경쟁사와 대비하여 탁월하게 우위를 확보하기 위해 끊임없는 문제해결 요구

㉡ **고객 측면** : 고객이 불편하게 느끼는 부분을 찾아 개선과 고객감동을 통한 고객만족을 높이는 측면에서 문제해결 요구

㉢ **자기 자신 측면** : 불필요한 업무를 제거하거나 단순화하여 업무를 효율적으로 처리하게 됨으로써 자신을 경쟁력 있는 사람으로 만들어 나가는데 문제해결 요구

(2) 문제해결의 기본요소

① 체계적인 교육훈련

② 문제해결방법에 대한 지식

③ 문제에 관련된 해당지식 가용성

④ 문제해결자의 도전의식과 끈기

⑤ 문제에 대한 체계적인 접근

(3) 문제해결 시 갖추어야할 사고

① **전략적 사고**

현재 당면하고 있는 문제와 그 해결방법에만 집착하지 말고, 그 문제와 해결방안이 상위 시스템 또는 다른 문제와 어떻게 연결되어 있는지를 생각하는 것이 필요하다.

② 분석적 사고

전체를 각각의 요소로 나누어 그 요소의 의미를 도출한 다음 우선순위를 부여하고 구체적인 문제해결방법을 실행하는 것이 요구된다.

㉠ 성과 지향의 문제 : 기대하는 결과를 명시하고 효과적으로 달성하는 방법을 사전에 구상하고 실행에 옮긴다.

㉡ 가설 지향의 문제 : 현상 및 원인분석 전에 지식과 경험을 바탕으로 일의 과정이나 결과, 결론을 가정한 다음 검증 후 사실일 경우 다음 단계의 일을 수행한다.

㉢ 사실 지향의 문제 : 일상 업무에서 일어나는 상식, 편견을 타파하여 객관적 사실로부터 사고와 행동을 출발한다.

③ 발상의 전환

기존에 갖고 있는 사물과 세상을 바라보는 인식의 틀을 전환하여 새로운 관점에서 바로 보는 사고를 지향한다.

④ 내·외부자원의 효과적인 활용

문제해결 시 기술, 재료, 방법, 사람 등 필요한 자원 확보 계획을 수립하고 내·외부자원을 효과적으로 활용한다.

(4) 문제해결 시 방해요소

① 문제를 철저하게 분석하지 않는 경우

어떤 문제가 발생하면 직관에 의해 성급하게 판단하여 문제의 본질을 명확하게 분석하지 않고 대책안을 수립하여 실행함으로써 근본적인 문제해결을 하지 못하거나 새로운 문제를 야기하는 결과를 초래할 수 있다.

② 고정관념에 얽매이는 경우

상황이 무엇인지를 분석하기 전에 개인적인 편견이나 경험, 습관으로 증거와 논리에도 불구하고 정해진 규정과 틀에 얽매여서 새로운 아이디어와 가능성을 무시해 버릴 수 있다.

③ 쉽게 떠오르는 단순한 정보에 의지하는 경우

문제해결에 있어 종종 우리가 알고 있는 단순한 정보들에 의존하여 문제를 해결하지 못하거나 오류를 범하게 된다.

④ 너무 많은 자료를 수집하려고 노력하는 경우

무계획적인 자료 수집은 무엇이 제대로 된 자료인지를 알지 못하는 실수를 범할 우려가 많다.

(5) 문제해결 방법

① 소프트 어프로치(Soft approach)
- 대부분의 기업에서 볼 수 있는 전형적인 스타일이다.
- 문제해결을 위해서 직접적인 표현이 바람직하지 않다고 여기며, 무언가를 시사하거나 암시를 통하여 의사를 전달한다.
- 결론이 애매하게 끝나는 경우가 적지 않으나, 그것은 그것대로 이심전심을 유도하여 파악한다.

② 하드 어프로치(Hard approach)
- 서로의 생각을 직설적으로 주장하고 논쟁이나 협상을 통해 서로의 의견을 조정해 가는 방법이다.
- 중심적 역할을 하는 것은 논리, 즉 사실과 원칙에 근거한 토론이다.
- 합리적이긴 하지만 잘못하면 단순한 이해관계의 조정에 그치고 말아서 그것만으로는 창조적인 아이디어나 높은 만족감을 이끌어 내기 어렵다.

③ 퍼실리테이션(Facilitation)
- 깊이 있는 커뮤니케이션을 통해 서로의 문제점을 이해하고 공감함으로써 창조적인 문제해결을 도모한다.
- 구성원의 동기가 강화되고 팀워크도 한층 강화된다는 특징을 보인다.
- 구성원이 자율적으로 실행하는 것이며, 제 3자가 합의점이나 줄거리를 준비해놓고 예정대로 결론이 도출되어 가는 것이어서는 안 된다.

※ 퍼실리테이션에 필요한 기본 역량
① 문제의 탐색과 발견
② 문제해결을 위한 구성원 간의 커뮤니케이션 조정
③ 합의를 도출하기 위한 구성원들 사이의 갈등 관리

3 〉〉 사고력

(1) 창의적인 사고

① 창의적인 사고란?
당면한 문제를 해결하기 위해 이미 알고 있는 경험과 지식을 해체하여 다시 새로운 정보로 결합함으로써 가치 있고 참신한 아이디어를 산출하는 사고이다.

② 창의적 사고의 특징

ⓐ 정보와 정보의 조합이다

ⓑ 사회나 개인에게 새로운 가치를 창출한다.

ⓒ 창조적인 가능성이다.

③ 창의적 사고 개발 방법

자유 연상법	생각나는 대로 자유롭게 발상	브레인스토밍
강제 연상법	각종 힌트에 강제적으로 연결 지어서 발상	체크리스트
비교 발상법	주제의 본질과 닮은 것을 힌트로 발상	NM법, Synectics

(2) 논리적 사고

① 논리적 사고란?

- 업무 수행 중에 자신이 만든 계획이나 주장을 주위 사람에게 이해시켜 실현시키기 위해 필요로 하는 능력

- 사고의 전개에 있어서 전후의 관계가 일치하고 있는가를 살피고, 아이디어를 평가하는 능력

② 논리적인 사고를 위한 필요한 요소

ⓐ 생각하는 습관

ⓑ 상대 논리의 구조화

ⓒ 구체적인 생각

ⓓ 타인에 대한 이해

ⓔ 설득

③ 논리적인 사고를 개발하는 방법

ⓐ 피라미드 구조

허위의 사실이나 현상으로부터 상위의 주장을 만들어나가는 방법

ⓑ so what기법

"그래서 무엇이지?"하고 자문자답하는 의미로, 눈앞에 있는 정보로부터 의미를 찾아내어 가치 있는 정보를 이끌어 내는 사고

(3) 비판적 사고

① 비판적 사고란?

- 어떤 주제나 주장 등에 대해서 적극적으로 분석하고 종합하며 평가하는 능동적인 사고이다.
- 어떤 논증, 추론, 증거, 가치를 표현한 사례를 타당한 것으로 수용할 것인가 아니면 불합리한 것으로 거절할 것인가에 대한 결정을 내릴 때 요구되는 사고력이다.
- 제기된 주장에 어떤 오류가 있는가를 찾아내기 위하여 지엽적인 부분을 확대하여 문제로 삼는 것이 아니라, 지식, 정보를 바탕으로 한 합당한 근거에 기초를 두고 현상을 분석하고 평가하는 사고이다.

② 비판적 사고 개발 태도

㉠ 지적 호기심	㉡ 객관성	㉢ 개방성
㉣ 융통성	㉤ 지적 회의성	㉥ 지적 정직성
㉦ 체계성	㉧ 지속성	㉨ 결단력
㉩ 다른 관점에 대한 존중	㉪ 문제의식	㉫ 고정관념 타파

4 〉 문제 처리 능력

(1) 문제 처리 능력이란?

목표와 현상을 분석하고 이 분석결과를 토대로 문제를 도출하여 최적의 해결책을 찾아 실행, 평가해가는 활동을 할 수 있는 능력이다.

(2) 문제해결절차

① 문제 인식

해결해야 할 전체 문제를 파악하여 우선순위를 정하고, 선정문제에 대한 목표를 명확히 하는 단계로, '환경 분석 → 주요 과제 도출 → 과제선정'을 통해 수행된다.

절차	환경분석	주요 과제 도출	과제 선정
내용	Business System상 거시 환경 분석	• 분석자료를 토대로 성과에 미치는 영향 • 의미를 검토하여 주요 과제 도출	후보과제를 도출하고 효과 및 실현 가능성 측면에서 평가하여 과제 도출

※ 환경 분석 시 사용되는 기법

- 3C 분석 : 사업 환경을 구성하고 있는 요소인 자사(Company), 경쟁사 (Competitor), 고객(Customer)을 3C라고 하며, 3C에 대한 체계적인 분석을 통해서 환경 분석을 수행할 수 있다.
- SWOT 분석 : 기업내부의 강점(Strengths), 약점(Weaknesses), 외부환경의 기회(Opportunities), 위협요인(Threats)을 분석·평가하고 이들을 서로 연관지어 전략을 개발하고 문제해결 방안을 개발하는 방법이다.

② 문제 도출

선정된 문제를 분석하여 해결해야 할 것이 무엇인지를 명확히 하는 단계로 현상에 대하여 문제를 분해하여 인과관계 및 구조를 파악하는 단계이다. '문제 구조 파악 → 핵심 문제 선정'의 절차를 거쳐 수행된다.

절차	문제 구조 파악	핵심 문제 선정
내용	전체 문제를 개별화된 세부 문제로 쪼개는 과정으로 문제의 내용 및 미치고 있는 영향 등을 파악하여 문제의 구조를 도출해내는 것이다.	문제에 큰 영향력을 미칠 수 있는 이슈를 핵심 이슈로 선정한다.

※ 문제 구조 파악 시 사용되는 방법

- Logic Tree 방법 : 해결책을 구체화 할 때 제한된 시간 속에 넓이와 깊이를 추구하는데 도움이 되는 기술로, 주요 과제를 나무모양으로 분해·정리하는 기술

③ 원인 분석

파악된 핵심문제에 대한 분석을 통해 근본 원인을 도출하는 단계이다. 'Issue 분석 → Data 분석 → 원인 파악'의 절차로 진행된다.

03

문제해결 능력

절차	Issue 분석	Data 분석	원인 파악
내용	• 핵심이슈설정 • 가설설정 • Output이미지 결정	• Data 수집계획 수립 • Data 정리, 가공 • Data 해석	근본원인을 파악하고 원인과 결과를 도출

※ 원인파악의 패턴

- 단순한 인과관계 : 원인과 결과를 분명하게 구분할 수 있는 경우
- 닭과 계란의 인과관계 : 원인과 결과를 구분하기가 어려운 경우
- 복잡한 인과관계 : 위 두 가지 유형이 복잡하게 서로 얽혀 있는 경우

④ 해결안 개발실행 및 평가

문제로부터 도출된 근본원인을 효과적으로 해결할 수 있는 최적의 해결방안을 수립하는 단계이다. '해결안 도출 → 해결안 평가 및 최적안 선정'의 절차로 진행된다.

절차	해결안 도출	해결안 평가 및 최적안 선정
내용	• 문제로부터 최적의 해결안을 도출 • 아이디어를 명확화	• 최적안 선정을 위한 평가기준 선정 • 우선순위 선정을 통해 최적안 선정

⑤ 실행 및 평가

해결안 개발을 통해 만들어진 실행계획을 실제 상황에 적용하는 활동으로 당초 장애가 되는 문제의 원인들을 해결안을 사용하여 제거하는 단계

절차	실행계획 수립	실행	사후관리(Follow-up)
내용	최종 해결안을 실행하기 위한 구체적인 계획 수립	실행계획에 따른 실행 및 모니터	실행 결과에 대한 평가

01 다음은 창의적 문제와 분석적 문제에 대한 진술이다. 이 중 분석적 문제에 대한 진술에 해당하는 것은?

① 현재 문제가 없더라도 보다 나은 방법을 찾기 위한 문제

② 해답의 수가 적고 한정되어 있는 문제

③ 많은 아이디어의 작성을 통해 해결하는 문제

④ 직관적 · 감각적 · 개별적 특징에 의존하는 문제

02 다음 중 문제해결을 위해 필요한 기본적 사고로 옳지 않은 것은?

① 내부자원만을 효율적으로 활용한다.　② 전략적 사고를 해야 한다.

③ 발상의 전환을 해야 한다.　④ 분석적 사고를 해야 한다.

03 다음은 문제해결을 방해하는 장애요소 중 어떤 요소에 대한 설명인가?

> 어떤 문제가 발생하면 직관에 의해 성급하게 판단하고 대책안을 수립하여 실행함으로써 근본적인 문제 해결을 하지 못하거나 새로운 문제를 야기하는 결과를 초래할 수 있다.

① 고정관념에 얽매이는 경우

② 쉽게 떠오르는 단순한 정보에 의지하는 경우

③ 너무 많은 자료를 수집하려고 노력하는 경우

④ 문제를 철저하게 분석하지 않는 경우

04 다음 중 개인들에게 요구되는 문제해결의 기본요소로 옳지 않은 것은?

① 체계적인 교육훈련   ② 문제에 대한 체계적인 접근

③ 문제관련 지식에 대한 불용성   ④ 문제해결자의 도전의식과 끈기

05 다음 중 문제의 유형에 따른 분류로 옳지 않은 것은?

① 기능에 따른 문제 유형 : 설정형 문제

② 해결 방법에 따른 문제 유형 : 논리적 문제

③ 시간에 따른 문제 유형 : 과거 문제

④ 업무 수행 과정 중 발생한 문제 유형 : 발생형 문제

06 다음 중 문제에 대한 설명으로 옳지 않은 것은?

① 문제란 업무를 수행함에 있어서 답을 요구하는 질문이나 의논하여 해결해야 하는 사항을 의미한다.

② 해설하기를 원하지만 실제로 해결해야 하는 방법을 모르고 있는 상태나 얻고자 하는 해답이 있지만 그 해답을 얻는데 필요한 일련의 행동을 알지 못한 상태이다.

③ 일반적으로 문제는 창의적 문제와 분석적 문제로 구분된다.

④ 해결하지 못할 것 같은 문제는 무리하게 해결하려 하기 보다는 문제제기를 하지 않는 것이 조직의 발전에 도움이 된다.

07 다음은 문제해결방법 중 무엇에 의한 문제해결 방법인가?

> 상이한 문화적 토양을 가지고 있는 구성원을 가정하고, 서로의 생각을 직설적으로 주장하고 논쟁이나 협상을 통해 서로의 의견을 조정해 가는 방법이다. 이 때 중심적 역할을 하는 것이 논리, 즉 사실과 원칙에 근거한 토론이다.

① 퍼실리테이션에 의한 문제해결　　　② 하드 어프로치에 의한 문제해결

③ 소프트 어프로치에 의한 문제해결　　④ 커뮤니케이션에 의한 문제해결

08 다음 중 창의적 사고의 특징으로 옳지 않은 것은?

① 창의적 사고란 정보와 정보의 조합이다.

② 창의적 사고는 사회나 개인에게 새로운 가치를 창출한다.

③ 창의적 사고는 창조적인 가능성이다.

④ 창의적인 사고는 통상적인 것이다.

09 다음 중 창의적 사고를 개발하는 방법과 그 구체적인 기법의 연결이 옳지 않은 것은?

① 자유연상법 – 브레인스토밍　　　　② 강제연상법 – 체크리스트

③ 강제연상법 – NM법　　　　　　　④ 비교발상법 – Synectics(창조공학)

10 논리적 사고를 하기 위해 필요한 요소로 옳지 않은 것은?

① 생각하는 습관　　　　　　　　　　② 본인에 대한 이해

③ 상대 논리의 구조화　　　　　　　　④ 구체적인 생각

11 다음 중 문제해결의 절차로 옳은 것은?

① 문제 도출 → 원인 분석 → 문제 인식 → 해결안 개발 → 실행 및 평가

② 원인 분석 → 문제 인식 → 문제 도출 → 해결안 개발 → 실행 및 평가

③ 문제 인식 → 문제 도출 → 원인 분석 → 해결안 개발 → 실행 및 평가

④ 원인 분석 → 문제 인식 → 해결안 개발 → 문제 도출 → 실행 및 평가

12 다음 제시된 문장이 모두 옳을 때, 아래 내용 중 옳은 것은?

> • A를 구매하는 사람은 B를 구매한다.
> • C를 구매하지 않는 사람은 B도 구매하지 않는다.
> • C를 구매하는 사람은 D를 구매하지 않는다.

① A를 구매한 사람은 D를 구매하지 않는다.

② B를 구매한 사람은 C를 구매하지 않는다.

③ C를 구매하지 않는 사람은 D를 구매하지 않는다.

④ D를 구매하지 않는 사람은 A를 구매한다.

13 다음 제시된 문장이 모두 옳을 때, 아래 내용 중 옳은 것은?

> • 녹차를 좋아하는 사람은 커피를 좋아한다.
> • 커피를 좋아하는 사람은 우유를 좋아한다.
> • 우유를 좋아하는 사람은 홍차를 좋아하지 않는다.

① 녹차를 좋아하는 사람은 홍차를 좋아하지 않는다.

② 커피를 좋아하는 사람은 녹차를 좋아한다.

③ 우유를 좋아하지 않는 사람은 홍차를 좋아하지 않는다.

④ 홍차를 좋아하는 사람은 커피를 좋아한다.

14 다음과 같은 상황이 발생하였을 때, "so what?"을 사용하여 논리적인 사고를 한 사람은?

> 상황
>
> ㉠ 우리 회사의 자동차 판매대수가 사상 처음으로 전년 대비 마이너스를 기록했다.
> ㉡ 우리나라의 자동차 업계 전체는 일제히 적자 결산을 발표했다.
> ㉢ 주식 시장은 몇 주간 조금씩 하락하는 상황에 있다.

① 홍대리 : 자동차 판매의 부진이네.
② 허부장 : 자동차 산업의 미래를 보여주고 있어.
③ 신대리 : 자동차 산업과 주식시장의 상황을 보여주고 있어.
④ 김부장 : 지금이야말로 자동차 관련 기업의 주식을 사야해.

15 다음 중 퍼실리테이션에 의한 문제해결 방법으로 옳지 않은 것은?

> ㉠ 어떤 그룹이나 집단이 의사결정을 잘 하도록 도와주는 일이다.
> ㉡ 깊이 있는 커뮤니케이션을 통해 서로의 문제점을 이해하고 공감함으로써 창조적인 문제해결을 도모할 수 있다.
> ㉢ 대부분의 기업에서 볼 수 있는 전형적인 문제해결 방법이다.
> ㉣ 사실과 원칙에 근거한 토론으로 해결하는 방법이다.
> ㉤ 결론이 애매하게 끝나는 경우가 적지 않다.

① ㉠, ㉡   ② ㉠, ㉢
③ ㉢, ㉣, ㉤   ④ ㉡, ㉢, ㉣

16 다음 〈표〉는 각 소비 항목별로 가구원수에 대한 균등화지수를 나타낸 것이다. 이에 대한 설명으로 적절한 것은?

〈표〉 소비 항목별, 가구원수별 균등화지수

가구원수 / 소비항목	2인	3인	4인	5인	6인
식료품비	1.0	1.6	2.0	2.3	2.5
의료비	1.0	1.3	1.5	1.6	1.6
교육비	1.0	1.8	2.5	3.0	3.3
기타 소비 지출	1.0	1.4	1.7	1.9	2.0

※ 균등화지수(Equivalence Scale)는 가구원수가 서로 다른 가계들 간의 생활수준을 비교하기 위한 지수임.

※ 가구원수별 균등화지수는 소비 항목별로 기준 가계(2인 가구)의 소비 지출액을 1.0으로 했을 때 가구의 소비 지출액을 표시함.

① 3인 가구의 경우 총 소비 지출액 중 교육비 지출액이 가장 많다.

② 5인 가구는 2인 가구의 총 소비 지출액의 2배 이상이다.

③ 가구원수 증가에 따른 소비 지출액 증가율이 가장 높은 소비항목은 식료품비이다.

④ 6인 가구의 식료품비 지출액은 2인 가구 식료품비 지출액의 2.5배이다.

17 사건 A, B, C, D, E가 어떤 순서로 일어났는지에 대해 알아보기 위해 다음의 갑, 을, 병, 정 네 사람에게 조언을 구했다. 이 조언이 참이라면, 네 번째로 일어난 사건으로 가장 알맞은 것은?

> 갑 : "A는 B와 E(또는 E와 B) 사이에 일어났다."
> 을 : "C는 A와 D(또는 D와 A) 사이에 일어났다."
> 병 : "D가 가장 먼저 일어났다."
> 정 : "A와 C는 연이어 일어나지 않았다."

① A

② B

③ C

④ E

18 어제까지 만 17세이고 한국 나이로는 18세인 '갑'은, 어제부터 366일 후에는 한국 나이로 20세가 되기 때문에 입사 시험에 응시할 수 있다고 한다. 다음 중 이 조건이 충족되기 위해 전제되는 조건으로 모두 옳은 것은?

> ㉠ 올해는 윤년이어야 한다.
> ㉡ 어제는 12월 31일이어야 한다.
> ㉢ 양력으로 계산하여야 한다.
> ㉣ 어제부터 366일 후에는 1월 2일이 되어야 한다.

① ㉠, ㉡   ② ㉠, ㉢

③ ㉡, ㉢   ④ ㉡, ㉣

19 다음 〈진술〉이 모두 참이라고 할 때, 꼬리가 없는 포유동물 A에 관한 설명 중 반드시 참인 것은?

> **진술**
>
> ㉠ 모든 포유동물은 물과 육지 중 한 곳에서만 산다.
> ㉡ 물에 살면서 육식을 하지 않는 포유동물은 다리가 없다.
> ㉢ 육지에 살면서 육식을 하는 포유동물은 모두 다리가 있다.
> ㉣ 육지에 살면서 육식을 하지 않는 포유동물은 모두 털이 없다.
> ㉤ 육식동물은 모두 꼬리가 있다.

① A는 털이 있다.

② A는 다리가 없다.

③ 만약 A가 물에 산다면, A는 다리가 있다.

④ 만약 A가 털이 있다면, A는 다리가 없다.

20 다음 〈보기〉의 조건은 모두 참이며, 따라서 '갑'은 이 조건을 모두 따라야 한다. 여기서 E에 가입하는 것이 의무화될 때, '갑'의 선택 내용 중 옳은 것은?

───〈보기〉───

㉠ A에 가입하면 B에 가입한다.
㉡ C와 D 중 하나만 가입한다.
㉢ E에 가입하면 B에는 가입하지 않는다.
㉣ D에 가입하면 F에 가입하지 않는다.
㉤ A, F, G 중 최소한 두 가지는 반드시 가입한다.

① 갑은 B에 가입한다.
② 갑은 A에 가입한다.
③ 갑은 C에 가입한다.
④ 갑은 G에 가입하지 않는다.

21 다음의 〈정의〉에 따를 때, 서로 모순되는 주장의 쌍으로 묶인 것은?

정의

"서로 모순되는 주장들"은 하나의 주장이 참이라면 다른 하나의 주장은 거짓이고, 또한 하나의 주장이 거짓이라면 다른 하나의 주장은 참이 된다.

① 정치가 중 정직한 사람은 거의 없다.
　정직한 사람들 중 대부분은 정치가이다.
② 핵전쟁이 일어난다면 아무도 살아남지 못한다.
　핵전쟁이 일어나도 하늘이 돕는 사람은 살아남는다.
③ 완벽한 정부는 있을 수 없다.
　모든 국민의 지지를 받을 수 있다면, 완벽한 정부는 있을 수 있다.
④ 그 문제는 아무도 풀 수 없거나 잘못된 문제이다.
　그 문제는 잘못되지 않았고 누군가는 그 문제를 풀 수 있다.

22 다음 제시된 명제가 모두 참이라고 할 때, 반드시 참인 것은?

> - 모든 긴수염고래는 가장 큰 범고래보다 크다.
> - 일부 밍크고래는 가장 큰 범고래보다 작다.
> - 모든 범고래는 가장 큰 돌고래보다 크다.

① 어떤 범고래는 가장 큰 돌고래보다 작다.

② 어떤 긴수염고래는 가장 큰 밍크고래보다 작다.

③ 가장 작은 밍크고래만한 돌고래가 있다.

④ 어떤 밍크고래는 가장 작은 긴수염고래보다 작다.

23 A, B, C, D씨 4명 중 한명이 지갑을 잃어버렸다. 그런데 이들 중 오직 한 명만이 진실을 말하고, 3명은 거짓말을 하고 있다. 이들의 말을 듣고 지갑을 잃어버린 사람과 진실을 말한 사람을 차례대로 고르면?

> - A씨 "B씨가 지갑을 잃어버렸어."
> - B씨 "A씨는 지금 거짓말을 하고 있어."
> - C씨 "나는 지갑을 잃어버리지 않았어."
> - D씨 "지갑을 잃어버린 사람은 B씨야."

① A씨, C씨　　　　　　　　　② C씨, D씨

③ B씨, A씨　　　　　　　　　④ C씨, B씨

24 2019년 7월 12일 밤 11시 강남구에 위치한 ○○사의 정보 보안팀에서 고객의 개인정보 자료가 유출
되는 사고가 발생했다. 범인은 한 명이며, 현장에서 사내 기록물을 검색한 사실이 확인되었다. 하지
만 현장에 범인 외에 몇 명의 사람이 있었는지는 확인되지 않았다. 이 사건의 용의자 A, B, C, D, E씨
의 진술 중 두 사람의 진술이 거짓이며, 거짓말을 한 사람 중에 범인이 있다. 사건의 범인은?

> ㉠ A씨의 진술 : 나는 사건이 일어난 밤 11시에 서울역에 있었어.
> ㉡ B씨의 진술 : 그날 밤 11시에 나는 A, C씨와 함께 있었어.
> ㉢ C씨의 진술 : B씨는 그날 밤 11시에 A씨와 함께 춘천에 있었어.
> ㉣ D씨의 진술 : B씨의 진술은 참이다.
> ㉤ E씨의 진술 : C씨는 그날 밤 11시에 나와 단 둘이 함께 있었어.

① A씨

② C씨

③ D씨

④ E씨

[25-26] 다음은 프로야구경기 관람료와 경영팀의 팀원 구성원을 나타낸 것이다.

프로야구경기 관람료

좌석명	입장권 가격		회원권 가격	
	주중	주말/공휴일	주중	주말/공휴일
프리미엄석	70,000원		동일가격	동일가격
테이블석	40,000원			
블루석	12,000원	15,000원	9,000원	12,000원
레드석	10,000원	12,000원	7,000원	9,000원
옐로우석	9,000원	10,000원	6,000원	7,000원

※ 회원권은 120,000원 가입비가 있다.

경영팀의 팀원 구성원

최 부장, 박 부장, 김 대리, 하 대리, 이 대리, 사원 A씨, 사원 B씨, 사원 C씨

25 경영팀의 팀원들이 함께 프로야구경기를 관람한다고 할 때의 설명으로 옳지 않은 것은?

① 최 부장과 박 부장을 제외한 나머지팀원들이 모두 회원권이 있다면 금요일에 최 부장과 박 부장은 테이블석에서, 나머지 팀원들은 레드석에서 볼 때 총 122,000원이 든다.

② 이 대리는 프로야구를 연간 12회씩 3년 동안 주중에 옐로우석에서 관람한다고 하면, 회원권 가입 후 관람하는 것이 더 저렴하다.

③ 사원 C씨는 지난 달 주중에 프리미엄석으로 4회 관람하였고, 김 대리는 회원권을 가입해 주말과 공휴일에 블루석으로 6회 관람하였을 때, 김 대리가 구매한 것이 더 저렴하다.

④ 연간 8회씩 프로야구를 주말에 레드석에서 관람하는 하 대리가 회원권 가입비 50% 할인 이벤트로 가입을 했을 때, 처음 1년 동안은 손해를 보게 된다.

26 사원 B씨가 회원권을 30%할인 된 가격에 가입하여 주중에 블루석에서 프로야구를 관람한다면 처음 1년간 몇 회를 봐야 이익인가?

① 26회   ② 27회

③ 28회   ④ 29회

27 환경 분석을 위한 주요 기법 중 사업 환경을 구성하고 있는 자사, 경쟁사, 고객에 대한 체계적인 분석을 무엇이라 하는가?

① 3C 분석   ② SWOT 분석

③ MECE 사고   ④ SMART 기법

28 다음은 SWOT분석에 의한 발전전략의 수립 방법을 나열한 것이다. 관련된 것을 모두 바르게 나타낸 것은?

> ㉠ 외부 환경의 기회를 활용하기 위해 강점을 사용하는 전략
> ㉡ 외부 환경의 위협을 회피하기 위해 강점을 사용하는 전략
> ㉢ 자신의 약점을 극복함으로써 외부 환경의 기회를 활용하는 전략
> ㉣ 외부 환경의 위협을 회피하고 자신의 약점을 최소화하는 전략

	㉠	㉡	㉢	㉣
①	SO전략	WO전략	ST전략	WT전략
②	WO전략	SO전략	WT전략	ST전략
③	SO전략	ST전략	WO전략	WT전략
④	WO전략	WT전략	SO전략	ST전략

29 다음과 같은 사례에서 이슈를 명확히 파악하기 위해 요구되는 능력으로, 사고의 전개에 있어 전후 관계가 일치하고 있는가를 살피고 아이디어를 평가하는 것을 의미하며, 이를 통해 보다 짧은 시간에 사고할 수 있고 다른 사람을 공감시켜 움직일 수 있게 하는 능력은 무엇인가?

> A : 20대에 제안할 수 있는 일이란 어떤 것일까? 작은 업무 개선이라도 좋지 않을까?
> B : 일전에 어떤 경영자와 이야기했을 때, "이익을 내게 할 수 있었음에도 회사 안에서, 담당할 사람이 없다는 이유로 착수하지 못한 일이 있었어. 그것을 찾아내서 구체적으로 제안할 걸"이라는 말을 들었는데...
> C : 그렇지만 같은 제안이라도 제안하는 사람에 따라 받아들여질지 어떨지 분명하지가 않아. 어떤 친구에게 기회가 돌아가도록 상사로 하여금 생각이 들게 하려면, 기본적인 일을 실수 없이 처리하고, 새로운 관점의 제안을 들고 왔을 때, 가능하지 않을까?
> B : 아마도 젊을 때는 모두 틀에 짜인 일을 하게 되는 경우가 많아서 귀찮다고 생각하는 일이 많겠지? 그래서 모순점이 생기는 것은 아닐까? "더욱 일을 하고 싶어 하는 마음"을 가지고 있으면서도 사람은 귀찮은 일을 하지 않으려고 하지.
> C : 그렇게 생각하면 충분히 그럴 수 있다고 생각하는데, 스스로 아주 귀찮아한다든지, 누구든 했으면 좋겠다고 생각하는 일을 "간단한", "누구라도 할 수 있는" 일로 바꿔갈 수 있는 계획을 생각한다면 좋지 않을까?

① 논리적 사고력   ② 창의적 사고력

③ 비판적 사고력   ④ 직관적 사고력

30 동일한 거리를 5대의 자동차가 최고 속도로 운행한 결과가 다음과 같다고 할 때, 이를 통해 추론한 것으로 올바른 것을 고르면?

> • 자동차 A는 C보다 앞서 들어왔으나 D보다는 늦게 들어왔다.
> • 자동차 B는 C보다 앞서 들어왔으나 E보다는 늦게 들어왔다.
> • 자동차 E는 A와 D 사이에 들어왔다.

① 최고 속도는 D가 두 번째로 빠르고 C가 가장 느리다.
② 최고 속도는 'D – E – B – A – C'순으로 빠르다.
③ C는 A와 B 사이에 들어왔다.
④ E는 최고 속도는 A와 B보다 빠르다.

자기개발능력

- 자기개발능력은 모든 직장인에게 공통적으로 요구하는 직업기초 능력으로, 자신의 능력, 적성, 특성 등의 이해를 기초로 자기발전 목표를 수립하고 성취해나가는 능력이다.
- 자기개발능력 함양을 통해 직장생활에서 자신의 가치를 드러낼 수 있다.
- 핵심이론과 관련된 일반적인 지식 문제와 실제 직업 생활에서 일어날 수 있는 사례들을 제시한 응용 · 심화 문제 등이 출제된다.

1. 자기개발능력

- 자기개발능력이 무엇인지 알아본다.
- 자기개발 설계전략을 알아본다.

2. 자아인식능력

- 자아인식능력이 무엇인지 알아본다.
- 성찰을 하는 이유에 대해 알아본다.

3. 자기관리능력

- 자기관리능력이 무엇인지 알아본다.
- 합리적인 의사결정 과정을 알아본다.

4. 경력개발능력

- 경력개발능력이 무엇인지 알아본다.
- 경력개발계획 수립에 대해 알아본다.

1 〉 자기개발능력

(1) 자기개발능력이란?

① 자신의 능력, 적성, 특성 등에 있어서 강점과 약점을 찾고 확인하여 강점을 강화 시키고, 약점을 관리하여 성장을 위한 기회로 활용하는 것이다.

② 직업인으로서 자신의 능력·적성·특성 등의 이해를 기초로 자기 발전 목표를 스스로 수립하고 자기관리를 통하여 성취해나가는 능력을 의미한다.

(2) 자기개발을 하는 이유

① 직장생활에서의 자기개발은 업무 성과 향상을 위해 필요하다.

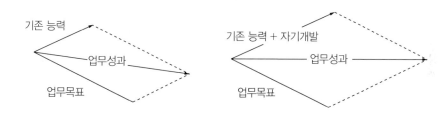

② 변화하는 환경에 적응하기 위해 필요하다.

③ 주변 사람들과 긍정적인 인간관계를 형성하기 위해 필요하다.

④ 자신이 달성하고자 하는 목표를 성취하기 위해 필요하다.

⑤ 개인적으로 보람된 삶을 살기 위해 필요하다.

(3) 자기개발의 특징

① 개발의 주체는 타인이 아닌 자기 자신이다.

② 개별적인 과정으로서, 자기개발을 통해 지향하는 바와 선호하는 방법 등은 사람마다 다르다.

③ 평생에 걸쳐 이루어지는 과정이다.

④ 일과 관련하여 이루어지는 활동이다.

⑤ 생활 가운데 이루어져야 한다.

⑥ 모든 사람이 해야 하는 것이다.

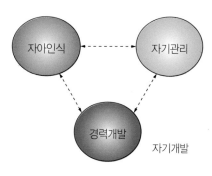

자기개발

(4) 자기개발의 단계

① **자아인식**

직업생활과 관련하여 자신의 가치, 신념, 흥미, 적성, 성격 등 자신이 누구인지 파악하는 것 이다. 이는 자기개발의 첫 단계가 되며, 자신이 어떠한 특성을 가지고 있는 지를 바르게 인식 할 수 있어야 적절한 자기개발이 이루어질 수 있다.

② **자기관리**

자신을 이해하고 목표를 성취하기 위하여 자신의 행동 및 업무수행을 관리하고 조정하는 것이 다. 자기관리는 비전 및 목표 수립 → 과제 발견 → 수행 및 피드백의 과정으로 이루어진다.

③ **경력개발**

개인의 경력목표와 전략을 수립하고 실행하며 피드백 하는 과정이다. 경력개발은 경력 관련 목표 수립 → 경력계획 수립 → 실행 및 피드백의 과정으로 이루어진다.

(5) 자기개발을 방해하는 장애요인

① 우리의 욕구와 감정이 작용하기 때문이다.

② 제한적으로 사고하기 때문이다.

③ 문화적인 장애에 부딪히기 때문이다.

④ 자기개발 방법을 잘 모르기 때문이다.

(6) 자기개발 설계 전략

① 장·단기 목표를 수립한다.

- **단기목표(1~3년)** : 장기목표를 위한 기본 단계로, 직무 관련 경험, 자격증, 인간관계 등을 고려한다.
- **장기목표(5~10년)** : 자신의 욕구, 가치, 흥미, 적성 및 기대, 직무의 특성 등을 고려 한다.

② 인간관계를 고려한다.

③ 현재의 직무를 고려한다.

④ 구체적인 방법으로 계획한다.

(7) 자기개발 계획 수립이 어려운 이유

① **자기정보의 부족**

자신의 흥미, 장점, 가치, 라이프 스타일을 충분히 이해하지 못하기 때문이다.

② **내부 작업정보 부족**

회사 내의 경력기회 및 직무 가능성에 대해 충분히 알지 못하기 때문이다.

③ **외부 작업정보 부족**

　다른 직업이나 회사 밖의 기회에 대해 충분히 알지 못하기 때문이다.

④ **의사결정시 자신감의 부족**

　자기개발과 관련된 결정을 내릴 때 자신감이 부족하기 때문이다.

⑤ **일상생활의 요구사항**

　개인의 자기개발 목표와 일상생활 간 갈등하기 때문이다.

⑥ **주변상황의 제약** : 재정적 문제, 연령, 시간 등

(8) 자기 브랜드화

① 자기 브랜드화란 개인에 대해 일종의 고정관념을 갖게 하는 것이다. 이는 단순히 자신을 알리는 것을 뛰어 넘어, 다른 사람과 차별화된 본인만의 특징을 밝혀내고 이를 부각시키기 위해 지속적인 자기개발을 하며 널리 알리는 것을 말한다.

② **사랑받는 브랜드의 요건** : 친근감, 열정, 책임감

③ **자기 브랜드 PR방법**

- 소셜 네트워크를 활용한다.
- 인적네트워크를 활용한다.
- 자신만의 명함을 만든다.
- 경력 포트폴리오를 만든다.

2 〉 자아인식능력

(1) 자아인식능력이란?

　자신의 흥미, 적성, 특성 등을 이해하고 자기 정체성을 확고히 하는 능력이다. 자아인식을 통해 개인과 팀의 성과를 높이고 자신의 역량 및 자질을 개발할 수 있다.

(2) 자아 구성요소

내면적 자아	• 자신의 내면을 구성하는 요소 • 적성, 흥미, 성격, 가치관 등 • 측정하기 어려움
외면적 자아	• 자신의 외면을 구성하는 요소 • 외모, 나이 등

(3) 조하리의 창(Johari's Window)

조셉과 해리라는 두 심리학자에 의해 만들어진 '조하리의 창(Johari's Window)'은 자신과 다른 사람의 두 가지 관점을 통해 파악해 보는 자기인식 또는 자기 이해의 모델이다. 자신을 보다 객관적으로 인식하기 위해서는 조하리의 창을 통해 내가 아는 나의 모습 외에 다른 방법을 적용할 필요가 있다.

구분	내가 아는 나	내가 모르는 나
타인이 아는 나	공개된 자아 (Open Self)	눈먼 자아 (Blind Self)
타인이 모르는 나	숨겨진 자아 (Hidden Self)	아무도 모르는 자아 (Unknown Self)

(4) 자아인식 방법

① 내가 아는 나를 확인하기

- 나의 성격이나 업무수행에 있어서의 장·단점은 무엇일까?
- 현재 내가 담당하는 업무를 수행하기에 부족한 능력은 무엇인가?
- 내가 관심을 가지고 열정적으로 하는 일은 무엇인가?
- 나는 직장생활에서 어떤 목표를 가지고 있는가? 이것들은 가치가 있는가?
- 내가 생각하는 바람직한 상사, 동료 및 부하직원은 어떻게 행동하는가?
- 내가 오늘 하고 있는 일을 그만둔다면, 어떤 일을 새로 시작할까?

② 다른 사람과의 커뮤니케이션

- 직장생활에서 저의 장·단점은 무엇이라고 생각하시나요?
- 평소에 저를 어떤 사람이라고 생각하시나요
- 당신이 창업을 한다면 저와 함께 일할 생각이 있으신가요? 그 이유는 무엇인가요?
- 당신은 나를 처음 보고 어떤 느낌이 들었나요?

③ 표준화 검사도구
- 표준화된 검사 도구는 본인의 자아 특성을 다른 사람들과 비교해볼 수 있는 척도를 제공한다.

(5) 흥미와 적성 개발

흥미는 일에 대한 관심이나 재미를 의미하고, 적성이란 개인이 잠재적으로 가지고 있는 재능, 개인이 보다 쉽게 잘 할 수 있는 학습능력을 의미한다. 흥미나 적성은 선천적으로 부여되는 것이기도 하지만 후천적으로 개발해야 하는 측면도 있다.

① **마인드 컨트롤을 해라** : 마인드 컨트롤을 통해 자신을 의식적으로 관리하는 방법을 깨닫게 되면 문제 상황을 해결할 수 있게 된다.

② **조금씩 성취감을 느껴라** : 일을 할 때 너무 큰 단위가 아닌, 작은 단위로 나누어 수행한다. 작은 성공의 경험들이 축적되어 자신에 대한 믿음이 강화되면 보다 큰일을 할 수 있게 된다.

③ **기업의 문화 및 풍토를 고려해라** : 기업의 풍토 및 문화와 같은 외부적인 요인에 잘 적응해야 한다.

(6) 성찰을 하는 이유
① 다른 일을 하는데 필요한 노하우 축적
② 지속적인 성장의 기회 제공
③ 신뢰감 형성의 원천 제공
④ 창의적인 사고능력 개발기회 제공

3 〉 자기관리능력

(1) 자기관리능력이란?

자신의 행동 및 업무 수행을 통제하고 관리하며, 합리적이고 균형적으로 조정하는 능력이다.

(2) 자기관리의 과정
① **비전 및 목적 정립** : 자신에게 가장 중요한 것이 무엇인지를 파악하고 가치관, 원칙, 삶의 목적 등을 정립한다.
② **과제 발견** : 현재 주어진 역할 및 능력을 토대로 역할에 따른 활동목표와 우선순위를 설정한다.
③ **일정 수립** : 하루, 주간, 월간 단위로 계획을 수립한다.
④ **수행** : 수행과 관련된 요소를 분석하고 수행방법을 찾는다.

⑤ **반성 및 피드백** : 수행결과를 분석하고 피드백 한다.

(3) 업무수행 향상 방법

　① 자기자본이익률(ROE)을 높인다.

　② 일을 미루지 않는다.

　③ 업무를 묶어서 처리한다.

　④ 다른 사람과 다른 방식으로 일한다.

　⑤ 회사와 팀의 업무지침을 따른다.

　⑥ 역할 모델을 설정한다.

(4) 합리적인 의사결정 과정

　① 합리적인 의사결정이란 자신의 목표를 정하여 몇 가지 대안을 찾아보고 실행 가능한 최상의 방법을 선택하여 행동하는 것이다.

　② 합리적 의사결정 과정

　　㉠ 문제의 특성이나 유형을 파악한다.

　　㉡ 의사결정의 기준과 가중치를 정한다.

　　㉢ 의사결정에 필요한 정보를 수집한다.

　　㉣ 의사결정을 하기 위한 모든 대안을 찾는다.

　　㉤ 각 대안들을 분석 및 평가한다.

　　㉥ 최적의 안을 선택하거나 결정한다.

　　㉦ 결과를 분석하고 피드백 한다.

4　경력개발능력

(1) 경력개발능력이란?

　자신의 진로에 대하여 단계적 목표를 설정하고 목표 성취에 필요한 역량을 개발해 나가는 능력이다.

(2) 경력개발능력의 필요성

현대사회의 지식정보는 매우 빠른 속도로 변화하고 있으며, 이는 개인이 속한 조직과 일에 영향을 미친다. 또한 조직 내부적으로 경영전략이 변화하거나 승진적체, 직무환경 변화 등의 문제를 겪게 된다. 개인적으로도 발달단계에 따라 일에 대한 가치관과 신념 등이 바뀌게 된다. 따라서 직업인들은 개인의 진로에 대하여 단계적 목표를 설정하고 목표성취에 필요한 능력을 개발해 나가야 한다.

(3) 경력개발의 단계

① 직업선택

자신에게 적합한 직업이 무엇인지를 탐색하고 이를 선택한 후, 필요한 능력을 키우는 과정이다.

② 조직입사

자신의 환경과 특성을 고려하여 직무를 선택하는 과정이다.

③ 경력초기

조직에서 자신의 입지를 확고히 다져나가 승진하는데 많은 관심을 가지는 시기로, 자신이 맡은 업무 내용을 파악하고, 새로 들어간 조직의 규칙이나 규범, 분위기를 알고 적응해나가는 것이 중요한 과제이다.

④ 경력중기

자신이 그동안 성취한 것을 재평가하고 생산성을 그대로 유지하는 단계이다. 직업 및 조직에서 어느 정도 입지를 굳히게 되어 더 이상 수직적인 승진 가능성이 적은 경력 정체기에 이르게 되며, 새로운 환경에 직면하게 되어 생산성 유지에 어려움을 겪기도 한다.

⑤ 경력말기

조직의 생산적인 기여자로 남고, 자신의 가치를 지속적으로 유지하기 위하여 노력하며 동시에 퇴직을 고려하게 되는 시기이다.

(4) 경력개발 계획 수립

① 직무정보 탐색

해당 직무와 관련된 모든 정보를 알아내는 단계이다.

② 자신과 환경이해

경력목표를 설정하는데 도움이 될 수 있도록 자신의 능력, 흥미, 적성, 가치관 등을 파악하고 직무와 관련된 주변 환경의 기회와 장애요인에 대하여 정확하게 분석한다.

04

자기개발
능력

구분	탐색 방법
자기 탐색	• 자기인식 관련 워크숍 참여 • 전문기관의 전문가와 면담 • 표준화된 검사 • 일기 등을 통한 성찰 과정
환경 탐색	• 회사의 연간 보고서 • 특정 직무와 직업에 대한 서명 자료 • 전직 및 경력 상담회사 및 기관 방문 • 직업관련 홈페이지 탐색 : 각종 기관에서 운영하는 직업정보(Know), 자격정보(Q-net), 취업알선정보(Work-net), 직업교육훈련정보(HRD-net, Career-net), 노동시장 정보(고용보험 DB, 실업자대책 DB)

③ 경력목표 설정

　자신 및 환경에 대한 이해와 직무 정보를 기초로 자신이 하고 싶은 일은 어떤 것인지, 이를 달성하기 위해서는 능력이나 자질을 어떻게 개발해야 하는지에 대하여 단계별 목표를 설정한다.

④ 경력개발 전략 수립

　경력목표를 수립하면 이를 달성하기 위한 활동계획을 수립한다.

⑤ 실행 및 평가

　경력개발 전략에 따라 실행하고, 실행 과정을 통해 도출된 결과를 검토하고 수정한다.

기초응용문제

정답 및 해설 p.24

01 자기개발과 관련된 다음 설명 중 옳지 않은 것은?

① 자기개발은 자신의 능력과 적성 등에 있어 강점과 약점을 찾아 성장을 위한 기회로 활용하는 것이다.

② 자기개발능력은 직업인으로서의 발전 목표를 스스로 수립 · 성취해나가는 능력을 말한다.

③ 자기개발은 긍정적 인간관계의 형성이 아닌 달성하려는 목표 성취를 위해 필요하다.

④ 자기개발을 통해 자신감을 얻고 보람된 삶을 살 수 있다.

04

자기개발
능력

02 다음 중 자기개발의 특징에 대한 설명으로 옳지 않은 것은?

① 자기개발을 통해 지향하는 바가 사람마다 비슷하다.

② 자기개발은 학교에서뿐만 아니라 평생에 걸쳐서 이루어지는 과정이다.

③ 자기개발은 생활 또는 자신의 현재 직무 속에서 이루어진다.

④ 자기개발은 특정한 사람만이 하는 것은 아니다.

03 다음 중 자기개발의 구성요소로 옳지 않은 것은?

① 자기욕구　　　　　　　② 자아인식

③ 자기관리　　　　　　　④ 경력개발

04 매슬로우(A. H. Maslow)에 따르면 인간의 욕구는 위계적이어서, 더 기본적인 하위욕구가 먼저 충족되어야 최상위의 자기실현의 욕구가 충족된다고 한다. 다음 중 하위욕구부터 상위욕구로 바르게 나열한 것은?

① 안정의 욕구 – 생리적 욕구 – 존경의 욕구 – 사회적 욕구 – 자아실현의 욕구

② 생리적 욕구 – 안정의 욕구 – 사회적 욕구 – 자아실현의 욕구 – 존경의 욕구

③ 안정의 욕구 – 사회적 욕구 – 생리적 욕구 – 자아실현의 욕구 – 존경의 욕구

④ 생리적 욕구 – 안정의 욕구 – 사회적 욕구 – 존경의 욕구 – 자아실현의 욕구

05 다음 보기에서 설명하는 자기개발 설계 전략으로 옳은 것은?

> 애매모호한 방법으로 계획하게 되면 어떻게 해야 되는지 명확하게 알 수 없으므로, 중간에 적당히 하게 되거나 효율적이지 못하게 자신의 노력을 낭비하게 된다. 따라서 '영어 공부하기'라는 추상적인 방법보다는 '1시간 일찍 출근하여 매일 영어 공부하기' 등의 방법을 계획하는 것이 좋다.

① 장단기 목표를 수립한다.　　　　② 인간관계를 고려한다.

③ 현재의 직무를 고려한다.　　　　④ 구체적인 방법으로 계획한다.

06 자기개발 계획을 수립하기 위한 전략에 대한 설명으로 맞는 것은?

① 장기목표는 단기목표를 수립하기 위한 기본단계가 된다.

② 미래에 대한 계획이므로 현재의 직무를 고려할 필요가 없다.

③ 인간관계는 자기개발 목표를 수립하는데 고려해야 될 사항인 동시에 하나의 자기개발 목표가 될 수 있다.

④ 장단기 목표 모두 반드시 구체적으로 작성한다.

07 다음 중 사랑받는 브랜드의 요건으로 옳지 않은 것은?

① 친근감　　　　　　　　　② 고급스러움

③ 책임감　　　　　　　　　④ 열정

08 자기개발을 방해하는 요인에 대한 설명으로 옳지 않은 것은?

① 인간의 욕구와 감정이 작용하기 때문이다.

② 개방적으로 사고하기 때문이다.

③ 문화적인 장애에 부딪히기 때문이다.

④ 자기개발 방법을 잘 모르기 때문이다.

09 자기개발 계획 수립이 어려운 이유로 옳지 않은 것은?

① 자기정보의 부족　　　　　② 내부 작업정보 부족

③ 외부 작업정보 부족　　　　④ 의사결정시 시간의 부족

10 다음 중 자아 구성 요소의 분류로 옳지 않은 것은?

① 내면적 자아 – 적성　　　　② 내면적 자아 – 가치관

③ 외면적 자아 – 성격　　　　④ 외면적 자아 – 나이

11 다음 중 올바른 자아인식을 통해 가지고 올 수 있는 효과로 옳지 않은 것은?

① 성장욕구의 증가　　　　　　　② 자기개발 방법 결정

③ 개인과 팀의 성과 향상　　　　　④ 자아정체감 상실

12 다음에 해당하는 자기개발의 구성요소로 옳은 것은?

> • 나의 업무에서 생산성을 높이기 위해서는 어떻게 해야 할까?
> • 다른 사람과의 대인관계를 향상시키기 위한 방법은?
> • 나의 장점을 살리기 위해 어떤 비전과 목표를 수립해야 할까?

① 자아인식　　　　　　　　　　② 자기관리

③ 자기비판　　　　　　　　　　④ 자기반성

13 다음 중 자기개발의 특징으로 옳지 않은 것은?

① 개발의 주체는 타인이 아닌 자기 자신이다.

② 자기개발을 통해 지향하는 바와 신호하는 방법 등은 사람마다 나르다.

③ 일과 관련하여 이루어지는 활동이다.

④ 일시적인 과정이다.

14 다음 중 자아 구성 요소의 성격이 다른 것은?

① 나이　　　　　　　　　　　　② 적성

③ 성격　　　　　　　　　　　　④ 흥미

15 A씨는 자신의 경력을 개발하기 위해 자신의 흥미분야와 적성을 고려하고 직무를 수행할 환경의 장애요인을 알아보았다. 다음 경력개발의 단계 중 어느 단계에 속하는가?

① 직무정보 탐색   ② 자신과 환경 이해

③ 경력목표 설정   ④ 경력개발 전략 수립

16 Y사원은 성실하고 부지런하지만 일처리가 늦고 미숙하여 혼이 나기 일쑤이다. 그가 업무 성과를 높이기 위해 한 행동 중에 옳지 않은 것은?

① 남아서 일을 하더라도 해야 할 일을 다음 날로 미루지 않고 그날 끝내도록 했다.

② 나눠진 업무를 관련 업무끼리 묶어 처리하는 방식으로 해결했다.

③ 업무 처리방식에 관한 회사의 업무 지침이 따로 있으나 자신만의 방법으로 일을 처리했다.

④ 회사에서 업무성과가 좋기로 소문난 B부장님을 역할 모델로 삼아 자신의 업무에 적용시켰다.

17 다음 중 조하리의 창(Johari's Windows)에 속하지 않는 것은?

① 공개된 자아   ② 숨겨진 자아

③ 나만 모르는 자아   ④ 아무도 모르는 자아

18 S사원은 업무를 효과적으로 처리하기 위해 몇 가지 대안을 찾아보고 실행 가능한 최상의 방법을 선택하려고 한다. 그 과정으로 옳지 않은 것은?

① 먼저 내가 처리할 업무의 유형을 파악해야겠어.

② 정확한 목표 달성을 위해 의사결정의 기준을 정해놓아야겠어.

③ 의사결정을 할 때 필요한 정보를 수집해야겠어.

④ 너무 많은 대안은 의사결정에 혼란을 줄 수 있으니 최소한의 대안을 탐색해야겠어.

19 P씨는 지방에서 올라와 기계공학 관련학과를 졸업하고 진로에 대하여 고민을 하던 중 근처에 숙소를 제공하는 회사에 지원하여 기술 분야의 기계관리 직무를 맡게 되었다. 다음 경력개발의 과정 중 어느 단계에 속하는가?

① 직업선택   ② 조직입사

③ 경력초기   ④ 경력중기

20 K씨는 경력개발에 관한 교육을 듣고 난 후, 직장 동료에게 경력개발능력의 필요성에 대한 질문을 하게 되었다. 동료의 답변으로 적절하지 않은 것은?

① 전략적인 인적자원의 개발을 통해 경쟁력이 극대화되기 때문이지.

② 조직 내부에서 경영전략이 변화하는 문제를 겪기 때문이지.

③ 승진 적체나 직무환경 변화 등의 문제에 대응하기 위해서지.

④ 인사제도가 능력주의 문화에서 연공주의로 변화하고 있기 때문이지.

21 다음의 괄호 안에 들어갈 말로 옳은 것은?

> 컨설팅 기업인 타워스 페린이 최근 16개 국가 직장인 86,000여 명을 대상으로 인재를 끌어들이는 주요인에 대해 조사한 결과, 우리나라의 경우 경쟁력 있는 복리후생제도가 1위, 일과 삶의 균형이 2위로 나타났다. 이는 (　　　)에 대한 관심이 증가하고 있는 것을 보여준다.

① 평생학습   ② 더블라이프

③ WLB   ④ 투잡스

22 다음의 괄호 안에 들어갈 말로 옳지 않은 것은?

> 자신을 깊이 되돌아보고 반성하며 스스로를 인식하는 일을 '성찰'이라고 한다. 자기개발을 하기 위해서
> 는 이러한 성찰의 과정이 반드시 필요한데, 이는 (   )하기 때문이다.

① 스스로 성장할 수 있는 기회를 제공

② 창의적 사고능력 개발의 기회를 제공

③ 다른 일을 하는 데 필요한 노하우 축적의 기회를 제공

④ 본인의 약점이나 실수를 감출 수 있는 기회를 제공

04

자기개발
능력

23 자기개발능력이란 직업인으로서 자신의 능력·적성·특성 등의 객관적 이해를 기초로 자기 발전 목
표를 스스로 수립하고 자기관리를 통하여 성취해 나가는 능력을 의미한다. 자기개발능력의 구성으
로 옳지 않은 것은?

① 적성개발능력   ② 자아인식능력

③ 자기관리능력   ④ 경력개발능력

24 A씨는 기업에서 자기개발에 대한 강의를 하던 중, 자기개발을 해야 하는 이유에 대한 질문을 받았다.
A씨가 할 수 있는 답변으로 옳지 않은 것은?

① 자기개발은 직장생활을 할 때 업무의 성과를 향상시키기 위해서도 필요합니다.

② 자기개발은 주변사람들과의 긍정적인 인간관계 형성을 위해서 필요합니다.

③ 자기개발은 변화하지 않는 환경에서 적응하기 위해 필요합니다.

④ 자기개발은 자신이 달성하고자하는 목표를 설정하여 성취하도록 도와줍니다.

25 다음 자기개발의 설계전략에 대한 설명으로 옳지 않은 것은?

① 장기목표는 구체적으로 계획하는 것이 바람직하나 때에 따라서는 구체적으로 계획하기 어렵거나 바람직하지 않을 수 있다.

② 인간관계는 자기개발 목표를 수립하는데 고려해야 될 사항인 동시에 하나의 자기개발 목표가 될 수 있다.

③ 장기목표는 단기목표를 수립하기 위한 기본단계이다.

④ 자기개발 계획을 수립할 때에는 현재의 직무와 관련하여 계획을 수립하여야 한다.

26 C씨는 입사준비를 위한 계획을 세우고 있다. 다음 경력개발계획의 성격 중 다른 것은?

① 자기인식 관련 워크숍 참여　　　　② 직업관련 홈페이지 탐색

③ 표준화된 검사　　　　　　　　　　④ 일기 등을 통한 성찰 과정

27 자신을 인식하는 방법을 분류할 때, 다음 중 다른 사람과의 커뮤니케이션을 통해 자아를 인식하는 방법에 대한 설명으로 적절한 것은?

① 내면이나 감정을 알 수 있다는 특징을 지닌다.

② 내가 몰랐던 내 자신을 발견하는 중요한 수단이 된다.

③ 객관적으로 자아특성을 다른 사람과 비교해 볼 수 있게 한다.

④ 인터넷을 통해 검사 도구를 손쉽게 이용할 수 있는 장점이 있다.

28 A씨는 일주일에 한 번 지역사회 복지재단을 방문해 거동이 불편한 노인들을 돌보는 봉사활동을 하고 있다. 그런데 최근 잦은 회식과 음주로 인해 봉사활동에 참여하지 못하고 있다. 다음 자기개발을 방해하는 요인 중 A씨가 겪는 방해요인과 유사한 사례는 무엇인가?

① B팀장은 최근 한 프로젝트에서 다른 팀원이 적극 제시한 의견이 자신의 견해와 다르다는 이유로 배척하였다.

② 기획부서에서 근무하는 C는 자신에게 적합한 새로운 적성을 찾아 개발하려 하지만, 어디서, 어떻게 배워야 할지 몰라 고민하고 있다.

③ 영업부서에서 근무하는 D는 최근 영업성과를 향상시키는 방식을 알게 되었지만 조직문화에 맞지 않아 도입을 포기하였다.

④ 운전을 하는 E는 자신의 분야를 넓히기 위해 새롭게 대형면허를 취득하려고 하는데, 이런저런 약속이 많아 학원에 나가지 못하고 있다.

04

자기개발
능력

29 자기개발의 경우 제한적인 정보와 사고 습관으로 인해 자신을 객관적으로 파악하는데 실패하며, 현재 익숙한 상황에 정착하려는 경향 때문에 어려움을 겪게 된다. 다음 중 자기개발에 어려움을 주는 장애요인에 대한 설명으로 적절하지 않은 것은?

① 인간에게 작용하는 욕구와 감정을 통제한다.

② 인간은 제한적으로 사고하는 경향이 있다.

③ 문화적인 틀 안에서 사고하고 행동한다.

④ 어디서, 어떻게 자기개발을 하는지를 잘 모른다.

30 다음은 자기 브랜드를 PR하는 방법에 대한 설명이다. 옳지 않은 것은?

① SNS를 통해 자신을 표현하고 알린다.

② 다른 사람과 동질적인 특징을 부각시킨다.

③ 인적네트워크를 만들어 활용하며, 경력 포트폴리오를 만든다.

④ 자신만의 명함을 통해 전형적인 틀에서 변신을 시도한다.

자원관리능력

- 자원관리능력은 모든 직장인에게 공통적으로 요구하는 직업기초 능력으로 NCS 10과목 중에서 다소 높은 비중을 차지하고 있는 영역이다.
- 자원관리능력은 직장생활에서 필요한 자원을 확인하고 확보하여 업무 수행에 이를 효율적으로 활용하여 관리하는 능력이다.
- 자원관리능력은 총무, 재무, 인사, 이공계열 등을 바탕으로 실무에 가까운 효율적인 대안을 찾는 능력이 문제로 출제된다.

1. 자원
- 자원이 무엇인지 알아본다.

2. 자원관리
- 자원관리가 무엇인지 알아본다.

3. 자원 낭비요인
- 자원의 낭비요인이 무엇인지 알아본다.

4. 자원관리과정
- 효과적인 자원관리과정의 필요성을 알아본다.

1 〉 자원관리능력

(1) 자원관리능력이란?

　자원관리능력은 직장생활에서 시간, 예산, 물적자원, 인적자원 등의 자원 가운데 무엇이 얼마나 필요한지를 확인하고, 이용 가능한 자원을 최대한 수집하여 실제 업무에 어떻게 활용할 것인지를 계획하고, 계획대로 업무 수행에 이를 할당하는 능력이다.

(2) 자원의 종류

　① **시간관리능력** : 기업 활동에서 필요한 시간자원을 파악하고, 시간자원을 최대한 확보하여 실제 업무에 어떻게 활용할 것인지에 대한 시간계획을 수립하고, 이에 따라 시간을 효율적으로 활용하여 관리하는 능력

　② **예산관리능력** : 기업 활동에서 필요한 예산을 파악하고, 예산을 최대한 확보하여 실제 업무에 어떻게 활용할 것인지에 대한 예산계획을 수립하고, 이에 따른 예산을 효율적으로 집행하여 관리하는 능력

　③ **물적자원관리능력** : 기업 활동에서 필요한 물적자원(재료, 시설자원 등)을 파악하고, 물적자원을 최대한 확보하여 실제 업무에 어떻게 활용할 것인지에 대한 계획을 수립하고, 이에 따른 물적자원을 효율적으로 활용하여 관리하는 능력

　④ **인적자원관리능력** : 기업 활동에서 필요한 인적자원을 파악하고, 인적자원을 최대한 확보하여 실제 업무에 어떻게 배치할 것인지에 대한 예산계획을 수립하고, 이에 따른 인적자원을 효율적으로 배치하여 관리하는 능력

(3) 자원관리의 과정

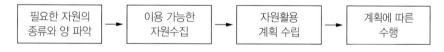

필요한 자원의 종류와 양 파악 → 이용 가능한 자원수집 → 자원활용 계획 수립 → 계획에 따른 수행

(4) 자원의 낭비 요인

　① **비계획적 행동** : 자원 활용에 대한 계획 없이 충동적이고 즉흥적으로 행동하는 경우

　② **편리성 추구** : 자원의 활용 시 자신의 편리함을 최우선으로 추구하는 경우

　③ **자원에 대한 인식 부재** : 자신이 중요한 자원을 가지고 있다는 인식이 없는 경우

　④ **노하우 부족** : 자원관리의 중요성은 알고 있으나 효과적으로 수행하는 방법을 알지 못하는 경우

2 〉 시간관리능력

(1) 시간의 특성

① 시간은 매일 24시간이 반복적으로 주어진다.

② 시간은 일정한 속도로 진행된다.

③ 시간의 흐름은 멈출 수 없다.

④ 시간은 빌리거나 저축할 수 없다.

⑤ 시간을 사용하는 방법에 따라 가치가 달라진다.

⑥ 시절에 따라 밀도와 가치가 다르다.

(2) 시간관리의 효과

① 기업 입장에서 시간관리의 효과

- 생산성 향상
- 가격 인상
- 위험 감소
- 시장 점유율 증가

② 개인 입장에서 시간관리의 효과

- 스트레스 감소
- 균형적인 삶
- 생산성 향상
- 목표 성취

(3) 시간의 낭비요인

① 외적인 요인 : 본인이 조절할 수 없는 외부인이나 외부에서 발생하는 시간에 의한 것

② 내적인 요인 : 계획의 부족이나 우유부단함 등 개인 내부의 습관에 인한 것

(4) 시간 계획

① 의의 : 시간자원을 최대한 활용하기 위하여 가장 많이 반복되는 일에 가장 많은 시간을 분배하고, 최단시간에 최선의 목표를 달성한다.

② 시간계획의 순서

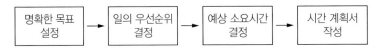

명확한 목표 설정 → 일의 우선순위 결정 → 예상 소요시간 결정 → 시간 계획서 작성

※ 일의 우선순위 판단 매트릭스

구분	긴급함	긴급하지 않음
중요함	• 긴급하면서 중요한 일 　– 위기 상황 　– 급박한 문제 　– 기간이 정해진 프로젝트	• 긴급하지 않지만 중요한 일 　– 인간관계 구축 　– 새로운 기회 발굴 　– 중장기 계획
중요하지 않음	• 긴급하지만, 중요하지 않은 일 　– 잠깐의 급한 질문 　– 일부 보고서 및 회의 　– 눈앞의 급박한 상황	• 긴급하지 않고 중요하지 않은 일 　– 하찮은 일 　– 우편물, 전화 　– 시간 낭비거리

③ 시간계획의 기본원리(60 : 40 Rule) : 계획된 행동 60%, 비계획된 행동 40%(계획 외의 행동 20%, 자발적 행동 20%)로 시간 계획을 세운다.

3 〉예산관리능력

(1) 예산과 예산관리

① **예산** : 사업이나 활동을 하기 위해 필요한 비용을 미리 계산하는 것, 넓은 의미에서는 개인 및 조직의 수입과 지출에 관한 것도 포함된다.

② **예산관리**

　• 비용 산정＋예산 수립＋예산 집행(통제)

　• 예산은 실제 비용과 가장 비슷하게 책정하는 것이 바람직하다.

> 책정비용 ＞ 실제비용 ⇨ 경쟁력 손실
> 책정비용 ＜ 실제비용 ⇨ 적자의 발생
> 책정비용 ＝ 실제비용 ⇨ 이상적 상태

(2) 직접비용과 간접비용

① **직접비용(Direct Cost)** : 제품의 생산이나 서비스를 창출하기 위해 직접 소비된 비용

　→ 재료비, 원료와 장비, 시설비, 여행 및 잡비, 인건비 등

② **간접비용(Indirect Cost)** : 생산에 직접 관련되지 않은 비용

　→ 보험료, 건물관리비, 광고비, 통신비, 사무비품비, 각종 공과금 등

(3) 예산관리 절차

① **필요한 과업 및 활동 규명** : 예산 범위 내에서 수행해야 하는 활동과 소요예산 정리

② **우선순위 결정** : 우선적으로 예산이 배정되어야 하는 활동을 도출하기 위해 활동별 예산 지출 규모를 확인하고 우선순위 확정

③ **예산 배정** : 우선순위가 높은 활동부터 예산을 배정하고 사용

(4) 과업세부도

① 과제 및 활동계획 수립 시 가장 기본적인 수단으로 활용되는 그래프

② 필요한 모든 일들을 중요한 범주에 따라 체계화해서 구분해 놓음

4 〉 물적자원관리능력

(1) 물적자원의 종류

① **자연자원** : 자연 상태 그대로의 자원

→ 석유, 석탄, 나무 등

② **인공자원** : 인위적으로 가공하여 만든 자원

→ 시설, 장비 등

(2) 물적자원관리의 중요성

① 물적자원을 효과적으로 관리할 경우 과제 및 사업의 성공으로 경쟁력을 향상 시킬 수 있다.

② 물적자원관리가 부족할 경우 과제 및 사업에 실패하여 경제적 손실을 얻게 된다.

(3) 물적자원 활용의 방해요인

① 보관장소를 파악하지 못하는 경우

② 물적자원이 훼손된 경우

③ 물적자원을 분실한 경우

④ 분명한 목적 없이 물적자원을 구입한 경우

(4) 물적자원관리 과정

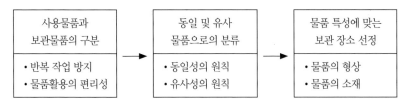

① **사용물품과 보관물품의 구분** : 계속 사용할 물품인지 아닌지를 구분하여 가까운 시일내에 활용하지 않는 물품은 창고나 박스에 보관한다.

② **동일 및 유사 물품의 분류** : 동일성의 원칙을 반영하여 같은 품종을 같은 장소에 보관하고, 유사성의 원칙대로 유사품은 인접한 장소에 보관해 소요시간을 단축시킨다.

③ **물품의 특성에 맞는 보관 장소 선정** : 재질, 무게, 부피 등 물품의 특성을 고려하여 보관 장소를 선정한 후에 회전대응 보관의 원칙을 지켜 활용 빈도가 상대적으로 높은 것을 가져다 쓰기 쉬운 위치에 먼저 보관한다.

(5) 바코드의 원리를 활용한 물품관리

자신의 물품을 기호화하여 위치 및 정보를 작성해 놓으면 물품을 효과적으로 관리 할 수 있다.

① **바코드(Bar Code)** : 컴퓨터가 판독하기 쉽고 데이터를 빠르게 입력하기 위하여 굵기가 다른 검은 막대와 하얀 막대를 조합시켜 문자나 숫자를 코드화 한 것이다.

② **QR코드(Quick Response Code)** : 흑백 격자무늬 패턴으로 정보를 나타내는 매트릭스 형식의 바코드로, 넉넉한 용량을 강점으로 다양한 정보를 담을 수 있다.

5 ⟩⟩ 인적자원관리능력

(1) 인적자원

산업이 발달함에 따라 생산현장이 첨단화, 자동화 되었더라도 물적자원, 예산 등의 생산요소를 효율적으로 결합시켜 가치를 창조하는 일을 하는 것은 바로 사람이기 때문에 기업 경영에서는 구성원들이 능력을 최고로 발휘하기 위한 인적자원의 선발, 배치 및 활용이 중요하다.

(2) 효율적인 인적자원관리의 원칙

① **적재적소 배치의 원리** : 해당 직무 수행에 가장 적합한 인재를 배치해야 한다.

② **공정 보상의 원칙** : 근로자의 인권을 존중하고 공헌도에 따라 노동의 대가를 공정하게 지급해

05

자원관리
능력

야 한다.

③ **공정 인사의 원칙** : 직무 배당, 승진, 상벌, 근무 성적의 평가, 임금 등을 공정하게 처리해야한다.

④ **종업원 안정의 원칙** : 직장에서 신분이 보장되고 계속해서 근무할 수 있다는 믿음을 갖게 하여근로자가 안정된 회사 생활을 할 수 있도록 해야 한다.

⑤ **창의력 계발의 원칙** : 근로자가 창의력을 발휘할 수 있도록 새로운 제안, 건의 등의 기회를 마련하고 적절한 보상을 위해 인센티브를 제공해야 한다.

⑥ **단결의 원칙** : 직장 내에서 구성원들이 소외감을 느끼지 않도록 배려하고, 서로 유대감을 가지고 협동, 단결하는 체제를 이루도록 한다.

(3) 개인 차원에서의 인적자원관리(인맥관리)

① 인맥은 가족, 친구, 직장동료 등 개인이 알고 있거나 관계를 형성하고 있는 사람들을 의미한다.

② 인맥은 핵심인맥과 파생인맥으로 분류할 수 있다.

- **핵심인맥** : 자신과 직접적인 관계가 있는 사람들
- **파생인맥** : 핵심인맥을 통해 알게 된 사람, 우연히 알게 된 사람 등

③ 개인적 차원의 인맥관리 방법으로는 명함관리, 인맥관리카드 작성 등이 있다.

(4) 인적자원의 특성

능동성	인적자원은 능동적이고 반응적인 성격을 지니고 있으며 성과는 인적자원의 욕구와 동기, 태도와 행동, 만족감에 따라 달라진다.
개발가능성	인적자원은 자연적인 성장, 성숙과 함께 오랜 기간에 걸쳐 개발될 수 있는 잠재능력과 자질을 보유하고 있다.
전략적 자원	다양한 자원을 활용하는 주체는 사람이므로 다른 어떤 주제보다도 전략적으로 중요하다.

(5) 인력배치

① **인력배치의 원칙**

적재적소주의	• The right man for the right job • 팀원의 능력이나 성격 등과 가장 접합한 위치에 인력을 배치하여 팀원 개개인의 능력을 최대로 발휘해 줄 것을 기대하는 것
능력주의	• 개인에게 능력을 발휘할 수 있는 기회와 장소를 부여하고, 그 성과를 바르게 평가하여 평가된 능력과 실적에 대해 그에 상응하는 보상을 주는 것
균형주의	• 팀 전체의 적재적소를 고려하여 모든 팀원에 대하여 평등하게 인력을 배치하는 것

② 배치의 유형

양적배치	작업량과 조업도, 부족인원을 감안하여 소요인원을 결정하여 배치하는 것
질적배치	적재적소의 배치
적성배치	팀원의 적성 및 흥미에 따른 배치

기초응용문제

정답 및 해설 p.32

[01-02] 다음 표는 일의 우선순위를 결정하기 위한 매트리스이다.

구분	긴급한 일	긴급하지 않은 일
중요한 일	1사분면	2사분면
중요하지 않은 일	3사분면	4사분면

01 이 중 가장 우선적으로 실시해야 하는 일로 옳은 것은?

① 1사분면   ② 2사분면

③ 3사분면   ④ 4사분면

02 다음과 같은 일이 속하는 곳으로 옳은 것은?

㉠ 잠깐의 급한 질문   ㉡ 일부 보고서 및 회의
㉢ 눈앞의 급박한 상황   ㉣ 인기 있는 활동

① 1사분면   ② 2사분면

③ 3사분면   ④ 4사분면

[03-04] 다음 자료를 바탕으로 물음에 답하시오.

지불결제 수단별 거래액 구성비

구분	2020년 5월(%)	2021년 5월(%)	전월차(%p)	
			2020년 5월	2021년 5월
계	100.0	100.0		
온라인입금	38.5	30.0	2.0	1.0
신용카드	32.1	28.5	0.7	−1.2
모바일결제	26.5	38.0	0.2	0.1
기타	2.9	3.5	0.1	0.1

05
자원관리
능력

03 2021년 4월의 거래액 중 신용카드가 차지하는 비율을 구하면?

① 27.3%   ② 24.6%

③ 30.4%   ④ 29.7%

04 총무부 소속인 귀하가 상사에게 전년대비 비교 분석표를 보고해야 한다. 이때, 2021년 5월의 거래액 중 모바일결제가 차지하는 비율이 전년 동월의 모바일결제가 차지하는 비율보다 몇 %p 증가하였는 지 구하면?

① 11.5%p   ② 13.9%p

③ 16.0%p   ④ 19.4%p

05 다음 중 A역에서 I역까지 거리가 600km일 때, A역에서 I역까지 소요되는 연료비용이 가장 비싼 노선은?

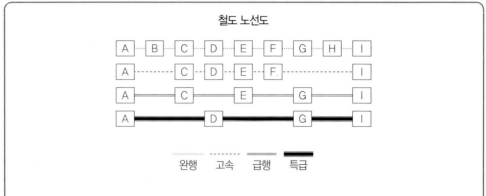

철도 노선도

노선 정보

구 분	평균속력(km/h)	연료	리터당 연료 가격 (원)	연비(km/L)
완행	60	무연탄	600	4
고속	80	벙커C유	900	6
급행	120	중유	1,500	10
특급	160	가솔린	2,200	12

① 완행 노선   ② 고속 노선

③ 급행 노선   ④ 특급 노선

06 다음 D사원이 보고서를 작성하지 못한 이유로 옳은 것은?

월	화	수	목	금	토	일
	1	2	3	4	5	6
	보고서 작성	보고서 작성	보고서 작성	보고서 작성		
7	8	9	10	11	12	13
보고서 작성완료 *기한 연장	보고서 작성	보고서 작성	보고서 작성	보고서 작성		

D사원의 계획표

① 보고서 작성시간만을 염두에 두고 계획을 짰다.

② 부수적인 업무가 너무 많았다.

③ 여유시간이 없었다.

④ 다른 사람이 도와주는 팀워크가 부족했다.

05

자원관리
능력

07 귀하는 A기업의 총무팀 소속으로 최근 진행된 '2021 프로젝트' 예산보고서를 작성하였다. 프로젝트 예산 직접비용 항목을 다음과 같이 작성했을 때, 이 중 직접비용으로 옳지 않은 것은?

2021 프로젝트 직접비용
통신비
컴퓨터 설치비
출장 교통비
인건비
대형 프로젝트 대여료
음향 설치비

① 통신비   ② 출장 교통비

③ 인건비   ④ 대형 프로젝트 대여료

08 귀하는 영업부 인턴사원에게 거래처 방문 시 주의할 점을 교육하던 중, 명함의 중요성에 대해 이야기하려고 한다. 다음 중 옳지 않은 것은?

① 자신을 PR하는 도구로 사용할 수 있어.

② 명함에 언제 무슨 일로 만났는지 메모를 하는 게 좋아.

③ 후속 교류를 위해서도 명함은 잘 관리하는 게 좋아.

④ 명함에 같이 만났던 곳이나 그날의 날씨를 적으면 그 사람을 기억하는데 많은 도움이 돼.

09 다음은 오전 회의에서 거론된 지난주 민원들이다. 과장은 귀하에게 민원들에 대한 처리를 지시하였다. 과장의 지시 중 귀하가 받아들이기에 가장 적절하지 않은 것은?

고객	민원 내용
조현진 고객님	홈페이지에 기업연혁에 관해서 2000년대 이전 자료가 없어요.
이현숙 고객님	홈페이지에 있는 자료 중에 오타가 있어요. 수정바랍니다.
김학원 고객님	이번에 기업컨설팅을 받고 싶은데 장소와 일시에 관한 정보가 찾기 어려워서 이렇게 문의 드립니다.
신동욱 고객님	대학원 스터디 모임에서 공유하고자 이번 설명회 때 기업지원과 관련된 책자를 30권정도 받고 싶은데, 어디에 문의해야 하나요?

① 홈페이지 기업연혁에 대한 자료가 부족한 것 같군요. 2000년대 이전의 자료 업데이트 해주세요.

② 홈페이지 자료에 오타 자가 있으면 안 됩니다. 다시 한 번 전체적으로 오타 수정해주세요.

③ 기업컨설팅에 관해 장소와 일시를 홈페이지 팝업창으로 띄워 누구나 찾기 쉽게 업데이트 해주세요.

④ 이번 설명회를 준비할 때, 기업 지원과 관련된 책자를 정확하게 30권 준비해 주세요.

[10-11] 다음 자료를 바탕으로 물음에 답하시오.

서식처별 현황파악과 관련예산

(단위 : 억 원)

구분	현황파악 비용	장기관찰 비용	연구 및 보전 비용	복구비용	기타 비용
산림생태계	100	90	1,000	640	1,000
해양생태계	100	112	1,500	800	500
호소생태계	80	140	200	200	200
하천생태계	30	5	15	100	150
농경생태계	50	100	1,250	750	100

※ 서식처 크기는 '현황파악 비용'과 비례

10 다음 중 옳지 않은 것은?

① 장기관찰 비용이 높을수록 연구 및 보전 비용이 높다.

② 농경생태계의 서식처 크기는 호소생태계보다 작다.

③ 서식처 크기는 산림생태계와 해양생태계가 가장 크다.

④ 연구 및 보전 비용이 높을수록 복구비용도 높다.

11 서식처 크기 대비 복구비용이 가장 큰 것은?

① 산림생태계   ② 해양생태계

③ 호소생태계   ④ 농경생태계

[12-13] 다음 자료를 바탕으로 물음에 답하시오.

당직 근무 규정

1. 당직은 일직과 숙직으로 구분한다.
2. 일직은 휴일에 두며, 그 근무시간은 정상근무일 근무시간에 준한다.
3. 숙직의 근무시간은 정상근무시간 또는 일직근무시간이 종료된 시점부터 익일의 정상 근무 또는 일직 근무가 시작될 때까지로 한다.
4. 일직 이후 숙직은 가능하나, 숙직 이후 일직은 불가하다.
5. 팀장은 월 1회를 초과하여 평일 숙직을 할 수 없다.
6. 숙직을 할 경우 숙직일을 기준으로 앞뒤로 2일간은 숙직을 할 수 없다.
   > ◎ 수요일 숙직 시, 월요일과 화요일, 목요일과 금요일은 숙직할 수 없음.
7. 휴일은 토요일과 일요일을 기준으로 한다.
8. 1~7 항목은 대체 근무에도 동일하게 적용 된다.

관리팀, 기획팀명단

팀	팀원
관리팀	손민석(팀장), 김경렬, 최보람, 김다예, 정혜영, 박의성
기획팀	김벼리(팀장), 홍유정, 이영아, 김종민, 이충현, 박새미

당직 근무 일정표

월	화	수	목	금	토	일
	1	2	3	4	5	6
	[숙직] 김경렬 사원	[숙직] 최보람 사원	[숙직] 김다예 사원	[숙직] 정혜영 사원	[일직] 박의성 사원 [숙직] 혼유정 사원	[일직] 이영아 사원 [숙직] 김벼리 팀장
7	8	9	10	11	12	13
[숙직] 김종민 사원	[숙직] 이충현 사원	(A)	[숙직] 김경렬 사원	[숙직] 최보람 사원	[일직] 김다예 사원 [숙직] 정혜영 사원	[일직] 박의성 사원 [숙직] 손민석 팀장
14	15	16	17	18	19	20
[숙직] 홍유정 사원	[숙직] 이영아 사원	[숙직] 김종민 사원	[숙직] 손민석 팀장	[숙직] 박새미 사원	[일직] 이충현 사원 [숙직] 김경렬 사원	[일직] 최보람 사원 [숙직] 김다예 사원

21	22	23	24	25	26	27
[숙직] 정혜영 사원	[숙직] 박의성 사원	[숙직] 김벼리 팀장	[숙직] 홍유정 사원	[숙직] 이영아 사원	[일직] 김종민 사원 [숙직] 이충현 사원	[일직] 박새미 사원 [숙직] 김경렬 사원
28	29	30				
[숙직] 최보람 사원	[숙직] 홍유정 사원	[숙직] 정혜영 사원				

12 이번 달 회사의 당직 근무 담당팀은 관리팀과 기획팀이 되었다. 귀하는 당직 근무표 담당자로서 위와 같이 당직 근무 일정표를 초안을 짠 뒤 팀원들로부터 휴무 예정자와 대체 근무자를 받았다. 이때, 대체 근무자를 잘못 설정한 팀원으로 옳은 것은?

구분	대체 예상일자	휴무 예정자	사유	대체 근무자
①	12일(토)	정혜영	친구 결혼식	김다예
②	20일(일)	김다예	환갑 잔치	홍유정
③	25일(금)	이영아	건강검진	정혜영
④	26일(토)	이충현	동생 결혼식	최보람

13 위 당직 근무표를 보았을 때, (A)에 들어갈 수 없는 사람으로 옳은 것은?

① 정혜영   ② 김벼리

③ 김다예   ④ 박새미

14 귀하는 영업부 신입사원으로 월요일에 2시간가량의 부서 주간회의를 잡아야 한다. 다음 구성원 스케줄 표를 참고하여 되도록 전 구성원이 주간회의에 참석할 수 있는 시간대를 고르면? (단, 모두가 참석하기 어려울 때는 직급이 높은 사원의 참석을 우선시 한다.)

구분	부장	과장	대리	팀장	사원
9:00~10:00	거래계약		외근	신입사원 교육 일정회의	부서물품 수령
10:00~11:00					시장조사
11:00~12:00				제안서 작성	
12:00~13:00	점심시간				
13:00~14:00	부장급 회의	제안서 확인	거래처 관리		민원 업무 처리
14:00~15:00					
15:00~16:00					
16:00~17:00	기타 제안서 결제		시장조사 확인		
17:00~18:00		거래처 회의		신입사원 교육 준비	

① 10:00~12:00　　　　　　　② 13:00~15:00

③ 14:00~16:00　　　　　　　④ 15:00~17:00

[15-16] 다음 자료를 바탕으로 물음에 답하시오.

신 과장 : 최근 월말이 되면서 팀별 회의가 잦은 것으로 알고 있습니다. 특히 대회의실은 여러 팀들이 사용하는 곳임에도 정리 정돈과 규칙을 지키지 않은 팀들로 인하여 불만사항들이 생겨 다음과 같은 매뉴얼을 새로 정리해 회의실 앞 게시판에 붙여 놓을 테니 확인비랍니다.

> **대회의실 매뉴얼**
> - 빔프로젝트는 사용한 후 전원을 꺼주시고, 스크린도 올려주십시오.
> - 음향장비는 사용한 후 전원을 꺼주시고, 무선 마이크는 단상위에 꺼둔 채로 놓아주십시오.
> - 추가로 랜선이 필요한 팀은 관리팀에 요구하고, 사용 후에는 반납해주십시오.
> - 화이트보드의 펜과 지우개정리를 하고, 나오지 않은 펜은 교체해주십시오.
> - 의자와 책상 위 물품들은 정리하고, 이면지는 사무실내 이면지 통에 넣어주십시오.
> - 나오기 전 대회의실 창문과 커튼을 닫고, 불을 꺼주십시오.
> - 위의 사항들을 3회 이상 어기는 팀은 한 달간 대회의실 이용이 불가합니다.

15 다음 매뉴얼을 읽고, 대회의실을 사용한 귀하가 취해야할 행동으로 옳지 않은 것은?

① 화이트보드 펜이 나오지 않아 새것으로 교체해 놓고 나왔다.

② 회의가 끝나고 나오기 전 창문과 커튼을 모두 닫았다.

③ 회의 중 생긴 이면지는 회의실내 쓰레기통에 버렸다.

④ 추가로 빌려온 랜선은 회의가 끝난 후 관리팀에 다시 반납했다.

16 다음은 여러 팀들이 대회의실을 이용 후 귀하가 작성한 상태이다. 한 달 간 대회의실을 이용할 수 없는 팀은?

		1회	2회	3회
①	경영팀	음향시설 전원 끔	커튼 닫음	이면지 사무실내 이면지통에 정리함
②	마케팅팀	책상위에 이면지 있음	의자정리미흡	마이크 켜놓음
③	영업팀	창문 열려있음	랜선 반납 안함	의자 정리함
④	총무팀	랜선 반납함	스크린 내려옴	커튼 열려있음

[17-18] 경쟁관계에 있는 M회사와 S회사가 제품별 홍보에 따라 벌어들일 수 있는 수익체계를 정리한 표이다. 다음 표를 바탕으로 물음에 답하시오.

홍보 제품별 수익체계

구분		S회사		
M회사		A제품	B제품	C제품
	A제품	(−6, 4)	(4, −2)	(2, 10)
	B제품	(−7, 12)	(6, 3)	(3, 8)
	C제품	(10, −2)	(−4, 4)	(14, 7)

※ 괄호 안의 숫자는 M회사와 S회사가 홍보로 인한 월 수익(억 원)을 뜻한다. (M회사 월 수익, S회사 월 수익)

※ M회사가 A제품을 홍보하고 S회사가 B제품을 홍보 하였을 때, M회사의 월 수익은 4억 원이고, S회사의 월 손해는 2억 원이다.

시기별 소비자 선호도

시기	선호품목
1~3월	B제품
4~6월	A제품
7~9월	C제품
10~12월	A, B제품

※ 제품을 선호하는 시기에 홍보하면 수익체계에 나타나는 월 수익의 50%가 증가, 월 손해의 50%가 감소된다.

17 다음 중 보기처럼 각 제품을 홍보 시 M회사와 S회사가 얻는 수익의 합이 가장 클 경우로 옳은 것은?

① M회사 : A제품 , S회사 : C제품　　② M회사 : C제품 , S회사 : B제품

③ M회사 : C제품 , S회사 : C제품　　④ M회사 : A제품 , S회사 : A제품

18 다음 중 6월에 홍보 시 M회사와 S회사가 얻는 수익의 합이 가장 클 경우로 옳은 것은?

① M회사 : A제품 , S회사 : A제품　　② M회사 : A제품 , S회사 : C제품

③ M회사 : B제품 , S회사 : A제품　　④ M회사 : C제품 , S회사 : A제품

[19-20]　다음 자료를 바탕으로 물음에 답하시오.

A회사 야유회 일정 공지

1. 일시 : 2018년 5월 20일~21일
2. 장소 : 안면도 ○○ 펜션
3. 세부일정

20일	9:00~11:00	출발 및 안면도 ○○ 펜션 입실
	11:00~12:00	튤립축제 구경
	12:00~13:30	점심식사
	13:30~15:30	족구 및 주변 산책

20일	15:30~18:00	팀별 회의 및 토론
	18:00~20:00	저녁식사
	20:00~22:00	자유시간
	22:00~	취침
21일	9:00~11:00	기상 및 퇴실준비
	11:00~12:00	아침식사 후 출발
	12:00~14:00	사무실 도착 및 해산

19 다음은 첫 야유회를 준비하는 신입사원들의 대화이다. 이 중 가장 적절하지 않은 사람은?

① 신사원 : 퀴즈대회에서 잘 맞추기 위해 상식 책을 읽고 가야겠어.
② 홍사원 : 중간에 팀별 회의를 하니까 필기구도 챙겨가야지.
③ 김사원 : 족구대회에서 1등하기 위해 편한 복장을 준비해 갈 거야.
④ 노사원 : 튤립축제에 가니까 카메라를 들고 가야지.

20 야유회 구성 담당자였던 귀하는 다음과 같은 예산안을 만들었다가 상사에게 자원관리를 제대로 할 줄 모른다며 피드백을 받았다. 이들 중 귀하가 지적받았던 사항으로 가장 적절한 것은?

구분	품목	수량	금액(원)	비고
숙박비	숙소	4	480,000	8인실(32명)
식대	점심	32	256,000	바지락 칼국수
	저녁	32	384,000	바비큐
	아침	32	224,000	순대국밥
잡화	일회용접시	50	15,000	
	종이컵	100	5,000	
	과자	50	72,000	
	음료	20	60,000	
	주류	40	80,000	

회의 및 토론 진행	세미나실	5	1,000,000	총 수용인원 : 100명
	팀별 노트북	12	0	회사 보유품
기타	차량 운행비	3	360,000	12인승

① 야유회에 술을 포함한 것이 잘못되었다

② 숙소를 더 넓은 인실로 예약하는 것이 좋았다.

③ 인원수에 비해 차량의 수가 맞지 않는다.

④ 인원수에 맞지 않는 세미나실을 여러 개 잡았다.

[21-22] 다음 자료들을 바탕으로 물음에 답하시오.

17일(월) 대구에서 열리는 환경 보존 세미나가 있어 직원들이 기차를 타고 대구에 가게 되었다. A씨는 17일 당일 광명역에서 동대구역으로 가는 기차표를 9일 전에 예매하였고, B씨는 17일 당일에 광명역에서 동대구 행 기차표를 구매하였다. C씨는 대구에 있는 친지 방문을 위해서 16일(일)에 서울역에서 동대구역으로 가는 기차표를 전월 30일에 예매하였다. (단, 환경 보존 세미나는 공휴일에 열리지 않는다.)

[표1] 열차 운임표

도착 \ 출발	서울	광명	천안, 안산	대전	김천	구미	동대구
서울	–	8,000	12,000	21,000	28,000	30,000	34,000
광명	8,000	–	10,000	19,000	27,000	28,000	32,000
천안, 안산	12,000	10,000	–	8,000	16,000	18,000	23,000
대전	21,000	19,000	8,000	–	8,000	10,000	15,000
김천	28,000	27,000	16,000	8,000	–	8,000	8,000
구미	30,000	28,000	18,000	10,000	8,000	–	8,000
동대구	34,000	32,000	23,000	15,000	8,000	8,000	–

[표2] 열차 할인율

구분		열차출발일	
		월~금요일	토·일·공휴일
승차권 구입시기	열차출발 2개월 전부터 30일 전까지	20%할인	10%할인
	열차출발 29일 전부터 15일 전까지	15%할인	7%할인
	열차출발 14일 전부터 7일 전까지	10%할인	4%할인

21 A, B, C씨의 열차 운임의 합계는 얼마인가?

① 92,420원

② 92,520원

③ 92,620원

④ 92,720원

22 귀하가 서울에서 구미까지 출장을 간다고 할 때, 다음 중 가장 저렴하게 표를 예매할 경우는?

① 열차출발 13일전에 예매 후 주중에 출발하는 표

② 열차출발 15일전에 예매 후 주중에 출발하는 표

③ 열차출발 19일전에 예매 후 주말에 출발하는 표

④ 열차출발 35일전에 예매 후 주말에 출발하는 표

23 다음은 A팀 강대리와 박팀장의 메신저 내용이다. 둘의 대화를 통해 다음 주 전체 회의 때 사용해야 할 가장 적합한 회의실을 보기에서 고르면?

> 박팀장 : 안녕하세요. 영업팀 박팀장 입니다. 다음 주에 있을 전체 회의건 때문에 연락 드렸습니다.
>
> 강대리 : 네 안녕하세요. 자세하게 어떤 부분 때문에 그러세요?
>
> 박팀장 : 전체회의에 참석 인원은 총 몇 명인지 알 수 있을까요?
>
> 강대리 : 저희 마케팅팀 12명과 외부 팀 10명이 참석 가능합니다.
>
> 박팀장 : 그렇군요. 혹시 미리 준비해야 할 물품들이 있나요?
>
> 강대리 : 이번 회의가 9:00~16:00까지로 길어서 중간에 점심시간이 포함되어 있습니다. 그래서 차량을 준비해주셔야 합니다. 그리고 빔프로젝트가 있는지도 확인해주셔야 합니다.
>
> 박팀장 : 그럼 빔프로젝트 비용과 교통비도 생각해야겠네요.
>
> 강대리 : 네. 회사에서 이번 회의 관련해서 총 60만 원 까지 지원해 준다고 하던데, 그럼 회의실 대여료 는 얼마정도 생각하고 계세요?
>
> 박팀장 : 식사비는 30만 원, 교통비는 12만 원, 빔프로젝트 대여료 3만 원 정도 잡으면 될 것 같습니다. 그리고 회의실에 놓을 음료와 쿠키도 조금 준비해야 하니까 그 비용은 8만 원 정도로 생각하면 나머지를 대여료로 사용해야겠네요.
>
> 강대리 : 어떤 곳은 다과 준비와 빔프로젝트를 무료로 대여해주는 회의실이 있는 걸로 알아요.
>
> 박팀장 : 아 정말요? 한 번 알아봐야겠네요.
>
> 강대리 : 혹시 또 궁금한 거 있으면 언제든지 물어보세요.
>
> 박팀장 : 네 감사합니다. 강대리님.

회의실 대관정보				
회의실	수용인원	대관요금		특징
		종일	반일 (오전/오후/야간)	
A실	20	90,000	60,000	
B실	25	100,000	80,000	다과 제공 빔프로젝트 유료대여 (50,000)
C실	25	120,000	90,000	빔프로젝트 무료대여
D실	30	170,000	140,000	다과제공 빔프로젝트 무료대여

① A실   ② B실

③ C실   ④ D실

24 다음 중 기업 활동을 위해 사용되는 자원에 포함되지 않는 것은?

① 돈   ② 기업 문화

③ 물적 자원   ④ 인적 자원

25 다음 중 자원 낭비요인에 대한 설명으로 옳지 않은 것은?

① 비계획적 행동   ② 편리성 추구

③ 중요 자원에 대한 인식   ④ 노하우 부족

26 다음 중 시간 자원의 특징에 대한 설명으로 옳지 않은 것은?

① 시간은 매일 주어지며, 미리 사용할 수 없다.

② 시간은 똑같은 속도로 흐른다.

③ 시간의 흐름은 전혀 융통성이 없다.

④ 시간은 밀도와 가치가 동일하다.

27 다음 중 개인의 시간 관리를 통해 나타날 수 있는 현상으로 가장 옳지 않은 것은?

① 스트레스가 줄어든다.　　　　② 일중독 현상이 증가한다.

③ 생산성을 높일 수 있다.　　　④ 목표의 성공적 달성을 가능하게 한다.

28 다음 중 일반적으로 예산관리에 포함되지 않는 것은?

① 예산 평가　　　　　　　　　② 비용 산정

③ 예산 통제　　　　　　　　　④ 예산 편성

29 물적자원에 대한 다음 설명 중 옳지 않은 것은?

① 세상에 존재하는 모든 물체는 물적자원에 포함된다.

② 자원을 크게 나눌 때 자연자원과 인공자원으로 나눌 수 있다.

③ 자연자원은 자연 상태 그대로의 자원과 시설, 장비 등이 모두 포함된다.

④ 물적자원을 얼마나 확보하고 활용할 수 있느냐가 국가의 큰 경쟁력이 된다.

30 다음은 물적자원관리 과정에 대한 설명이다. 옳지 않은 것은?

① 물품의 정리·보관 시 물품이 앞으로 계속 사용할 것인지 그렇지 않은지를 구분해야 한다.

② 유사성의 원칙은 유사품을 같은 장소에 보관하는 것을 말하며, 이는 보관한 물품을 보다 쉽고 빠르게 찾을 수 있도록 하기 위해서 필요하다.

③ 물품의 특성에 맞는 보관 장소를 선정해야 하므로, 종이류와 유리 등은 그 재질의 차이로 인해서 보관 장소의 차이를 두는 것이 적당하다.

④ 물품의 정리 시 회전대응 보관의 원칙은 입·출하의 빈도가 높은 품목은 출입구 가까운 곳에 보관하는 것을 말한다.

MEMO

대인관계능력

- 대인관계능력은 모든 직장인에게 공통적으로 요구하는 직업기초 능력으로, 직장생활에서 협조적인 관계를 유지하고 조직의 갈등을 원만히 해결하고, 고객의 요구를 충족시켜줄 수 있는 능력을 기를 수 있다.
- 직장생활 중 조직구성원들의 업무향상에 도움을 주며 동기화시킬 수 있고, 조직의 목표 및 비전을 제시할 수 있는 능력을 기를 수 있다.
- 핵심이론과 관련된 일반적인 지식 문제와 실제 직업 생활에서 일어날 수 있는 사례들을 제시한 응용 · 심화 문제 등이 출제된다.

1. 대인관계능력

– 대인관계능력이 무엇인지 알아본다.

2. 팀워크능력

– 팀워크능력이 무엇인지 알아본다.
– 효과적인 팀의 특성을 알아본다.

3. 리더십능력

– 리더십의 의미와 유형에 대해 알아본다.

4. 갈등관리능력

– 갈등의 쟁점 및 유형에 대해 알아본다.
– 효과적인 갈등 해결방법에 대해 알아본다.

5. 협상능력

– 협상의 의미와 종류에 대해 알아본다.
– 효과적인 협상과정에 대해 알아본다.

6. 고객서비스능력

– 고객의 불만표현 유형 및 대응 방안에 대해 알아본다.
– 고객불만 처리 프로세스 8단계에 대해 알아본다.

1 》 대인관계능력

(1) 대인관계능력이란?
① 직장생활에서 협조적인 관계를 유지하고 조직 구성원들에게 도움을 줄 수 있으며, 조직 내부 및 외부의 갈등을 원만히 해결하고 고객의 요구를 충족시켜줄 수 있는 능력이다.
② 대인관계 형성 시 가장 중요한 요소는 무엇을 말하느냐, 어떻게 행동하느냐 보다는 우리의 사람됨, 즉 깊은 내면 또는 성품이다.

(2) 대인관계 향상 방법
① 상대방에 대한 이해와 양보
② 사소한 일에 대한 관심
③ 약속의 이행
④ 칭찬하고 감사하는 마음
⑤ 언행일치
⑥ 진지한 사과

06
대인관계
능력

2 》 팀워크능력

(1) 팀워크란?
① Team + Work의 개념으로, 팀 구성원이 공동의 목적을 달성하기 위하여 상호관계성을 가지고 서로 협력하여 업무를 수행하는 것을 말한다.
② 단순히 모이는 것을 중요시하는 것이 아니라 목표달성 의지를 가지고 성과를 내는 것이다.
③ 팀이 성과는 내지 못하면서 분위기만 좋은 것은 팀워크가 아니라 응집력이다.

(2) 효과적인 팀의 특성
① 팀의 사명과 목표를 명확하게 기술함
② 창조적으로 운영함
③ 결과에 초점을 맞춤
④ 역할과 책임을 명료화함
⑤ 조직화가 잘 되어있음
⑥ 개인의 강점을 활용함
⑦ 리더십 역량을 공유함
⑧ 팀 풍토를 발전시킴

⑨ 의견 불일치를 건설적으로 해결함

⑩ 개방적인 의사소통을 함

⑪ 객관적인 결정을 내림

⑫ 팀 자체의 효과성을 평가함

(3) 팀의 발전 과정

① 형성기(Forming) : 팀이 구축되고 형성되는 단계로, 팀원들은 안전하고 예측 가능한 행동에 대한 지침이 필요하기 때문에 리더에게 상당히 의지하고, 팀에서 인정받기를 원한다.

② 격동기(Storming) : 팀원들이 과제를 수행하기 위해 체계를 갖추게 되면서 필연적으로 마찰이 일어나며 리더십, 구조, 권한, 권위에 대한 문제 전반에 걸쳐서 경쟁심과 적대감이 나타난다.

③ 규범기(Norming) : 팀원 간에 응집력이 생기고 공동체 형성과 팀의 문제 해결에 더욱 집중하여 단결된 모습을 보인다.

④ 성취기(Performing) : 팀원들 간 조화를 이루고 팀원으로서의 충성심을 드러낸다. 전체적인 목표는 문제 해결과 일을 통한 생산성 향상이다.

(4) 멤버십(Membership)

① 멤버십이란 조직의 구성원으로서 자격과 지위를 갖는 것으로, 훌륭한 멤버십은 팔로워십(= 리더를 잘 따르는 것)의 역할을 충실하게 수행하는 것이다.

② 멤버십과 리더십의 두 개념은 상호보완적이며 필수적인 관계이다.

③ 멤버십의 유형

　㉠ 소외형

　　• 자립적, 냉소적이며 일부러 반대의견을 제시함

　　• 조직이 자신을 인정하지 않으며 적절한 보상이 없다고 생각함

　㉡ 순응형

　　• 기쁜 마음으로 과업을 수행하며 획일적인 태도를 보임

　　• 리더나 조직에 헌신하며 리더의 의견을 거스르는 것이 어려움

　㉢ 실무형

　　• 조직에 운영방침에 민감함, 규정과 규칙을 중시함, 사건을 균형 잡힌 시각으로 바라봄

　㉣ 수동형

　　• 판단, 사고 시 리더에 의존함, 지시가 있어야 행동함

　　• 업무 수행 시 감독이 반드시 필요함

ⓜ 주도형

- 독립적 · 혁신적 사고 측면에서 건설적 비판을 하며 자기 나름의 개성과 창조성을 지님
- 적극적 참여와 실천 측면에서 솔선수범하고 주인의식을 가지고 기대 이상의 성과를 내려고 노력함

⑸ 팀워크 촉진 방법

① 동료 피드백 장려하기

ⓖ 1단계 : 간명한 목표와 우선순위를 설정하라.

ⓛ 2단계 : 행동과 수행을 관찰하라.

ⓒ 3단계 : 즉각적인 피드백을 제공하라.

ⓔ 4단계 : 뛰어난 수행에 대해 인정해줘라.

② 갈등 해결하기

③ 창의력 조성을 위해 협력하기

④ 참여적으로 의사 결정하기

⑹ 팀워크 개발의 3요소

① 신뢰 쌓기

② 참여하기

③ 성과내기

3 〉 리더십능력

(1) 리더십이란?

조직의 목표 달성을 위하여 개인이 조직원들에게 영향을 미치는 과정이다.

리더	관리자
• 새로운 상황 창조자 • 혁신 지향적이다. • 내일에 초점을 맞춘다. • 사람의 마음에 불을 지핀다. • 사람을 중시한다. • 정신적이다. • 계산된 위험(Risk)를 취한다. • '무엇을 할까'를 생각한다.	• 상황에 수동적이다. • 유지 지향적이다. • 오늘에 초점을 맞춘다. • 사람을 관리한다. • 체제나 기구를 중시한다. • 기계적이다. • 위험(Risk)를 회피한다. • '어떻게 할까'를 생각한다.

(2) 리더십 유형

① 독재자 유형

- 정책 의사결정과 대부분의 핵심정보를 본인만이 소유하고 고수하려는 경향이 있다.
- 질문을 금지하며, 실수를 용납하지 않고 모든 정보는 내것이라는 생각을 지닌다.
- 집단이 통제 없이 방만한 상태에 있을 때, 가시적인 성과물이 보이지 않을 때 효과적이다.

② 민주주의에 근접한 유형

- 그룹에 정보를 잘 전달하고, 전체 그룹 구성원 모두를 목표방향 설정에 참여하게 함으로써 구성원들에게 확신을 심어주려고 노력한다.
- 참여를 중시하고 토론을 장려한다. 거부권은 리더에게만 있다.
- 탁월한 부하직원을 거느리고 있을 때 효과적이다.

③ 파트너십 유형

- 리더와 집단 구성원 간 구분이 희미하며, 리더가 조직의 한 구성원이 되기도 한다.
- 평등과 집단의 비전을 강조하고 책임을 공유한다.
- 소규모 조직이나 성숙한 조직에서 풍부한 경험과 재능을 소유한 조직원이 있을 때 효과적이다.

④ 변혁적 유형

- 개개인과 팀이 유지해 온 기존의 업무수행 상태를 뛰어넘고자 한다.
- 카리스마와 자기 확신을 지니고 있으며, 조직원들에게 존경심과 충성심을 불어넣는다. 칭찬과 감화 또한 아끼지 않는다.

(3) 동기부여 방법

① 긍정적 강화법을 활용한다.

② 새로운 도전의 기회를 부여한다.

③ 창의적인 문제해결법을 찾는다.

④ 책임감으로 철저히 무장한다.

⑤ 코칭을 한다.

⑥ 변화를 두려워하지 않는다.

⑦ 지속적으로 교육한다.

(4) 코칭의 의미와 특징

① **코칭의 의미**

조직의 지속적인 성장과 성공을 만들어내는 리더의 능력으로, 직원들에게 질문을 던지는 한편 직원들의 의견을 경청하고 필요한 자원을 아끼지 않아 생산성과 기술수준을 향상시키며, 자기 향상을 도모하는 직원에게 도움을 주고 업무에 대한 만족감을 높이는 과정이다. 이는 직원들의 능력을 신뢰하며 확신하고 있다는 사실에 기초한다.

② **코칭의 특징**

㉠ 커뮤니케이션 과정의 모든 단계에서 활용 가능하다.

㉡ 다른 사람들을 지도하는 측면보다는 이끌어주고 영향을 미치는 데 중점을 둔다.

㉢ 코칭 과정에서 리더는 직원을 조직에 기여하는 파트너로 인식하고, 직원은 문제를 스스로 해결하고자 노력함으로써 적극성이 향상된다.

㉣ 코칭을 통해 조직은 동기를 부여받은 자신감 넘치는 노동력, 높은 품질의 제품, 철저한 책임감을 갖춘 직원, 상승된 효율성 및 생산성을 얻게 된다.

(5) 임파워먼트의 의미와 특징

① **임파워먼트의 의미**

리더십의 핵심 개념 중 하나인 '권한 위임'으로, 조직 구성원들을 신뢰하고 그들의 잠재력을 믿으며, 그 잠재력의 개발을 통해 고성과(High Performance)조직이 되도록 하는 일련의 행위이다.

② **임파워먼트의 충족 기준**

기준 여건의 조성, 재능과 에너지의 극대화, 명확하고 의미있는 목적에 초점

③ **높은 성과를 내는 임파워먼트 환경의 특징**

㉠ 도전적이고 흥미 있는 일

      ⓛ 학습과 성장의 기회

      ⓒ 높은 성과와 지속적인 개선을 가져오는 요인들에 대한 통제

      ⓔ 성과에 대한 지식

      ⓜ 긍정적인 인간관계

      ⓗ 개인들이 공헌하며 만족한다는 느낌

      ⓢ 상부로부터의 지원

(6) 변화관리 방법

    ① 변화관리의 필요성

    현대 비즈니스는 끊임없이 변화하고 유동적이라는 점에서 변화관리는 리더에게 있어 매우 중요한 자질로 부각되었다.

    ② 효과적인 변화관리 3단계

    변화 이해하기 → 변화 인식하기 → 변화 수용하기

4 〉 갈등관리능력

(1) 갈등의 의미와 원인

    ① 갈등이란 조직을 구성하는 개인과 집단, 조직 간에 잠재적 또는 현재적으로 대립하고 마찰하는 사회적 · 심리적 상태를 의미한다.

    ② 갈등이 항상 부정적인 결과만 가져오는 것은 아니며, 새로운 해결책을 만들어 주는 기회를 제공하기도 한다.

    ③ 갈등이 적절 수준(X1)일 때 조직 내부적으로 생동감이 넘치고 변화 지향적이며 문제 해결능력이 발휘된다. 그 결과 조직의 성과는 높아진다.

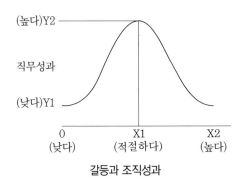

갈등과 조직성과

④ 갈등의 단서

- 지나치게 감정적인 논평과 제안
- 타인의 의견발표가 끝나기도 전에 타인 의견에 대해 공격
- 핵심을 이해하지 못한 것에 대해 서로 비난
- 편 가르기와 타협하기의 거부
- 미묘한 방식으로 서로 공격

⑤ **갈등 증폭의 원인** : 적대적 행동, 입장 고수, 감정적 관여

(2) 갈등의 쟁점과 유형

① 갈등의 두 가지 쟁점

핵심 문제	감정적 문제
• 역할 모호성 • 방법에 대한 불일치 • 목표에 대한 불일치 • 절차에 대한 불일치 • 책임에 대한 불일치 • 가치에 대한 불일치 • 사실에 대한 불일치	• 공존할 수 없는 개인적 스타일 • 통제나 권력 확보를 위한 싸움 • 자존심에 대한 위협 • 질투 • 분노

② 갈등의 두 가지 유형

구분	내용
불필요한 갈등	개개인이 저마다 문제를 다르게 인식하거나 정보가 부족할 경우에 발생 편견 때문에 발생한 의견 불일치로 적대적 감정이 생길 경우에 발생 본인이 가장 중요하다고 여기는 문제가 다른 사람 때문에 해결되지 못한다고 느낄 경우에 발생
해결할 수 있는 갈등	목표와 욕망, 가치, 문제를 바라보는 시각과 이해하는 시각이 다를 경우에 발생

(3) 갈등의 진행 과정

의견 불일치 → 대결 국면 → 격화 국면 → 진정 국면 → 갈등의 해소

(4) 갈등의 해결방법

① 갈등 해결방법 유형

㉠ **회피형** : 나도 지고 너도 지는 방법(I Lose-You Lose)

㉡ **경쟁형** : 나는 이기고 너는 지는 방법(I Win-You Lose)

㉢ **수용형** : 나는 지고 너는 이기는 방법(I Lose-You Win)

㉣ **타협형** : 서로가 받아들일 수 있는 결정을 위해 타협적으로 주고받는 방법(Give and Take)

㉤ **통합형** : 나도 이기고 너도 이기는 방법(I Win-You Win)

② 성공적인 갈등해결을 위해 명심해야 할 사항

㉠ 다른 사람들의 입장을 이해한다.

㉡ 어려운 문제는 피하지 말고 맞선다.

㉢ 자신의 의견을 명확하게 밝히고 지속적으로 강화한다.

㉣ 사람들과 눈을 자주 마주친다.

㉤ 마음을 열어놓고 적극적으로 경청한다.

㉥ 타협하려 애쓴다.

㉦ 어느 한쪽으로 치우치지 않는다.

㉧ 논쟁하고 싶은 유혹을 떨쳐낸다.

㉨ 존중하는 자세로 사람들을 대한다.

(5) 윈-윈 갈등관리법

① 윈-윈 갈등관리법이란 갈등과 관련된 모든 사람으로부터 의견을 받아 문제의 본질적인 해결책을 얻는 것이다.

② 윈-윈 갈등관리법 모델

㉠ 충실한 사전 준비

㉡ 긍정적인 접근 방식

㉢ 두 사람의 입장을 명확히 하기

㉣ 윈-윈에 기초한 기준에 동의하기

㉤ 몇 가지 해결책을 생각해내기

㉥ 몇 가지 해결책 평가하기

㉦ 최종 해결책을 선택하고, 실행에 동의하기

5 〉 협상능력

(1) 협상의 의미

협상이란 갈등관계에 있는 이해당사자들이 대화와 논쟁을 통해 서로를 설득하여 문제를 해결하고자 하는 정보전달과정이자 의사결정 과정이다.

(2) 협상의 과정

① 협상과정 5단계

협상시작	• 협상당사자들 간 상호 친근감을 쌓음 • 간접적인 방법으로 협상의사를 전달함 • 상대방의 협상의지를 확인함 • 협상진행을 위한 체제를 짬
상호이해	• 갈등문제의 진행상황과 현재의 상황을 점검함 • 적극적으로 경청하고 자기주장을 제시함 • 협상을 위한 협상대안 안건을 결정함
실질이해	• 겉으로 주장하는 것과 실제로 원하는 것을 구분하여 실제로 원하는 것을 찾아냄 • 분할과 통합 기법을 활용하여 이해관계를 분석함
해결대안	• 협상 안건마다 대안들을 평가함 • 개발한 대안들을 평가함 • 최선의 대안에 대해서 합의하고 선택함 • 대안 이행을 위한 실행계획을 수립함
합의문서	• 합의문을 작성함 • 합의문 상의 합의 내용, 용어 등을 재점검함 • 합의문에 서명함

② 협상 진행 3단계

협상 전 단계	• 협상기획 : 협상과정(준비, 집행, 평가 등)을 계획 • 협상준비 : 목표설정, 협상환경 분석, 협상형태파악, 협상팀 선택과 정보수집, 자기분석, 상대방 분석, 협상전략과 전술수립, 협상대표 훈련
협상 진행단계	• 협상진행 : 상호인사, 정보교환, 설득, 양보 등 협상전략과 전술구사 • 협상종결 : 합의 및 합의문 작성과 교환
협상 후 단계	• 협의내용 비준 • 협의내용 실행 • 평가와 피드백

(3) 협상전략의 종류

① 협력전략

㉠ 문제를 해결하는 합의에 이르기 위해 협상 당사자들이 서로 협력하는 문제해결 전략

㉡ 모두가 승리하고 잘되는 'I Win-You Win'전략

② 유화전략

㉠ 상대방의 욕구와 주장에 자신의 욕구와 주장을 조정하고 순응시켜 굴복하는 양보 · 화해 전략

㉡ 상대방의 승리를 위해서 나는 손해를 보아도 괜찮다는 'I Lose-You Win'전략

③ 회피전략

㉠ 협상을 피하거나 잠정적으로 중단 혹은 철수하는 무행동전략

㉡ 나도 손해보고 상대방도 피해를 입어 모두가 손해 보는 'I Lose-You Lose'전략

④ 강압전략

㉠ 상대방의 주장을 무시하고 힘으로 일방적으로 밀어붙여 상대방에게 자신의 입장을 강요 하는 경쟁전략

㉡ 내가 승리하기 위해 상대방은 희생되어야 한다는 'I Win-You Lose'전략

(4) 설득전략

① See-Feel-Change 전략 : 시각화를 통해 직접 보게 하여 스스로가 느끼게 한 후 변화시켜 설 득에 성공하는 전략

② 상대방 이해 전략 : 상대방에 대한 이해를 바탕으로 갈등해결을 용이하게 하는 전략

③ 호혜관계 형성 전략 : 협상 당사자 간에 어떤 혜택들을 주고받음으로써 호혜관계를 형성한 후 협상을 용이하게 하는 전략

④ 헌신과 일관성 전략 : 협상 당사자 간 기대하는 바에 일관성 있게 헌신적으로 부응하여 행동함 으로써 협상에 성공하는 전략

⑤ 사회적 입증 전략 : 어떤 과학적인 논리보다도 동료나 사람들의 행동에 의해서 상대방을 설득 하는 전략

⑥ 연결 전략 : 갈등 문제와 갈등관리자가 아닌, 갈등을 야기한 사람과 관리자를 연결하여 갈등 을 해결하는 전략

⑦ 권위 전략 : 직위나 전문성, 외모 등을 이용하여 협상을 용이하게 하는 전략

⑧ 희소성 해결 전략 : 인적, 물적 자원 등의 희소성을 해결함으로써 협상을 용이하게 하는 전략

⑨ 반항심 극복 전략 : 자신의 행동을 통제하려는 상대방에게 반항하는 심리를 적절히 억제시킴 으로서 협상을 용이하게 하는 전략

6 〉 고객서비스능력

(1) 고객서비스란?

다양한 고객의 요구를 파악하고 대응법을 마련하여 고객에게 양질의 서비스를 제공하는 것을 의미한다.

(2) 고객 불만표현 유형 및 대응방안

① **거만형**
  ㉠ 자신의 과시욕을 드러내고 싶어 하며, 일반적으로 제품을 폄하하는 고객
  ㉡ 정중하게 대하고 고객의 과시욕이 채워지도록 뽐내든 말든 내버려 두는 것이 효과적이다.

② **의심형**
  ㉠ 직원의 설명이나 제품의 품질에 대해 의심을 많이 하는 고객
  ㉡ 분명한 증거 또는 근거를 제시하여 스스로 확신을 갖도록 하고, 책임자가 응대하는 것이 효과적이다.

③ **트집형**
  ㉠ 사소한 것으로 트집을 잡는 까다로운 고객
  ㉡ 이야기를 경청하고, 맞장구치고, 추켜세우고, 설득하며, 사과하는 것이 효과적이다.

④ **빨리빨리형**
  ㉠ 성격이 급하고, 확신 있는 말이 아니면 잘 믿지 않는 고객
  ㉡ 애매한 화법을 피하고 만사를 시원스럽게 처리하는 모습을 보이는 것이 효과적이다.

06

대인관계
능력

(3) 고객 불만처리 과정 8단계

① **경청** : 고객의 항의를 끝까지 경청하며, 선입관을 버리고 문제를 파악한다.
② **감사와 공감표시** : 일부러 시간을 내서 해결의 기회를 준 것에 감사하며, 고객의 항의에 공감을 표시한다.
③ **사과** : 고객의 이야기를 듣고 문제점에 대해 인정하며, 잘못된 부분에 대해 사과한다.
④ **해결약속** : 고객이 불만을 느낀 상황에 대해 관심과 공감을 보이며, 문제의 빠른 해결을 약속한다.
⑤ **정보파악** : 문제해결을 위해 꼭 필요한 질문만 하여 정보를 습득한다.
⑥ **신속처리** : 잘못된 부분을 신속하게 시정한다.
⑦ **처리 확인과 사과** : 불만처리 후 고객에게 처리 결과에 만족하는지에 대해 질문한다.
⑧ **피드백** : 고객 불만 사례를 회사 및 전 직원에게 알려 같은 문제의 발생을 방지한다.

(4) 고객만족 조사 계획

구분	내용
조사분야 및 대상 설정	• 조사분야 및 대상을 명확하게 설정
조사목적 설정	• 전체적 경향 파악 • 고객에 대한 개별대응 및 고객과의 관계유지 파악 • 평가 목적 • 개선 목적
조사방법 및 횟수	• 조사방법 : 설문조사, 심층면접법 등 • 조사횟수 : 정확한 조사결과를 얻기 위해 연속조사 권장
조사결과 활용 계획	• 조사목적에 따라 조사결과 활용 방안이 달라지게 됨

정답 및 해설 p.38

01 다음 중 대인관계를 향상시키기 위한 방법으로 옳지 않은 것은?

① 상대방에 대한 이해와 양보　　　　② 사소한 일에 대한 관심

③ 약속의 불이행　　　　　　　　　　④ 칭찬하고 감사하는 마음

02 다음 중 효과적인 팀에 대한 설명으로 옳지 않은 것은?

① 팀 에너지를 최대한 활용함　　　　② 팀원의 강점을 인식하고 활용함

③ 다른 팀들보다 뛰어난 팀　　　　　④ 구성원이 독립적으로 기능함

06

대인관계
능력

03 다음 중 리더십과 멤버십에 대한 설명으로 적절하지 않은 것은?

① 리더십과 멤버십은 서로 같은 역할을 수행한다.

② 리더십과 멤버십의 두 개념은 상호 보완적이며 필수적인 관계이다.

③ 훌륭한 멤버십은 팔로우어십의 역할을 충실하게 잘 수행하는 것을 말한다.

④ 팔로우어십이란 리더를 따르는 것으로, 리더의 결점을 덮어주는 아량이 있어야 한다.

04 다음 중 멤버십의 유형에 대한 설명으로 옳지 않은 것은?

① 소외형 : 의존적인 사람으로, 반대의견을 제시하지 않음

② 순응형 : 팀 플레이를 하며, 리더나 조직을 믿고 헌신함

③ 실무형 : 조직의 운영방침에 민감하고, 사건을 균형 잡힌 시각으로 봄

④ 수동형 : 판단 및 사고를 리더에게만 의존하며, 지시가 있어야 행동함

05 다음 중 리더와 관리자의 역할을 비교한 내용으로 옳지 않은 것은?

① 리더는 새로운 상황을 창조하며, 관리자는 상황에 수동적이다.

② 리더는 혁신 지향적이고, 관리자는 유지 지향적이다.

③ 리더는 사람을 중시하고, 관리자는 체제나 기구를 중시한다.

④ 리더는 '어떻게 할까?'를 생각하고, 관리자는 '무엇을 할까?'를 생각한다.

06 다음은 협상과정 중 어느 단계에 해당하는가?

- 갈등문제의 진행상황과 현재의 상황을 점검함
- 적극적으로 경청하고 자기주장을 제시함
- 협상을 위한 협상대상 안건을 결정함

① 협상시작 　　　　　　　　② 상호이해

③ 실질이해 　　　　　　　　④ 해결대안

07 마케팅팀 팀장 A씨는 요즘 들어 업무 성과두 저조하고, 매사에 의욕이 없는 B사원에게 동기 부여를 하고자 한다. 다음 중 A팀장이 B사원에게 할 행동으로 옳지 않은 것은?

① 기존과는 다른 새로운 일에 도전할 기회를 준다.

② 긍정적 강화법을 활용하여, 결과에 대해 즉시 보상해준다.

③ 지속적으로 교육을 시킨다.

④ 금전적인 보상을 해준다.

08 다음 중 코칭의 특징으로 옳지 않은 것은?

① 코칭은 관리와 다른 개념이며, 조직의 지속적인 성장과 성공을 만들어내는 리더의 능력이다.

② 코칭 과정에서 리더는 직원을 기업에 기여하는 파트너로 인식하고, 직원은 문제를 스스로 해결하려고 노력하는 적극성이 향상된다.

③ 직원들을 이끌어주고 영향을 미치는 것보다 지도하는 측면에 중점을 둔다.

④ 코칭은 직원들의 능력을 신뢰하며 확신하고 있다는 사실에 기초한다.

09 리더십의 핵심 개념 중 하나인 권한 위임으로, 조직 구성원들을 신뢰하고 그들의 잠재력을 믿으며, 그 잠재력의 개발을 통해 높은 성과의 조직이 되도록 하는 일련의 행위를 가리키는 말로 옳은 것은?

① 임파워먼트   ② 코칭

③ 동기부여   ④ 팔로우어십

10 다음 중 갈등을 증폭시키는 원인으로 옳지 않은 것은?

① 적대적 행동   ② 원활한 의사소통

③ 입장 고수   ④ 감정적 관여

11 갈등의 두 가지 쟁점 중 핵심문제에 해당하지 않는 것은?

① 역할 모호성   ② 방법에 대한 불일치

③ 목표에 대한 불일치   ④ 통제나 권력 확보를 위한 싸움

12 다음 중 갈등의 진행 과정으로 옳은 것은?

① 의견 불일치 → 대결 국면 → 격화 국면 → 진정 국면 → 갈등의 해소

② 의견 불일치 → 격화 국면 → 대결 국면 → 진정 국면 → 갈등의 해소

③ 의견 불일치 → 진정 국면 → 대결 국면 → 격화 국면 → 갈등의 해소

④ 대결 국면 → 의견 불일치 → 격화 국면 → 진정 국면 → 갈등의 해소

13 다음에서 설명하는 갈등 해결 방법으로 옳은 것은?

- 자신에 대한 관심은 낮고, 상대방에 대한 관심은 높음
- I Lose-You Win의 방법

① 수용형 ② 회피형

③ 타협형 ④ 통합형

14 다음에서 설명하는 협상전략의 종류로 옳은 것은?

- 양보전략, 순응전략, 화해전략, 굴복전략이다.
- 상대방이 제시하는 것을 일방적으로 수용하여 협상의 가능성을 높이려는 전략이다.
- 전술 : 양보, 순응, 수용, 굴복, 요구사항의 철회 등

① 협력전략 ② 유화전략 ③ 회피전략 ④ 강압전략

15 다음 중 고객 불만 표현 유형과 그 대응 방안을 잘못 연결한 것은?

① 거만형 – 정중하게 응대한다.　　② 의심형 – 분명한 증거나 근거를 제시한다.

③ 트집형 – 이야기를 경청한다.　　④ 빨리빨리형 – 맞장구치고 추켜세운다.

16 고객 불만 처리 프로세스는 다음과 같이 8단계로 나눌 수 있다. 다음 중 빈칸에 적합한 단계를 순서 대로 바르게 나열한 것은?

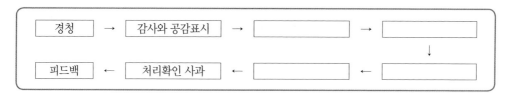

① 사과 → 정보파악 → 해결약속 → 신속처리

② 해결약속 → 신속처리 → 정보파악 → 사과

③ 사과 → 해결약속 → 정보파악 → 신속처리

④ 해결약속 → 정보파악 → 신속처리 → 사과

17 다음의 사례 중 감정은행계좌를 적립하기 위한 주요 예입 수단에 대한 설명으로 가장 적절하지 않은 것은?

① A씨는 프로젝트를 진행함에 있어 상충되는 의견이 발생하는 경우 항상 나보다 상대방의 입장을 먼저 생각하려고 노력한다.

② B씨는 직장생활을 하면서 비록 사소한 것이라도 상대와 약속한 것이 있는 경우, 업무가 바쁜 때라도 꼭 지키려고 노력한다.

③ C씨는 업무의 성과가 미흡한 경우에도 직원들에게 불만과 불평을 말하기보다는 잘한 부분에 대한 칭찬의 말과 감사의 표시를 한다.

④ D씨는 업무상 자신이 실수한 부분이 있는 경우 상대에게 이를 깨끗이 인정하며, 반복하여 사과를 함으로써 마음을 완전히 풀어주려고 노력한다.

18 한부장은 평소 사원들에게 명령위주의 대화법을 사용하며, 실수를 절대 용납하지 않는 칼 같은 사람이라는 평이 자자하다. 의사결정과 대부분의 중요한 정보를 자신만의 것이라고 생각하는 이러한 유형은 무엇인가?

① 독재자 유형   ② 민주주의에 근접한 유형

③ 파트너십 유형   ④ 변혁적 유형

19 홍보팀 박부장은 지난달 판매 실적을 살펴보던 중 홍보 전략 변화의 필요성을 느꼈다. 변화를 위해서는 팀원들의 적극적인 도움이 필요했다. 그래서 변화관리 3단계를 통해 변화관리 계획을 수립하기로 했다. 각 단계별로 박부장이 고려해야 할 사항으로 옳지 않은 것은?

① 이해하기 : 변화가 왜 필요하며 무엇이 변화를 일으키는가에 대해 이해한다.

② 인식하기 : 개방적인 분위기를 조성한다.

③ 인식하기 : 직원들 스스로가 변화를 직접 주도하고 있다는 마음이 들도록 한다.

④ 수용하기 : 부정적인 행동을 보이거나 반감을 가지는 직원들이 있다면 변화를 중단한다.

20 협상의 과정 중 해결대안 단계에서 고려해야 할 사항으로 옳지 않은 것은?

① 협상 안건마다 대안들을 평가한다.

② 상대가 실제로 원하는 것을 찾아낸다.

③ 최선의 대안에 대해서 합의하고 선택한다.

④ 대안 이행을 위한 실행계획을 수립한다.

21 나도 지고 너도 지는 방법(I Lose–You Lose)으로 자신과 상대방에 대한 관심이 모두 낮은 갈등 해결 방법은 무엇인가?

① 회피형(Avoiding)
② 경쟁형(Competing)
③ 수용형(Accomodating)
④ 타협형(Compromising)

22 팀워크는 팀 구성원들이 공동의 목적을 달성하기 위해 각자가 맡은 역할에 따라 서로 협력적으로 행동하는 것을 말한다. 다음 중 이러한 팀워크를 저해하는 요소로 적절하지 않은 것은?

① 조직에 대한 이해 부족
② '내가'라는 자아의식의 과잉
③ 질투나 시기로 인한 파벌주의
④ 사고방식 차이에 대한 이해

23 팀의 발전과정을 4단계로 분류할 때, 여기에 해당되는 단계로 적절하지 않은 것은?

① 형성기
② 안정기
③ 규범기
④ 성취기

24 다음 중 팀워크에 대한 설명으로 옳지 않은 것은?

① 팀이 단순히 모이는 것을 중요시 한다.
② 목표달성의 의지를 가지고 성과를 내는 것이다.
③ 구성원이 공동의 목적을 달성하기 위해 상호관계성을 가지고 서로 협력하여 업무를 수행한다.
④ 유형은 협력, 통제, 자율 세 가지 기제를 통해 구분된다.

25 우리가 추구하는 멤버십 유형의 일종으로 주도형(모범형)이 있다. 다음 중 주도형에 대한 설명으로 옳지 않은 것은?

① 적극적 역할을 실천하는 사람이다.

② 스스로 생각하고 비판을 삼간다.

③ 개성이 있고 창조적인 특성을 지닌다.

④ 솔선수범하며 주인의식을 가지고 참여한다.

26 팀을 보다 생산적으로 만들기 위해서는 많은 노력이 필요하며, 특히 팀워크를 촉진시키는 것은 매우 중요하다. 다음 중 이와 관련된 설명으로 가장 옳지 않은 것은?

① 동료의 부정적 피드백은 팀원들이 개선 노력이나 탁월한 성과를 내고자 하는 노력을 게을리 하게 만든다.

② 팀원 간의 갈등을 발견하는 경우 제 삼자로서 신속히 개입하여 중재하는 것이 필요하다.

③ 아이디어에 대해 아무런 제약을 가하지 않는 환경을 조성할 때 협력적인 풍토를 조성할 수 있다.

④ 훌륭한 의사결정을 위해서는 결정의 질을 고려해야 하며, 구성원의 동참이 필요하다.

27 일반적인 리더십 유형에 대한 설명 중 옳지 않은 것은?

① 민주주의에 근접한 유형의 리더는 구성원 모두를 목표방향 설정에 참여하게 한다.

② 파트너십 유형은 집단이 방만한 상태에 있거나 가시적인 성과물이 보이지 않을 때 효과적이다.

③ 독재자 유형은 정책의사결정과 핵심정보를 그들 스스로가 소유하려는 경향이 강하다.

④ 변혁적 유형의 리더는 조직이나 팀원들에게 변화를 가져오는 원동력이 된다.

28 코칭에 대한 다음 설명 중 적절하지 않은 것은?

① 코칭 모임을 준비할 경우 다룰 내용과 소요 시간을 구체적으로 밝혀야 한다.

② 코칭은 적극적으로 경청하고 직원 스스로 해결책을 찾도록 유도하는 과정이 필요하다.

③ 오늘날의 코칭은 리더나 관리자가 직원들을 코치하는 관점이 강조되고 있다.

④ 코칭은 직장 내 직원들의 사기를 진작하고 신뢰감을 형성하는데 필요한 수단이다.

29 임파워먼트에 관한 다음 설명 중 옳지 않은 것은?

① 임파워먼트 여건들은 사람들을 성장하게 하고 잠재력과 창의성을 최대한 발휘하게 한다.

② 높은 성과를 내는 임파워먼트 환경은 학습과 성장의 기회가 보장되어야 한다.

③ 고성과 임파워먼트 환경은 높은 성과와 지속적인 개선을 가져오는 요인들에 대한 통제가 이루어지는 환경이다.

④ 임파워먼트 환경은 사람들이 현상을 유지하고 순응하게 만드는 경향이 있다.

06
대인관계
능력

30 변화에 대처하기 위한 관리전략에 대한 설명 중 옳지 않은 것은?

① 끊임없이 변하는 비즈니스의 특징에 따라 변화관리는 리더의 중요한 자질이 된다.

② 변화기술의 연마를 위해 리더는 열린 커뮤니케이션, 역지사지의 자세, 긍정적 자세 등에 관심을 기울여야 한다.

③ 변화에 뒤처지지 않기 위한 끊임없는 업무 재편은 바람직한 전략에 해당되지 않는다.

④ 효과적 변화관리 단계는 변화 이해, 변화 인식, 변화 수용의 3단계로 설명할 수 있다.

31 협상과정을 협상시작, 상호이해, 실질이해, 해결대안, 합의문서의 5단계로 구분한다고 할 때, 다음 중 각 단계에서 해야 할 일을 잘못 연결한 것은?

① 협상시작 – 협상당사자들 간의 친근감 형성, 협상의사 전달

② 상호이해 – 현재 상황의 점검, 자기주장의 제시, 협상대상 안건 결정

③ 실질이해 – 안건마다 대안을 평가, 대안 이행을 위한 실행계획 수립

④ 합의문서 – 합의내용 재점검, 합의문 서명

MEMO

정보능력

- 정보능력은 모든 직장인에게 공통적으로 요구하는 직업기초 능력으로 NCS 10과목 중에서 많이 채택되는 영역이다.
- 정보능력은 기본적인 컴퓨터를 이용하여 필요한 정보를 수집, 분석, 활용하는 중요한 영역이다.
- 핵심이론과 관련된 컴퓨터 활용 능력을 묻는 문제와 응용문제에서 요구하고 있는 주어진 규칙을 분석 및 적용하는 능력 등이 문제로 출제된다.

1. 정보능력

– 자료와 정보의 차이점을 알아본다.

2. 정보화 사회

– 정보화 사회의 특징을 알아본다.

3. 컴퓨터 및 컴퓨터 활용

– 컴퓨터가 활용되는 분야를 알아본다.

4. 정보처리

– 정보의 처리과정을 알아본다.

5. 네티켓

– 사이버 공간에서 지켜야 할 예절에 대해 알아본다.

6. 개인정보

– 개인정보 유출방지법에 대해 알아본다.

1 〉 정보능력

(1) 정보능력이란?

정보능력은 직장생활에서 기본적인 컴퓨터를 활용하여 필요한 정보를 수집, 분석, 활용하는 능력이다. 매일 수십 개의 정보가 생성·소멸될 정도로 변화가 빠른 정보화시대에서 정보능력은 필수적이라 할 수 있다.

(2) 자료·정보·지식의 차이

구분	내용	활용예시
자료	• 정보작성을 위하여 필요한 데이터 • 객관적 실제의 반영이며, 그것을 전달 할 수 있도록 기호화 한 것	• 고객의 주소, 성별, 이름, 나이, 스마트폰 기종, 스마트폰 활용 횟수 등
정보	• 자료를 특정한 목적과 문제해결에 도움이 되도록 가공한 것	• 중년층의 스마트폰 기종 • 중년층의 스마트폰 활용 횟수
지식	• 정보를 집적하고 체계화하여 장래의 일반적인 사항에 대비해 보편성을 갖도록 한 것	• 스마트폰 디자인에 대한 중년층의 취향 • 중년층을 주요 타깃으로 신종 스마트폰 개발

(3) 정보화 사회

① 정보화 사회란?

이 세상에서 필요로 하는 정보가 사회의 중심이 되는 사회로서 컴퓨터 기술과 정보통신 기술을 활용하여 사회 각 분야에서 필요로 하는 가치 있는 정보를 창출하고, 보다 유익하고 윤택한 생활을 영위하는 사회로 발전시켜 나가는 것을 의미한다.

② 미래의 사회

㉠ 부가가치 창출요인이 토지, 자본, 노동에서 지식 및 정보 생산 요소로 전환

※ **미래사회를 이끌어갈 주요산업 (6T)** : 정보기술(IT), 생명공학(BT), 나노기술(NT), 환경기술(ET), 문화산업(CT), 우주항공기술(ST)

㉡ 세계화의 진전

세계화는 모든 국가의 시장이 국경 없는 하나의 세계 시장으로 통합됨을 의미한다. 이 때 세계 시장에서 실물 상품뿐만 아니라 노동, 자본, 기술 등의 생산요소와 교육과 같은 서비스의 국제 교류도 모두 포함된다.

㉢ 지식의 폭발적인 증가

미래사회에서는 지식 특히, 과학적 지식이 폭발적으로 증가할 것이다. 2050년경이 되면 지식이 급증하여 지금의 지식은 1% 밖에 사용할 수 없게 될 것이라고 전망하는 미래학자도 있다.

07

정보
능력

③ 정보화 사회에서 필수적으로 해야 할 일

ㄱ 정보검색

ㄴ 정보관리

ㄷ 정보전파

(4) 컴퓨터의 활용

① 기업 경영 분야에서의 활용

생산에서부터 판매, 회계, 재무, 인사 및 조직관리는 물론 금융 업무까지도 활용하고 있다. 특히 경영정보시스템(MIS), 의사결정지원시스템(DSS), 사무자동화(OA), 전자상거래(EC)등을 이용하여 업무처리의 효율을 높이고 있다.

② 행정 분야에서의 활용

행정기관에서 민원처리, 각종 행정 통계 등의 여러 가지 행정에 관련된 정보를 데이터베이스를 구축하여 활용하고 있다.

③ 산업 분야에서의 활용

공업, 상업 등 각 분야에서 널리 활용될 뿐만 아니라 중요한 역할을 담당하고 있다. 특히 컴퓨터 이용 설계(CAD)와 컴퓨터 이용 생산(CAM)등을 이용하여 제품의 경쟁력을 높이고 있다.

④ 기타 분야에서의 활용

컴퓨터는 교육, 연구소, 출판, 가정, 도서관, 예술 분야 등에서도 널리 활용되고 있다. 특히 교육에서 컴퓨터 보조 교육(CAI), 컴퓨터 관리 교육(CMI)와 복잡한 계산이나 정밀한 분석 및 실험 등의 여러 가지 형태로 이용되고 있다.

(5) 정보의 활용

효과적으로 정보를 활용하기 위해서는 기획, 수집, 관리, 활용의 절차를 거치는 것이 바람직하다.

① 정보의 기획

정보활동의 가장 첫 단계로서 정보관리의 가장 중요한 단계이며, 5W2H에 의해 기획을 한다.

5W2H	
WHAT (무엇을)	정보의 입수대상을 명확히 한다.
WHERE (어디서)	정보의 소스(정보원)를 파악한다.
WHEN (언제까지)	정보의 요구(수집)시점을 고려한다.
WHY (왜)	정보의 필요목적을 염두에 둔다.

WHO (누가)	정보활동의 주체를 확정한다.
HOW (어떻게)	정보의 수집방법을 검토한다.
HOW MUCH (얼마나)	정보수집의 비용성(효용성)을 중시한다.

(6) 개인정보

① 개인정보란?

생존하는 개인에 관한 정보로서 정보에 포함되어 있는 성명, 주민등록번호 등의 사항에 의하여 개인을 식별할 수 있는 정보를 말한다. 또한 해당 정보만으로는 특정 개인을 식별할 수 없더라도 다른 정보와 용이하게 결합하여 식별할 수 있는 것들도 모두 포함된다.

② 개인정보의 종류

분류	내용
일반 정보	이름, 주민등록번호, 운전면허정보, 주소, 전화번호, 생년월일, 출생지 등
가족 정보	가족의 이름, 직업, 생년월일, 주민등록번호, 출생지 등
교육 및 훈련 정보	최종학력, 성적, 기술자격증, 전문자격증, 이수훈련 프로그램 등
병역 정보	군번 및 계급, 제대유형, 주특기, 근무부대 등
부동산 및 동산 정보	소유주택 및 토지, 자동차, 저축현황, 현금카드, 주식 및 채권, 고가의 예술품, 보석 등
소득 정보	연봉, 소득의 원천, 소득세 지불 현황 등
기타 수익 정보	보험가입현황, 수익자, 회사의 판공비 등
신용 정보	대부상황, 저당, 신용카드, 담보설정 여부 등
고용 정보	고용주, 회사주소, 상관의 이름, 직무수행 평가 기록 등
법적 정보	전과기록, 구속기록, 이혼기록 등
의료 정보	가족병력기록, 과거 의료기록, 신체장애, 혈액형 등
조직 정보	노조가입, 정당가입, 클럽회원, 종교단체 활동 등
습관 및 취미 정보	흡연 · 음주량, 여가활동, 도박성향, 비디오 대여기록 등

07

정보
능력

③ 개인정보 유출 방지 방법

　㉠ 회원 가입 시 이용약관 읽기

　㉡ 이용 목적에 부합하는 정보를 요구하는지 확인

    ⓒ 비밀번호 정기적으로 교체하기

    ⓔ 정체불명의 사이트는 멀리하기

    ⓜ 가입 해지 시 정보 파기 여부 확인

    ⓗ 남들이 쉽게 유추할 만한 비밀번호 사용금지

2 ＞ 컴퓨터 활용 능력

(1) 인터넷 서비스

① **전자우편(E-mail) 서비스** : 정보 통신망을 이용하여 다른 사용자들과 편지나 여러 정보를 주고 받는 통신 방법을 말한다. 전자우편의 주소는 3개의 기본요소인 이름, @, 도메인 이름을 가지고 있다.

② **인터넷 디스크/웹하드** : 웹 서버에 대용량의 저장 기능을 갖추고 사용자가 개인용 컴퓨터의 하드 디스크와 같은 기능을 인터넷을 통하여 이용할 수 있게 하는 서비스를 의미한다.

③ **메신저** : 인터넷에서 실시간으로 메시지와 데이터를 주고받을 수 있는 소프트웨어이다.

④ **전자 상거래(인터넷을 통해 물건 사고팔기)** : 좁은 뜻으로는 인터넷이라는 전자적인 매체를 통하여 상품을 사고팔거나 재화나 용역을 거래하는 사이버 비즈니스를 뜻한다. 넓은 뜻으로는 소비자와의 거래뿐만 아니라 거래와 관련된 공급자, 금융기관, 정부기관, 운송기관 등과 같이 거래에 관련되는 모든 기관과의 관련행위를 포함하는 뜻이다.

(2) 정보검색

① **정보검색이란?**

여러 곳에 분산되어 있는 수많은 정보 중에서 특정 목적에 적합한 정보만을 신속하고 정확하게 찾아내어 수집, 분류, 축적하는 과정을 뜻한다.

② **정보검색 단계**

검색주제 선정 → 정보원 선택 → 검색식 작성 → 결과 출력

③ **검색엔진의 유형**

    ㉠ **키워드 검색 방식** : 찾고자 하는 정보와 관련된 핵심적인 언어인 키워드를 직접 입력하여 이를 검색 엔진에 보내어 검색엔진이 키워드와 관련된 정보를 찾는 방식

    ㉡ **주제별 검색 방식** : 인터넷상에 존재하는 웹 문서들을 주제별, 계층별로 정리하여 데이터베이스를 구축한 후 이용하는 방식

    ㉢ **자연어 검색 방식** : 검색엔진에서 문장 형태의 질의어를 형태소 분석을 거쳐 언제, 어디서,

누가, 무엇을, 왜, 어떻게, 얼마나에 해당하는 5W2H를 읽어내고 분석하여 각 질문에 답이 들어있는 사이트를 연결해 주는 검색엔진

   ② **통합형 검색 방식** : 사용자가 입력하는 검색어들이 연계된 다른 검색 엔진에게 보내고, 이를 통하여 얻어진 검색 결과를 사용자에게 보여주는 방식

(3) 정보검색 연산자

① 검색과 관련 있는 2개 이상의 단어를 연산자로 조합하여 키워드로 사용하는 것이 가장 일반적인 검색 방법

② 연산자는 대/소문자의 구분이 없고, 앞뒤로 반드시 공백을 넣어주어야 한다.

기호	연산자	검색 조건
*, &	AND	두 단어가 모두 포함된 문서를 검색
|	OR	두 단어가 모두 포함되거나, 두 단어 중에서 하나만 포함된 문서를 검색
–, !	NOT	'–'기호나 '!'기호 다음에 오는 단어를 포함하지 않는 문서를 검색
~, near	인접검색	앞/뒤의 단어가 가깝게 인접해 있는 문서를 검색

(4) 검색엔진의 종류 및 특징

① **검색엔진(Search Engine)** : 인터넷상에 산재해 있는 정보를 수집한 후 이를 체계적으로 데이터베이스로 구축하여 사용자가 원하는 정보를 쉽게 찾을 수 있도록 안내자 역할로 도움을 주는 웹 사이트 또는 프로그램을 뜻한다.

② **포털사이트(Portal Site)** : 사용자가 인터넷에서 어떤 정보를 찾으려고 할 때 가장 먼저 접속하는 사이트를 뜻한다.

   ㉠ **네이버(Naver)** : http://www.naver.com/

   ㉡ **다음(Daum)** : http://www.daum.net/

   ㉢ **구글(Google)** : http://www.google.co.kr/

(5) 인터넷 정보 검색을 할 때의 주의사항

① 검색 엔진의 특징을 알아두어야 한다.

② 적절한 검색 엔진의 선택이 중요하다.

③ 키워드의 선택이 중요하다.

④ 키워드와 검색 연산자를 조합하여 작성한 검색식을 정보 검색에 이용한다.

⑤ 검색속도가 느린 경우 웹 브라우저에서 그림파일을 보이지 않도록 설정하여 검색속도를 높인다.

⑥ 웹 검색이 정보 검색의 최선은 아니므로 도서관, 뉴스 등 다른 방법도 적극 활용한다.

07

정보
능력

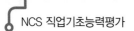

⑦ 웹 검색 결과로 검색 엔진이 제시하는 결과물의 가중치를 너무 신뢰해서는 안 된다.

(6) 응용 소프트웨어

① **워드프로세서** : 우리가 보는 책이나 신문, 잡지 등은 여러 가지 형태의 문자와 그림, 표, 그래프 등이 조화롭게 구성되어 만들어진 것이다. 이와 같이 여러 형태의 문서를 작성, 편집, 저장, 인쇄할 수 있는 프로그램을 워드프로세서라고 한다.

② **스프레드시트** : 전자 계산표 또는 표 계산 프로그램으로 워드프로세서와 같이 문서를 작성하고 편집하는 기능 이외에 수치나 공식을 입력하여 그 값을 계산해내고, 계산 결과를 차트로 표시할 수 있는 특별한 기능을 가지고 있다.

③ **프리젠테이션** : 컴퓨터나 기타 밀티미니어를 이용하여 그 속에 담겨있는 각종 정보를 사용자 또는 대상자에게 전달하는 행위를 의미한다. 프리젠테이션 프로그램은 보고, 회의, 상담, 교육 등에서 정보를 전달하는데 널리 활용되는 것으로 파워포인트, 프리랜스 그래픽스 등이 있다.

④ **데이터 베이스** : 대량의 자료를 관리하고 내용을 구조화하여 검색이나 자료관리 작업을 효과적으로 실행하는 프로그램으로, 테이블, 질의, 폼, 보고서 등을 작성할 수 있는 기능을 가지고 있다.

⑤ **그래픽 소프트웨어**: 새로운 그림을 그리거나 그림 또는 사진 파일을 불러와 편집하는 프로그램으로 그림확대, 그림 축소, 필터 기능을 가지고 있다.

⑥ **유틸리티 프로그램** : 사용자가 컴퓨터를 좀 더 쉽게 사용할 수 있도록 도와주는 소프트웨어라고 한다. 유틸리티 프로그램은 본격적인 응용 소프트웨어라고 하기에는 크기가 작고 기능이 단순하다는 특징을 가지고 있으며, 사용자가 컴퓨터를 사용하면서 처리하게 되는 여러 가지 작업을 편리하게 할 수 있도록 도와준다.

(7) 데이터베이스

① **데이터베이스란?**

파일시스템에서는 하나의 파일은 독립적이고 어떤 업무를 처리하는데 필요한 모든 정보를 가지고 있다. 파일도 데이터의 집합이므로 데이터베이스라고 볼 수도 있으나 일반적으로 데이터베이스라 함은 여러 개의 서로 연관된 파일을 의미한다.

② **데이터베이스의 필요성**

㉠ 데이터 중복을 줄인다.

㉡ 데이터의 무결성을 높인다.

㉢ 검색을 쉽게 해준다.

㉣ 데이터의 안정성을 높인다.

      ⓜ 개발기간을 단축한다.

③ 데이터베이스의 기능

      ㉠ 입력기능

      ㉡ 데이터의 검색 기능

      ㉢ 데이터의 일괄 관리

      ㉣ 보고서 기능

④ 데이터베이스의 작업 순서

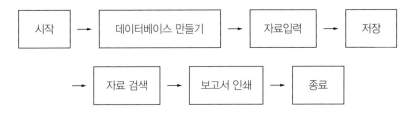

3 〉정보처리능력

(1) 정보수집

① **정보의 필요성**

정보의 활용은 의사결정을 하거나 문제의 답을 알아내고자 할 때 가지고 있는 정보로는 부족하여 새로운 정보가 필요하다는 상황을 인식하는 순간부터 시작된다.

② **정보를 수집할 수 있는 원천(정보원)**

      ㉠ **1차 자료** : 단행본, 학술지 논문, 학술회의자료, 연구보고서, 학위논문, 신문 등

      ㉡ **2차 자료** : 사전, 백과사전, 편람, 연감, 서지데이터베이스 등

③ **효과적인 정보수집**

      ㉠ 정보는 인간력이다.

        중요한 정보를 수집하기 위해서는 우선적으로 신뢰관계가 전제가 되어야 한다.

      ㉡ 인포메이션이 아닌 인텔리전스를 수집한다.

        • **인포메이션** : 하나하나의 개별적인 정보

        • **인텔리전스** : 무수히 많은 인포메이션 중에 몇 가지를 선별해 그것을 연결시켜 뭔가 판단하기 쉽게 도와주는 하나의 정보 덩어리

      ㉢ **선수필승** : 격동의 시대에는 남들보다 1초라도 빠른 정보수집이 결정적인 효과를 가져 올 가능성이 크다.

ⓔ 머릿속에 서랍을 많이 만든다.

자신에게 맞는 방법을 찾아 정리를 해놓으면 정보 수집을 효과적으로 할 수 있을 것이다.

ⓜ 정보수집용 하드웨어 활용

사람의 기억력은 한계가 있으므로 지금 당장은 유용하지 않은 정보일지라도 향후 유용한 정보가 될 수 있는 것들은 이러한 물리적인 하드웨어를 활용하여 수집하는 것이 필요할 것이다.

(2) 정보분석

① 정보분석이란?

여러 정보를 상호관련지어 새로운 정보를 생성해내는 활동

② 정보분석의 절차

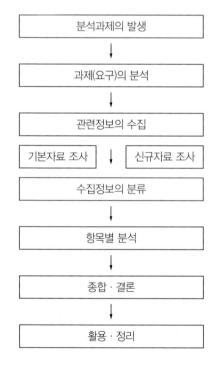

(3) 정보관리

① 목록을 이용한 정보관리

정보에서 중요한 항목을 찾아 기술한 후 정리하면서 만들어진다.

② 색인을 이용한 정보관리

주요 키워드나 주제어를 가지고 소장하고 있는 정보원을 관리하는 방식이다. 색인은 정보를 찾을 때 쓸 수 있는 키워드인 색인어와 색인어의 출처인 위치정보로 구성된다.

$$\boxed{\text{색인어}} \; + \; \boxed{\text{위치정보}} \; = \; \boxed{\text{색인}}$$

③ 분류를 이용한 정보관리

개인이 가지고 있는 정보를 유사한 것끼리 모아 체계화하여 정리를 해두면 나중에 저장해놓은 정보를 찾을 때 검색시간을 단축할 수 있고 관련 정보를 한 번에 찾을 수 있다.

구 분	내 용	예
시간적 기준	정보의 발생 시간별로 분류	2016년 봄, 7월 등
주제적 기준	정보의 내용에 따라 분류	정보사회, 서울대학교 등
기능적/용도별 기준	정보가 이용되는 기능이나 용도에 따라 분류	참고자료용, 강의용 등
유형적 기준	정보의 유형에 따라 분류	도서, 비디오, 한글파일 등

(4) 정보활용

① 동적정보

신문이나 TV의 뉴스 같이 시시각각으로 변화하는 정보이며, 유통기한이 있는 정보이다.

② 정적정보

잡지나 책에 들어있는 정보처럼 보존되어 멈추어 있는 정보이다.

기초응용문제

정답 및 해설 p.47

01 다음 중 정보화 사회에 대한 설명으로 옳지 않은 것은?

① 정보화 사회는 앨빈 토플러가 「제3의 물결」이라는 저서에서 처음 언급하였다.

② 정보화 사회는 컴퓨터와 정보통신 기술을 활용해 사회 각 분야에서 필요로 하는 가치 있는 정보를 창출하고 윤택한 생활을 영위하는 사회이다.

③ 정보화 사회는 세계를 하나의 공간으로 여기는 수직적 네트워크 커뮤니케이션이 가능한 사회로 만든다.

④ 정보화 사회에서는 정보의 가치 생산을 중심으로 사회 전체가 움직인다.

02 다음 중 컴퓨터 바이러스에 대한 설명으로 가장 적절하지 않은 것은?

① 사용자가 인지하지 못한 사이 자가 복제를 통해 다른 정상적인 프로그램을 감염시켜 해당 프로그램이나 다른 데이터 파일 등을 파괴한다.

② 보통 소프트웨어 형태로 감염되나 메일이나 첨부파일은 감염의 확률이 매우 적다.

③ 인터넷의 공개 자료실에 있는 파일을 다운로드하여 설치할 때 감염될 수 있다.

④ 온라인 채팅이나 인스턴트 메신저 프로그램을 통해서 전파되기도 한다.

03 다음 중 ISP(Internet Service Provider) 업체에서 각 컴퓨터의 IP 주소를 동적으로 할당해 주는 프로토콜은?

① HTTP

② TCP/IP

③ SMTP

④ DHCP

04 다음 중 운영체제를 구성하는 제어 프로그램의 종류에 해당하지 않는 것은?

① 감시 프로그램　　　　　　　　　② 언어 번역 프로그램

③ 작업 관리 프로그램　　　　　　　④ 데이터 관리 프로그램

05 다음 중 컴퓨터 시스템을 안정적으로 사용하기 위한 관리 방법으로 적절하지 않은 것은?

① 컴퓨터를 이동하거나 부품을 교체할 때에는 반드시 전원을 끄고 작업하는 것이 좋다.

② 직사광선을 피하고 습기가 적으며 통풍이 잘되고 먼지 발생이 적은 곳에 설치한다.

③ 시스템 백업 기능을 자주 사용하면 시스템 바이러스 감염 가능성이 높아진다.

④ 디스크 조각 모음에 대해 예약 실행을 설정하여 정기적으로 최적화 시킨다.

07

정보
능력

06 다음 중 정보 사회의 문제점으로 옳지 않은 것은?

① 정보 기술을 이용한 컴퓨터 범죄가 증가할 수 있다.

② VDT 증후군 같은 컴퓨터 관련 직업병이 발생할 수 있다.

③ 정보의 평준화로 계층 간의 정보차이가 감소할 수 있다.

④ 정보처리 기술로 인간관계의 유대감이 약화될 가능성이 있다.

07 소프트웨어에 대한 설명으로 옳지 않은 것은?

① 워드프로세서 : 여러 가지 형태의 문서를 작성, 편집, 저장, 인쇄할 수 있는 프로그램
② 유틸리티 프로그램 : 새로운 그림을 그리거나 그림 또는 사진 파일을 불러와 편집하는 프로그램
③ 프레젠테이션 : 보고, 회의, 상담, 교육 등에서 정보를 전달하는데 주로 활용되는 프로그램
④ 데이터베이스 : 대량의 자료를 관리하고 구조화하여 검색이나 자료 관리 작업을 효과적으로 실행하는 프로그램

08 스프레드시트에 대한 설명으로 옳은 것은?

① 스프레드시트의 대표 프로그램으로는 Microsoft Office Access 등이 있다.
② 스프레드시트의 구성단위로는 셀, 열, 행, 영역이 있다.
③ 스프레드시트의 주요기능으로는 입력기능, 표시기능, 저장기능, 편집기능, 인쇄기능 등이 있다.
④ 스프레드시트란 대량의 자료를 관리하고 구조화하여 검색이나 자료 관리 작업을 효과적으로 실행하는 프로그램을 말한다.

09 데이터베이스의 필요성으로 옳지 않은 것은?

① 데이터의 중복을 막을 수 있다.
② 데이터의 무결성을 높일 수 있다.
③ 데이터의 개발 기간을 늘려 정확성을 높일 수 있다.
④ 검색을 쉽게 할 수 있다.

10 다음 중 Windows 7의 제어판에서 사용자 컴퓨터에 설치된 하드웨어 장치를 확인할 수 있는 항목은?

① 장치 관리자
② 사용자 프로필
③ 하드웨어 프로필
④ 컴퓨터 작업그룹

11 다음 중 아래 워크시트에서 [A1:C5] 영역에 [A8:C10] 영역을 조건 범위로 설정하여 고급필터를 실행할 경우 필드명을 제외한 결과 행의 개수는?

	A	B	C
1	성명	거주지	마일리지
2	전재형	서울	2100
3	정종섭	경기	2300
4	천재원	경기	1600
5	이충현	충북	3000
6			
7			
8	성명	거주지	마일리지
9	이*		
10		경기	>2000

① 1개
② 2개
③ 3개
④ 4개

12 다음 중 메모에 대한 설명으로 옳지 않은 것은?

① 통합 문서에 포함된 메모를 시트에 표시된 대로 인쇄하거나 시트 끝에 인쇄할 수 있다.

② 메모에는 어떠한 문자나 숫자, 특수 문자도 입력 가능하며, 텍스트 서식도 지정할 수 있다.

③ 시트에 삽입된 모든 메모를 표시하려면 [검토] 탭의 [메모] 그룹에서 '메모 모두 표시'를 선택한다.

④ 셀에 입력된 데이터를 〈Delete〉키로 삭제한 경우 메모도 함께 삭제된다.

13 다음 중 엑셀의 화면 제어에 관한 설명으로 옳지 않은 것은?

① 두 개 이상의 파일을 함께 보려면 [창] – [정렬] 메뉴를 이용한다.

② 확대/축소 배율은 지정한 시트에만 적용된다.

③ [도구]–[옵션]의 [일반] 탭에서 'IntelliMouse로 화면 확대/축소' 옵션을 체크하면 〈Ctrl〉을 누르지 않은 상태에서 마우스의 스크롤 버튼만으로 화면의 축소 및 확대가 가능하다.

④ 틀 고정에 의해 분할된 왼쪽 또는 위쪽 부분은 인쇄 시 반복할 행과 반복할 열로 자동 설정된다.

14 다음 중 엑셀의 데이터 가져오기에 대한 설명으로 옳지 않은 것은?

① Query를 사용하여 관계형 데이터베이스, 텍스트 파일의 데이터를 엑셀에서 읽어 들이려면 ODBC 드라이버가 필요하다.

② 여러 테이블을 조인하는 경우 데이터 연결 마법사를 이용한다.

③ 외부 데이터를 엑셀로 가져오려면 해당 데이터를 액세스할 수 있어야 한다.

④ OLAP 데이터 원본을 읽어 들이려면 데이터 원본 드라이버가 필요하다.

15 다음 중 한글 Windows XP의 [시작 메뉴]에 관한 설명으로 옳지 않은 것은?

① 시작 메뉴를 표시하기 위한 바로가기 키는 〈Alt〉+〈Esc〉이다.

② 시작 메뉴에 있는 자주 사용하는 프로그램의 바로가기 목록을 삭제하여도 실제 프로그램은 삭제되지 않는다.

③ 응용 프로그램의 아이콘을 [시작] 단추 위로 드래그 앤 드롭하면 시작 메뉴의 고정된 항목 목록에 해당 프로그램을 추가할 수 있다.

④ [작업 표시줄 및 시작 메뉴 속성] 창에서 이전 버전의 Windows 시작 메뉴로 변경할 수 있다.

16 다음과 같은 워크시트에서 〈프로시저1〉을 실행시켰을 때 나타나는 결과로 옳은 것은?

	A	B	C
1	1		
2		3	
3	2		
4			

〈프로시저1〉
```
Private Sub Worksheet_Activate( )
    Range("B2").CurrentRegion.Select
End Sub
```

① [B2]셀이 선택된다.　　　　② [A1:B3]셀이 선택된다.

③ [A1:B2]셀이 선택된다.　　　　④ [A1:C3]셀이 선택된다.

17 다음 시트의 데이터를 이용하여 =HLOOKUP("1분기실적",A2:C7, 3) 수식의 결과 값으로 옳은 것은?

	A	B	C
1			(단위 : 천만원)
2	지점	1분기실적	2분기실적
3	서울	241	985
4	부산	1,177	845
5	인천	241	325
6	대구	278	710
7	광주	405	458

① 241 ② 1,177

③ 985 ④ 845

18 다음 중 [외부 데이터 가져오기] 기능으로 가져올 수 없는 파일 형식은?

① 데이터베이스 파일(*.accdb) ② 한글파일(*.hwp)

③ 텍스트 파일(*.txt) ④ 쿼리 파일(*.dqy)

19 다음 중 셀 참조에 관한 설명으로 옳은 것은?

① 수식 작성 중 마우스로 셀을 클릭하면 기본적으로 해당 셀이 절대참조로 처리된다.

② 수식에 셀 참조를 입력한 후 셀 참조의 이름을 정의한 경우에는 참조 에러가 발생하므로 기존 셀 참조를 정의된 이름으로 수정한다.

③ 셀 참조 앞에 워크시트 이름과 마침표(.)를 차례로 넣어서 다른 워크시트에 있는 셀을 참조할 수 있다.

④ 셀을 복사하여 붙여 넣은 다음 [붙여넣기 옵션]의 [셀 연결] 명령을 사용하여 셀 참조를 만들 수도 있다.

20 다음 중 아래의 워크시트에서 [A1:B2] 영역을 선택한 후 채우기 핸들을 이용하여 [B4]셀까지 드래그 했을 때 [A4:B4] 영역의 값으로 옳은 것은?

	A	B
1	일	1
2	월	2
3		
4		

① 월, 4   ② 수, 4

③ 월, 2   ④ 수, 2

21 다음 중 매크로 이름으로 지정할 수 없는 것은?

① 매크로_1   ② Macro_2

③ 3_Macro   ④ 평균구하기

22 다음 중 아래의 수식을 [A7] 셀에 입력한 경우 표시되는 결과 값으로 옳은 것은?

=IFERROR(VLOOKUP(A6,$A$1:$B$4,2),"입력오류")

	A	B
1	0	미흡
2	10	분발
3	20	적정
4	30	우수
5		
6	−5	
7		

① 미흡   ② 분발
③ 입력오류   ④ #N/A

23 다음 중 아래의 〈데이터〉와 〈고급필터 조건〉을 이용하여 고급 필터를 실행한 결과로 옳은 것은?

〈데이터〉

	A	B	C
1	성명	부서명	성적
2	손민석	총무	70
3	김경손	영업	78
4	최호손	마케팅	90
5	김종민	영업	78

〈고급필터 조건〉

성명	부서명	성적
??손		
	영업	>80

①

성명	부서명	성적
김경손	영업	78

②

성명	부서명	성적
김경손	영업	78
최호손	마케팅	92

③

성명	부서명	성적
손민석	총무	70
김경손	영업	78
최호손	마케팅	90

④

성명	부서명	성적
손민석	총무	70
김경손	영업	78
최호손	마케팅	90
김종민	영업	78

24 다음 중 [찾기 및 바꾸기] 대화상자의 각 항목에 대한 설명으로 옳지 않은 것은?

① 찾을 내용 : 검색할 내용을 입력할 곳으로 와일드카드 문자를 검색 문자열에 사용할 수 있다.

② 서식 : 숫자 셀을 제외한 특정 서식이 있는 텍스트 셀을 찾을 수 있다.

③ 범위 : 현재 워크시트에서만 검색하는 '시트'와 현재 통합문서의 모든 시트를 검색하는 '통합문서' 중 선택할 수 있다.

④ 모두 찾기 : 검색 조건에 맞는 모든 항목이 나열된다.

25 다음 중 수식의 실행 결과가 옳지 않은 것은?

① =ROUND(6541.602, 1) → 6541.6

② =ROUND(6541.602, −1) → 6540

③ =ROUNDUP(6541.602, 1) → 6541.7

④ =ROUNDUP(6541.602, −1) → 6542

07

정보
능력

26 다음 중 지하철이나 버스 정류장에서 지역과 관련된 지도나 주변 상가 정보 또는 특정 정보를 인터넷과 연결하여 효과적으로 전달하는 입간판 형태의 정보안내 기기는?

① 주문형 비디오(VOD)

② CAI(Computer Assisted Instruction)

③ 키오스크(Kiosk)

④ 화상회의 시스템(VCS)

27 다음 중 공장 자동화(FA)에 대한 설명으로 옳은 것은?

① 백화점 등에서 매출액 계산과 원가 관리 등에 컴퓨터를 활용하는 시스템

② 컴퓨터 시스템을 통해 제품의 설계에서 출하에 이르는 공정을 자동화하는 기술

③ 학습자가 프로그램을 이용해 학습 속도와 시간을 조절하는 방식

④ 학습 지도 자료의 정리, 성적 관리, 진로 지도 등에 활용되는 기술

28 다음 중 정보관리의 3원칙에 해당되지 않는 것은?

① 보안성   ② 목적성

③ 용이성   ④ 유용성

29 컴퓨터 통신에서 문자와 기호, 숫자 등을 적절히 조합해 감정이나 특정한 상황을 상징적이며 재미있게 표현하는 사이버 공간 특유의 언어를 뜻하는 말로 옳은 것은?

① 네티켓   ② 이모티콘

③ 스팸   ④ 트래픽

30 다음이 설명하는 용어로 옳은 것은?

> • 온라인 공간에서 이용자의 인적 네트워크를 구축할 수 있도록 하는 서비스로, 인맥관리서비스 혹은 사회연결망서비스, 커뮤니티형 웹사이트라는 용어로 설명하기도 한다.
> • 트위터, 페이스북, 인스타그램 등이 대표적인 웹사이트이다.

① 웹 하드   ② SNS

③ 메신저   ④ 클라우드 컴퓨팅

31 다음 중 키워드나 주제어를 가지고 소장하고 있는 정보원(sources)을 관리하는 방식은 무엇인가?

① 목록을 이용한 정보관리   ② 색인을 이용한 정보관리

③ 정보 내용을 이용한 정보관리   ④ 정보 기능에 따른 정보관리

07

정보
능력

32 미래 학자들이 공통적으로 전망하는 미래의 모습은 지식 · 정보가 개인과 사회 그리고 국가의 경쟁력에 핵심적인 요소라는 것이다. 다음 중 미래사회의 모습으로 적절하지 않은 것은?

① 부가가치 창출요인이 지식 및 정보 생산 요소로 전환되고 지식과 정보의 부가가치 창출이 증가할 것이다.

② 미래사회의 중심 산업인 6T에는 제조기술, 수송기술, 자원공학, 전자공학, 건축기술, 서비스업이 있다.

③ 세계화의 진전으로 무역개방화, 국가 간의 전자 상거래(EC), 가상은행, 사이버 백화점, 다국적 기업의 국내 설치 등이 증가할 것이다.

④ 미래사회에서는 지식이 폭발적으로 증가할 것이다. 한 미래학자는 2050년경이 되면 지식이 급증하여 지금의 지식은 1% 밖에 사용할 수 없게 될 것이라고 전망했다.

Chapter

08

기술능력

- 기술능력은 이공계 계열과 관련 직군에 필요한 지식을 활용하는 내용으로 되어있다.
- 기술능력은 기술의 의미와 기술의 혁신, 개발, 활용 등에 대한 방법으로 되어있다.
- 기술능력은 이론의 내용에 대비해야 되며 응용문제에서는 도형과 그래프의 규칙을 묻거나 매뉴얼에 대한 이해를 묻는 문제가 출제되고 있다.

1. 기술능력

- 직장생활에 필요한 기술이 무엇인지 알아본다.
- 지속가능한 발전과 산업재해의 의미와 예방대책에 대해 알아본다.

2. 기술이해능력

- 기술시스템과 기술혁신이 무엇인지 알아본다.
- 실패한 기술과 유망한 기술에 대해 알아본다.

3. 기술선택능력

- 기술선택을 위한 의사결정을 알아본다.
- 벤치마킹과 매뉴얼의 특징에 대해 알아본다.
- 지식재산권에 대해 알아본다.

4. 기술적용능력

- 기술적용의 의미와 기술 적용시 고려사항을 알아본다.
- 기술 경영자와 기술 관리자에 대해 알아본다.
- 네트워크 혁명과 기술 융합에 대해 알아본다.

1 〉 기술능력

(1) 기술능력이란?

① 일상적으로 요구되는 수단, 도구, 조작 등에 관한 기술적인 요소들을 이해하고, 적절한 기술을 선택하며, 적용하는 능력을 의미한다.

② 직장 생활에서 접하는 기술을 이해하고, 효율적인 기술을 선택하고 적용하기 위해 필수적인 능력이다.

③ **기술능력이 뛰어난 사람**

ㄱ 실질적 해결을 필요로 하는 문제를 인식한다.

ㄴ 인식된 문제를 위한 다양한 해결책을 개발하고 평가한다.

ㄷ 실제적 문제를 해결하기 위해 지식이나 기타자원을 선택, 최적화시키며 적용한다.

ㄹ 주어진 한계 속에서, 그리고 제한된 자원을 가지고 일한다.

ㅁ 기술적 해결에 대한 효용성을 평가한다.

ㅂ 여러 상황 속에서 기술의 체계와 도구를 사용하고 배울 수 있다.

④ **기술능력 향상 방법**

ㄱ 전문 연수원을 통한 기술과정 연수

ㄴ e-learning을 활용한 기술교육

ㄷ 상급학교 진학을 통한 기술교육

ㄹ OJT(조직 안에서 피교육자인 종업원이 직무에 종사하면서 받게 되는 교육 훈련방법)를 활용한 기술교육

(2) 기술이란?

① **기술의 의미**

- 물리적인 것뿐만 아니라 사회적인 것으로서 지적인 도구를 특정한 목적에 사용하는 지식체계
- 인간이 주위환경에 대한 통제를 확대시키는 데 필요한 지식의 적용
- 제품이나 용역을 생산하는 원료, 생산공정, 생산방법, 자본재 등에 관한 지식의 집합체

② **노하우(know-how)와 노와이(know-why)**

- 노하우(know-how) : 특허권을 수반하지 않는 과학자, 엔지니어 등이 가지고 있는 체화된 기술
- 노와이(know-why) : 어떻게 기술이 성립하고 작용하는 가에 관한 원리적 측면

- 기술은 원래 know-how의 개념이 강하였으나 시대가 지남에 따라 know-how와 know-why가 결합하게 되었으며, 현대적인 기술은 주로 과학을 기반으로 하는 기술(science-based technology)이 되었다.

③ **기술과 과학** : 기술은 과학이론을 실제로 적용하여 자연의 사물을 인간 생활에 유용하도록 가공하는 수단이고 과학은 인간이 원하는 방식으로 활용하도록 해주는 상호연관적인 지식들이기 때문에 기술은 과학의 응용이다.

(3) 기술의 특징

① 하드웨어나 인간에 의해 만들어진 비자연적인 대상
② 기술은 '노하우(know-how)'를 포함한다.
③ 기술은 하드웨어를 생산하는 과정이자 활용을 뜻한다.
④ 기술은 정의 가능한 문제를 해결하기 위해 순서화되고 이해 가능한 노력이다.

(4) 지속가능한 발전

① 지금 우리의 현재욕구를 충족시키지만, 동시에 후속 세대의 욕구 충족을 침해하지 않는 발전

② **지속가능 발전 기술**

- 이용 가능한 자원과 에너지를 고려한다.
- 자원이 사용되고 그것이 재생산되는 비율의 조화를 추구한다.
- 자원의 질을 생각한다.
- 자원이 생산적인 방식으로 사용되는가에 주의를 기울이는 기술

(5) 산업 재해

① 산업 활동 중의 사고로 인해 사망하거나 부상을 낭하고, 또는 유해 불질에 의한 중독 등으로 직업성 질환에 걸리거나 신체적 장애를 가져오는 것

② **산업 재해의 원인**

- **기본적 원인** : 교육적 원인 / 기술적 원인 / 작업 관리상 원인
- **직접적 원인** : 불안정한 행동(사람의 부주의 등) / 불안정한 상태(기계의 결함 등)

③ **산업 재해의 예방 대책**

안전 관리 조직 → 사실의 발견 → 원인 분석 → 기술 공고화 → 시정책 적용 및 뒤처리

2 〉 기술이해능력

(1) 기술 이해 능력이란?

기본적인 직장생활에서 필요한 기술의 원리 및 절차를 이해하는 능력

(2) 기술 시스템의 발전 단계

1단계	발명, 개발, 혁신의 단계	기술시스템이 탄생하고 성장
2단계	기술 이전의 단계	성공적인 기술이 다른 지역으로 이동
3단계	기술 경쟁의 단계	기술 시스템 사이의 경쟁
4단계	기술 공고화 단계	경쟁에서 승리한 기술시스템의 관성화

(3) 기술 혁신

① 기술 혁신의 특성

- 기술혁신은 그 과정 자체가 매우 불확실하고 장기간의 시간을 필요로 한다.
- 기술혁신은 지식 집약적인 활동이다.
- 혁신 과정의 불확실성과 모호함은 기업 내에서 많은 논쟁과 갈등을 유발할 수 있다.
- 기술혁신은 조직의 경계를 넘나드는 특성을 갖고 있다.

② 기술 혁신의 과정과 역할

기술 혁신 과정	혁신 활동	필요한 자질과 능력
아이디어 창안	• 아이디어를 창출하고 가능성을 검증 • 일을 수행하는 새로운 방법 고안 • 혁신적인 진보를 위한 탐색	• 각 분야의 전문지식 • 추상화와 개념화 능력 • 새로운 분야의 일을 즐김
챔피언	• 아이디어의 전파 • 혁신을 위한 자원 확보 • 아이디어 실현을 위한 헌신	• 정력적이고 위험을 감수함 • 아이디어의 응용에 관심
프로젝트 관리	• 리더십 발휘 • 프로젝트의 기획 및 조직 • 프로젝트의 효과적인 진행 감독	• 의사결정 능력 • 업무 수행 방법에 대한 지식
정보 수문장	• 조직외부의 정보를 내부 구성원에게 전달 • 조직 내 정보원 기능	• 높은 수준의 기술적 역량 • 원만한 대인 관계 능력

08

기술
능력

후원	• 혁신에 대한 격려와 안내 • 불필요한 제약에서 프로젝트 보호 • 혁신에 대한 지원 획득을 지원	• 조직의 주요 의사결정에 대한 영향력

③ 기술 혁신의 실패 원인 : 무지 / 부주의 / 차례 미준수 / 오만 / 조사, 검토 부족 / 조건의 변화 / 기획 불량 / 가치관 불량 / 조직운영 불량 / 미지

3 〉 기술 선택 능력

(1) 기술 선택 능력이란?
기본적인 직장생활에 필요한 기술을 선택하는 능력

(2) 기술 선택

① **기술 선택이란?**
기업이 어떤 기술을 외부로부터 도입하거나 자체 개발하여 활용할 것인가를 결정하는 것

② **기술선택을 위한 의사결정**
㉠ **상향식 기술선택** : 기업 전체 차원에서 필요한 기술에 대한 체계적인 분석이나 검토 없이 연구자나 엔지니어들이 자율적으로 기술을 선택하는 것
특징 : 실무 기술자들의 흥미 유발과 창의적인 아이디어 창출 / 흥미위주의 기술을 선택함에 따른 시장 · 고객의 요구와 서비스 개발에 부적합한 기술이 선택될 수 있다.
㉡ **하향식 기술선택** : 기술경영진과 기술기획담당자들에 의한 체계적인 분석을 통해 기업이 획득해야 하는 대상기술과 목표기술수준을 결정하는 것
특징 : 기업의 중장기적인 사업목표를 성정하고, 이를 달성하기 위해 확보해야 할 고객층과 그들에게 제공할 제품과 서비스를 결정하고, 기술에 대한 획득 우선순위를 결정해야 한다.

③ **기술선택을 위한 절차**
㉠ **외부 환경 분석** : 수요변화 및 경쟁자 변화, 기술 변화 등 분석
㉡ **중장기 사업목표 설정** : 기업의 장기비전, 중장기 매출목표 및 이익목표 설정
㉢ **내부 역량 분석** : 기술능력, 생산능력, 마케팅/영업능력, 재무능력 등 분석
㉣ **사업 전략 수입** : 사업 영역결정, 경쟁 우위 확보 방안 수립
㉤ **요구기술 분석** : 제품 설계/디자인 기술, 제품 생산공정, 원재료/부품 제조기술 분석
㉥ **기술전략 수립** : 핵심기술의 선택, 기술 획득 방법 결정

④ 기술선택을 위한 우선순위 결정

  ㉠ 제품의 성능이나 원가에 미치는 영향력이 큰 기술

  ㉡ 기술을 활용한 제품의 매출과 이익 창출 잠재력이 큰 기술

  ㉢ 쉽게 구할 수 없는 기술

  ㉣ 기업 간에 모방이 어려운 기술

  ㉤ 기업이 생산하는 제품 및 서비스에 보다 광범위하게 활용할 수 있는 기술

  ㉥ 최신 기술로 진부화될 가능성이 적은 기술

(3) 벤치마킹

특정 분야에서 뛰어난 업체나 상품, 기술, 경영 방식 등을 배워 합법적으로 응용하는 것

① 벤치마킹의 종류

  ㉠ 비교대상에 따른 분류

    • **내부 벤치마킹** : 같은 기업 내의 다른 지역, 타부서, 국가 간의 유사한 활용을 비교 대상으로 한다.

    • **경쟁적 벤치마킹** : 제품, 서비스 및 프로세스의 단위 분야에 있어 가장 우수한 실무를 보이는 비경쟁적 기업 내의 유사 분야를 대상을 한다.

    • **글로벌 벤치마킹** : 프로세스에 있어 최고로 우수한 성과를 보유한 동일업종의 비경쟁적 기업을 대상으로 한다.

  ㉡ 수행 방식에 따른 분류

    • **직접적 벤치마킹** : 벤치마킹 대상을 직접 방문하여 수행하는 방법

    • **간접적 벤치마킹** : 인터넷 및 문서형태의 자료를 통해서 수행하는 방법

② 벤치마킹 주요 단계

  ㉠ 벤치마킹 4단계 발전

1. 계획단계	기업은 반드시 자사의 핵심 성공요인, 핵심 프로세스, 핵심 역량 등을 파악해야 하고, 벤치마킹 할 프로세스는 문서화되어야 하고 특성이 기술되어야 한다. 그리고 벤치마킹 파트너 선정에 필요한 요구조건도 작성되어야 한다.
2. 자료 수입 단계	벤치마킹 프로세스의 자료수집 단계에서는 내부 데이터 수집, 자료 및 문헌조사, 외부 데이터 수집이 포함된다.
3. 분석단계	벤치마킹 프로세스 모델의 분석단계에서는 데이터 분석, 근본원인 분석, 결과 예측, 동인 판단 등의 업무를 수행하여야 한다. 분석단계의 목적은 벤치마킹 수행을 위해 개선 가능한 프로세스 동인들을 확인하기 위한 것이다.

08

기술
능력

4. 개선 단계	개선 단계의 궁극적인 목표는 자사의 핵심 프로세스를 개선함으로써 벤치마킹 결과를 현실화 시키자는 것이다. 이 단계에서는 벤치마킹 연구를 통해 얻은 정보를 활용함으로써 향상된 프로세스를 조직에 적응시켜 지속적인 향상을 유도하여야 한다.

ⓒ 주요단계
- **범위 결정** : 상세 분야 결정/목표와 범위 결정/벤치마킹을 수행할 인력 결정
- **측정범위 결정** : 상세분야 대한 측정 항목 결정/측정 항목 적정한가를 검토
- **대상 결정** : 비교 분석할 기업·기관 결정/벤치마킹할 타당성 검토/최종 대상 및 대상별 수행 방식 결정
- **벤치마킹** : 직·간접적 벤치마킹 진행
- **성과차이 분석** : 벤치마킹 결과의 성과차이를 측정 항목별로 분석
- **개선계획 수립** : 성과 차이 원인 분석/개선을 위한 성과목표 결정/성과목표를 위한 개선 계획 수립
- **변화 관리** : 개선 목표 달성을 위한 지속적 관리/개선 후 변화와 예상 변화 비교

(4) 매뉴얼

어떤 기계의 조작 방법을 설명해 놓은 지침서(사용서, 설명서, 편람, 안내서, 군대 교범)

① 매뉴얼 종류
- **제품 매뉴얼** : 사용자를 위해 제품의 특징이나 기능 설명, 사용 방법과 고장 조치 방법, 유지 보수 및 A/S, 폐기까지 제품에 관련된 모든 서비스에 대해 소비자가 알아야 할 모든 정보를 제공
- **업무 매뉴얼** : 어떤 일의 진행 방식, 지켜야할 규칙, 관리상의 절차 등을 일관성 있게 여러 사람이 보고 따라할 수 있도록 표준화하여 설명하는 지침서

② 매뉴얼 작성 Tip
- 내용이 정확해야 한다.
- 사용자가 알기 쉽게 쉬운 문장으로 쓰여야 한다.
- 사용자의 심리적 배려가 있어야 한다.
- 사용자가 찾고자 하는 정보를 쉽게 찾을 수 있어야 한다.
- 사용하기 쉬워야 한다.

(5) 지식재산권

인간의 창조적 활동 또는 경험 등을 통해 창출하거나 발견한 지식·정보·기술이나 표현, 표시 그 밖에 무형적인 것으로 재산적 가치가 실현될 수 있는 지적 창작물에 부여된 권리

① **지식 재산권 특징**

- 국가 산업발전 및 경쟁력을 결정짓는 '산업자본'이다.
- 눈에 보이지 않는 무형의 재산이다.
- 지식재산권을 활용한 다국적기업화가 이루어지고 있다.
- 연쇄적인 기술개발을 촉진하는 계기를 마련해 준다.

② **지식재산권 종류**

- **산업재산권** : 산업분야의 창작물과 관련된 산업재산권(특허권, 실용신안권, 상표권, 디자인권)
- **저작권** : 문화예술분야의 창작물
- **신지식 재산권** : 반도체 배치 설계나 온라인디지털콘텐츠와 같이 경제, 사회·문화의 변화나 과학기술의 발전에 따른 새로운 분야에서 나타남

4 기술적용능력

(1) 기술적용능력이란?

기본적인 직장생활에 필요한 기술을 실제로 적용하고 결과를 확인하는 능력

① **기술 적용 형태**

㉠ 선택한 기술을 그대로 적용한다.

시간절약, 비용 절감/실패 시 위험 부담 큼

㉡ 선택한 기술을 그대로 적용하되, 불필요한 기술은 과감히 버리고 적용한다.

시감 절약, 비용절감 프로세스 효율성/위험부담, 불필요한 기술인가에 대한 문제점

㉢ 선택한 기술을 분석하고, 가공하여 활용한다.

직장 여건과 환경 분석, 업무 프로세스 효율성의 최대화 / 시간적인 부담

② **기술 적용 시 고려 사항**

㉠ 기술 적용에 따른 비용이 많이 드는가?

기술 적용에 따른 비용이 성과보다 더 많이 든다면 그것은 좋은 기술이라고 할 수 없다.

㉡ 기술의 수명 주기는 어떻게 되는가?

현재 요구되는 기술이라도 단기간에 기술이 진보하거나 변화할 것이라고 예상되는 기술을 적용하는 것은 바람직하지 못하다.

ⓒ 기술의 전략적 중요도는 어떻게 되는가?

새로운 기술을 적용하는데 있어 해당 기술이 얼마나 자신의 직장생활의 성과 향상을 위해 전략적으로 중요한가를 확인하는 활동은 매우 중요한 일이다.

ⓔ 잠재적으로 응용 가능성이 있는가?

새롭게 받아들여 활용하고자 하는 기술이 단순한 기술인지, 아니면 가까운 미래에 또 다른 발전된 기술로 응용 가능성이 있는지를 검토하는 것은 매우 중요하다.

③ 기술 경영자와 기술 관리자

㉠ 기술 경영자에게 필요한 능력

- 기술을 기업의 전반적인 전략 목표에 통합시키는 능력
- 빠르고 효과적으로 새로운 기술을 습득하고 기존의 기술에서 탈피하는 능력
- 기술을 효과적으로 평가할 수 있는 능력
- 기술 이전을 효과적으로 할 수 있는 능력
- 새로운 제품개발 시간을 단축할 수 있는 능력
- 크고 복잡하고 서로 다른 분야에 걸쳐 있는 프로젝트를 수행할 수 있는 능력
- 조직 내의 기술 이용을 수행할 수 있는 능력
- 기술 전문 인력을 운용할 수 있는 능력

㉡ 기술 관리자에게 필요한 능력

- 기술을 운용하거나 문제 해결을 할 수 있는 능력
- 기술직과 의사소통을 할 수 있는 능력
- 혁신적인 환경을 조성할 수 있는 능력
- 기술적, 사업적, 인간적인 능력을 통합할 수 있는 능력
- 시스템적인 관점에서 인식하는 능력
- 공학적 도구나 지원방식에 대한 이해 능력
- 기술이나 추세에 대한 이해 능력
- 기술팀을 통합할 수 있는 능력

④ 네트워크 혁명

㉠ 네트워크 혁명의 3가지 법칙

- 무어의 법칙 : 컴퓨터의 반도체 성능이 18개월마다 2배씩 증가한다는 법칙으로 지금까지 들어맞고 있다.
- 메트칼피의 법칙 : 네트워크의 가치는 수용자 수의 제곱에 비례한다는 법칙으로 네트워크를 기반한 경제활동을 하는 사람들이 주목해야 한다.
- 카오의 법칙 : 창조성은 네트워크에 접속되어 있는 다양성에 지수함수로 비례한다는 법

칙으로 다양한 사고의 사람이 네트워크로 연결되면 그만큼 정보교환이 활발해져 창조
성이 증가한다는 것을 나타낸다.

    ⓛ 네트워크 혁명의 역기능

- 디지털 격차
- 정보화에 따른 실업의 문제
- 인터넷 게임과 채팅 중독
- 범죄 및 반사회적인 사이트의 활성화
- 정보기술을 이용한 감시

⑤ 기술융합

    ㉠ 4대 핵심기술인 나노기술(NT), 생명공학기술(BT), 정보기술(IT), 인지과학(Cognitive science)이 상호 의존적으로 결합되는 것(NBIC)을 융합기술(CT)라 정의 한다.

    ⓛ 4대 핵심기술의 융합

- 제조, 건설, 교통, 의학, 과학기술, 연구에서 사용되는 새로운 범주의 물질 장치, 시스템. (나노기술과 정보기술이 중요하다.)
- 나노 규모의 부품과 공정의 시스템을 가진 물질 중에서 가장 복잡한 생물 세포 (나노기술, 생명공학기술, 정보기술의 융합연구가 중요하다.)
- 유비쿼터스 및 글로벌 네트워크 요소를 통합하는 컴퓨터 및 통신시스템의 기본원리. (나노 기술이 컴퓨터 하드웨어의 신속한 향상을 위해 필요. 인지과학은 인간에게 가장 효과적으로 정보를 제시하는 방법 제공)
- 사람의 뇌와 마음의 구조와 기능 (생명공학시술, 나노기술, 정보기술과 인지과학이 뇌와 마음의 연구에 새 기법 제공)

08

기술
능력

기초응용문제

정답 및 해설 p.54

[01~03] 다음 오디오 사용설명서를 보고 물음에 답하시오.

사용하기 전에 안전을 위한 주의사항

△경고

- 화기 및 난로와 같이 뜨거운 물건 가까이 놓지 마세요.
- 장시간 사용하지 않을 경우에는 전원케이블을 빼세요.
- 습기, 먼지나 그을음 등이 많은 장소에 설치하지 마세요.
- 제품 청소 시에는 전용 세척제를 사용하세요.
- 책장이나 벽장 등 통풍이 되지 않는 장소 및 카펫트나 방석 위에 설치하지 마세요.

홈 네트워크에 스피커 연결하기

유선 네트워크를 사용하면 기기가 무선 주파수 방해 없이 네트워크에 직접 연결되어 최적의 성능을 제공합니다. 무선 연결 시 무선 전파 간섭으로 네트워크 연결이 끊기거나 재생이 중지될 수 있으니 유선 연결사용을 권장합니다.

자세한 방법은 네트워크 기기의 설명서를 참조하세요.

준비 사항

- 가정에 공유기를 통한 네트워크 환경이 설치되어 있는지 확인하세요.
- 스피커와 스마트 기기가 동일한 공유기에 연결되어 있는지 확인하세요.

필수 기기

- 유/무선 공유기
- 스마트 기기 (안드로이드 또는 iOS)
- 무선 공유기에 DHCP 서버가 활성화되어 있는지 확인하세요.
- 공유기와 스피커가 연결되지 않을 경우, 공유기의 설정에서 무선 격리 옵션이 "사용 안함"으로 설정되어 있는지 확인하세요.

홈 메뉴 살펴보기

스마트 기기에서 스마트 오디오 앱을 실행하세요.

[홈] 메뉴가 나타납니다.

1. 오늘은 이런 음악 어떠세요?

    추천 내용을 보려면 해당 부분을 선택하세요.

2. 스트리밍 서비스

    스트리밍 서비스 목록을 보여 줍니다. 온라인 라디오와 음악을 즐길 수 있습니다. 지역에 따라 다르며 "편집"을 터치 하여 변경 할 수 있습니다.

3. 즐겨찾기

　즐겨 찾는 곡이 표시됩니다.

4. 자주 들은 음악

　이 스피커에서 가장 많이 재생된 곡이 표시됩니다.

5. 내 재생 목록

　재생 목록이 표시됩니다.

6. 타임라인

　이 스피커에서 재생되었던 곡 리스트가 표시됩니다.

01　사용설명서를 읽고 오디오를 설치하였다. 설명서의 내용을 따르지 않은 것은?

　① 아이가 볼펜으로 낙서를 해서 오디오 앞부분을 알코올로 닦아냈다.

　② 거실 오른쪽에 난로가 설치되어 있어 최대한 떨어진 왼쪽 편에 오디오를 설치하였다.

　③ 한 달간 가족여행을 갈 예정이라 전원케이블을 빼두었다.

　④ 오디오에 먼지가 앉아 먼지떨이개로 먼지를 제거하였다.

02　홈 네트워크에 스피커를 연결하는데 연결이 끊기고 재생이 잘되지 않는다. 확인해야 할 사항으로 옳지 않은 것은?

　① 무선 공유기에 DHCP 서버가 활성화되어 있는지 확인한다.

　② 스피커와 스마트 기기가 동일한 공유기에 연결되어 있는지 확인한다.

　③ 유선 네트워크를 사용하면 전파 간섭으로 네트워크 연결이 끊기거나 재생이 중지될 수 있어 무선 네트워크 사용을 권장한다.

　④ 가정에 공유기를 통한 네트워크 환경이 설치되어 있는지 확인한다.

03 홈 메뉴에 대한 설명으로 옳지 않은 것은?

① 스마트 기기에서 오디오 앱을 실행하면 [홈] 메뉴가 나타난다.

② [즐겨찾기]에는 스피커에서 가장 많이 재생된 곡이 표시된다.

③ [스트리밍 서비스]에서는 온라인 라디오와 음악을 즐길 수 있다.

④ 스피커에서 재생되었던 곡 리스트를 보려면 [타임라인]을 확인한다.

04 다음은 기술 혁신의 한 사례이다. 기술혁신의 특징에 대한 설명으로 옳지 않은 것은?

> 일본과 미국에 비해 반도체 분야에 후발 주자로 뛰어든 삼성은 끊임없는 추격과 기술 개발을 통해 1992년 이후에는 메모리 분야에서 시장 점유율 세계 제1의 기업으로 성장했다. 삼성은 초기에 64K D램의 개발에서 선진국과 6년 격차를, 양산에는 4년 격차를 보였다. 그러나 삼성은 16M, 64M D램의 개발과 양산에서는 선진국의 선도 기업과 동일한 시기에 이루어졌으며, 256M, 1G D램부터는 선진국을 추월하여 64M, 256M, 1G D램을 세계 최초로 개발했다. 1993년 8인치 웨이퍼 양상 라인을 세계 최초로 완공했다. 삼성은 일본 오키 사에 싱크로너스 설계기술을 수출하는 등 기술 역수출의 예를 보여주었으며, 지금은 삼성의 기술이 사실상의 세계 표준으로 결정되는 경우도 종종 발생하고 있다. 또한 2004년 삼성전자의 순이익은 매월 평균 1조가 넘어서, 1년 순이익이 12조를 넘는 기염을 토했다. '삼성'이란 브랜드 네임은 이제 국제시장에서 소니를 앞지르고 있다.

① 과정이 매우 불확실하고 장기간의 시간이 필요하다.

② 지식 집약적인 활동이다.

③ 과정에서 많은 논쟁과 갈등을 유발할 수 있다.

④ 조직 내에서 이루어지는 특성이 있다.

05 다음에서 K씨가 사용한 방법에 대한 설명으로 적절하지 않은 것은?

> 네덜란드 PTC+ 교육이 시작된 이래 현재까지 딸기 재배의 가장 성공적인 케이스로 꼽히는 K씨. 그는 자신의 지역에서 하이베드 딸기 재배의 선구자로 꼽히고 있다. 하이베드 딸기는 높은 침대에서 자란 딸기라는 뜻으로 작물을 관리하기 쉽게 작업자의 높이에 맞추어 베드를 설치하여 재배하는 방법이다. 따라서 일반 딸기들이 지상에서 토경 재배되는 것과는 달리 지상 80cm 위에서 양액재배를 하기 때문에 노동력이 적게 들고, 연작장애가 없고 위생적인 관리가 가능한 농법이다.

> 그러나 K씨는 네덜란드 PTC+에서 배워온 딸기 재배 기법을 단순 적용한 것이 아니라 우리나라 실정에 맞게 재배 기법을 변형하여 실시함으로써 고수익을 올린 것으로 유명하다. 그는 수개월간 노력 끝에 네덜란드의 기후, 토양의 질 등과는 다른 우리나라 환경에 적합한 딸기를 재배하기 위해 배양액의 농도, 토질, 조도시간, 생육기관과 당도까지 최적의 기술을 연구함으로써 국내 최고의 질을 자랑하는 딸기를 출하할 수 있게 되었다.

① 수행방식에 따른 분류에서 간접적 벤치마킹을 하였다.
② 비교대상에 따른 분류에서 글로벌 벤치마킹이다.
③ 기술 습득이 상대적으로 용이하다.
④ 비경쟁적 방법이다.

[06~08] 사무실에서 사용하던 청소기가 고장 나 △△사의 로봇청소기를 구입하였다. 다음 사용설명서를 보고 물음에 답하시오.

주의사항

1. 물 또는 빗물이 튀는 곳이나 습기가 많은 곳에 설치하지 마십시오.
   • 제품 충전 시 화재의 원인이 됩니다.
   • 환기가 잘 되는 곳에 설치하십시오.
2. 본 제품은 220V 전용입니다. 사용 전 반드시 공급되는 전압을 확인하십시오.
   • 제품 고장 또는 누전 시 감전의 원인이 됩니다.
3. 전원 선을 무리하게 구부리거나 무거운 물건에 눌려 손상되지 않도록 주의하십시오.
   • 전원선이 손상되어 감전 또는 상해의 원인이 됩니다.
4. 전원 플러그를 하나의 콘센트에 여러 개 동시에 사용하지 말고 반드시 15A 용량 이상의 콘센트를 사용하십시오.
   • 콘센트의 이상 발열로 화재의 원인이 됩니다.
   • 차단기가 작동하여 전원이 꺼질 수 있습니다.

리모컨

• 리모컨으로 로봇청소기의 전원을 켜거나 끌 수 없습니다.
• 삼파장 형광등과 같은 특정 형광등 주변에서는 리모컨이 정상적으로 작동하지 않을 수도 있습니다.
• 로봇청소기와 리모컨 사이의 거리가 멀어질 경우 리모컨이 정상적으로 작동하지 않을 수 있습니다. 로봇청소기와의 거리를 3m 이내로 유지하십시오.
• 여러 개의 리모컨 버튼을 동시에 누르면 리모컨이 정상적으로 작동하지 않을 수 있습니다.
• 리모컨을 사용하지 않을 때에는 충전대에 있는 리모컨 거치대에 보관할 수 있습니다.
• 모드변경, 지정영역, 시간설정 버튼을 사용하려면 로봇청소기를 정지해야 합니다.

08

기술
능력

충전하기

- 충전 단자에 이물질이 묻어 있으면 제품이 정상적으로 충전되지 않을 수 있습니다. 부드러운 천을 사용하여 청소하십시오.
- 배터리가 완전히 방전된 상태에서 충전이 완료될 때까지 약 3시간 정도 걸립니다.
- 충전 시간은 배터리의 상태에 따라 달라질 수 있습니다.
- 로봇청소기의 주 전원 스위치가 꺼진 상태에서는 충전이 되지 않습니다.
- 충전대에서 청소를 시작하지 않거나 로봇청소기를 직접 들어서 옮긴 경우에는 로봇 충전기가 충전대를 찾는 시간이 길어질 수 있습니다.

고장 신고 전 확인사항

증상	원인	해결책
전원이 켜지지 않습니다.	• 로봇청소기의 전원 스위치가 꺼져있습니까? • 배터리가 완전히 방전되었습니까?	• 로봇정소기의 뒷면에 있는 전원 스위치를 켜십시오. • 로봇청소기를 수동으로 충전하십시오.
자동으로 전원이 꺼집니다.	• 로봇청소기가 충전중이지 않은 상태로 10분 이상 멈춰 있었습니까? • 로봇청소기가 장애물에 갇혀있는 상태로 10분 이상 멈춰 있었습니까?	• 로봇청소기가 충전 중이지 않은 상태로 10분 이상 대기하면 전원이 자동으로 꺼집니다. 로봇 청소기를 충전상태로 보관하십시오. • 로봇청소기 주변의 장애물을 정리한 후 사용하십시오.
충전되지 않습니다.	• 로봇청소기의 주 전원 스위치가 꺼져있습니까? • 충전대 주변에 장애물이 있습니까? • 충전대의 전원 램프가 꺼져 있습니까?	• 로봇청소기의 뒷면에 있는 주 전원 스위치를 켜십시오. • 충전대 주변에 있는 장애물을 치우십시오. • 충전대에 전원 플러그가 꽂혀있는지 확인하십시오.
흡입력이 약해졌습니다.	• 흡입구에 이물질이 끼어 있습니까? • 먼지통이 가득 차 있습니까? • 먼지통 필터가 막히지 않았습니까?	• 흡입구에 이물질이 있는지 확인하십시오. • 먼지통을 비우십시오. • 먼지통 필터를 청소하십시오.
소음이 심해졌습니다.	• 먼지통이 로봇청소기에 제대로 장착되어 있습니까? • 먼지통 필터가 먼지통에 제대로 장착되어 있습니까?	• 먼지통을 제대로 장착하십시오. • 먼지통 필터를 제대로 장착하십시오.
동작하지 않습니다.	• 로봇청소기의 주 전원 스위치가 꺼져 있습니까? • 배터리가 완전히 방전되었습니까?	• 로봇청소기의 뒷면에 있는 주 전원 스위치를 켜십시오. • 로봇청소기를 수동으로 충전하십시오.

06 홍대리는 먼지통 필터를 제대로 장착함으로써 청소기의 작동불량을 해결하였다. 어떤 작동불량이 발생하였는가?

① 로봇청소기의 전원이 자동으로 꺼진다.

② 로봇청소기의 흡입력이 약해졌다.

③ 로봇청소기가 동작을 하지 않는다.

④ 로봇청소기의 소음이 심해졌다.

07 로봇청소기를 충전하는 방법에 대한 설명으로 옳지 않은 것은?

① 로봇청소기의 주 전원 스위치가 꺼진 상태에서는 충전이 되지 않는다.

② 배터리가 30% 정도 남아있는 상태에서 충전이 완료될 때 까지는 약 3시간 정도 걸린다.

③ 청소기를 직접 들어서 옮긴 경우에는 충전기가 충전대를 찾는 시간이 길어질 수 있다.

④ 충전 단자에 이물질이 묻어 있으면 정상적으로 충전되지 않을 수 있다.

08

기술
능력

08 리모컨이 작동하지 않는 이유로 옳지 않은 것은?

① 특정 형광등 주변에서는 리모컨이 정상적으로 작동하지 않을 수도 있다.

② 로봇청소기와 리모컨 사이의 거리가 멀어질 경우 리모컨이 정상적으로 작동하지 않을 수 있다.

③ 리모컨을 거치대에 보관하지 않고 사용할 시 정상적으로 작동하지 않을 수 있다.

④ 여러 개의 리모컨 버튼을 동시에 누르면 리모컨이 정상적으로 작동하지 않을 수 있다.

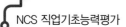

[09-10] 다음은 항공기가 출발 지연된 여러 원인을 나타낸 표이다. 표를 보고 이어지는 질문에 답하세요.

장비	• 항공기의 탑승구 도착지연
	  – 도착 지연
	  – 활주로의 출발선까지 항공기를 후진시키는 작업 지연

자재	• 항공기 수화물 적재 지연 • 연료 주입 지연 • 기내식 반입 지연

직원	• 탑승구 직원의 승객탑승 임무 수행 미숙
	  – 업무수행 직원 부족
	  – 기내 청소부 지각
	  – 탑승업무 수행직원의 동기 부여 부족

고객	• 초과부피 수화물을 소유한 승객이 체크인 카운터를 거치지 않고 통과

절차	• 늦게 도착한 승객탑승 허용
	  – 지각한 승객 보호 욕구
	  – 항공사 수익증대 욕구
	  – 혼란스런 기내 좌석 선택

정보	• 항공기 출발에 관한 방송 미비 • 수화물 및 승객명세자료 도착 지연
기타	• 기상조건 • 항공기 체증

09 위 표를 봤을 때, 항공기의 매뉴얼에 들어갈 수 있는 내용으로 적절하지 않은 것은?

① 출발 시간이 지나고 온 승객은 탑승하지 못한다.

② 항공기 출발 20분전에 출발에 관한 방송을 해야 한다.

③ 기상조건이 나쁘면 이륙할 수 없다.

④ 수화물이 늦게 와도 정해진 시간에 이륙해야 한다.

10 위 표를 봤을 때, 항공기가 지연되었을 때 매뉴얼을 만들면서 할 수 있는 말로 적절하지 않은 것은?

① 체크인 하고 카운터를 통과하는 것이 상식 아닙니까? 자신만 생각하지 말고 다른 사람도 생각하세요.

② 아직도 연료가 주입되지 않았다고요? 도대체 지금까지 뭐하고 있었던 겁니까?

③ 제시간에 출발하면 수행직원 모두 성과금이 나오니 인원이 부족하다고 하지 말고 모두 조금만 더 힘냅시다.

④ 항공기를 아직 후진도 못시키고 있다니 지금까지 정비를 하지 않은 이유가 무엇입니까?

11 다음 산업재해의 원인 중 그 성격이 다른 것은?

① 작업 준비 불충분 ② 구조물의 불안정

③ 생산 공정의 부적당 ④ 점검 · 정비 · 보존의 불량

08

기술
능력

[12-14] 다음 표를 참고하여 질문에 답하시오.

스위치	기 능
◈	오른쪽으로 90° 회전함
◉	왼쪽으로 90° 회전함
◔	상하 대칭
◫	좌우 대칭

12 처음 상태에서 스위치를 한 번 눌렀더니 화살표 모양과 같은 상태로 바뀌었다. 어떤 스위치를 눌렀는가?

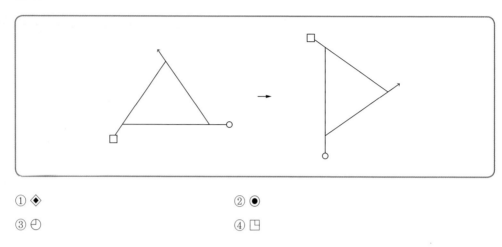

① ◈ ② ◉

③ ◷ ④ ⊐

13 처음 상태에서 스위치를 두 번 눌렀더니 화살표 모양과 같은 상태로 바뀌었다. 어떤 스위치를 눌렀는가?

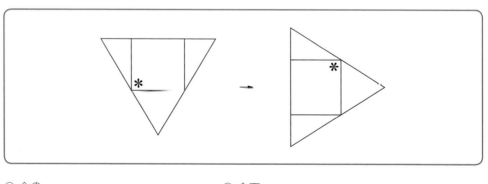

① ◈◷ ② ◈⊐

③ ◈◈ ④ ◉◉

14 처음 상태에서 스위치를 두 번 눌렀더니 화살표 모양과 같은 상태로 바뀌었다. 어떤 스위치를 눌렀는가?

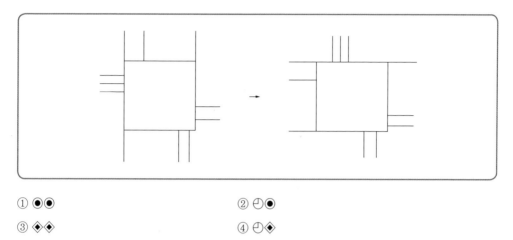

① ●●

② ◑●

③ ◆◆

④ ◑◆

15 기술 혁신의 특성으로 옳지 않은 것은?

① 기술 혁신은 과정이 매우 확실하여 단기간에 이룰 수 있다.

② 지식 집약적인 활동이다.

③ 혁신 과정의 모호함은 기업 내에서 많은 논쟁과 갈등을 유발할 수 있다.

④ 조직의 경계를 넘나든다.

16 다음의 김규환 씨 같이 기술능력이 뛰어난 사람의 특징으로 옳지 않은 것은?

대우중공업 김규환 명장은 고졸의 학력에도 불구하고 끊임없는 노력과 열정으로 국내 최다 국가기술자격증 보유, 5개 국어 구사, 업계 최초의 기술명장으로 인정을 받고 있다. 김규환 명장은 고졸이라는 학력 때문에 정식사원으로 입사를 하지 못하고 사환으로 입사를 시작하였다. 그러나 새벽 5시에 출근하여 기계 작업을 준비하는 등 남다른 성실함으로 정직 기능공, 반장 등으로 승진을 하여 현재의 위치에 오르게 되었다. 하루는 무서운 선배 한명이 세제로 기계를 모두 닦아 놓으라는 말에 2,612개나 되는 모든 기계 부품을 분리하여 밤새 닦아서 놓았다. 그 후에도 남다른 실력으로 서로 문제가 있는 다른 기계를 봐

> 달라고 하는 사람들이 점점 늘어났다. 또한, 정밀기계 가공 시 1℃ 변할 때 쇠가 얼마나 변하는지 알기 위해 국내의 많은 자료를 찾아보았지만 구할 수 없어 공장 바닥에 모포를 깔고 2년 6개월간 연구를 한 끝에 재질, 모형, 종류, 기종별로 X-bar(평균)값을 구해 1℃ 변할 때 얼마나 변하는지 온도 치수가공조견표를 만들었다. 이를 산업인력공단의 〈기술시대〉에 기고하였으며, 이 자료는 기계 가공 분야의 대혁명을 가져올 수 있는 자료로 인정을 받았다.

① 인식된 문제를 위해 다양한 해결책을 개발하고 평가한다.

② 주어진 한계 속에서 그리고 제한된 자원을 가지고 일한다.

③ 기술적 해결에 효용성을 평가한다.

④ 전문 연수원을 통한 기술과정을 연수한다.

[17~18] 다음 카메라 사용매뉴얼을 보고 이어지는 질문에 답하시오.

안전상의 주의

△경고

- 태양을 프레임 안에 넣지 마십시오.
  태양이 프레임 안이나 가까이에 있으면 카메라 안으로 초점이 모여 불이 붙을 수 있습니다.
- 뷰파인더를 통해 태양을 보지 마십시오.
  뷰파인더를 통해 태양이나 다른 강한 광원을 볼 경우 영구 시력 손실을 초래 할 수 있습니다.
- 분해하지 마십시오.
  카메라의 내부 부품을 만지면 부상을 입을 수 있습니다. 오작동 시 공인 전문가만이 제품을 수리할 수 있습니다. 사고로 제품이 파손되어 내부가 노출되었을 경우 배터리와 AC 어댑터를 제거한 다음 서비스 지점에 수리를 의뢰하여 주십시오.
- 적합한 케이블을 사용하십시오.
  케이블을 입력 및 출력 잭에 연결 할 때에는 제품 규정 준수를 위해 당사에서 제공하거나 판매하는 전용 케이블만 사용하여 주십시오.
- 플래시를 사용할 때 주의하십시오.
  플래시는 적어도 피사체에서 1 미터 정도 떨어져야 합니다. 유아를 촬영할 때는 특별한 주의를 기울여야 합니다.
- 액정 모니터를 만지지 마십시오.
  모니터가 파손된 경우 모니터 액정이 피부에 닿거나 눈이나 입에 들어가지 않도록 주의하십시오.

터치스크린 사용

- 터치스크린
  터치스크린은 정전기에 반응합니다. 그러나 스크린에 타사 보호 필름이 부착되어 있거나 손톱이나 장갑을 낀 손으로 만지면 반응하지 않을 수 있습니다. 무리하게 힘을 가하거나 날카로운 물체를 스크린에 대지 마십시오.

- 터치스크린 사용

  손바닥이나 다른 손가락을 스크린의 다른 위치에 둔 상태에서 작동 시키는 경우 예상과 같이 스크린이 동작하지 않을 수 있습니다. 살짝 터치하거나, 손가락을 빠르게 움직이거나, 손가락이 스크린에 닿지 않았을 경우 동작을 인식 못 할 수도 있습니다.

- 터치 컨트롤 켜기 또는 끄기

  설정 메뉴의 터치 컨트롤 옵션을 사용하여 터치 컨트롤을 켜거나 끌 수 있습니다.

- 참조

  설정 메뉴의 터치 컨트롤 옵션을 사용하여 전체화면 재생에서 다른 화상을 볼 수 있도록 손가락이 튕기는 방향을 선택할 수 있습니다.

17 카메라의 주의사항을 숙지하지 못한 경우로 옳은 것은?

① 모니터가 파손되어 액정이 손에 닿지 않도록 주의하고 수리를 의뢰하였다.

② 카메라가 갑자기 오작동하여 서비스 지점에 방문해 전문가에게 내부 부품을 수리하였다.

③ 사진을 더 가까이에서 찍기 위해 50cm 앞에서 플래시를 터트려 촬영 하였다.

④ 화재의 위험을 우려하여 프레임 안에 태양을 넣지 않도록 주의하였다.

18 터치스크린이 작동하지 않을 때 확인해야 할 사항으로 옳지 않은 것은?

① 스크린에 타사 보호 필름이 부착되어 있는지 확인해본다.

② 최대한 힘을 주어 스크린을 다시 터치해본다.

③ 손가락을 천천히 움직여 본다.

④ 터치 컨트롤 옵션에서 터치 컨트롤이 꺼져있는지 확인해본다.

08

기술
능력

19 다음 중 네트워크 혁명의 역기능에 해당하는 내용으로 옳지 않은 것은?

① 디지털 격차 문제

② 인터넷 게임 중독

③ TV 중독 문제

④ 정보기술을 이용한 감시

20 다음 중 OJT(On the Job Training)에 대한 설명으로 옳지 않은 것은?

① OJT란 조직 안에서 종업원이 직무에 종사하면서 받게 되는 교육 훈련방법으로, 직장훈련, 직장 지도, 직무상 지도라고도 한다.

② 집합교육에 대한 반성에서 나온 것으로, 업무수행이 중단됨이 없이 필요한 지식·기술·태도를 교육훈련 받는 것을 말한다.

③ 모든 관리자·감독자는 업무수행상의 지휘감독자이자 직원의 능력향상을 위한 교육자이어야 한다는 생각을 기반으로 한다.

④ 지도자의 높은 자질이 요구되지 않으며 훈련 내용의 체계화가 용이하다는 장점을 지닌다.

21 기술의 개념에 관한 다음 설명 중 옳지 않은 것은?

① 기술을 물리적인 것뿐만 아니라 사회적인 것으로서의 지식체계로 정의하는 학자도 있다.

② 구체적인 기술 개념으로 '제품이나 용역을 생산하는 원료나 공정, 자본재 등에 관한 지식의 집합체'라 정의하기도 한다.

③ 기술은 노하우(know-how)와 노와이(know-why)로 구분하며, 여기서 'know-how'란 어떻게 기술이 성립·작용하는가에 관한 원리적 측면에 중심을 둔 개념이다.

④ 'know-how'는 경험적·반복적 행위에 의해 얻어지는 것이며, 'know-why'는 이론적인 지식으로서 과학적 탐구에 의해 얻어진다.

22 다음 중 기술에 대한 설명으로 적절하지 않은 것은?

① 기술은 직업 세계에서 필요한 기술적 요소로 구성되는 광의의 개념과 구체적 직무 수행 능력을 의미하는 협의의 개념으로 구분된다.

② 기술은 사회적 변화의 요인이며, 사회적 요인은 기술 개발에 영향을 미친다.

③ 기술은 소프트웨어를 생산하는 과정이 아니라 하드웨어를 생산하는 과정이며, 또한 그것의 활용을 의미한다.

④ 기술은 인간에 의해 만들어진 비자연적인 대상을 의미하지는 않는다.

23 다음 중 과학기술 중심의 미래 산업사회에서 각 산업분야별로 유망하다고 판단되는 기술을 잘못 연결한 것은?

① 전기전자정보공학분야 – 지능형 로봇 분야

② 기계공학분야 – 하이브리드 자동차 기술

③ 화학생명공학분야 – 화석에너지 산업

④ 건설환경공학분야 – 지속 가능한 건축 시스템

24 다음 중 지속가능한 기술(sustainable technology)의 특징으로 옳지 않은 것은?

① 이용 가능한 자원과 에너지를 고려한다.

② 자원이 사용되고 재생산되는 비율의 조화를 추구한다.

③ 석탄 · 석유와 같이 효용성이 높은 에너지를 활용하는 기술이다.

④ 자원이 생산적인 방식으로 사용되는가에 주의를 기울이는 기술이다.

08

기술
능력

25 다음 중 산업 재해에 해당되지 않는 경우는?

① 휴가 중인 근로자가 무거운 물건을 들다 떨어뜨려 부상당한 경우

② 건축 현장에서 먼지나 분진 등으로 인해 질병이 발생한 경우

③ 새벽에 출근하던 중 뇌경색이 발생한 경우

④ 프레스 작업 중 근로자의 손가락이 절단된 경우

26 다음 기술 시스템(technological system)에 관한 설명 중 가장 옳지 않은 것은?

① 개별 기술이 네트워크를 통해 기술 시스템을 만드는 것은 과학에서는 볼 수 없는 독특한 특성이다.

② 기술이 발전하면서 이전에 연관되어 있던 기술들은 개별 기술로 분리되는 현상이 뚜렷해지고 있다.

③ 기술이 연결되어 시스템을 만든다는 점을 파악해 기술 시스템이라는 개념을 주장한 사람이 토마스 휴즈(T. Hughes)이다.

④ 기술 시스템에는 기술적인 것과 사회적인 것이 결합해서 공존하고 있다는 점에서 사회기술시스템이라 불리기도 한다.

27 다음 중 기술 시스템의 발전 단계를 순서대로 바르게 나타낸 것은?

① 기술 경쟁 단계 → 기술 이전 단계 → 발명 · 개발 · 혁신 단계 → 기술 공고화 단계

② 기술 경쟁 단계 → 기술 공고화 단계 → 기술 이전 단계 → 발명 · 개발 · 혁신 단계

③ 발명 · 개발 · 혁신 단계 → 기술 이전 단계 → 기술 경쟁 단계 → 기술 공고화 단계

④ 발명 · 개발 · 혁신 단계 → 기술 경쟁 단계 → 기술 공고화 단계 → 기술 이전 단계

28 기술선택을 위한 의사결정에 관한 다음 설명 중 옳지 않은 것은?

① 기술선택은 기업이 어떤 기술을 외부로부터 도입할 것인가를 결정하는 것으로, 자체 개발을 통한 활용은 여기에 포함되지 않는다.

② 상향식 기술선택은 기업 전체 차원에서 필요한 기술에 대한 체계적 분석이나 검토 없이 자율적으로 선택하는 것이다.

③ 상향식 기술선택은 시장의 고객들이 요구하는 제품이나 서비스를 개발하는데 부적합한 기술이 선택될 수 있다는 단점이 있다.

④ 하향식 기술선택은 기술경영진과 기획담당자들에 의한 체계적인 분석을 통해 대상기술과 목표 기술수준을 결정하는 것이다.

29 다음 중 벤치마킹에 대한 설명으로 적절하지 않은 것은?

① 벤치마킹은 단순한 모방과는 달리 우수한 기업이나 성공한 상품 등의 장점을 충분히 배워 자사의 환경에서 재창조하는 것을 말한다.

② 벤치마킹은 쉽게 아이디어를 얻어 신상품 개발이나 조직 개선을 위한 기법으로 많이 이용된다.

③ 벤치마킹은 비교대상에 따라 직접적 벤치마킹과 간접적 벤치마킹, 경쟁적 벤치마킹과 비경쟁적 벤치마킹으로 구분된다.

④ 벤치마킹 대상을 직접 방문하여 수행하는 방법을 직접적 벤치마킹이라 한다.

30 다음 중 지식재산권(지적 소유권)의 특징으로 옳지 않은 것은?

① 국가 산업발전 및 경쟁력을 결정짓는 '산업자본'이다.

② 눈에 보이지 않는 무형의 재산이다.

③ 다국적 기업화를 억제하는 역할을 한다.

④ 연쇄적 기술개발을 촉진하는 계기를 마련한다.

08

기술
능력

31 기술 시스템의 각 발전 단계별로 핵심적인 역할을 하는 사람들이 다르다. 다음 중 3단계에서 역할이 더욱 중요하게 부각되는 사람은 누구인가?

① 기술자   ② 기업가

③ 엔지니어   ④ 금융전문가

조직이해능력

- 조직이해능력은 모든 직군에 필요하나 NCS 과목으로 비중이 높지 않다. 규모가 큰 기업과 외국인과 협업해야 하는 조직의 경우 선택된다.
- 일정하게 정해진 유형은 없으나 SOWT 분석 문제와 규정문제, 기타 조직 업무와 외국인을 대할 때의 모습을 묻는 문제가 출제된다.
- 이론과 SOWT 분석 문제는 반드시 이해해야 된다.

1. 조직이해능력

- 조직의 업무와 운영 및 체제에 대해 알아본다.

2. 경영이해능력

- 조직의 경영방법과 의사결정 과정을 알아본다.
- 조직의 경영전략과 조직경영 참여에 대해 알아본다.

3. 체제이해능력

- 조직의 목표와 구조를 알아본다.
- 조직문화와 집단의 특징을 알아본다.

4. 업무이해능력

- 업무득성과 업무처리과성에 대해 알아본다.
- 업무의 방해 요인을 알아본다.

5. 국제감각

- 국제 감각의 필요와 국제 문화의 이해에 대해 알아본다.
- 국제적인 동향과 국제매너를 알아본다.

1 〉 조직이해능력

(1) 조직이해능력이란?

- 직업인이 속한 조직의 경영과 체제업무를 이해하고, 직장생활과 관련된 국제 감각을 가지는 능력이다.
- 조직은 두 사람 이상이 공동의 목표를 달성하기 위해 의식적으로 구성된 상호작용과 조정을 행하는 행동의 집합체이다.
- 기업은 직장생활을 하는 대표적인 조직으로 노동, 자본, 물자, 기술 등을 투입하여 제품이나 서비스를 산출하는 기관이다.

(2) 조직의 유형

① **공식성**

- **공식조직** : 조직의 규모, 기능, 규정이 조직화된 조직
- **비공식조직** : 인간관계에 따라 형성된 자발적 조직

② **영리성**

- **영리조직** : 사기업 등
- **비영리조직** : 정보조직, 병원, 대학, 시민단체 등

③ **조직 규모에 따른 유형**

- **소규모 조직** : 가족 소유의 상점 등
- **대규모 조직** : 대기업 등

(3) 경영이란?

조직의 목적을 달성하기 위한 전략, 관리, 운영활동

① **경영의 구성요소**

- **경영목적** : 조직의 목적을 달성하기 위한 방법이나 과정
- **인적자원** : 조직의 구성원, 인적자원의 배치와 활용
- **자금** : 경영활동에 요구되는 돈, 경영의 방향과 범위 한정
- **경영전략** : 변화하는 환경에 적응하기 위한 경영활동 체계화

② **경영자의 역할**

경영자는 조직의 전략, 관리 및 운영활동을 주관하며, 조직구성원들과 의사결정을 통해 조직이 나아갈 방향을 제시하고 조직의 유지와 발전에 대해 책임을 지는 사람이다.

- **대인적 역할** : 조직의 대표자, 조직의 리더, 지도자, 상징자

09

조직이해
능력

- **정보적 역할** : 외부환경 모니터, 변화전달, 정보전달자
- **의사결정적 역할** : 문제 조정, 대외적 협상 주도, 분쟁 조정자, 자원 배분자, 협상가

(4) 조직체제

① 조직체제 구성요소

- **조직 목표** : 조직이 달성하려는 장래의 상태
- **조직의 구조** : 조직 내의 부문 사이에 형성된 관계로 조직구성원들의 상호작용
 (규칙과 규정이 정해진 기계적 조직, 의사결정권이 하부구성원에게 많이 위임되고 업무가 고정적이지 않은 유기적 조직)
- **조직 문화** : 조직 구성원들이 생활양식이나 가치를 공유하는 것
- **규칙 및 규정** : 조직의 목표나 전략에 따라 수립. 조직 구성원들의 활동 범위를 제약하고 일관성을 부여함

② 조직변화

㉠ 조직변화 과정 : 환경변화 인지 → 조직변화 방향 수립 → 조직변화 실행 → 변화결과 평가
㉡ 조직 변화 유형

- **제품과 서비스** : 제품이나 서비스를 고객의 요구에 부응하는 것
- **전략과 구조** : 조직의 목적 달성과 효율성을 위해 개선하는 것
- **기술** : 신기술이 도입되는 것
- **문화** : 구성원들의 사고와 가치를 변화시켜 조직의 목적과 일치화 시키는 것

③ 조직 관계

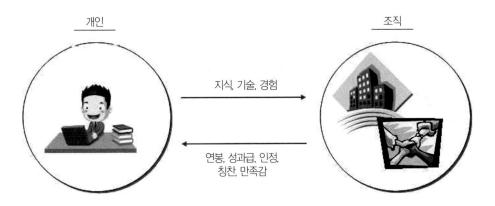

개인   지식, 기술, 경험 →   조직

← 연봉, 성과급, 인정, 칭찬, 만족감

2 〉 경영이해능력

(1) 경영이해능력이란?
직업인이 자신이 속한 조직의 경영 목표와 경영 방법을 이해하는 능력

(2) 경영의 과정
- **경영계획** : 미래상 설정, 대안분석, 실행방안 선정
- **경영실행** : 조직목적 달성
- **경영평가** : 수행결과 감독, 교정 → 피드백

(3) 경영활동 유형
- **외부경영활동** : 조직 외부에서 조직의 효과성을 높이기 위해 이루어지는 활동
- **내부경영활동** : 조직 내부에서 인적, 물적 자원 및 생산기술을 관리하는 활동

(4) 의사결정
① 의사결정 과정

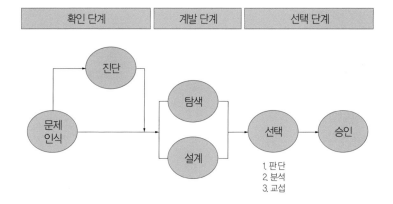

② 집단의사결정의 특징
㉠ 장점
- 한 사람이 가진 지식보다 집단이 가지고 있는 지식과 정보가 더 많아 효과적인 결정을 할 수 있다.
- 집단구성원의 능력이 다르기 때문에 다양한 견해를 가지고 접근할 수 있다.
- 결정된 사항에 대하여 의사결정에 참여한 사람들이 해결책을 수월하게 수용하며, 의사 소통의 기회가 향상된다.

09
조직이해
능력

ⓒ 단점

의견이 불일치하는 경우 결정된 사항에 대하여 의사결정을 내리는데, 특정 구성원에 의해 의사결정이 독점될 가능성이 있다.

③ 브레인스토밍

집단의사결정의 대표적인 방법으로 여러 명이 한 가지의 문제를 놓고 아이디어를 비판 없이 제시하여 그 중에서 최선책을 찾아내는 방법

- 다른 사람이 아이디어를 제시할 때에는 비판하지 않는다.
- 문제에 대한 제안은 자유롭게 이루어질 수 있다.
- 아이디어는 많이 나올수록 좋다.
- 모든 아이디어들이 제안되고 나면 이를 결합하고 해결책을 마련한다.

(5) 경영전략

① 경영전략이란?

조직이 변화하는 환경에 적응하기 위하여 경영활동을 체계화하는 것

② 경영전략 추진과정

ㄱ 전략 목표 설정 : 비전설정, 미션 설정

ㄴ 환경 분석 : 내부 환경 분석, 외부 환경 분석 (SWOT 분석 기법)

ㄷ 경영 전략 도출 : 조직 전략, 사업 전략, 부문 전략

ㄹ 경영 전략 실행 : 경영 목적 달성

ㅁ 평가 및 피드백 : 경영 전략 결과 평가, 전략 목표 및 경영 전략 재조정

③ 경영 전략 유형

- **차별화 전략** : 조직이 생산품이나 서비스를 차별화하여 고객에게 가치가 있고 독특 하게 인식되도록 하는 전략
- **원가우위 전략** : 원가절감을 통해 해당 산업에서 우위를 점하는 전략으로, 이를 위해서는 대량생산을 통해 단위 원가를 낮추거나 새로운 생산기술을 개발하는 전략
- **집중화 전략** : 경정조직들이 소홀히 하고 있는 한정된 시장을 원가우위나 차별화 전략을 써서 집중적으로 공략하는 전략

④ 경영참가제도 유형

ㄱ **경영참가** : 경영자의 권한인 의사결정과정에 근로자 또는 노동조합이 참여하는 것

ㄴ **이윤참가** : 조직의 경영성과에 대하여 근로자에게 배분하는 것

ㄷ **자본참가** : 근로자가 조직 재산의 소유에 참여하는 것

- **장점** : 근로자들이 조직에 소속감을 느끼고 몰입하게 되어 발전적 협력이 가능

- **단점** : 경영 능력이 부족한 근로자가 경영에 참여할 경우 의사 경영이 늦어지고 합리적이지 못할 수 있다./경영자의 고유권한인 경영권이 약화된다./분배문제를 해결함으로써 노동조합의 단체교섭 기능이 약화될 수 있다.

3 〉 체제이해능력

(1) 체제이해능력이란

조직의 구조와 목적, 체제 구성 요소, 규칙, 규정 등을 이해하는 능력

(2) 조직 목표

① **조직목표의 기능**
- 조직이 존재하는 정당성과 합법성 제공
- 조직이 나아갈 방향 제시
- 조직구성원 의사결정의 기준
- 조직구성원 행동수행의 동기유발
- 수행평가 기준
- 조직설계의 기준

② **조직 목표의 특징**
- 공식적 목표와 실제적 목표가 다를 수 있음
- 다수의 조직목표 추구 기능
- 조직목표간 위계적 관계가 있음
- 가변적 속성
- 조직의 구성요소와 상호관계를 가짐

③ **조직목표의 분류**
- **전체성과** : 영리조직은 수익성, 사회복지 기관은 서비스 제공 등
- **자원** : 조직에 필요한 재료와 재무자원을 획득 등
- **시장** : 시장점유율, 시장에서의 지위향상 등
- **인력개발** : 교육훈련, 승진, 성장 등
- **혁신과 변화** : 불확실한 환경변화에 대한 적응가능성 향상, 내부의 유연성 향상 등
- **생산성** : 투입된 자원에 대비한 산출량 향상, 1인당 생산량 및 투입비용 등

09
조직이해
능력

(3) 조직 구조

① 조직구조의 **구분**

- **기계적 조직** : 구성원들의 업무가 분명하게 정의되고 많은 규칙과 규제들이 있으며, 상하간의 의사소통이 공식적인 경로를 통해 이루어지며 엄격한 위계질서가 존재
- **유기적 조직** : 의사결정권한이 조직의 하부구성원들에게 많이 위임되어 있으며 업무도 고정되지 않고 공유 가능한 조직

② 조직구조의 **결정요인**

- **전략** : 조직의 목적을 달성하기 위하여 수립한 계획
- **규모** : 소규모조직, 대규모조직
- **기술** : 투입요소를 산출물로 전화시키는 지식, 기계, 절차 등
- **환경** : 안정적 환경은 기계적 조직, 급변하는 환경은 유기적 조직이 적합

③ 조직구조의 **형태**

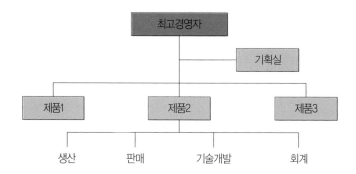

(4) 조직문화

조직구성원들의 공유된 생활양식이나 가치

① 조직문화의 **기능**

- 조직구성원들에게 일체감, 정체성 부여
- 조직몰입 향상
- 조직구성원들의 행동지침 : 사회화 및 일탈행동 통제
- 조직의 안정성 유지

② 조직문화 구성요소

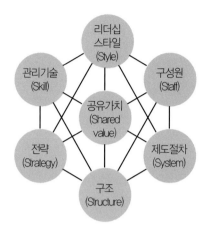

- **공유가치** : 조직 구성원들의 행동이나 사고를 특정 방향으로 이끌어 가는 원칙
- **리더십 스타일** : 구성원들을 이끌어 나가는 리더의 전반적인 조직관리 스타일
- **구성원** : 조직의 인력 구성과 구성원들의 능력
- **시스템** : 조직 운영의 의사 결정과 일상 운영의 틀이 되는 각종 시스템
- **구조** : 조직의 전략을 수행하는데 필요한 틀
- **전략** : 조직의 장기적인 목적과 계획 그리고 이를 달성하기 위한 장기적 행동지침
- **기술** : 하드웨어는 물론 이를 사용하는 소프트웨어 기술

(5) 집단

① 집단의 유형

- **공식적인 집단** : 조직의 공식적인 목표를 추구하기 위해 조직에서 의도적으로 만든 집단
- **비공식적 집단** : 조직구성원들의 요구에 따라 자발적으로 형성된 집단

② 집단 간 관계

- **장점** : 경쟁이 일어나면 집단 내부에서는 응집성이 강화되고 집단의 활동이 더욱 조직화 된다.
- **단점** : 집단 간 경쟁이 과열되면 공통된 목적을 추구하는 조직 내에서 집단 갈등은 자원의 낭비, 업무 방해, 비능률 등의 문제를 초래한다.

③ 팀의 역할

- 팀은 다른 집단들에 비해 구성원들의 개인적 기여를 강조하고 개인적 책임뿐만 아니라 상호 공동책임을 중요시한다.

- 팀은 생산성을 높이고 의사결정을 신속하게 내리며 구성원들의 다양한 창의성 향상을 도모하기 위하여 조직되고 성공하기 위해서는 조직 구성원들의 협력의지와 관리자층의 지지가 중요하다.

4 〉 업무이해능력

(1) 업무이해능력이란?

- 직업인이 자신에게 주어진 업무의 성격과 내용을 알고 그에 필요한 지식, 기술, 행동을 확인하는 능력
- 업무는 상품이나 서비스를 창출하기 위한 생산적인 활동

(2) 업무의 종류

부서	업무(예)
총무부	주주총회 및 이사회개최 관련 업무, 의전 및 비서업무, 집기비품 및 소모품의 구입과 관리, 사무실 임차 및 관리, 차량 및 통신 시설의 운영, 국내외 출장 업무 협조, 복리 후생 업무, 법률자문과 소송관리, 사내외 홍보 광고 업무
인사부	조직 기구의 개편 및 조정, 업무 분장 및 조정, 인력 수급 계획 및 관리, 직무 및 정원의 조정 종합, 노사 관리, 평가 관리, 상벌 관리, 인사발령, 교육체계 수립 및 관리, 임금제도, 복리 후생 제도 및 지원 업무, 복무 관리, 퇴직 관리
기획부	경영 계획 및 전략 수립, 전사기획 업무 종합 및 조정, 중장기 사업 계획의 종합 및 조정, 경영 정보 조사 및 기획 보고, 경영진단 업무, 종합예산 수립 및 실적 관리, 단기 사업 계획 종합 및 조정, 사업 계획, 손익 추정, 실적 관리 및 분석
회계부	회계 제도의 유지 및 관리, 재무 상태 및 경영실적 보고, 결산 관련 업무, 재무제표 분석 및 보고, 법인세, 부가가치세, 국세 지방세 업무자문 및 지원, 보험가입 및 보상 업무, 고정자산 관련 업무
영업부	판매 계획, 판매 예산의 편성, 시장조사, 광고 선전, 견적 및 계약, 제조 지시서의 발행, 외상매출금의 청구 및 회수, 제품의 재고 조절, 거래처로부터의 불만 처리, 제품의 애프터서비스, 판매원가 및 판매 가격의 조사 검토

(3) 업무의 특성

- 공통된 조직의 목적 지향
- 요구되는 지식, 기술, 도구의 다양성
- 다른 업무와의 관계, 독립성
- 업무수행의 자율성, 재량권

(4) 업무수행 계획

① 업무수행 계획 단계

업무지침 확인	▶	활용 자원 확인	▶	업무수행 시트 작성
• 조직의 업무지침 • 나의 업무지침		• 신간 • 예산 • 기술 • 인간관계		• 간트 차트 • 워크 플로 시트 • 체크리스트

② 업무수행 시트

- **간트 차트** : 단계별로 업무를 시작해서 끝나는데 걸리는 시간을 바(bar) 형식으로 표시한 차트 / 전체 일정을 한 눈에 볼 수 있고, 단계별로 소요되는 시간과 각 업무활동 사이의 관계를 보여준다.
- **워크 플로 시트** : 일의 흐름을 동적으로 보여주는데 효과적인 시트 / 사용하는 도형을 다르게 표현함으로써 주된 작업과 부차적인 작업, 개인 작업과 협조가 필요한 작업 등을 구분할 수 있다.
- **체크리스트** : 업무의 각 단계를 효과적으로 수행했는지를 스스로 점검해볼 수 있는 도구 / 시간의 흐름을 표현하는 데에는 한계가 있지만, 업무를 세부적인 활동들로 나누고 각 활동별로 수행수준을 달성했는지를 확인하는데 효과적이다.

(5) 업무 수행 방해요인과 해결책

요인	해결책
방문, 인터넷, 전화, 메신저	• 시간을 정해 놓고 효과적으로 관리한다.
갈등관리	• 갈등상황을 받아들이고 이를 객관적으로 평가한다.
스트레스	• 시간 관리를 통해 업무과중을 극복하고, 명상과 같은 방법으로 긍정적인 사고방식을 가지며, 신체적 운동을 하거나 전문가의 도움을 받는다.

5 국제감각

(1) 국제감각이란?

직장생활을 하는 동안에 다른 나라의 문화를 이해하고 국제적인 동향을 이해하는 능력

① **세계화** : 활동범위가 세계로 확대되는 것

② **국제경영** : 다국적 내지 초국적 기업이 등장하여 범지구적 시스템과 네트워크 안에서 기업 활동이 이루어지는 것

09

조직이해
능력

③ 국제 감각이 필요한 이유
- 세계화에 따른 해외에 직업 투자
- 무역 등 여러 분야의 경제적 이익

(2) 문화충격

① **정의** : 한 문화권에 속한 사람이 다른 문화를 접하게 되었을 때 체험하는 충격

② **이문화 커뮤니케이션**
- 자신이 속한 조직의 목적을 달성하기 위해 외국인을 설득하거나 이해시켜야 하는 상황에서 서로 상이한 문화 간 커뮤니케이션을 의미한다.
- **언어적 커뮤니케이션** : 의사를 전달할 때 직접적으로 이용되는 것으로 외국어 사용능력 등이 있다.
- **비언어적 커뮤니케이션** : 상대국의 문화적 배경에 입각한 생활양식, 행동규범, 가치관 등

(3) 국제동향

① **국제동향 파악 방법**
- 해외사이트 방문, 신문 국제면 및 국제잡지 정기 구독
- 협의체 사이트를 통해 국제동향 확인
- 업무 관련 외국어 습득
- 국제 학술대회 참석

② **국제적인 법규나 규정 숙지**

업무와 관련된 국제적인 법규나 규정을 제대로 이해하지 못하면 큰 피해를 입을 수 있기 때문에 국제적인 업무를 수행하기 위해서는 국제적인 법규나 규정을 알아봐야 한다.

(4) 국제 매너

① **인사법**
- ㉠ **영미권 인사** : 일어서서 상대방의 눈이나 얼굴을 보고 오른손으로 상대방의 오른손을 힘주어 잡았다가 놓는다. (손끝만 잡는 것은 예의에 어긋난다.)
- ㉡ **영미권 명함 교환**
  - 업무용 명함은 악수를 한 후 명함을 교환하고, 아랫사람이나 손님이 먼저 꺼내 오른손으로 주고, 받는 사람은 두 손으로 받는다.
  - 받은 명함은 보고나서 탁자위에 보이게 놓거나 명함지갑에 넣고, 구기거나 계속 만지지 않는다.

ⓒ 미국대화
- 이름이나 호칭은 어떻게 부를지 먼저 물어본다.
- 인사를 하거나 대화할 때 너무 다가서지 말고 개인공간을 지켜줘야 한다.

ⓓ 아프리카 대화 : 시선을 마주하는 것은 실례이므로 코 끝 정도를 보면서 대화한다.

ⓔ 러시아 · 라틴아메리카 인사 : 포옹 또는 입맞춤 인사는 친밀함의 표현이다.

② 시간약속

ⓐ 영미권 : 시간을 돈과 같이 여겨 시간 엄수를 매우 중요하게 생각한다.

ⓑ 라틴아메리카 · 동부 유럽 · 아랍 지역 : 시간 약속은 형식적이며 상대방이 기다릴 것으로 생각한다.

③ 식사예절(서양 요리)
- 스프는 소리를 내지 않고 먹고, 뜨거우면 숟가락을 저어서 식힌다.
- 몸 쪽의 바깥에 있는 식기부터 사용한다.
- 빵은 손으로 떼어 먹으며, 수프를 먹고 난 후부터 먹으며 디저트 직전 식사가 끝날 때까지 먹을 수 있다.
- 생선은 뒤집어 먹지 않고, 스테이크는 잘라 가면서 먹는다.

09

조직이해
능력

기초응용문제

정답 및 해설 p.61

01 다음 중 조직에 대한 설명으로 옳지 않은 것은?

① 조직은 두 사람 이상으로 자연스럽게 형성된 행동의 집합체이다.

② 직업인들은 자신의 업무를 효과적으로 수행하기 위해 조직이해능력을 기를 필요가 있다.

③ 조직은 공식화 정도에 따라 공식조직과 비공식조직으로 구분되며, 역사적으로 비공식조직으로부터 공식조직으로 발전하였다.

④ 비영리조직에는 병원, 대학, 시민단체, 종교단체 등이 있다.

02 경영자의 역할에 대한 다음 설명 중 적절하지 않은 것은?

① 조직의 수직적 체계에 따라 최고경영자와 중간경영자, 하부경영자로 구분된다.

② 중간경영자는 조직의 혁신기능과 의사결정기능을 조직 전체의 수준에서 담당한다.

③ 민츠버그가 분류한 경영자의 역할 중 의사결정적 역할은 협상가, 분쟁조정자, 자원배분자로서의 역할을 의미한다.

④ 정보적 역할은 외부 환경 변화를 모니터링하고 이를 조직에 전달하는 역할을 의미한다.

03 조직체제의 구성요소에 관한 설명으로 가장 적절하지 않은 것은?

① 조직 목표 : 조직이 달성하였던 과거의 장점

② 조직의 구조 : 조직 내의 부문 사이에 형성된 관계로 조직구성원들의 상호작용

③ 조직 문화 : 조직 구성원들이 생활양식이나 가치를 공유하는 것

④ 규칙 및 규정 : 조직의 목표나 전략에 따라 수립

04 조직의 경영전략 추진과정 중 SWOT 분석이 가장 많이 활용되는 과정은 무엇인가?

① 전략목표 설정
② 환경분석
③ 경영전략 도출
④ 경영전략 실행

05 다음 중 경영에 관한 설명으로 가장 적절하지 않은 것은?

① 경영은 인적자원의 직무수행에 기초하므로 인적자원의 배치 및 활용이 중요하다.
② 최근에는 경영 조직을 둘러싼 환경이 급변하면서 이에 대한 적응 전략이 강조되고 있다.
③ 경영은 경영의 대상인 조직과 조직 목적, 경영의 내용인 전략 · 관리 · 운영으로 이루어진다.
④ 최근의 경영은 의사결정 전략보다는 투입되는 자원을 최소화하거나 이를 통해 목표를 최대한 달성하기 위한 관리라는 측면이 강조된다.

06 다음 글의 빈 칸에 공통적으로 들어갈 말로 가장 알맞은 것은?

> 조직이 새로운 아이디어나 행동을 받아들이는 것을 조직변화라고 하며, 이러한 조직변화는 제품과 서비스, 전략 및 구조, 기술, 문화 등 여러 측면에서 이루어질 수 있다. 일반적으로 조직의 변화는 (   )를 인지하는 데에서 시작하는데, (   )가 인지되면 이에 적응하기 위한 조직변화 방향을 수립하고 조직변화를 실행하며, 마지막으로 조직 개혁의 진행사항과 성과를 평가하게 된다.

① 제품이나 서비스의 변화
② 전략이나 구조의 변화
③ 기술의 변화
④ 환경의 변화

09

조직이해
능력

07 조직변화의 과정을 순서대로 나열한 것은?

> ㉠ 조직변화 방향 수립
> ㉡ 변화결과 평가
> ㉢ 환경변화 인지
> ㉣ 조직변화 실행

① ㉠ → ㉢ → ㉣ → ㉡
② ㉢ → ㉠ → ㉣ → ㉡
③ ㉢ → ㉠ → ㉡ → ㉣
④ ㉢ → ㉣ → ㉠ → ㉡

08 조직문화의 기능에 대한 설명으로 옳지 않은 것은?

① 구성원들에게 일체감과 정체성 등을 부여한다.

② 구성원들의 조직몰입을 향상시킨다.

③ 조직의 안정성을 유지한다.

④ 구성원들의 개별화 및 일탈행동을 통제한다.

09 국제감각에 대한 설명으로 옳지 않은 것은?

① 업무와 관련되어 국제적인 동향을 파악하고 이를 적용할 수 있는 능력이다.

② 다국적 기업의 증가로 인하여 더욱 중요시 되었다.

③ 문화충격을 대비하기 위하여 자기가 속한 문화를 기준으로 다른 문화를 접해야 한다.

④ 언어적·비언어적 커뮤니케이션을 적절히 사용하여 올바른 이문화 커뮤니케이션을 해야 한다.

10 국제 매너에 대한 설명으로 옳지 않은 것은?

① 미국인들과의 약속에서는 시간을 반드시 엄수하는 것이 좋다.

② 아프리카인과 대화 할 때는 시선을 마주보고 이야기한다.

③ 미국인과 이야기 할 때는 호칭을 먼저 물어본다.

④ 서양요리를 먹을 때 빵은 손으로 떼어 먹는다.

11 다음 지문에서 밑줄 친 부분에 대한 설명으로 옳지 않은 것은?

> A씨는 최근 직장을 그만두고 지인들과 컨설팅 회사를 설립하였다. A씨는 조직을 운영하는데 가장 기본이 되는 것은 사람이므로 '인간존중'이 최우선이라고 생각하였다. 이에 따라 A씨와 지인들은 '인간존중'을 ⊙ 경영목적으로 하고, 구체적인 ⓛ 경영전략을 수립하였다. 또한 회사를 운영하기 위한 ⓒ 자금을 마련하여 법인으로 등록하고, ㉣ 근로자를 모집, 채용하였다.

① ㉠ : ㉠을 달성하기 위해서 A씨는 어느 정도 달성되었는지, 그리고 얼마나 효율적으로 달성되었는지에 대해 평가를 받게 된다.

② ㉡ : 기업 내 모든 자원을 ㉠을 달성하기 위해 조직화 하고, 실행하는 방침 및 활동이다.

③ ㉢ : A씨가 경영활동을 통해 얻어야 하는 이윤이다.

④ ㉣ : A씨는 이들을 적재적소에 배치, 활용하여야 한다.

12 다음 지문의 빈칸에 들어갈 용어로 옳은 것은?

리더십만큼 중요한 것은 (　　　)이다. 유능한 지도자 밑에서 역량 있는 부하가 탄생하기도 하지만, 좋은 직원들이 멋진 상사를 만들 수도 있다. '(　　　)들도 분명히 리더십의 중요한 일부분이다.' 미 공군 사관학교 리더십 강사 리처드 휴즈의 말이다. '야구에서 투수가 아무리 잘 던져도 그것을 제대로 받을 수 있는 좋은 포수가 없으면 아무 의미가 없다.' 허먼 밀러의 맥스 디프리 회장의 이야기이다.
아무리 좋은 부하직원도 상사가 관리하지 않고 방치하면 별 볼 일 없어진다. 상사도 마찬가지이다. 좋은 (　　　)을 만나지 못하면 리더도 제 역량을 발휘하지 못한다.
(　　　)의 수준이 높아져야 리더의 질도 높아진다. '국민은 꼭 자기 수준에 맞는 지도자를 갖게 되어 있다.' 처칠의 이야기이다.

① 팔로워　　　　　　　　② 프렌드
③ 오너　　　　　　　　　④ 라이벌

13 다음 지문의 Upjohn사는 잘못된 의사결정에 빠지는 함정에 빠졌다. 이 회사가 성공적인 의사결정을 위한 방법으로 가장 옳은 것은?

잘못된 의사결정으로 쇠락의 길로 접어드는 기업도 많이 있다. 제약 산업에 있었던 Upjohn사는 Merck 등 대규모 제약 회사들이 대규모 R&D 시설을 확충하면서, 신제품 개발 등 기술적인 면에서는 더 이상 경쟁 할 수 없는 현실에 처하게 되었다. 그럼에도 불구하고, 맹목적으로 R&D 투자를 더욱 늘리는가 하면, 충분한 역량검증 없이 그 당시 성장산업이었던 플라스틱과 화학 사업으로 다각화를 하다가, 결국 자금 부족 및 수익성 악화로 Pharmacia 회사에 합병되는 결과를 맞이하였다.

① 결정한 것은 끝까지 성공시켜야 한다.　　② 과거 자료나 추세만을 중시한다.
③ 나의 능력을 믿는다.　　　　　　　　　　④ 현실을 냉철하게 직시하라.

14 마이클 포터가 제시한 전략 중 다음 사례에서 선택해야 하는 전략에 대한 설명으로 가장 옳은 것은?

> 삼성은 여전히 1위다. 그러나 불안한 1등이다. 애플은 여전히 힘겨운 상대이고 샤오미·화웨이와 같이 변방에 있던 중국업체가 턱밑까지 치고 올라왔다. 스마트폰 시장 전체 수익률 91%를 독점하는 애플도 위기다.
>
> 해법은 결국 비용이다. 제일 먼저 휴대폰 라인업을 줄여야 한다. 삼성은 대략 한해에 250~300개 모델을 출시한다. 이에 따른 '오버헤드(Corporate overhead)'가 만만치 않다. 한대 휴대폰을 시험인증 받는 데 드는 비용만 대략 20억~25억 원 수준이다. 각 나라에서 인증 비용만 6500억 원에서 7000억 원에 든다는 얘기다. 각 나라 모델별로 필요한 지적재산권을 포함해 서비스 지원과 소프트웨어 개발에 드는 인력과 비용도 상당할 것이다.
>
> 애플처럼 1년에 단 한 모델로 승부하지 못하더라도 절반 이하의 핵심모델로 집중하는 전략을 고민해야 한다. 스마트폰 성장세는 이미 꼭지를 찍었다. 무엇보다 시장이 변했다. 이미 기술은 보편화됐고 소비자는 더 이상 기능을 이야기하지 않는다. 오히려 '성능 과잉(Over-spec)'에 피로감마저 느낀다. PC시절과 정확히 닮은꼴이다. 중저가 스마트폰이 득세하는 배경도 여기에 있다. 시장에 불고 있는 범용화의 큰 물결을 거스를 수 없는 것이다.

① 대량생산을 통해 단위 원가를 맞추거나 새로운 생산기술을 개발한다. 70년대 우리나라의 섬유업체나 신발업체 등이 미국시장에 진출할 때 취하였다.

② 생산품이나 서비스를 차별화하여 고객에게 가치가 있고 독특하게 인식되도록 한다. 연구개발이나 광고를 통해 기술, 품질, 서비스, 브랜드 이미지를 개선해야 한다.

③ 경쟁조직들이 소홀히 하고 있는 한정된 시장을 집중적으로 공략해야 한다.

④ 경쟁이 어려운 부분은 포기하고 경쟁력 있는 새로운 사업에 도전해야 한다.

15 다음 사례는 글로벌 기업 경영 전략 중 무엇을 나타내고 있는가?

> 세계적인 건설 엔지니어링 기업 벡텔의 현지 경영은 지난 이라크 전후복구 사업 수주 시 큰 힘을 발휘하기도 했다. 이 회사는 중동 각국 정부의 고위관리 및 재계 인사들과의 네트워크를 효과적으로 활용하는 동시에 현지 사정에 정통한 지역전문가를 전문경영인으로 고용, 핵심기술만을 자사에서 제공하고 그 외에는 대부분 현지 하청업체를 이용함으로써 큰 비용 절감을 보았다.

① 끊임없이 연구하라 - R&D를 기업의 근본으로

② 더 이상 정해진 국적은 없다 - 다양한 현지화 전략

③ 영원한 적은 없다 - 전략적 제휴 및 M&A

④ 변화하라 또 변화하라 - 지속적인 변화와 혁신추구

16 다음의 '에퀴티 모델'은 경영참가제도의 어떤 유형에 대한 사례인가?

> 종업원 지주제로 대표되는 '에퀴티 모델'은 주식 소유는 물론 주인의식과 공통의 헌신이라는 3가지 요소로 이뤄져 있다. 이들이 주식에 집착하는 또 다른 현실적 이유는 소득=임노동의 단일 고리를 끊고 노동자도 자본소득을 올려야 한다는 데 있다. 국내총생산(GDP)에서 자본소득 분배율은 급격히 높아지는데 노동소득 분배율은 끝없이 추락하고 있기 때문이다. 종업원 소유제로 임금+배당+주가 차익을 얻게 되니 실업 걱정을 덜어서 좋다.

① 경영참가   ② 이윤참가

③ 자본참가   ④ 경제참가

17 다음 지문에서 설명하고 있는 조직 유형의 특징이 바르게 설명된 것은?

> 환경변화에 대해 신축적인 적응력을 가지며 혁신적인 의사결정도 활발히 행하는 조직으로 각자가 갖는 의사결정의 자유와 책임이 크고 자아실현의 욕구가 충족되는 조직이다.

> ㉠ 구성원들의 업무가 분명하게 규정   ㉡ 비공식적인 상호의사소통
> ㉢ 엄격한 상하 간 위계질서   ㉣ 급변하는 환경에 적합한 조직
> ㉤ 다수의 규칙과 규정 존재

① ㉠, ㉡   ② ㉢, ㉣

③ ㉣, ㉤   ④ ㉡, ㉣

09
조직이해
능력

18 다음에서 설명하고 있는 조직은 어떤 구조인가?

> 특정사업 수행을 위한 것으로 해당분야의 전문성을 지닌 소속 직원들이 본연의 업무와 특정사업을 동시에 수행하는 '투-잡'형태로 운영된다. 이는 권한과 책임을 강화하기 위해 보직명령 형태로 운영되며 특정사건 발생 시 여러 기능부서 직원들이 모여 통합조사반을 편성해 심도 있는 조사를 실시한다.

① 매트릭스 구조   ② 기능 구조

③ 수평 구조   ④ 네트워크 구조

19 다음은 조직의 성격에 따른 4가지 문화 구분이다. 이중 자율성은 낮으나 안정적이며, 외부지향적인 문화에 대한 설명으로 옳은 것은?

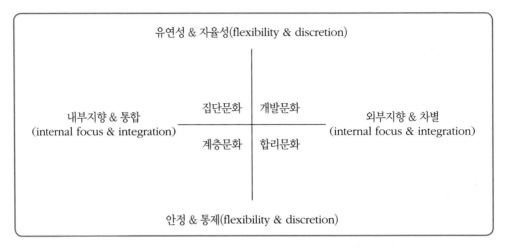

① 관계지향적인 문화이며, 조직구성원 간 인간애 또는 인간미를 중시하는 문화로서 조직내부의 통합과 유연한 인간관계를 강조한다.

② 높은 유연성과 개성을 강조하며 외부환경에 대한 변화지향성과 신축적 대응성을 기반으로 조직구성원의 도전의식, 모험성, 창의성, 혁신성, 자원획득 등을 중시한다.

③ 과업지향적인 문화로, 결과지향적인 조직으로써의 업무의 완수를 강조한다.

④ 조직내부의 통합과 안정성을 확보하고 현상유지차원에서 계층화되고 서열화 된 조직구조를 중요시하는 조직문화이다.

20 다음은 기안문 작성법이다. 이를 보고 기안문을 만들 때 잘 이해하고 있는 사람은?

기안문 작성법

1. 구성
   (1) 두문 : 기관명, 수신, 경유로 구성된다.
   (2) 본문 : 제목, 내용, 붙임(첨부)로 구성된다.
   (3) 결문 : 발신명의, 기안자 및 검토자의 직위와 직급 및 서명, 결재권자의 직위와 직급 및 서명, 협조자의 직위와 직급 및 서명, 시행 및 시행일자, 접수 및 접수일자, 기관의 우편번호, 도로명 주소, 홈페이지 주소, 전화, 팩스, 작성자의 전자우편 주소, 공개구분(완전공개, 부분공개, 비공개)로 구성된다.

> 2. 일반 기안문 결재방법
> (1) 결재 시에는 본인의 성명을 직접 쓴다. 전자문서의 경우에는 전자이미지 서명을 사용한다.
> (2) 전결의 경우에는 전결권자가 '전결' 표시를 하고 서명을 한다.
> (3) 전결을 대결하는 경우에는 전결권자의 란에는 '전결'이라고 쓰고 대결하는 자의 란에 '대결'의 표시를 하고 서명한다. 결재하지 않는 자의 서명 란은 별도로 두지 않는다.

① A 사원 : 본문의 내용에 부족한 부분은 결문에 첨부하여야겠다.

② B 대리 : 도로명 주소를 알 수 없으니 우편번호와 옛 주소로 작성해야겠다.

③ C 팀장 : 부장님이 나보고 결재 하라고 하였으니 전결권자 란에 대결이라고 써야겠다.

④ D 과장 : 내가 결재해야 되니 내 이름으로 서명하고 전결이라고 표시해야겠다.

21 해외 영업직 Q부장은 독일에 자사 제품을 판매하기 위해 독일 바이어를 만나기로 하였다. 다음 중 Q 부장의 행동 중 적절하지 못한 것은 무엇인가?

① 허세나 과장 없이 상품에 대한 자세한 설명을 하였다.

② 금요일 오후에 일정을 잡고 약속시간 이전에 나와서 기다렸다.

③ 만나서 눈을 보며 악수를 하고 개인적 사항은 묻지 않았다.

④ 협상 시 실망하는 모습이 보여 즉석에서 사과하고 보상을 하였다.

[22~23] 다음 결재 규정을 보고 이어지는 질문에 답하시오.

09

조직이해
능력

〈결재규정〉

• 결재를 받으려는 업무에 대해서는 최고결재권자(대표이사)를 포함한 이하 직책자의 결재를 받아야 한다.

• 전결이라 함은 회사의 경영활동이나 관리활동을 수행함에 있어 의사 결정이나 판단을 요하는 일에 대하여 최고결재권자의 결재를 생략하고, 자신의 책임 하에 최종적으로 의사 결정이나 판단을 하는 행위를 말한다.

• 전결사항에 대해서도 위임받은 자를 포함한 이하 직책자의 결재를 받아야 한다.

• 표시내용 : 결재를 올리는 자는 최고결재권자로부터 전결사상을 위임 받은 자가 있는 경우 결재란에 전결이라고 표시하고 최종 결재권자란에 위임 받은 자를 표시한다. 다만, 결재가 불필요한 직책자의 결재란은 상향대각선으로 표시한다.

- 최고결재권자의 결재사항 및 최고결재권자로부터 위임된 전결사항은 아래의 표에 따른다.

구분	내용	금액기준	결재서류	팀장	본부장	대표이사
접대비	경조사비 사업식대	10만원 이하	접대비지출품의서 지출결의서	●■		
		10만원 초과			●	■
		30만원 초과				●■
법인카드	법인카드	10만원 이하	법인카드신청서 기안서	■		
		10만원 초과			●■	
		30만원 초과				■

● : 기안서, 출장계획서, 출장비신청서, 접대비지출품의서
■ : 지출결의서, 각종 신청서, 법인카드 신청서

22 C사원은 이번 출장 중에 유류비와 식비로 30만 원을 법인카드로 결제하였다. 다음 중 C사원이 작성한 결재양식으로 옳은 것은?

① 법인카드 신청서

결재	담당	팀장	본부장	최종결재
	C		전결	대표이사

② 지출결의서

결재	담당	팀장	본부장	최종결재
	C	전결	/	대표이사

③ 기안서

결재	담당	팀장	본부장	최종결재
	C	전결	/	대표이사

④ 법인카드 신청서

결재	담당	팀장	본부장	최종결재
	C		전결	본부장

23 신입사원이 결혼을 하여 Z사원이 회사 축의금으로 10만 원을 보내고 만든 결재 양식이다. 작성한 부분 중 잘못된 곳은?

① 지출결의서			
결재	담당	팀장	본부장	최종 결재
	Z	② 전결	③	④ 팀장

[24~25] 다음은 SWOT에 대한 설명이다. 설명을 읽고 이어지는 질문에 답하시오.

SWOT 분석이란 기업 내부의 강점(Strength)과 약점(Weakness), 기업을 둘러싼 외부의 요인인 기회(Opportunity)와 위협(Threat)이이라는 4가지 요소를 규정하고 이를 토대로 기업의 경영전략을 수립하는 기업이다. SO(강점:기회)전략은 시장의 기회를 활용하기 위해 강점을 적극 활용하는 전략이고, WO(약점:기회)전략은 약점을 극복하거나 제거함으로써 시장의 기회를 활용하는 전략이다. ST(강점:위협)전략은 시장의 위협을 회피하기 위해 강점을 사용하는 전략이고, WT(약점:위험)전략은 위협을 회피하고 약점을 최소화 하거나 없애는 전략이다.

내부환경 외부환경	강점(Strength)	약점(Weakness)
기회(Opportunity)	SO(강점:기회)전략	WO(약점:기회)전략
위협(Threat)	ST(강점:위협)전략	WT(약점:위험)전략

24 다음 SWOT 분석을 보고 세운 전략으로 옳은 것은?

• 별난 가게 SWOT분석	
강점	• 산지에서 공수한 싱싱함 • 트렌디한 가게 인테리어
약점	• 짧은 가게 오픈 시간 • 조리 시간이 김

기회	• 주변에 산지에서 공수한 재료를 사용하는 전문점 없음 • 아직 별난 가게를 모르는 주변 사람이 많음
위협	• 다른 종류의 음식점이 맞은편에 들어섬 • 임대료가 올라감

외부 환경＼내부 환경	강점(Strength)	약점(Weakness)
기회(Opportunity)	① 싱싱한 음식을 더 빨리 조리할 기구를 구입한다.	② 오픈 시간을 늘리고 조리 시간이 짧은 메뉴를 개발한다.
위협(Threat)	③ 인테리어 강점을 내세워 적극적인 마케팅 활동을 한다.	④ 싱싱한 재료를 주제로 주변에 전단지를 돌려 가게를 홍보한다.

25 다음 SWTO 분석을 보고 세운 전략 중 적절하지 않은 것은?

• 매콤 닭발의 SWTO분석	
강점	• 브랜드 충성도가 높다. • 브랜드 가치가 높다.
약점	• 가격이 경쟁업체에 비해 높다. • 매장이 좁다.
기회	• 매운 음식의 선호도가 높아지고 있다. • 닭의 가격이 하락하고 있다.
위협	• 주변에 다른 닭요리 음식점이 생기고 있다. • 높은 가격을 피하는 인식이 퍼지고 있다.

외부 환경＼내부 환경	강점(Strength)	약점(Weakness)
기회(Opportunity)	① 브랜드 홍보를 통해 매운 음식의 입지를 강화한다.	② 매장을 넓히고 특별 세일 기간을 두고 싸게 판매한다.
위협(Threat)	③ 높은 브랜드 충성도를 믿고 여러 신규 매장을 오픈하여 공격적으로 마케팅 한다.	④ 브랜드 고급화를 믿고 높은 가격 높은 품질을 차별화로 홍보한다.

26 경영자의 역할에 대한 다음 설명 중 옳지 않은 것은?

① 조직의 수직적 체계에 따라 최고경영자와 중간경영자, 하부경영자로 구분된다.

② 중간경영자는 경영부문별로 최고경영층이 설정한 목표 · 전략 · 정책의 집행 활동을 수행한다.

③ 민츠버그가 분류한 경영자의 역할 중 대인적 역할은 협상가, 분쟁조정자, 자원배분자로서의 역할을 의미한다.

④ 정보적 역할은 외부 환경 변화를 모니터링하고 이를 조직에 전달하는 역할을 의미한다.

27 다음 중 조직에서의 업무 배정에 관한 설명으로 옳지 않은 것은?

① 업무를 배정하는 것은 조직을 가로로 분할하는 것을 말한다.

② 업무는 조직 전체의 목적 달성을 위해 효과적으로 분배되어야 한다.

③ 업무의 실제 배정은 일의 동일성이나 유사성, 관련성에 따라 이루어진다.

④ 직위는 조직의 업무체계 중에서 하나의 업무가 차지하는 위치이다.

28 다음 중 직업인들이 업무를 공적으로 수행할 수 있는 힘을 뜻하는 말로 옳은 것은?

① 업무 기능　　　　　　　　② 업무 권한

③ 업무 역할　　　　　　　　④ 업무 책임

29 다음 중 조직변화에 대한 설명으로 옳지 않은 것은?

① 조직이 새로운 아이디어나 행동을 받아들이는 것을 조직변화라 한다.

② 조직변화의 과정은 환경변화를 인지하는 데에서 시작된다.

③ 제품이나 서비스의 변화는 고객이나 새로운 시장 확대를 위해서 이루어진다.

④ 기존의 조직구조와 경영방식 하에서 환경변화에 따라 조직변화가 이루어진다.

30 조직에서의 의사결정 과정에 대한 설명으로 옳지 않은 것은?

① 조직에서의 의사결정은 혁신적 결정보다 점진적 방식으로 이루어진다.

② 진단 단계는 문제의 심각성에 따라 체계적 또는 비공식적으로 이루어진다.

③ 개발 단계는 확인된 문제에 대하여 해결방안을 모색하는 단계이다.

④ 선택 단계는 기존 해결 방법 중에서 새로운 문제 해결 방법을 찾는 과정이다.

MEMO

직업윤리

- 직업윤리는 우리들의 공동체적인 삶에 있어서 매우 중요한 역할을 하기 때문에 숙지해야 하는 능력이다.
- 직업 활동은 수많은 사람들과 관계를 맺고 상호작용을 하는 것이기 때문에 사람과 사람사이에 지켜야 할 윤리적 규범을 따라야한다.
- 직업윤리는 특별히 어려운 문제는 없으나 윤리의 의미를 정확히 이해하고 문제 유형을 확인하는 것이 중요하다.

1. 윤리
- 윤리의 의미가 무엇인지 알아본다.

2. 직업
- 직업의 의미가 무엇인지 알아본다.

3. 직업생활
- 직업 생활에 필요한 직업윤리의 중요성을 파악하고 말할 수 있다.

1 〉 직업윤리

(1) 윤리란?

① 윤리(倫理)의 의미

ⓐ 사람이 지켜야 할 도리

ⓑ 실제의 도덕규범이 되는 원리

ⓒ 인간과 인간 사이에서 지켜져야 할 도리를 바르게 하는 것

ⓓ 인간사회에 필요한 올바른 질서

② 윤리적 가치의 중요성

ⓐ 사회질서를 유지하고 공동의 이익을 창출하는 역할을 한다.

ⓑ 삶의 본질적 가치와 도덕적 신념에 대한 존중이다.

ⓒ 윤리적 인간은 공동의 이익을 추구하고 도덕적 가치 신념을 기반으로 형성된다.

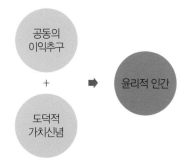

③ 윤리규범의 형성

ⓐ 인간은 사회적 동물이기 때문에 어느 한 개인의 욕구는 개인의 행동여하에 따라 충족여부가 결정되는 것이 아니라, 다른 사람의 행동과 협력을 통해 가능해진다.

ⓑ 어떤 행위는 마땅히 해야 할 행위, 어떤 행위는 결코 해서는 안 될 행위로서 가치를 인정받게 되며, 모든 윤리적 가치는 시대와 사회상황에 따라 조금씩 다르게 변화된다.

ⓒ 윤리의 형성은 공동생활과 협력을 필요로 하는 인간생활에서 형성되는 공동행동의 룰을 기반으로 윤리적 규범이 형성된다.

10

직업
윤리

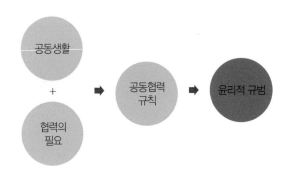

(2) 직업의 의미와 특징

① 일과 인간 삶의 관계

㉠ 일은 경제적 욕구의 충족뿐만 아니라 그 이상의 자기실현이라는 측면을 지니고 있다.

㉡ 일은 인간으로서의 하나의 권리이므로, 인간의 삶을 구성하는 가장 중요한 요소이다.

㉢ 직업은 분화된 사회에서 한 사람이 담당하는 체계화 · 전문화된 일의 영역이다.

② 직업의 의미

㉠ 경제적으로 보상을 받는 일

㉡ 계속적으로 수행하는 일

㉢ 사회적 효용성이 있는 일

㉣ 성인이 하는 일

㉤ 자기의 의사에 따라 하는 일

㉥ 노력이 소용되는 일

③ 직업관

㉠ 바람직한 직업관

• 소명의식을 가지고 일하며, 자신의 직업을 천직으로 생각한다.

• 사회구성원으로서의 직분을 다하는 일이자 봉사하는 일이라고 생각한다.

• 자기 분야의 최고전문가가 되겠다는 생각으로 최선을 다해 노력한다.

㉡ 잘못된 직업관

• 직업생활을 부의 축적과 생계유지 수단으로만 본다.

• 직업생활의 최고목표를 높은 지위에 올라가 권력을 획득하는 것이라고 생각한다.

(3) 직업윤리의 의미와 특징

① **직업윤리의 의미**
  ㉠ 직업에 종사하는 현대인으로서 누구나 공통적으로 지켜야 할 윤리기준
  ㉡ 개인윤리를 바탕으로, 각자가 직업에 종사하는 과정에서 요구되는 특수한 윤리규범

② **직업윤리의 중요성**
  ㉠ 개인적 차원에서 진정한 의미의 직업적 성공은 도덕성이 수반되어야 함
  ㉡ 직업적 활동은 개인적 차원에만 머무르지 않고 사회전체의 질서와 안정, 발전에 매우 중요한 역할을 수행함

③ **직업윤리의 덕목**
  ㉠ **소명의식** : 자신이 맡은 일은 하늘에 의해 맡겨진 일이라고 생각하는 태도
  ㉡ **천직의식** : 자신의 일이 자신의 능력과 적성에 꼭 맞는다 여기고 그 일에 열성을 가지고 성실히 임하는 태도
  ㉢ **직분의식** : 자신이 하고 있는 일이 사회나 기업을 위해 중요한 역할을 하고 있다고 믿고 자신의 활동을 수행하는 태도
  ㉣ **책임의식** : 직업에 대한 사회적인 역할과 책무를 충실히 수행하고 책임을 다하는 태도
  ㉤ **전문가의식** : 자신의 일이 누구나 할 수 있는 것이 아니라 해당 분야의 지식과 교육을 밑바탕으로 성실히 수행해야만 가능한 것이라 믿고 수행하는 태도
  ㉥ **봉사의식** : 직업 활동을 통해 다른 사람과 공동체에 대하여 봉사하는 정신을 갖추고 실천하는 태도

④ **개인윤리와 직업윤리의 조화**
  ㉠ 업무상 개인의 판단과 행동이 사회적 영향력이 큰 기업시스템을 통하여 다수의 이해관계자와 관련되게 된다.
  ㉡ 수많은 사람이 관련되어 고도화 된 공동의 협력을 요구하므로 맡은 역할에 대한 책임완수가 필요하고, 정확하고 투명한 일 처리가 필요하다.
  ㉢ 규모가 큰 공동의 재산, 정보 등을 개인의 권한 하에 위임·관리하므로 높은 윤리의식이 요구된다.
  ㉣ 직장이라는 특수 상황에서 갖는 집단적 인간관계는 가족관계, 개인적 선호에 의한 친분관계와는 다른 측면의 배려가 요구된다.
  ㉤ 기업은 경쟁을 통하여 사회적 책임을 다하고, 보다 강한 경쟁력을 키우기 위하여 조직원 개개인의 역할과 능력이 경쟁상황에서 적절하고 꾸준하게 향상되어야 한다.
  ㉥ 각각의 직무에서 오는 특수한 상황에서는 개인적 덕목차원의 일반적인 상식과 기준으로는 규제할 수 없는 경우가 많다.

10

직업
윤리

⑤ 직업윤리의 5대 기본원칙

   ㉠ **객관성의 원칙** : 업무의 공공성을 바탕으로 공사구분을 명확히 하고, 모든 것을 숨김없이 투명하게 처리하는 것

   ㉡ **고객중심의 원칙** : 고객에 대한 봉사를 최우선으로 생각하고 현장중심, 실천중심으로 일하는 것

   ㉢ **전문성의 원칙** : 전문가로서의 능력과 의식을 가지고 자기업무에 책임을 다하며, 능력을 연마하는 것

   ㉣ **정직과 신용의 원칙** : 업무와 관련된 모든 것을 숨김없이 정직하게 수행하고, 본분과 약속을 지켜 신뢰를 유지하는 것

   ㉤ **공정경쟁의 원칙** : 법규를 준수하고, 경쟁원리에 따라 공정하게 행동하는 것

2 ❯ 근로윤리

(1) 근면한 태도

  ① **근면의 의미** : 게으르지 않고 부지런한 것을 말한다.

  ② **근면의 중요성** : 근면은 성공을 이루는 기본 조건이므로, 근면이 주는 진정한 의미를 알고 게으름을 극복하기 위해 노력해야 한다.

  ③ **근면의 종류**

   ㉠ **외부로부터 강요당한 근면** : 삶을 유지하기 위해 강요된 것으로 외부의 압력이 사라지면 아무것도 남지 않게 된다.

   ㉡ **스스로 자진해서 하는 근면** : 능동적이고 적극적인 태도가 우선시되어야 하며, 자신을 조금씩 발전시킬 수 있고 자아 확립에도 도움이 된다.

  ④ **근면에 필요한 자세** : 적극성, 능동성

(2) 정직한 자세

  ① **정직의 의미** : 신뢰를 형성하고 유지하는데 가장 기본적이고 필수적인 규범으로, 사람과 사이에 함께 살아가는 사회시스템이 유지되려면 정직에 기반을 둔 신뢰가 있어야 한다.

  ② **정직과 신용을 구축하기 위한 4가지 지침**

   ㉠ 정직과 신뢰의 자산을 매일 조금씩 쌓도록 한다.

   ㉡ 잘못된 것도 정직하게 밝히도록 한다.

   ㉢ 정직하지 못한 것을 눈감아주지 않도록 한다.

   ㉣ 부정한 관행은 인정하지 않도록 한다.

(3) 성실한 자세

① 성실의 의미

㉠ 일관하는 마음과 정성의 덕이다.

㉡ 리더가 조직 구성원에게 원하는 첫째 요건이며, 조직생활에서 가장 큰 무기이기도 하다.

② 성실한 사람과 성실하지 못한 사람의 차이

㉠ 성실한 사람은 국가와 사회에 이바지하는 바가 크고, 자아가 성장할 수 있다는 장점이 있다.

㉡ 일을 단순히 돈벌이 수단으로 여기고 단기간에 돈을 벌려고 하는 사람은 불성실한 태도로 일하는 경우가 많다.

㉢ 장기적으로 볼 때, 결국 성공하는 사람은 성실한 사람이다.

3 ﹥ 공동체윤리

(1) 봉사의 의미

① **봉사의 사전적 의미** : 나라나 사회 또는 남을 위하여 자신의 이해를 돌보지 않고 몸과 마음을 다하여 일하는 것을 의미한다.

② **봉사의 직업적 의미** : 자신보다는 고객의 가치를 최우선으로 하는 서비스의 개념이다.

③ 'SERVICE'의 7가지 의미

㉠ S(Smile&Speed) : 서비스는 미소와 함께 신속하게 하는 것

㉡ E(Emotion) : 서비스는 감동을 주는 것

㉢ R(Respect) : 서비스는 고객을 존중하는 것

㉣ V(Value) : 서비스는 고객에게 가치를 제공하는 것

㉤ I(Image) : 서비스는 고객에게 좋은 이미지를 심어주는 것

㉥ C(Courtesy) : 서비스는 예의를 갖추고 정중하게 하는 것

㉦ E(Excellence) : 서비스는 고객에게 탁월하게 제공되어야 하는 것

④ **고객접점서비스**

㉠ 고객과 서비스 요원 사이의 15초 동안의 짧은 순간에 이루어지는 서비스로서, 이 순간을 진실의 순간(MOT : moment of truth) 또는 결정적 순간이라고 한다. 이 15초 동안에 고객접점에 있는 최일선 서비스 요원이 책임과 권한을 가지고 자사의 가치를 고객에게 입증해야 한다.

㉡ **서비스 기업 관리자의 역할** : 가시적인 서비스를 제공하는 요원은 물론 운전사, 시설요원 등 비가시적서비스를 제공하는 서비스 요원들에게도 고객접점에 있다는 것을 알리고 용모나 유니폼, 서비스 정신 등을 교육해야 한다.

ⓒ **서비스 요원의 역할** : 친절한 서비스를 제공하기 이전에 긍정적인 첫인상을 줄 수 있도록 용모와 복장을 단정히 해야 하며, 고객 앞에서 흡연을 하거나, 사적 통화를 하거나, 음식물을 먹는 등의 행동을 자제해야 한다.

(2) 책임의 의미

① 책임이란 '모든 결과는 나의 선택으로 인해 말미암아 일어난 것'이라는 식의 태도이다.

② 책임에 필요한 자세

ⓐ 책임의식을 갖는 태도는 인생을 지배하는 능력을 최대화하는 데 긍정적인 역할을 한다.

ⓑ 책임감이 투철한 사람은 조직에서 꼭 필요한 사람으로 여겨지지만, 책임감이 없는 사람은 조직에서 불필요한 사람으로 인식되기 쉽다.

(3) 준법의 의미

① 준법이란 민주시민으로서 기본적으로 지켜야 하는 의무이자 생활 자세를 의미한다.

② 준법의식은 시민으로서의 자기 권리를 보장받고 다른 사람의 권리를 보호해주며, 사회질서를 유지하는 역할을 한다.

(4) 예절의 의미와 특징

① **예절의 의미** : 일정한 문화권에서 오랜 생활습관을 통해 하나의 공통된 생활방법으로 정립되어 관습적으로 행해지는 사회계약적인 생활규범이다.

② **예절(에티켓)의 본질** : 남에게 피해를 주지 않는 것, 남에게 호감을 주는 것, 상대방을 존경하는 것

③ **에티켓과 매너의 차이**

ⓐ **에티켓** : 보다 고도의 규칙·예법·의례 등 신사·숙녀가 지켜야 할 범절

ⓑ **매너** : 보통 생활 속에서의 관습이나 몸가짐 등 일반적인 룰

④ **예절의 특징**

ⓐ 같은 생활문화권에 사는 사람들이 가장 편리하고 바람직한 방법이라 여겨 모두 그렇게 행하는 생활방법이다.

ⓑ 예절은 언어문화권과 밀접한 관계가 있어 국가와 민족에 따라 달라지며, 같은 언어문화권 내에서도 지방에 따라 약간의 차이가 있는 경우가 있다.

(5) 직장에서의 예절

① 인사예절

상황	주의사항
인사	• 상대방보다 먼저 인사한다. • 타이밍을 맞추어 적절히 응답한다. • 명랑하고 활기차게 인사한다. • 사람에 따라 인사법이 다르면 안 된다. • 기분에 따라 인사의 자세가 다르면 안 된다.
악수	• 윗사람에게 먼저 목례를 한 후 악수를 한다. • 상대의 눈을 보며 밝은 표정을 짓는다. • 오른손을 사용한다. • 손을 잡을 때는 너무 꽉 잡지 않도록 한다. • 손끝만 잡는 행위는 금한다. • 주머니에 손을 넣고 악수를 하지 않는다.
소개	• 나이 어린 사람을 연장자에게 소개한다. • 본인이 속해 있는 회사의 관계자를 타 회사 관계자에게 소개한다. • 신참자를 고참자에게 소개한다. • 동료임원을 고객, 손님에게 소개한다. • 소개받는 사람의 별칭은 그 이름이 비즈니스에서 사용되는 것이 아니라면 사용하지 않는다. • 반드시 성과 이름을 함께 말한다. • 상대방이 항상 사용하는 경우라면 Dr. 또는 Ph.D. 등의 칭호를 함께 언급한다. • 정부 고관의 직급명은 퇴직한 경우라도 항상 사용한다. • 천천히 그리고 명확하게 말한다. • 각각의 관심사와 최근의 성과에 대하여 간단한 언급을 한다.
명함교환	• 명함은 반드시 명함 지갑에서 꺼내고 상대방에게 받은 명함도 명함 지갑에 넣는다. • 상대방에게서 명함을 받으면 받은 즉시 호주머니에 넣지 않는다. • 명함은 하위에 있는 사람이 먼저 꺼내는데 상위자에게는 왼손으로 가볍게 받쳐서 건넨다. • 명함을 받으면 그대로 집어넣지 말고 명함에 관해서 한두 마디 대화를 건넨다. • 쌍방이 동시에 명함을 교환할 때에는 왼손으로 받고 오른손으로 건넨다. • 명함은 새것을 사용한다. • 명함의 부가 정보는 상대방과의 만남이 끝난 후에 적는다.

10

직업
윤리

② 전화예절

상황	주의사항
전화걸기	• 전화를 걸기 전에 먼저 준비를 한다.(정보를 얻기 위해 전화를 하는 경우라면 얻고자 하는 내용을 미리 메모해 두어 모든 정보를 빠뜨리지 않도록 한다.) • 전화를 건 이유를 숙지하고 이와 관련하여 대화를 나눌 수 있도록 준비한다. • 전화는 정상적인 업무가 이루어지고 있는 근무 시간에 걸도록 한다. • 원하는 상대와 통화를 할 수 없을 경우에 대비하여 비서나 다른 사람에게 메시지를 남길 수 있도록 준비한다. • 비서를 통해 전화를 걸면 고객의 입장에서 당신의 시간이 고객의 시간보다 더 소중하다는 느낌을 받게 되므로 되도록 직접 전화를 걸도록 한다. • 전화를 해달라는 메시지를 받았다면 가능한 한 48시간 이내에 답을 주어야 한다. • 하루 이상 자리를 비우게 되는 경우 다른 사람이 대신 전화를 받아줄 수 없을 때에는 자리를 비우게 되었다는 메시지를 남겨놓는다.
전화받기	• 전화벨이 3~4번 울리기 전에 받는다. • 당신이 누구인지를 즉시 말한다. • 천천히, 명확하게 예의를 갖추고 말한다. • 목소리에 미소를 띠고 말한다. • 말을 할 때 상대방의 이름을 함께 사용한다. • 언제나 펜과 메모지를 곁에 두어 메시지를 받아 적을 수 있도록 준비한다. • 주위의 소음을 최소화한다. • 긍정적인 말로 전화통화를 마치고, 전화를 건 상대에게 감사 표시를 한다.
스마트폰	• 상대방에게 통화를 강요하지 않는다. • 지나친 SNS의 사용은 업무에 지장을 주므로 휴식시간을 이용한다. • 운전을 할 때에는 스마트폰을 사용하지 않는다. • 온라인상에서 예절을 지킨다. • 알림은 무음으로 하여 타인에게 폐를 끼치지 않도록 한다.

③ E-mail 예절

상황	주의사항
E-mail 보내기	• 상단에 보내는 사람의 이름을 적는다. • 메시지에는 언제나 제목을 넣는다. • 요점을 벗어나지 않는 제목을 잡는다. • 메시지를 간략하게 만든다. • 올바른 철자와 문법을 사용한다.
E-mail 답장하기	• 이전에 주고받은 메일의 내용과 관련하여 일관성 있게 답한다. • 다른 비즈니스 서신에서와 마찬가지로 화가 난 감정의 표현을 보내는 것은 피한다. • 당신의 답장이 어디로, 누구에게로 보내지는지 주의하고 자동답신을 보낼 때에도 다시 한 번 주소를 확인한다.

(6) 직장생활에서의 성예절

① **성희롱의 법적 정의** : '성희롱'이란 업무 · 고용 그 밖의 관계에서 국가기관 등의 종사자 · 사용자 또는 근로자가 다음의 어느 하나에 해당하는 행위를 하는 경우를 말한다(양성평등기본법 제3조 제2호).

　ㄱ 지위를 이용하거나 업무 등과 관련하여 성적 언동 등으로 상대방에게 성적 굴욕감 및 혐오감을 느끼게 하는 행위

　ㄴ 상대방이 성적 언동 그 밖의 요구 등에 따르지 아니하였다는 이유로 고용상의 불이익을 주는 행위

② **직장 내 성희롱 대표 유형**

구분	내용
육체적 행위	• 입맞춤 · 포옹 등 원하지 않는 신체 접촉 • 가슴이나 엉덩이 등 특정 신체부위를 만지는 행위 • 어깨를 잡고 밀착하는 행위
언어적 행위	• 음란한 농담을 하는 행위 • 외모에 대한 성적 비유 • 성적인 내용의 정보를 유포하는 행위 • 음란한 내용의 전화 통화
시각적 행위	• 음란한 사진이나 낙서, 그림 등을 게시하거나 보여주는 행위 • 정보기기를 이용하여 음란물을 보내는 행위 • 자신의 특정 신체부위를 노출하거나 만지는 행위

③ **성예절에 어긋나는 행동에 대한 대응방안**

　ㄱ 개인적 대응

　　• 직접적으로 거부의사를 밝히고 중지할 것을 항의한다.

　　• 증거자료를 수거하고 공식적 처리를 준비한다.

　　• 상사나 노동조합 등의 내부기관에 도움을 요청한다.

　　• 외부단체 및 성폭력 상담기관 등에 도움을 요청한다.

　ㄴ 직장의 대응

　　• 회사내부의 관련 직원이나 외부 전문가를 초빙하여 공정하게 처리한다.

　　• 사안에 대해 신속하게 조사하여 처리한다.

　　• 개인 정보의 유출을 철저히 방지한다.

　　• 가해자에 대해 납득할 정도의 조치를 취하고 결과를 피해자에게 통지한다.

10

직업
윤리

기초응용문제

정답 및 해설 p.68

01 다음 중 윤리적 인간에 대한 설명으로 옳지 않은 것은?

① 다른 사람을 배려하면서 행동하는 사람

② 눈에 보이는 안락보다는 삶의 가치와 도덕적 신념을 존중하는 사람

③ 공동의 이익보다 자신의 이익을 우선으로 행동하는 사람

④ 원만한 인간관계를 유지할 수 있도록 다른 사람의 행복을 고려하는 사람

02 윤리적 가치가 중요한 이유로 옳지 않은 것은?

① 모든 사람이 자기이익보다 윤리적 가치를 우선하여 행동한다면 사회질서가 붕괴되기 때문이다.

② 인간은 결코 혼자서는 살아갈 수 없는 사회적 동물이기 때문이다.

③ 윤리적으로 살 때 개인의 행복과 모든 사람의 행복을 보장할 수 있기 때문이다.

④ 윤리적 규범은 어떻게 살 것인가 하는 가치관의 문제와도 관련이 있기 때문이다.

03 SERVICE의 의미로 옳지 않은 것은?

① Smile & Speed : 미소와 신속한 처리

② Energy : 고객에게 활기차고 힘차게 대하는 것

③ Respect : 고객을 존중하는 것

④ Imagine : 좋은 이미지를 심어주는 것

04 다음 지문에서 하고자 하는 말로 옳은 것은?

> 등산객에게는 산에 가는 것이 즐거운 일이고, 나무꾼에게는 산에 가는 것이 괴로운 일이다. 경치 좋고, 공기 좋은 산에 갈 경우에도 등산객에게는 그것이 즐겁고 나무꾼에게는 그것이 괴롭다. 도대체 왜 이러한 차이가 생기는 것일까? 나무꾼은 산에 가서 마른 나뭇가지나 관목을 베는 등 힘든 일을 해야 하고, 또 무거운 짐을 지고 내려오는 고역을 치러야 하나 등산객에는 그런 부담이 없다는 사실을 지적할 수 있을 것이다. 그러나 이것은 등산객의 산행이 즐겁고 나무꾼의 산행은 괴로운 이유에 대한 만족스러운 대답이 될 수 없다. 왜냐하면 어떤 등산은 나무꾼의 노동보다 훨씬 더 힘들고 어렵지만 역시 즐겁기 때문이다. 줄에 매달려서 암벽을 오르는 등산이나 혹한과 눈보라를 무릅쓰고 세계의 고산에 도전하는 산악인의 수고는 나무꾼의 수고보다도 몇 갑절 힘들고 어렵지만, 산을 타는 사람들은 그 어려움 속에서 환희를 느낀다.

① 강요당하는 근면은 자신의 것을 창조하며 조금씩 자신을 발전시켜 나가게 된다.

② 자진해서 하는 근면은 수동적이며 소극적인 태도로 일을 하게 된다.

③ 나무꾼은 자진해서 하는 근면이고, 등산객은 외부로부터 강요당한 근면이다.

④ 등산객의 산행이 즐거운 이유는 그것이 자진해서 하는 일이기 때문이다.

05 같은 일을 하더라도 즐겁게 하는 사람이 있는 반면 억지로 하는 사람은 어떠한 자세가 결여되었기 때문인가?

① 능동적인 자세   ② 수동적인 자세

③ 소극적인 자세   ④ 부정적인 자세

06 직장 내 전화예절에 대한 설명으로 옳지 않은 것은?

① 수화자가 누구인지를 즉시 말한다.

② 통화 전 주위의 소음을 최소화 한다.

③ 전화를 못 받았을 경우 자리를 비운 상태였기 때문에 답을 하지 않아도 된다.

④ 운전하면서 휴대전화를 사용하지 않는다.

10

직업
윤리

07 E-mail에 대한 설명으로 옳은 것은?

① E-mail 주소로 보내기 때문에 보내는 사람의 이름은 적지 않아도 된다.

② 컴퓨터 상 이기 때문에 문법과 철자는 맞추지 않고 편하게 쓴다.

③ E-mail은 많이 받으면 좋은 것이기 때문에 같은 내용이라도 최대한 많이 보내도록 한다.

④ 보내는 메시지에 제목을 넣도록 한다.

08 다음 중 정직에 대한 설명으로 옳지 않은 것은?

① 사람은 혼자서는 살아갈 수 없으므로, 다른 사람과의 신뢰가 필요하다.

② 정직한 것은 성공을 이루게 되는 기본 조건이 된다.

③ 다른 사람이 전하는 말이나 행동이 사실과 부합된다는 신뢰가 없어도 사회생활을 하는데 별로 지장이 없다.

④ 신뢰를 형성하기 위해 필요한 규범이 정직이다.

09 직업윤리의 덕목에 대한 설명으로 옳지 않은 것은?

① 소명의식 : 자신이 맡은 일은 하늘에 의해 맡겨진 일이라고 생각하는 태도

② 천직의식 : 자신의 일이 누구나 할 수 있는 것이 아니라 해당 분야의 지식과 교육을 밑바탕으로 성실히 수행해야만 가능한 것이라고 믿고 수행하는 태도

③ 직분의식 : 자신이 하고 있는 일이 사회나 기업을 위해 중요한 역할을 하고 있다고 믿고 자신의 활동을 수행하는 태도

④ 책임의식 : 직업에 대한 사회적 역할과 책무를 충실히 수행하고 책임을 다하는 태도

10 개인윤리와 직업윤리에 대한 설명으로 옳지 않은 것은?

① 직업윤리는 개인윤리에 비해 특수성을 가지고 있다.

② 직업윤리는 개인윤리와 충돌하지 않는다.

③ 직업의 성격에 따라 다양한 직업윤리가 있을 수 있다.

④ 일반적으로 직업윤리가 개인윤리에 포함된다.

11 윤리규범에 대한 설명으로 옳지 않은 것은?

① 인간은 사회적이기 때문에 개인의 욕구도 다른 사람의 행동과 협력을 통해서 가능해진다.

② 모든 윤리적 가치는 시대를 막론하고 절대로 변화하지 않는 관습이다.

③ 사람들은 사회의 공동목표 달성과 모든 구성원들의 욕구충족에 도움이 되는 행위는 찬성을 하고, 반대 되는 행위는 비난을 받게 된다.

④ 윤리의 형성은 공공행동의 룰을 기반으로 윤리적 규범이 형성된다.

12 직업의 개념으로 옳지 않은 것은?

① 일은 사람이 살기 위해서 꼭 필요한 것은 아니지만 수익의 창출을 위해 필요하다.

② 인간은 일을 통하여 경제적 욕구의 충족뿐만 아니라 자신을 규정하고 삶의 의미를 실현 한다.

③ 일은 인간으로서 의무인 동시에 권리이므로 인간의 삶을 구성하는 중요한 요소이다.

④ 직업은 분업화된 사회에서 한사람이 담당하는 체계화, 전문화된 일의 영역을 가리킨다.

10

직업
윤리

13 힘들고(Difficult), 더럽고(Dirty), 위험한(Dangerous)일은 하지 않으려고 하는 현상. 노동력은 풍부하지만 생산인력은 부족해져, 실업자의 증가와 외국 노동자들의 불법취업이라는 새로운 사회문제를 야기 시키는 이 현상으로 옳은 것은?

① 님비현상   ② 실업자 증가현상

③ 3D기피현상   ④ 인력부족현상

14 다음 중 일과 인간의 삶의 관계에 대한 설명으로 옳지 않은 것은?

① 일은 의무인 측면도 있지만 동시에 인간으로서의 하나의 권리이다.

② 일은 경제적 욕구의 충족뿐만 아니라 그 이상의 자기실현이라는 면을 가지고 있다.

③ 인간을 일을 통하여 자신을 규정하고 삶의 의미를 실현한다.

④ 다른 사람이 시키는 일은 일이 아니다.

15 다음 중 직입에 내한 설명으로 옳지 않은 것은?

① 취미활동, 아르바이트, 강제노동 등도 포함된다.

② 경제적인 보상이 있어야 한다.

③ 본인의 자발적 의사에 의한 것이어야 한다.

④ 장기적으로 계속해서 일하는 지속성이 있어야 한다.

16 다음 사례에서 근로윤리에 어긋난 것으로 옳은 것은?

> 보험회사에서 근무하는 B씨는 오늘 기분이 좋습니다. 요즘 계약이 잘 성사 되지 않고 있었는데 방금 오랜만에 만난 친구가 B씨와 계약을 맺어 주었습니다. 한 가지 걱정은 친구가 원하던 보험 상품보다 나에게 더 이득이 되는 상품을 추천하여 계약을 맺은 것입니다. 가뭄에 단비 같은 계약이라 더 이익을 내고 싶어 친구를 속이기는 했지만 제가 힘들게 일 하는 것은 친구도 알고 있으니 이 정도는 이해해 주겠지요?

① 근면성   ② 고객중심원칙

③ 전문성   ④ 정직성

17 다음 사례에서 지켜지지 않은 예절로 옳은 것은?

> K씨는 남자직원들만 근무하는 사무실에 한명 뿐인 여직원이다. 회식을 할 때 마다 남자직원들은 K씨에게 옆자리에 와서 술을 따라보라며 술을 강요하고 술김에 그러는 척 엉덩이를 툭툭 치기도 한다. 노력해서 겨우 들어온 회사인데 그만 둘 수도 없고, 확실히 말을 하자니 전 직원들과 등을 돌릴 것 같아 아무 말도 하지 못하고 있다.

① 인사예절   ② 성예절

③ 소개예절   ④ 전화예절

18 다음 중 직업윤리의 5대원칙에 대한 설명으로 옳지 않은 것은?

① 객관성의 원칙 : 업무의 공공성을 바탕으로 공사구분을 명확히 하고, 모든 것을 숨김없이 투명하게 처리하는 원칙을 말한다.

② 고객중심의 원칙 : 고객에 대한 봉사를 최우선으로 생각하고 현장중심, 실천 중심으로 일하는 원칙을 말한다.

③ 전문성의 원칙 : 법규를 준수하고, 경쟁원리에 따라 공정하게 행동하는 것을 말한다.

④ 정직과 신용의 원칙 : 업무와 관련된 모든 것을 숨김없이 정직하게 수행하고, 본분과 약속을 지켜 신뢰를 유지하는 것을 말한다.

10

직업
윤리

19 다음 지문에서 설명하는 것으로 옳은 것은?

> 정부, 사회단체, 기업 등 공적인 입장에 있는 사람이 자신의 권한과 권력을 이용하여 개인적인 이득을 취하는 것으로, 수행해야 할 업무를 공적인 목적과 부합되는 기준으로만 판단하지 않고 사적인 이익과 결부시켜 판단하고 실행함으로써 전체시스템의 정상적인 가동을 방해하고 이로 인하여 막대한 사회적 비용을 수반하게 되어 사회구성원 전체를 피해자로 만든다.

① 부패   ② 성실
③ 근면   ④ 신용

20 다음 중 봉사의 의미로 옳지 않은 것은?

① 봉사의 사전적 의미는 나라나 사회 또는 남을 위하여 자신의 이해를 돌보지 아니하고 몸과 마음을 다하여 일하는 것을 의미한다.
② 현대사회의 직업인에게 봉사란 자신보다는 고객의 가치를 최우선으로 하고 있는 서비스 개념이다.
③ 우수한 상품이라면 서비스의 수준이 그다지 높지 않더라도 고객이 만족할 수 있다.
④ 기업이 고객에게 사랑 받기 위해서는 봉사를 강조해야 한다.

21 다음 근면에 대한 설명 중 옳지 않은 것은?

① 근면은 성공의 기본조건이 된다.
② 근면이나 게으름은 본성에서 기인하는 측면이 크다.
③ 근면에는 외부로부터 강요당한 근면과 자발적인 근면 두 가지가 있다.
④ 자진해서 하는 근면에는 능동적 · 적극적 태도가 우선시되어야 한다.

22 다음 중 우리사회의 정직성 수준에 관한 내용으로 옳지 않은 것은?

① 사회의 정직성이 완벽하지 못한 것은 원칙보다 정과 의리를 소중히 하는 문화적 정서도 원인이 된다.

② 부정직한 사람이 사회적으로 성공하는 현상으로 인하여 정직한 사람이 어리석어 보이기도 한다.

③ 정직한 사람은 조급하거나 가식적일 수 있지만, 자신의 삶을 올바른 방향으로 이끄는 생각과 시각을 지니고 있다.

④ 국가 경쟁력을 높이기 위해서는 사회 시스템 전반의 정직성이 확보되어야 한다.

23 다음 중 성실함이 드러나지 않는 사례로 가장 적절한 것은?

① 외국어 점수를 빨리 올리기 위해 과외를 받고 학원을 여러 개 다니는 경우

② 주어진 프로젝트를 완료하기 위해 밤늦게까지 근무하는 경우

③ 보고서를 준비하기 위해 틈날 때마다 자료를 찾아보는 경우

④ 업무 능력을 향상시키기 위해 여가 시간에 컴퓨터를 배우는 경우

24 다음 중 고객접점서비스에 대한 설명으로 옳지 않은 것은?

① 고객접점서비스는 스웨덴의 경제학자 리차드 노먼(R. Norman)이 최초로 주장하였다.

② 고객과 서비스 요원 간 15초 동안의 짧은 순간을 진실의 순간(MOT) 또는 결정적 순간이라 한다.

③ 고객접점에 있는 최일선 서비스 요원은 15초 동안 우리 회사를 선택한 것이 최선의 선택이었다는 사실을 고객에게 입증시켜야 한다.

④ 고객이 여러 번의 결정적 순간에서 단 한명에게 0점의 서비스를 받는다고 모든 서비스가 0이 되지는 않는다.

10

직업
윤리

25 다음 중 책임감이 높은 사람의 특징으로 옳지 않은 것은?

① 다른 사람의 업무에 관심을 가진다.

② 동료의 일은 자신이 해결하도록 관여하지 않는다.

③ 업무 완수를 위해 사적 시간도 할애하는 경우가 있다.

④ 출근 시간을 준수하고, 업무를 적극적으로 수행한다.

26 다음 중 준법의식에 대한 설명으로 가장 옳지 않은 것은?

① 우리나라의 준법의식의 부재 수준은 큰 편이라 할 수 있다.

② 우리나라의 경우 미국과 일본에 비해 준법의식 수준이 낮다.

③ 국가의 준법의식 수준은 곧 국가경쟁력 수준과 직결된다.

④ 선진국과 경쟁하기 위해서는 개개인의 의식변화와 제도적 기반의 확립이 필요하다.

27 다음 중 '직업'에 대한 설명으로 옳은 것을 모두 고른 것은?

> ㉠ 직업(職業)의 '職'은 직분(職分)을 의미한다.
> ㉡ 직업(職業)의 '業'은 일 또는 행위를 의미한다.
> ㉢ 직업은 경제적인 보상이 있어야 한다.
> ㉣ 직업은 성인뿐 아니라 청소년도 할 수 있는 일이다.
> ㉤ 취미활동이나 아르바이트 등도 포함된다.

① ㉠, ㉡, ㉢

② ㉠, ㉡, ㉣

③ ㉠, ㉢, ㉣, ㉤

④ ㉡, ㉢, ㉣, ㉤

28 다음 중 정직과 신용의 예를 설명한 것으로 가장 옳지 않은 것은?

① 영업부의 A는 입사 후 항상 출장 후에 남은 경비를 회사에 반납해 왔다.

② 총무부의 B대리는 자신의 잘못이나 업무상의 실수를 인정하여 손해를 보기도 한다.

③ 인사부의 C사원은 사규를 어긴 친한 동료로부터 다시는 규율을 어기지 않겠다는 다짐을 받은 후 이를 보고하지 않았다.

④ 기획부의 D팀장은 그동안 문제가 많이 제기되었던 기존의 관행을 인정하지 않고 바꾸어 나갔다.

29 다음 제시문의 통화 내용에서 잘못된 전화예절로 옳은 것은?

> (따르릉)
> 안녕하십니까. 박 차장님 되시지요? 실례지만 통화 가능하십니까? 다름이 아니라 이번 신제품 출시 행사의 정확한 날짜와 시간을 말씀 드리려고 전화 드렸습니다. 혹시 메모 가능 하십니까? 행사는 20**년 *월 *일 오전 10시입니다. 꼭 참석 부탁드립니다. 감사합니다. 안녕히 계십시오.

① 용건을 제대로 이야기 하지 않았다.

② 자신의 소속과 이름을 밝히지 않았다.

③ 전화를 끊기 전 끝맺음 인사를 하지 않았다.

④ 상대방이 통화를 할 수 있는 상황인지를 고려하지 않았다.

30 다음 사례에서 문제가 되었던 E-mail 예절로 옳은 것은?

> D기업의 평범한 회사원인 A씨는 얼마 전 황당한 E-mail을 받게 되었다. E-mail은 같은 사무실에 근무하는 경리 직원으로부터 온 것이었는데 그만 실수로 전 직원들의 연봉명세서를 첨부한 파일을 그대로 직원 전체 E-mail로 보내버린 것이다. 이 사건 이후 같은 연차 임에도 불구하고 연봉이 더 낮은 직원들은 회사에 항의를 하기 시작했고 결국 불만이 쌓여 하나 둘 회사를 그만 두고 말았다.

① [직원 연봉 명세서] 라는 제목을 넣지 않고 E-mail을 발송 했다.

② 올바른 철자와 문법을 사용하지 않아서 직원들이 화가 났다.

③ E-mail의 수신자가 누구인지 제대로 확인하지 않아 파일이 잘못 전달되었다.

④ 용량이 큰 파일을 압축도 하지 않고 보냈다.

10

직업
윤리

Part
02

실전모의고사

교재에 수록된 OMR 카드를 이용하여
실전처럼 시간을 정해서 문제를 푸시오.

실전모의고사 1회

- 영역 구별 없이 총 50문항으로 구성되어 있습니다.
- 시작 시간을 정하여 실전처럼 풀어보세요. (50문항 / 60분)

정답 및 해설 p.74

01 민수와 친구들은 '인상적인 의사소통'에 대해 이야기를 나누고 있다. 다음의 대화에서 가장 적절하지 않은 의견을 제시하는 사람은?

> 민수 : 얘들아, 우리 인상적인 의사소통에 대해 말해보자.
> 정혁 : 인상적인 의사소통이란 상대방이 감탄하도록 내용을 전달하는 거야.
> 세리 : 평소에 본인이 익숙한 말이나 단어를 사용하여 전달해야해.
> 승준 : 인상적으로 전달하려면 아무래도 의견도 적절히 꾸밀 줄 알아야 해.
> 민수 : 맞아. 상대방의 마음을 끌어당길 수 있는 표현법을 많이 익히고 활용해야 해.

① 민수

② 정혁

③ 세리

④ 승준

[02-03] 다음 2가지 사례를 읽고 물음에 답하시오.

〈사례1〉
C씨는 영업부서의 신입사원이다. C가 입사한 회사는 보험업에서 다른 기업에 비해 성과가 뒤떨어지는 회사였고, 그 기업에 근무하는 사람들은 모두 현실을 받아들이고 있었다. C는 이러한 상황에 불만을 느끼고 다른 기업과 자신의 기업과의 차이를 분석하게 되었다. 그 결과 C씨는 자신의 회사가 영업사원의 판매교육이 부족하다는 것을 알게 되었고, 이를 문제, 원인, 해결안을 보고서로 제출하였지만, 결국 회사의 전략으로 채택되지 못했다.

〈사례2〉
설계, 기술, 영업, 서비스 각 부문의 핵심 인력들이 모여 최근에 경합하고 있는 B사에 추월당할 우려가 있다는 상황에 대한 회의가 열렸다. 설계부서에서는 우리 회사의 기술이 상대적으로 뒤처져 있는 것을 지적하였으며, 영업부서에서는 제품의 결함이 문제라고 지적하였다. 서비스 부서에서는 매상목표를 달성할 수 없다는 문제를 지적하였으며, 기술 부서에서는 고객의 클레임에 대한 대응이 너무 느리다는 지적이 있었다. 결국 이 회의에서는 회사 내의 내외부적인 자원을 활용하지 못한 채 서로의 문제만을 지적하고 특별한 해결책을 제시하지 못한 채 끝나고 말았다.

02 두 사례에서 문제해결을 위해 갖추어야 하는 사고로 옳은 것은?

① 전략적 사고, 발상의 전환

② 전략적 사고, 내·외부 자원의 효과적인 활용

③ 분석적 사고, 내·외부 자원의 효과적인 활용

④ 분석적 사고, 발상의 전환

03 두 사례의 문제를 해결하기 위해 퍼실리테이션 방법을 사용할 때의 설명으로 옳은 것은?

① 문제해결을 위해 직접적인 표현이 바람직하지 않다고 여기며, 무언가를 시사하거나 암시를 통하여 의사를 전달한다.

② 서로의 생각을 직설적으로 주장하고 논쟁이나 협상을 통해 서로의 의견을 조정해간다.

③ 의견을 중재하는 제3자는 결론을 미리 머릿속에 그려가면서 의견을 중재하고 타협과 조정을 통하여 문제해결을 도모한다.

④ 깊이 있는 커뮤니케이션을 통해 서로의 문제점을 이해하고 공감함으로써 창조적인 문제해결을 도모한다.

04 다음과 같을 때 작성하는 문서 양식의 원칙에 대한 설명으로 옳은 것은?

> • 정부기관과 일반회사가 주고받는 문서
> • 엄격한 규격과 양식에 따라 정당한 권리를 가진 사람이 작성해야 되는 문서
> • 최종 결재권자의 결재가 있어야 기능이 성립되는 문서

① 년도와 월일을 반드시 함께 작성한다.

② 날짜 다음에 괄호를 사용할 경우 마침표를 찍는다.

③ 단기간 보관되는 문서이므로 세밀한 부분은 생략한다.

④ 두 장으로 만든다.

05 다음 중 팀워크에 대한 설명으로 옳지 않은 것은?

① 팀워크란 팀 구성원이 공동의 목적을 달성하기 위하여 상호관계성을 가지고 협력하여 업무를 수행하는 것이다.

② 효과적인 팀워크를 위해서는 공동의 비전과 목표가 명확해야 한다.

③ 조직이나 팀의 목적, 추구하는 사업 분야에 따라 서로 다른 유형의 팀워크를 필요로 한다.

④ 팀워크에 있어서 중요한 것은 업무 성과보다는 협력하는 분위기이다.

06 A씨는 이번에 새로 입사한 신입사원 교육을 하게 되었다. A씨가 신입사원에게 해줄 수 있는 전화와 관련된 주의사항으로 옳지 않은 것은?

① 전화를 받으면 수신인이 누군지 즉시 말해야해.

② 전화는 정상적인 업무가 이루어지고 있는 근무시간에 걸어야해.

③ 자리에 없을 때 걸려온 전화는 신경 쓰지 않아도 돼.

④ 펜과 메모지를 곁에 두고 메시지를 받아 적을 준비를 해야 해.

07 다음 문장을 읽고 밑줄 친 부분에 들어갈 가장 적절한 문장은?

> 미영이는 토익 시험에서 연재보다 20점 더 받았다.
> 연아의 점수는 미영이보다 10점이 적다.
> 그러므로 _____.

① 연재의 점수가 가장 높다.　　② 연아와 연재의 점수 차는 10점이다.

③ 연아의 점수가 가장 높다.　　④ 연아의 점수는 연재의 점수보다 낮다.

08 A팀에서 신입사원 워크샵을 하려고 한다. 회의 때문에 선발대와 후발대로 나누어 갈 때, 선발대는 시속 70km/h, 후발대는 100km/h로 간다. 1시간 30분 뒤에 후발대가 출발한다고 할 때, 후발대가 선발대를 처음 추월하는데 걸리는 시간은? (단, 초 단위는 생략한다.)

① 3시간 29분　　　　　　② 3시간 30분

③ 3시간 31분　　　　　　④ 3시간 32분

09 당신은 대형 백화점의 안내데스크에서 근무하고 있다. 하루는 회사에서 "노약자나 임산부 등의 고객이 길을 물어볼 경우 가급적 해당 장소까지 직접 안내해 드리도록 하라"는 지침이 내려왔다. 다음 중 당신이 취할 행동으로 가장 옳은 것은?

① 만삭인 젊은 여성이 길을 물어볼 경우 해당 장소까지 안내한다.

② 50대 부부가 길을 물어볼 경우 해당 장소까지 안내한다.

③ 60대 노인이 길을 물어볼 경우 같은 장소를 가는 다른 고객에게 안내를 부탁한다.

④ 휠체어를 탄 고객이 길을 물어볼 경우 상사에게 보고해 지시에 따른다.

1회

실전
모의고사

10 자연수로 이루어진 다음 수열의 ( )안에 들어가는 숫자가 직사각형의 가로와 세로를 각각 나타낼 때 직사각형의 넓이는?

5	7	11	13	( )		19		( )	

① 315　　　　　　　　　　　　　　　② 345

③ 357　　　　　　　　　　　　　　　④ 391

11 다음은 창의적 문제와 분석적 문제에 대한 설명이다. 이중 창의적 문제에 대한 진술인 것으로 옳은 것은?

㉠ 현재 문제가 없더라도 보다 나은 방법을 찾기 위한 문제
㉡ 분석, 논리, 귀납과 같은 방법을 사용하여 해결하는 문제
㉢ 정답의 수가 적으며, 한정되어 있는 문제
㉣ 주관적, 직관적, 감각적 특징에 의존하는 문제

① ㉠, ㉢　　　　　　　　　　　　　　② ㉠, ㉣

③ ㉡, ㉢　　　　　　　　　　　　　　④ ㉡, ㉣

12 흥미와 적성에 관한 다음 설명 중 옳지 않은 것은?

① 흥미는 개인의 잠재적인 재능을 의미하며, 적성이란 일에 대한 관심을 의미한다.

② 흥미와 적성은 개인에 따라 다르기 마련이다.

③ 흥미나 적성은 선천적으로 부여되는 측면도 있고 후천적으로 개발되는 측면도 있다.

④ 마인드 컨트롤은 흥미와 적성을 개발하기 위한 방법 중 자신을 의식적으로 관리하는 것을 말한다.

13 자신에게 주어진 모든 시간을 계획적으로 사용하는 것은 현실적으로 불가능하기 때문에, 내가 할 수 있는 일의 시간에 어느 정도를 계획하는 것이 적절한가에 대해 전문가들은 시간계획의 기본 원리로서 다음 그림과 같은 '60 : 40의 규칙'을 제시하였다. 다음 그림의 ㉠～㉢에 들어갈 말로 적절한 것은?

㉠ (60%)	㉡ (20%)	㉢ (20%)
◀――――――――――――― 총 시간 ―――――――――――――▶		

	㉠	㉡	㉢
①	계획된 행동	계획외의 행동	자발적 행동
②	계획외의 행동	계획된 행동	자발적 행동
③	계획외의 행동	자발적 행동	계획된 행동
④	자발적 행동	계획된 행동	계획외의 행동

14 다음 중 플래시 메모리에 대한 설명으로 옳지 않은 것은?

① 소비전력이 작다.

② 휘발성 메모리이다.

③ 정보의 입출력이 자유롭다.

④ 휴대전화, 디지털 카메라, 게임기, MP3 플레이어 등에 널리 이용된다.

15 다음 문장을 읽고 순서에 맞게 배열한 것을 고르시오.

> 가. 현실이 현실 그대로 나타나지 않는 한, 사진은 결국 한 개의 이미지, 즉 영상일 뿐이다.
> 나. 사진은 하나의 고립된 이미지이다.
> 다. 시간적으로 한 순간이 잡히고 공간적으로 일부분이 찍힐 뿐, 연속된 시간과 이어진 공간이 그대로 찍히지는 않는다.
> 라. 따라서 사진에 대한 이해는 사진이 시간적으로 분리되고 공간적으로 고립되어 현실과 따로 떨어진 곳에서 홀로 저를 주장하는 독자적 영상이라는 인식에서부터 출발해야 한다.

① 가 - 라 - 나 - 다   ② 나 - 다 - 가 - 라

③ 다 - 라 - 가 - 나   ④ 라 - 가 - 나 - 다

1회
실전
모의고사

16 다음 중 =SUM(A1:A7) 수식이 =SUM(A1A7)와 같이 범위 참조의 콜론(:)이 생략된 경우 나타나는 오류 메시지로 옳은 것은?

① #N/A

② #NULL!

③ #REF!

④ #NAME?

17 다음 지문에서 밑줄 친 부분과 같은 전술을 구사하는 협상 대표의 말로 옳지 않은 것은?

> 협상의 전술이란 협상 과정에서 자신의 자원을 효과적으로 사용하기 위하여 동원하는, 협상을 고의로 기피하거나 연기하기, 다른 협상 의제와 연결시켜 처리할 것을 주장하기, 자국 내부의 사정을 내세워 호소하기 등과 같은 방법을 의미한다.

① "우리가 논의하고 있는 이 의제는 단독으로 처리할 성질의 것이 아닙니다. 조만간 있을 다른 협상과 관련지어 다루어야 한다고 봅니다."

② "어제 회의에서 당신들이 제시한 협상안을 면밀히 검토해 보았습니다. 이제 협상을 속개하도록 합시다."

③ "당신들의 요구를 그대로 수용한다면 우리 국내 여론이 매우 악화될 것이 뻔합니다. 그렇게 되면 자칫 현 정권의 존립마저 위태로워질 수 있습니다."

④ "이제 더 이상 협상이 진전될 것 같지 않군요. 이 문제에 대해서는 1년 후에 다시 협상을 시작해 보는 것이 어떻겠습니까?"

18 수학시험에서 A씨는 78점, B씨는 92점, C씨는 80점을 받았다. D씨의 점수까지 합친 평균이 85점일 때 D씨의 점수는?

① 87점 ② 88점

③ 89점 ④ 90점

19 다음 중 자기개발 계획 수립의 장애요인에 대한 설명으로 옳지 않은 것은?

① 자신의 흥미나 장점, 라이프스타일에 대한 정보의 부족

② 외부 작업정보와 내부 작업정보의 부족

③ 의사결정시의 과다한 자신감

④ 재정, 시간 등 주변상황의 제약

20 다음 중 아래 시트에서 [A7] 셀에 수식 =$A$1+$A2를 입력한 후 [A7] 셀을 복사하여 [C8] 셀에 붙여 넣기 했을 때, [C8] 셀에 표시되는 결과로 옳은 것은?

	A	B	C
1	1	2	3
2	2	4	6
3	3	6	9
4	4	8	12
5	5	10	15
6			
7			
8			

① 3 ② 4

③ 5 ④ 6

21 물리적인 것뿐만 아닌 사회적인 것으로서, 지적인 도구를 특정한 목적에 사용하는 지식체계를 기술이라 한다. 다음 중 기술에 대한 설명으로 옳지 않은 것은?

① 제품이나 용역을 생산하는 원료, 생산공정, 생산방법, 자본재 등에 관한 지식의 종합한 것을 기술이라 한다.

② 기술 중 Know-how는 특허권을 얻은 과학자, 엔지니어 등이 가지고 있는 체화된 기술로 어떻게 기술이 성립하고 작용하는가에 관한 원리적 측면에 중심을 두었다.

③ 기술은 원래 Know-how개념이 강하였으나 점차 Know-why가 결합하게 되었다.

④ 현대적 기술은 주로 과학을 기반으로 하는 기술로 이루어져 있다.

22 다음 지문에서 설명하고 있는 업무 효율화에 도움이 되는 도구는?

> 일의 흐름을 동적으로 보여주는 시트, 시트에 사용하는 도형을 다르게 사용하여 주된 작업과 부차적인 작업, 혼자 처리할 수 있는 일과 협조를 필요로 하는 일 등을 구분해서 표현할 수 있다.

① 간트 차트   ② 워크 플로 시트
③ 체크리스트   ④ WBS

23 다음과 같은 상황에서 C씨가 해야 할 일로 가장 옳은 것은?

> C씨는 요즘 도통 업무에 집중할 수 가 없다. 아침에 오자마자 열어보는 이메일에는 온갖 광고메일로 꽉 차 있어 필요한 메일을 선별해서 읽는데도 시간이 많이 걸린다. 메일을 읽고 답장이 필요한 메일을 작성한다. 그리고 메신저에 접속하면 기다렸다는 듯이 직장동료나 친구들이 말을 건다. 이는 업무에 관련된 것보다 '잘 지내고 있냐?'는 인사가 대부분이다.
> 그럭저럭 아침을 보내고 난 뒤, 점심을 먹고 나면 왜 이렇게 졸린지... 상사의 눈치를 보면서 슬쩍슬쩍 졸게 된다. 그러다 거래처 혹은 지인들이 찾아오고 이들과 30분~1시간정도 이야기를 한다. 다시 흩어진 마음을 다잡고 업무를 처리한다.
> 조금 일을 하다 보니 이번에는 부서회의라고 연락이 왔다. 회의가 끝난 후에 머릿속이 복잡해져서 머리를 식힐 겸 인터넷 검색을 해본다. 그러나 보니 퇴근시간이 다되어 간다.
> "오늘 한 일이 뭐지? 휴, 오늘 못한 일은 내일 해야겠다." 그렇게 C씨는 오늘도 하루를 마감한다.

① 각 행동에 시간을 정해놓고 효율적으로 통제한다.

② 갈등의 원인 및 해결책을 객관적으로 평가하도록 한다.

③ 신체적 운동을 하고 필요하면 전문가의 도움을 받는다.

④ 적당한 스트레스는 자극이 될 수 있기 때문에 현상을 유지한다.

24 경력단계는 일반적으로 직업 선택, 조직 입사, 경력 초기, 경력 중기, 경력 말기로 구분된다. 다음의 사례에 제시된 경력단계에 대한 설명으로 옳은 것은?

> 무역회사의 부장으로 재직 중인 E씨는 회사 내에서 어느 정도 입지가 있는 상태로 입사 동기 대부분이 부장으로 승진했거나 퇴직한 상태이다. 조금 있으면 후배 차장들이 승진할 차례이다. 그러나 E씨는 더 이상 승진을 위해 발버둥 칠 필요가 없다는 것을 깨닫고 있다. 경력개발로 바쁜 후배들을 보면 뿌듯한 마음이 들지만 정작 본인은 퇴근 후에 술 한 잔 함께 하며 속 시원히 마음을 털어놓을 동료도 없다. 이따금씩 혼자 포장마차에 들러 술을 마시고 귀가하곤 한다. E씨는 이러한 상황 속에서 변화를 시도해보고자 새로운 꿈을 가져보기로 결심 하였다. 가장 먼저, 영어 회화공부를 시작하기로 마음먹었는데, 이를 위해 서점에 들러 관련 서적을 찾아 구입하였다.

① 자신에게 적합한 직업이 무엇인지를 탐색하고 이를 선택한 후, 필요한 능력을 키우는 단계이다.

② 자신이 맡은 업무의 내용을 파악하고, 새로 들어간 조직의 규칙이나 규범, 분위기에 적응해나가는 단계이다.

③ 자신이 그동안 성취한 것을 재평가하고, 생산성 유지에 힘쓰는 단계이다.

④ 조직의 생산적 기여자로 남기 위해 힘쓰고, 자신의 가치를 지속적으로 유지하기 위해 노력하며 동시에 퇴직을 고려하는 단계이다.

25 다음 지문을 읽고 보기가 지문의 내용과 일치하지 않는 것을 고르시오.

> 최초의 말레이시아 우주비행사와 두 명의 우주비행사가 국제우주정거장(ISS)에서 지구로 귀환했다. 이들의 착륙선은 착륙 예정지에서 200km 떨어진 카자흐스탄에 떨어졌으며, 승무원들은 헬리콥터를 통해 모스크바로 옮겨졌다. 말레이시아 우주비행사 세이크 무스자파 슈코르는 11일 전에 러시아의 소유즈 우주선을 타고 지구를 떠났다. 그는 러시아 우주비행사 유리 말렌첸코와 미국 우주비행사 페기 윗슨과 동승했다. 우주정거장 최초의 여자 사령관인 윗슨은 여섯 달 동안 우주정거장에서 임무를 수행했다. 슈코르는 우주정거장에서 9일 동안 지냈다. 최초의 말레이시아 우주비행사가 탄생할 수 있었던 이유는 2003년에 말레이시아 정부가 18대의 러시아 전투기를 러시아로부터 구입했기 때문이다.

① 슈코르는 우주를 비행한 최초의 말레이시아인이다.

② 슈코르는 러시아 비행사 두 명과 함께 소유즈를 타고 지구를 떠났다.

③ 러시아는 말레이시아 정부에 러시아 전투기를 팔았다.

④ 페기 윗슨은 우주정거장에서 여섯 달 동안 사령관 역할을 했다.

26 다음 중 퍼실리테이션에 의한 문제해결 방법으로 옳은 것은?

> ㉠ 어떤 그룹이나 집단이 의사결정을 잘 하도록 도와주는 일이다.
> ㉡ 깊이 있는 커뮤니케이션을 통해 서로의 문제점을 이해하고 공감함으로써 창조적인 문제해결을 도모할 수 있다.
> ㉢ 대부분의 기업에서 볼 수 있는 전형적인 문제해결 방법이다.
> ㉣ 사실과 원칙에 근거한 토론으로 해결하는 방법이다.
> ㉤ 결론이 애매하게 끝나는 경우가 적지 않다.

① ㉠, ㉡   ② ㉠, ㉢

③ ㉢, ㉤   ④ ㉡, ㉢, ㉣

27 A씨가 혼자 작업을 하는 경우 4일, B가 혼자 작업을 하는 경우 8일이 걸리는 일이 있다. B씨가 먼저 4일간 작업을 하고 남은 일을 A가 완료한다고 할 때, A는 며칠 동안 일을 해야 완료할 수 있는가?

① 1일   ② 2일

③ 3일   ④ 4일

28 아래의 글을 읽고 괄호 안에 들어갈 말로 옳은 것은?

> 지식과 정보의 폭발적인 증가로 새로운 기술이 개발되고 있으며 직업에서 요구되는 능력도 변화하고 있다. 이에 따라 개인 각자가 자아실현, 생활 향상, 직업적 지식, 기술의 획득 등을 목적으로 생애에 걸쳐 자주적 · 주체적으로 학습을 지속할 수 있는 (   )이/가 도래하였다.

① WLB

② 교육사회

③ 교육개혁

④ 평생학습사회

29 다음 중 예산 및 예산의 관리에 대한 설명으로 옳지 않은 것은?

① 광의의 예산에는 민간기업 · 공공단체 등의 조직은 물론이고 개인의 수입 · 지출에 관한 것도 포함된다.

② 예산관리능력은 최소 비용으로 최대의 효과를 얻기 위해 요구되는 능력이다.

③ 제품 개발 시 개발 책정 비용이 실제 비용보다 높은 경우 적자가 발생한다.

④ 개발 책정 비용과 실제 비용이 같을 때 이상적인 상태라 할 수 있다.

30 다음은 한 기업의 인사팀장인 A가 인사발령을 즈음하여 발언한 내용의 핵심을 요약한 것이다. 이를 통해 A가 효율적이고 합리적인 인사관리 원칙 중 가장 중시하고 있는 내용을 모두 맞게 고른 것은?

> 인사팀장 A는 상반기 인사발령과 관련하여 해당 직원들에게 해당 직무 수행에 가장 적합한 인재를 배치하도록 해야 한다는 것을 강조하였고, 인사 과정 전반에서 승진과 상벌, 근무성적의 평가 등을 공정하게 처리할 것을 지시하였다.

① 적재적소의 원칙, 공정 보상의 원칙

② 종업원 안정의 원칙, 창의력 계발의 원칙

③ 적재적소의 원칙, 공정 인사의 원칙

④ 종업원 안정의 원칙, 단결의 원칙

31 다음 그래픽 파일 형식 중 GIF에 대한 설명으로 옳지 않은 것은?

① 비손실 압축과 손실 압축을 모두 지원한다.

② 여러 번 압축을 하여도 원본과 비교해 화질의 손상은 없다.

③ 최대 256 색상까지만 표현할 수 있다.

④ 배경을 투명하게 처리할 수 있다.

32 다음 중 Windows 7에서 〈Ctrl〉+〈Esc〉 키를 눌러 수행되는 작업으로 옳은 것은?

① 시작 메뉴가 나타난다.

② 실행 창이 종료된다.

③ 작업 중인 항목의 바로가기 메뉴가 나타난다.

④ 창 조절 메뉴가 나타난다.

33 다음 기술능력과 관련된 설명에서 ㉠, ㉡에 들어갈 말로 옳은 것은?

> ㉠은 직업에 종사하기 위해 모든 사람들이 필요로 하는 능력이며, 이것을 넓은 의미로 확대해 보면 ㉡이
> 라는 개념으로 사용될 수 있으며 ㉠의 개념을 보다 구체화 시킨 개념이라 볼 수 있다.

① ㉠ = 기술이해능력, ㉡ = 기술교양   ② ㉠ = 기술이해능력, ㉡ = 기술능력

③ ㉠ = 기술교양, ㉡ = 기술능력   ④ ㉠ = 기술능력, ㉡ = 기술교양

34 직장에서 상대방을 서로에게 소개할 때의 예절로 옳지 않은 것은?

① 남성과 여성을 동시에 소개해야 할 경우 남성먼저 소개한다.

② 나이 어린 사람을 연장자에게 소개한다.

③ 신참자를 고참자에게 소개한다.

④ 동료임원을 고객, 손님에게 먼저 소개한다.

35 다음 지문을 읽고 지문 내용과 다르거나 지문의 내용만으로는 알 수 없는 것을 고르시오.

> 복지 국가의 구조적 원천은 세 가지이다. 첫째, 복지 국가는 국민 국가였다. 복지 제도의 발전을 가속화 시킨 원인 중에 하나가 민족적 연대성을 촉진시키는 지배층의 욕망이었기 때문이다. 둘째, 복지 제도는 산업 내의 지불노동을 뜻하는 노동이 핵심적인 역할을 하는 사회를 창출하려는 노력에서 시작되었다. 따라서 초기의 복지 제도는 노동시장에 진입할 수 없던 사람들이 큰 관심을 보였다. 셋째, 복지제도는 초기부터 최근까지 위험 관리를 정부의 역할로 간주했다. 이러한 복지 제도에 대해 관심을 갖게 된 계기 는 제1차 세계대전이다. 전쟁 중에 국가의 역할이 커졌고 대중들에게 위험이 공동의 문제라는 것을 자각 시켰다. 전쟁 이전의 복지제도는 만성적 빈곤을 문제 삼았다. 그러나 전쟁 이후에는 보편적인 프로그램 개발의 필요성이 부각되었다. 빈자들은 '언제나 우리와 함께 있는 사람들'이라기보다는 '모든 사람들에 게 닥칠 수 있는 불행을 가지고 있는 사람들'이라고 인식한 것이다.

① 민족적 연대성을 강화하려는 지배층 때문에 복지제도의 발전이 가속화되었다.

② 초기의 복지 제도는 노동시장에 진입할 수 없었던 일부 사람들의 관심 대상이었다.

③ 복지 제도에서 위험관리에 대한 역할은 최근에 와서 정부가 맡게 되었다.

④ 제1차 세계대전으로 많은 사람들이 복지 제도에 대해 관심을 가지게 되었다.

36 다음은 합리적인 의사결정 과정에 대한 그림이다. 빈칸에 들어갈 내용을 순서대로 바르게 나열한 것은?

1	문제의 근원 파악

↓

2	의사결정 기준과 가중치 결정

↓

3	

↓

4	

↓

5	

↓

6	

↓

7	의사결정의 결과분석 및 피드백

① 의사결정 정보 수집 – 최적안 선택 – 대안 탐색 – 대안 분석 및 평가
② 의사결정 정보 수집 – 대안 탐색 – 대안 분석 및 평가 – 최적안 선택
③ 대안 탐색 – 의사결정 정보 수집 – 대안 분석 및 평가 – 최적안 선택
④ 대안 탐색 – 의사결정 정보 수집 – 최적안 선택 – 대안 분석 및 평가

37 벤치마킹의 단계에 관한 설명으로 옳지 않은 것은?

① 계획단계 : 계획단계에서는 기업은 반드시 자사의 핵심 성공요인, 핵심 프로세스, 핵심 역량 등을 파악해야한다.
② 자료수집단계 : 내부 데이터 수집, 자료 및 문헌조사, 외부 데이터 수집이 포함된다.
③ 분석단계 : 데이터 분석, 근본 원인 분석, 결과예측, 동인 판단 등의 업무를 수행하여야 한다.
④ 개선단계 : 개선단계의 궁극적인 목표는 벤치마킹 수행을 위해 개선 가능한 프로세스 동인들을 확인하는 것이다.

38 다음은 '기술적 실패'에 대한 각자의 의견을 제시한 것이다. 가장 적절하지 않은 발언은 무엇인가?

① A : 혁신적 기술능력을 가진 사람들은 실패의 영역에서 성공의 영역으로 자신의 기술을 이동시킬 줄 알지.
② B : 실패 중에는 '에디슨식의 실패'도 있고 아무런 보탬이 되지 않는 실패도 있다고 해.
③ C : 개인의 연구 개발처럼 지식을 획득하는 과정에서 겪는 실패는 바람직하지 못한 실패의 예라고 할 수 있어.
④ D : 기업의 실패가 회사를 위태롭게 할 수도 있지만, 실패를 은폐하거나 또는 반복하는 것은 바람직하지 않아.

39 다음 워크시트에서 [A1:B2] 영역을 선택한 후 채우기 핸들을 이용하여 [B4]셀까지 드래그 했을 때 [A4:B4] 영역의 값으로 옳은 것은?

	A	B
1	일	1
2	월	2
3		
4		

① 수, 4   ② 월, 4

③ 수, 2   ④ 월, 2

40 다음 중 문제 해결에서 가장 중요한 요소로 옳은 것은?

① 업무 상황에서 발생하는 문제의 인식   ② 문제 자체의 객관적 파악

③ 문제 해결을 위한 실천적 의지   ④ 문제의 특성과 의미

41 업무시행 시트작성 중 체크리스트(Checklist)에 대한 설명으로 옳지 않은 것은?

① 업무를 세부적인 활동들로 나누어 사용한다.

② 시간의 흐름을 표현하는 데에는 한계가 있다.

③ 각 단계를 효과적으로 수행했는지 상사가 점검해볼 수 있는 도구이다.

④ 각 활동별로 기대되는 수행수준을 달성했는지 확인한다.

42 고객과 서비스 요원 사이의 15초 동안의 짧은 순간에 이루어지는 서비스로서, 이 15초 동안에 고객접점에 있는 최일선 서비스 요원이 책임과 권한을 가지고 우리 회사를 선택한 것이 가장 좋은 선택이었다는 사실을 고객에게 입증시켜야 한다는 개념을 설명하는 말로 옳은 것은?

① 고객관계관리   ② 진실의 순간

③ 결정적 순간   ④ 고객접점서비스

43 네 개의 과일 바구니 A, B, C, D에는 임의의 순서로 각각 사과, 배, 감, 귤이 담겨 있다. 아래 조건을 만족 할 때, 다음 중 옳은 것은?

> • 맨 왼쪽에 있는 바구니에는 감이 담겨있다.
> • A 바구니의 바로 왼쪽에는 B 바구니가 놓여있다.
> • C 바구니와 D 바구니는 감을 담은 바구니가 아니다.
> • C 바구니에는 배가 담겨있다.
> • 사과를 담은 바구니의 바로 오른쪽에는 귤을 담은 바구니가 놓여있다.

① 배를 담은 바구니의 바로 왼쪽에는 감을 담은 바구니가 놓여있다.

② D 바구니의 바로 오른쪽에는 배를 담은 바구니가 놓여있다.

③ B 바구니의 바로 오른쪽에는 귤을 담은 바구니가 놓여있다.

④ 귤을 담은 바구니의 바로 오른쪽에는 감을 담은 바구니가 놓여있다.

44 다음 글에 나타나 있는 특허청의 규정을 감안할 때, S전자 특허팀 관계자의 주장에 대한 직접적인 반론으로 가장 옳은 것은?

> 특허청은 "제 경비를 제외한 순수 실시수입액(발명을 상품화해 벌어들인 돈)의 100분의 15 이상을 발명 종업원에게 준다."는 내용의 규정을 만들었다.
>
> – 중략 –
>
> 이에 대해 S전자 특허팀 관계자는 "기업에 속한 연구원의 본연의 업무가 연구 개발인데 그 성과물에 대해 지나치게 많이 보상하라는 것은 현실성이 없다."고 반박했다. 대기업은 1년에 보통 수천 건의 종업원 발명을 접수하며 이 중 5~10%를 상품에 응용한다. 대부분의 기업은 "발명 기술에 관한 모든 권리를 회사에 양도한다."는 각서를 쓰도록 종업원에게 요구하고 있는 실정이다.

① 기업에 속한 연구원의 연구 성과에 대한 지적 재산권은 회사에 속하는 것이 당연하다.

② 직무 발명에 대하여 충분한 성과급을 보장하는 보상금 지급 기준을 법으로 정하는 것은 기업 경영의 자율성을 저해하고 오히려 연구 개발을 저해할 가능성이 크다.

③ 기업에서 획기적인 발명에 대해 수천만 원에서 1억 원 가량의 보상금을 성과급 형식으로 지급한 예는 거의 없다.

④ 미국 기업들은 사내의 과학자들과 엔지니어들의 창의적인 기술로 돈을 벌었을 경우 개발자들에게 로열티나 스톡옵션 등으로 수익을 나누어 주어 신기술 개발 성과를 거두고 있다.

45 어느 가정의 3월과 8월의 전기요금 비율이 2:5이다. 8월의 전기요금에서 5만 원을 뺄 경우 그 비율이 3:5라면, 3월의 전기요금은?

① 6만 원   ② 7만 원

③ 8만 원   ④ 9만 원

46 다음 중 자기개발의 필요성과 관련된 설명으로 가장 옳지 않은 것은?

① 직장생활에서의 자기개발은 업무처리의 효율성과 성과 향상을 위해 필요하다.

② 주변 사람들과 긍정적인 인간관계 형성을 위해 필요하다.

③ 오늘날의 급속한 환경변화에 연연하지 않는 계획적인 자기개발 노력이 요구된다.

④ 비전과 목표를 발견하고 성취할 수 있도록 하기 위해 필요하다.

47 다음 중 엑셀에서 아래 도넛형 차트의 구멍 크기를 작게 하는 방법으로 옳은 것은?

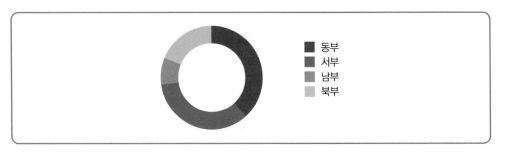

① [차트 옵션] 대화상자의 [도넛형 차트] 탭에서 [직경]의 값을 작게 조정한다.

② [보기] 메뉴의 [차트 직경 조정]을 선택한다.

③ [데이터 계열 서식] 대화상자의 [계열 옵션]에서 [도넛 구멍 크기]의 값을 작게 조정한다.

④ [차트 옵션] 대화상자에서 [옵션] 탭의 [내부 차트 크기]의 값을 작게 조정한다.

48 다음은 특허에 대한 내용이다. 귀하가 기업의 새 프로젝트로 발명을 해서 특허를 받으려고 할 때 옳은 프로젝트는?

> • 제○조 (발명의 정의)
> '발명'이라 함은 자연법칙을 이용한 기술적 사상의 창작으로 고도한 것을 말한다.
> • 제○조 (특허조건)
> '발명'은 그 발명이 속하는 기술 분야에서 산업상 이용이 가능하여야 한다.
> • 제○조 (식물발명특허)
> 무성적으로 반복 생식할 수 있는 변종식물을 발명한 자는 그 발명에 대하여 특허를 받을 수 있다.
> • 제○조 (특허를 받을 수 없는 발명)
> 공공의 질서 또는 선량한 풍속을 문란하게 하거나 공중의 위생을 해할 염려가 있는 발명에 대하여는 특허를 받을 수 없다.

① 독감 바이러스의 대량 생산방법

② 혈액과 소변을 이용한 데이터 수집 방법

③ 구구단을 이용한 집중력 향상 프로그램

④ 유성적으로 반복 생식할 수 있는 변종식물

49 다음 상황에서 Y씨에 대한 의견으로 옳은 것은?

> Y씨는 회사에서 능력 있다고 소문난 사원이다. 회사 내에서 늘 궂은일을 도맡아하고 복잡한 일도 빠르고 확실하게 처리하며, 마무리도 대충 하는 법이 없어 안심하고 일을 맡길 수 있다는 평을 듣고 있다. 어제도 Y씨는 여느 때와 같이 늦은 새벽까지 업무를 보느라 잠을 이루지 못했고 오늘 아침 눈을 떠보니 오전 11시였다. 오전에 중요한 미팅이 있었지만 급하게 준비를 해서 출근한다고 해도 지각이라는 생각에 다시 잠을 청하기로 했다. Y씨는 회사에서 오는 전화벨 소리를 무시한 채 뭐라고 핑계를 대야할까 고민하며 다시 잠이 들었다.

① 전날 늦게까지 일을 했으면 그럴 수도 있지. 하루 푹 쉬고 오면 일을 더 효율적으로 할 수 있을 거야.

② 연락도 없이 회사에 나오지 않다니 정말 예절이 없는 사람이군. 직장 내 인사예절에 대한 교육을 다시 시켜야겠어.

③ 직업인이란 항상 서비스가 최우선이 되어야 하는데 Y씨는 봉사정신이 부족해.

④ Y씨는 모든 일에 대한 결과는 자신의 선택으로 인해 일어난 것이라는 책임감과 근면한 태도가 필요한 것 같아.

50 다음은 최 대리가 보낸 E-mail의 내용이다. 내용 중 성 예절에 어긋난 행동으로 옳은 것은?

> 박 상무님께.
> 안녕하세요. 드릴 말씀이 있어 E-mail을 보내게 되었습니다. 저는 요즘 상무님의 행동이 직장 내 성희롱에 해당된다고 생각합니다. 예전에 ㉠ 제가 맡은 큰 프로젝트가 성사 되지 않았을 때, 후배 동료들이 보는 앞에서 저를 질책하셨죠? 얼마 전에는 제가 ㉡ 사무실에서 친구와 통화를 하니까 업무 중에 긴 통화는 하지 말라며 큰 소리를 내셨는데 훔쳐 듣고 계신 것 같아서 기분이 좋지 않았습니다. 어제 ㉢ 회식 때도 먹기 싫은 술을 강요하시며 최 대리는 다리가 예쁘니 앞으로는 치마만 입고 다니라는 등 노래라도 불러서 분위기를 띄워야지 우리 여직원들은 귀여운 구석이 없다고 하신 말씀도 지나치신 것 같았습니다. 오늘은 ㉣ 겨우 20분 지각 한 걸로 사유서를 내라고 하시지를 않나. 제가 매일 지각을 하는 것도 아닌데 말이에요. 같은 사무실에서 근무하는 만큼 앞으로는 직장 내 예절을 신경 써 주시면 감사하겠습니다.

① ㉠

② ㉡

③ ㉢

④ ㉣

실전모의고사 2회

- 영역 구별 없이 총 50문항으로 구성되어 있습니다.
- 시작 시간을 정하여 실전처럼 풀어보세요. (50문항 / 60분)

정답 및 해설 p.86

01 다음 중 직업윤리의 덕목에 해당하는 태도로 적절하지 않은 것은?

① 자신의 일은 하늘에 의해 맡겨진 일이라 생각하는 태도

② 자신의 일이 능력과 적성에 맞는다고 여기고 성실히 임하는 태도

③ 자신의 일이 사회나 기업을 위해 중요한 역할을 하고 있다고 믿고 수행하는 태도

④ 자신의 일이 누구나 할 수 있는 것이라 믿고 수행하는 태도

02 ○○공사는 여름을 맞이해 각 팀에게 회식비를 제공했다. 다음 표1, 표2를 참고했을 때, 회식비를 가장 많이 사용한 순서대로 고르면?

〈표1〉 각 식당의 특징	
식당	특징
A	• 1인당 12,000원 • 10인 이상 주문 시 10% 할인
B	• 1인당 9,000원 • 5인 이상 주문 시 5% 할인
C	• 1인당 15,000원 • 60,000원 이상 계산 시 8% 할인

※ 모든 식당은 1인당 요금으로 계산함

〈표2〉 회식비 사용 장소

(단위 : 명)

구분	사용 장소	인원 수
총무팀	A식당	7
	B식당	10
	C식당	6
경영관리팀	A식당	5
	B식당	8
	C식당	14
마케팅팀	A식당	10
	B식당	3
	C식당	3
배전사업팀	A식당	12
	B식당	10
	C식당	8

① 마케팅팀 – 총무팀 – 경영관리팀 – 배전사업팀
② 배전사업팀 – 경영관리팀 – 총무팀 – 마케팅팀
③ 경영관리팀 – 총무팀 – 배전사업팀 – 마케팅팀
④ 총무팀 – 마케팅팀 – 배전사업팀 – 경영관리팀

03 다음 중 데이터 통합에 관한 설명으로 옳지 않은 것은?

① 데이터 통합은 위치를 기준으로 통합할 수도 있고, 영역의 이름을 정의하여 통합할 수도 있다.
② '원본 데이터에 연결' 기능은 통합 할 데이터가 있는 워크시트와 통합결과가 작성될 워크시트가 같은 통합문서에 있는 경우에만 적용할 수 있다.
③ 다른 원본 영역의 레이블과 일치하지 않는 레이블이 있는 경우에 통합하면 별도의 행이나 열이 만들어 진다.
④ 여러 시트에 있는 데이터나 다른 통합 문서에 입력되어 있는 데이터를 통합할 수 있다.

2회

실전
모의고사

04 다음은 마케팅팀 A대리와 B사원의 대화이다. 대화의 마지막에 들어갈 말로 옳은 것은?

> A대리 : 내가 이번에 우리 팀에 새로 들어온 신입사원 C씨의 평가 자료를 인사팀에 요청했더니 멤버십 유형 테스트 결과를 보내주더군.
> B사원 : 아 그래요? 결과 내용이 어떤가요?
> A대리 : 음, 내용을 살펴보니 C씨는 굉장히 독립적이고 혁신적인 사람인 것 같더라고. 스스로 생각하고 건설적인 비판도 잘할 것 같고.
> B사원 : 오 그렇군요. 굉장히 적극적이고 책임감이 강한 사람이겠군요.
> A대리 : (_____)

① 그렇지. 하지만 다소 냉소적이고 부정적인 시각이 강할 것 같아 걱정이야.

② 우리 팀의 운영방침에 굉장히 민감하고 원칙을 굉장히 중시할 것 같으니, 팀의 규율과 규칙을 보다 명확히 알려줄 필요가 있어.

③ 항상 솔선수범하는 태도를 보일 것 같아. 어느 조직에나 필요한 가장 이상적인 유형이 아닐까 싶어.

④ 팀에 잘 융화되고 불평 없이 모든 일을 기쁘게 수행하겠지만, 혼자서 하는 일을 맡기엔 좀 부족한 감이 있겠어.

05 다음은 일정한 규칙으로 배열한 수열이다. 괄호 안에 들어갈 알맞은 수를 고르면?

> 8   24   72   ( )   648

① 212

② 214

③ 216

④ 218

06 다음 대인관계와 관련된 설명 중 옳지 않은 것은?

① 최근의 직업 현장에서는 조직과 잘 융화하지 못하면 능력을 제대로 발휘할 수 없다.

② 대인관계능력이란 협조적 관계를 통해 조직 갈등을 원만히 해결하며, 고객의 요구를 충족시켜 줄 수 있는 능력을 말한다.

③ 대인관계에서 정말로 중요한 기법이나 기술은 외면적인 인간관계 기법으로부터 도출된다.

④ 우리가 주도적이고 바른 원칙에 중심을 두며 가치 지향적인 경우에야 비로소 다른 사람들과의 관계를 풍부하고 생산적으로 만들 수 있다.

07 B씨의 회사에서는 전 직원이 참석한 자리에서 직장생활에 대한 교육을 실시했다. 이날 실시한 교육은 직장 내에서 지켜야할 성 예절에 대한 교육이었다. 다음 빈칸 A에 들어갈 말로 옳은 것은?

> 직장 내 (A   )
> ㉠ 정의
>   업무와 관련해 성적 언어나 행동 등으로 굴욕감을 느끼게 하거나 성적 언동 등을 조건으로 고용 상 불이익을 주는 행위이다.
> ㉡ 유형
>   • 육체적 행위
>   − 입맞춤, 포옹 등 원하지 않는 신체적 접촉
>   − 안마나 애무를 강요하는 행위
>   • 언어적 행위
>   − 음란한 농담이나 음담패설, 외모에 대한 성적인 비유나 평가
>   − 성적 사실관계를 묻거나 성적인 내용의 정보를 의도적으로 유포하는 행위
>   − 회식자리에서 술을 따르도록 강요하는 행위
>   • 시각적 행위
>   − 외설적인 사진, 그림, 음란 출판물 등을 게시하거나 보여주는 행위
>   − 자신의 특정 신체부위를 고의적으로 노출하거나 만지는 행위

① 성희롱
② 강제추행
③ 성폭력
④ 성폭행

08 인사팀 팀장 S씨는 '올해의 우수 사원' 선정 업무를 맡게 되어 직원들에게 우수 사원 추천서를 통해 추천대상자와 그 이유에 대해 작성해달라고 하였다. 그리고 총 4명의 후보를 선정하였다. 다음 중 우수 사원 후보로 채택되기에 적합하지 않은 경우는?

① A팀장을 추천합니다. A팀장은 팀의 원활한 운영을 위해 토론을 장려하며 모든 팀원들에게 동등한 권한을 부여하여 참여를 활성화시킵니다.

② B사원을 추천합니다. B사원은 신입사원임에도 불구하고 항상 책임감을 가지고 주도적으로 일합니다.

③ C대리를 추천합니다. C대리는 조직 구성원들을 신뢰하고, 그들의 잠재력이 발현될 수 있는 환경과 여건 마련에 힘씁니다.

④ D팀장을 추천합니다. D팀장은 안정적인 조직 운영을 위해 가급적이면 위험을 피하고 체제나 기구를 중시합니다.

09 다음 글을 읽고 주제로 가장 알맞은 것은?

> 겸형 적혈구 빈혈증이라는 유전병은 산소를 운반하는 헤모글로빈 단백질 유전자의 조그마한 변이에서 초래된다. 겸형 적혈구 빈혈증 환자의 적혈구는 산소가 부족할 때 변형되어 서로 엉겨 붙게 됨으로써 염증 반응이나 조직 손상을 유발한다.
>
> 말라리아가 풍토병인 적도 부근의 아프리카에서는 겸형 적혈구 빈혈증 환자가 매우 흔하다. 최근 과학자들은 겸형 적혈구를 가진 환자가 혈액 기생충 질환인 말라리아에 저항성을 보인다는 것을 알아내었다. 따라서, 이 지방의 겸형 적혈구 환자는 말라리아에 저항성을 보여 상대적으로 생존할 가능성이 높을 것이다.

① 말라리아가 아프리카에 미치는 영향

② 겸형 적혈구 빈혈증의 치료약인 말라리아

③ 풍토병에 따른 유전자 변이

④ 환경에 따른 유전자 변이의 득과 실

10 다음에 제시된 사례와 관련이 있는 설득전략은 무엇인가?

> 최근 △△시와 해당 지역 주민들은 하수처리장 설치를 놓고 크게 대립하였다. 주민 100여명은 시청 앞에서 항의 집회를 열었고, 시내 한복판에 데모 행렬을 줄지어 도로를 가로막기도 하며 강하게 반발하였다. 이에 대해 정부는 주민들을 대상으로 프레젠테이션을 실시하여 하수처리의 목적 및 기능, 이점에 대해 상세하게 설명했고 선진국들의 관련 사례도 보여주었다. 또한 하수처리장 팀빙을 통해 하수처리장이 혐오시설이 아님을 확인시켜 주었다. 이를 통해 다수의 주민들의 생각이 바뀌게 되었고 결국 동의를 얻어내는 데에 성공하였다.

① 호혜관계 형성 전략

② 헌신과 일관성 전략

③ See-Feel-Change 전략

④ 사회적 입증 전략

11 다음 워크시트에서 사원번호의 첫 번째 문자가 'S'인 매출액 [B2:B6]의 합계를 구하는 배열 수식으로 옳은 것은?

	A	B
1	사원번호	매출액
2	A2016	21245
3	S5524	26951
4	W1233	8045
5	K1706	14915
6	S3888	12658

① ={SUM(LEFT($A$2:$A$6,1="S")*$B$2:$B$6)}

② ={SUM((LEFT($A$2:$A$6,1)="S"),$B$2:$B$6)}

③ {=SUM(LEFT($A$2:$A$6,1="S"),$B$2:$B$6)}

④ {=SUM((LEFT($A$2:$A$6,1)="S")*$B$2:$B$6)}

12 다음 중 컴퓨터에서 사용되는 입력장치로 옳지 않은 것은?

① 키보드(Keyboard) ② 스캐너(Image Scanner)

③ 펌웨어(Firmware) ④ 터치스크린(Touch Screen)

13 다음 중 원인 분석 단계와 관련된 설명으로 옳지 않은 것은?

① 원인 분석은 핵심 이슈에 대한 가설을 설정한 후 필요한 데이터를 수집 · 분석하여 문제의 근본 원인을 도출해 나가는 것이다.

② Issue 분석 중 가설 설정은 간단명료하고 논리적이며, 객관적이어야 한다.

③ Data 분석 내용은 Data 수집계획 수립, 정리 및 가공, 해석으로 구성된다.

④ 원인과 결과사이의 패턴 중 복잡한 인과관계는 원인과 결과를 구분하기 어려운 경우에 나타난다.

14 R씨는 경력개발 계획을 세우던 중, 자신이 현재 하고 있는 일과 회사의 환경에 대하여 좀 더 탐색해
보고자 한다. 다음 R씨가 해야 할 일 중 그 성격이 다른 것은?

① 회사의 연간 보고서를 살핀다.

② 직무와 직업에 대한 설명 자료를 찾아본다.

③ 자기인식 관련 워크숍에 참여한다.

④ 각종 기관에서 운영하는 직업정보, 자격정보 등의 사이트를 탐색한다.

15 다음 글은 A회사의 상황과 각 상황에 따른 조치에 대한 설명이다. 〈보기〉의 내용과 상황에 따라 이루
어진 조치가 적절한 것은?

> 부도가 난 A회사의 채무액은 2억 5,000만 원에 달하며 1억 원 상당의 유동자산을 보유하고 있다. 이 회
> 사는 파산과 관련된 법적 비용들을 줄이기 위해 채권자들과 협의하여 다음의 조치들을 취할 계획이다.
> • 상환연기 : 채권자들은 자신들이 받아야 할 채권액 전부를 상환 받지만, 상환기일을 연기해 준다.
> • 부분상환 : 상환기일을 연기해 주지 않고 즉시 상환 받지만, 채권자들은 채권규모 비율에 따라 자신들
>   의 채권액 중 일부분만을 상환 받는다.
> • 혼합 : 상환기일을 연기해 주면서 동시에 자신들의 채권액 중 일부분만 받는다.

> ─○ 보기 ○─
> ㉮ 각 채권자는 채권액 2,000만 원당 800만 원을 즉시 받고, 회사가 모든 채무를 이행한 것으로 가주하다
> ㉯ 각 채권자는 채권액 2,000만 원당 세 번에 걸쳐 1,000만 원, 500만 원, 500만 원 등 총 2,000만 원을
>   상환 받는다. 첫 상환은 100일 후에 시작되며, 이어지는 상환은 100일 간격을 두고 행해진다.
> ㉰ 각 채권자는 채권액 2,000만 원당 400만 원씩 두 번에 나눠서 총 800만 원만 받는다. 첫 상환은 150
>   일 후에 행해지고, 두 번째 상환은 첫 상환 후 150일 후에 이루어진다.

① ㉮ 부분상환　　㉯ 혼합　　㉰ 상환연기

② ㉮ 상환연기　　㉯ 부분상환　　㉰ 혼합

③ ㉮ 부분상환　　㉯ 상환연기　　㉰ 혼합

④ ㉮ 혼합　　㉯ 상환연기　　㉰ 부분상환

16 A씨의 자동차 연비는 15km/L이며, 휘발유 가격은 1L당 1,800원이다. A씨가 자동차에 기름이 하나도 없는 상태에서 주유하여 300km를 달린 후 기름이 모두 소진되었다면, A씨가 주유한 휘발유의 가격은 얼마인가?

① 34,000원   ② 36,000원
③ 38,000원   ④ 40,000원

17 귀하는 영업부 인턴사원에게 거래처 방문 시 주의할 점을 알려주고 있다. 그중 명함에 대한 중요성에 대해 이야기하려고 한다. 다음 중 인턴사원에게 들려주기에 옳지 않은 것은?

① 자신을 PR하는 도구로 사용할 수 있어.
② 명함에 언제 무슨 일로 만났는지 메모를 하는 게 좋아.
③ 후속 교류를 위해서도 명함은 잘 관리하는 게 좋아.
④ 명함에 같이 만났던 곳이나 그날의 먹은 음식을 적으면 그 사람을 기억하는데 많은 도움이 돼.

18 다음 중 인간관계를 형성할 때 가장 중요한 요소로 옳은 것은?

① 사람됨과 내면적 진정성   ② 무엇을 말하는가 하는 것
③ 어떻게 행동하는가 하는 것   ④ 피상적인 인간관계 기법이나 테크닉

19 다음 중 데이터가 입력된 셀에서 〈Delete〉 키를 눌렀을 때의 상황에 대한 설명으로 옳지 않은 것은?

① 셀에 설정된 메모는 지워지지 않는다.
② 셀에 설정된 내용과 서식이 함께 지워진다.
③ [홈]-[편집]-[지우기]-[내용 지우기]를 실행한 것과 동일한 결과가 발생한다.
④ 바로 가기 메뉴에서 〈내용 지우기〉를 실행한 것과 동일한 결과가 발생한다.

2회

실전
모의고사

20 다음 중 휴대전화 예절로 옳은 것은?

> ㉠ 운전 중에는 스마트 폰을 사용하지 않는다.
> ㉡ 집 밖에서는 벨소리를 진동으로 한다.
> ㉢ 요금이 많이 나올 것 같은 통화는 친구의 휴대전화를 빌려서 한다.
> ㉣ 공공장소나 대중교통 수단을 이용할 때는 휴대폰을 사용하지 않는다.
> ㉤ 정보화 시대이기 때문에 업무 시간에도 계속 SNS를 확인한다.
> ㉥ 밖에서 통화를 할 때에는 주위에 방해가 되지 않게 조용한 목소리로 짧게 통화한다.

① ㉠, ㉡, ㉢, ㉣, ㉤, ㉥   ② ㉠, ㉢, ㉥

③ ㉠, ㉡, ㉣, ㉥   ④ ㉠, ㉣, ㉤, ㉥

21 다음 중 3D 기피 현상과 관련이 없는 것은?

① 힘들고 더럽고, 위험한 일을 하지 않으려 한다.

② 노동력은 풍부하지만 생산인력은 부족해진다.

③ 노동을 경시하며, 과정보다 결과만을 중시한다.

④ 외국 노동자의 불법취업 문제가 대두된다.

22 다음 중 논리적 사고를 개발하는 방법의 하나로, 하위의 사실이나 현상부터 사고함으로써 상위의 주장을 만들어가는 방법을 무엇이라 하는가?

① 마름모형 구조 방법   ② 피라미드 구조 방법

③ So what 방법   ④ Why so 방법

23 다음의 사례를 보고 나눈 대화의 내용 중 옳지 않은 것은?

헨리포드(Henry Ford)는 자동차 왕으로 불리는 미국의 자동차 회사 '포드'의 창설자이다. 그는 1913년 조립 라인 방식에 의한 양산체제인 포드시스템을 확립하였고 컨베이어벨트를 고안하는 등 수많은 기술 혁신을 일으켰다. 또한 합리적 경영방식을 도입해 포드를 미국 최대의 자동차 제조업체로 키워냈다. 포드 자동차회사는 T형 포드로 미국 최대의 자동차 제조업체가 되어, 시장 점유율 1위 자리에 올랐다. 그러나 강하고 편협한 그의 개성 탓에 말년에 경영의 파탄을 가져왔다. 그는 제품의 다변화 제안을 묵살하였을 뿐 아니라 노조설립을 방해하기 위해 지나치게 노조방해 공작에 집착하였다. 그 결과 노동조합운동의 반대로 인해 경영이 악화되었고, 1920년대 말에는 경쟁사인 제너럴모터스사(GM)에 1위 자리를 빼앗기게 되었다.

① A : 이 사례는 권위주의적 리더십의 단면을 확실하게 보여주는 것 같아.

② B : 포드가 자동차의 대중화를 이끌어낸 선구자라는 점에서는 칭찬받을 만 해.

③ C : 포드는 집단의 비전보다는 개인의 비전을 더 중시했다고 생각해.

④ D : 만약 포드가 탁월한 부하 직원들을 거느리고 있었다면 이러한 통치 방식이 효과적이었을 수도 있어.

[24-26] 다음은 각 스위치의 기능을 나타낸 것이다. 제시된 도형이 몇 개의 스위치를 눌러 화살표 후 도형으로 바뀌었다면 어떤 과정을 거쳐야 하는지 고르시오.

스위치	기 능
◥	1번 도형을 시계 방향으로 90° 회전함
◤	2번 도형을 시계 방향으로 90° 회전함
◎	3번 도형을 반시계 방향으로 90° 회전함
◧	1번과 3번 도형을 색 반전한다. (유색→무색, 무색→유색)
◨	2번과 3번 도형을 색 반전한다. (유색→무색, 무색→유색)

24

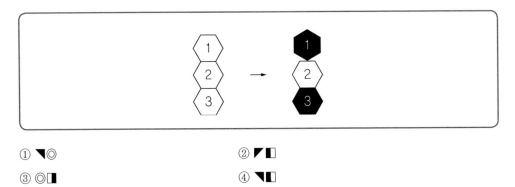

① ◣◎　　　　　　　　② ◪◫

③ ◎◩◼　　　　　　　④ ◣◪◫

25

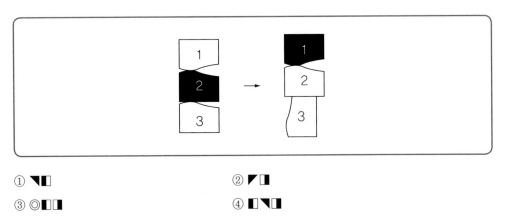

① ◣◪◫　　　　　　　② ◪◩

③ ◎◣◪◫　　　　　④ ◩◣◪◫

26

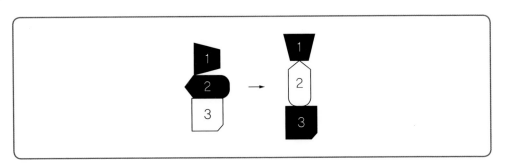

① ▼◧   ② ▼◨

③ ◢◉◨   ④ ◉◥◨

27 다음 제시문의 상황에서 B사원이 낼 의견으로 가장 옳은 것은?

> 국내 최대 유통업체인 △△마트는 규모의 급격한 성장과 동시에 편리함과 신속함을 추구하는 고객들의 요구에 부응하기 위해 직접 마트를 가지 않고 인터넷으로도 상품을 구매 할 수 있도록 온라인유통을 하기로 결정했다. 온라인 쇼핑몰을 통해 유통되는 상품들이 다양해지고 품목도 늘어감에 따라 필요한 인력들이 생겨났다. 때문에 온라인 활동만을 주 업무로 담당하는 직원을 100명 정도 채용하려고 한다. 예산은 최대 130명까지 채용 할 수 있도록 확보해 놓은 상황이다.

① 상품을 최소비용으로 매입하고, 적절한 수량을 예산 내에서 확보함으로써 트렌드를 정확히 알고 다양한 마케팅을 실시해 소비자에게 판매를 유도할 수 있는 상품기획자를 채용해야 할 것 같습니다.

② 인터넷을 주 업무로 하게 될 직원이기 때문에 최대한 많은 컴퓨터 자격증을 보유한 사람이 우선 채용 되어야 할 것 같습니다.

③ 인력을 효율적으로 활용하기 위해서 일단은 60명만 채용을 하는 것이 좋을 것 같습니다.

④ 최대 유통업체인 △△마트에서 근무하게 될 것이기 때문에 온라인 업무보다는 실무능력이 중요하다고 생각됩니다. 수습기간을 길게 두고 현장에서 실무 능력을 키워야 할 것 같습니다.

28 현재 A사원과 B과장님의 나이의 비는 2:3이다. 6년 후 나이의 비가 5:7이 될 때, 현재 나이의 차는 얼마인가?

① 9살   ② 10살

③ 11살   ④ 12살

29 다음 중 '코칭'과 관련된 설명으로 옳지 않은 것은?

① 코칭은 직원들과 의견을 나누고 효과적 해결책을 이끌어 내는 커뮤니케이션 수단이다.

② 코칭은 리더가 정보를 하달하고 의사결정의 권한을 가지고 있다는 것을 수용하는 접근법을 취한다.

③ 코칭 과정에서 리더는 직원들을 기업의 파트너로 인식하며, 성공적인 코칭을 받은 직원들은 문제를 스스로 해결하려고 노력한다.

④ 자신감 넘치는 노동력과 책임감 넘치는 직원들, 상승된 효율성 및 생산성 등은 모두 코칭이 조직에게 주는 혜택에 해당한다.

30 데이터베이스의 작업 순서로 옳은 것은?

① 시작 → 데이터베이스 제작 → 자료 입력 → 저장 → 자료 검색 → 보고서 인쇄 → 종료

② 시작 → 자료 입력 → 데이터베이스 제작 → 자료 검색 → 저장 → 보고서 인쇄 → 종료

③ 시작 → 자료 검색 → 데이터베이스 제작 → 자료 입력 → 저장 → 보고서 인쇄 → 종료

④ 시작 → 데이터베이스 제작 → 자료 검색 → 저장 → 자료 입력 → 보고서 인쇄 → 종료

31 다음 숫자는 일정한 규칙을 따르고 있다. 괄호 안에 들어갈 가장 적절한 숫자는?

| 0 2 8 14 112 ( ) |

① 122   ② 132

③ 142   ④ 152

32 A는 집에서 목적지로 갈 때는 5km/h의 속력으로, 목적지에서 집으로 올 때는 3km/h의 속력으로 이동했다. 목적지에서 집으로 올 때 걸린 시간이 30분일 때, 집에서 목적지로 갈 때 걸리는 시간을 구하면?

① 16분

② 18분

③ 20분

④ 24분

33 다음 중 추세선을 사용할 수 있는 차트 종류는?

① 3차원 묶은 세로 막대형 차트

② 분산형 차트

③ 방사형 차트

④ 표면형 차트

34 다음 중 매뉴얼에 대한 설명으로 옳지 않은 것은?

① 영어로 매뉴얼은 자동차의 수동식 변속기어를 의미하며, 사전적 의미로는 어떤 기계의 조작 방법을 설명해 놓은 사용 지침서를 의미한다.

② 제품 매뉴얼은 제품의 특징이나 기능, 사용방법, 고장 조치방법, 유지 보수 등 제품에 관련된 모든 서비스에 대해 소비자가 알아야할 정보를 제공하는 것을 말한다.

③ 업무 매뉴얼은 사용자의 유형과 사용 능력을 파악하고, 사용자의 오작동까지도 고려하여 만들어져야 한다.

④ 업무 매뉴얼은 '편의점 운영 매뉴얼', '품질 경영 매뉴얼', '올림픽 운영 매뉴얼' 등과 같은 식으로 사용된다.

35 다음은 조직문화를 구성하고 있는 7-S 모형이다. 모형에 대한 설명으로 옳지 않은 것은?

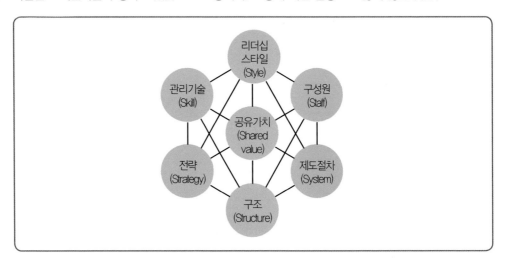

① 공유가치 : 조직 구성원들의 행동이나 사고를 특정 방향으로 이끌어 가는 원칙이나 기준

② 관리기술 : 하드웨어는 물론 이를 사용하는 소프트웨어 기술을 포함하는 요소

③ 전략 : 조직 운영의 의사 결정과 일상 운영의 틀이 되는 각종 시스템

④ 구성원 : 조직의 인력 구성과 구성원들의 능력과 전문성, 가치관과 신념, 욕구와 동기, 지각과 태도 그리고 그들의 행동 패턴

36 어떤 일을 하는데 A씨는 12일, B씨는 20일 걸린다고 한다. A씨와 B씨가 함께 일을 하면 각자 능력의 50%를 분업효과로 얻을 수 있다고 한다. 이 일을 A씨와 B씨가 함께 한다면 얼마나 걸리겠는가?

① 5일   ② 6일

③ 7일   ④ 8일

37 다음 중 Windows 7의 [제어판] – [접근성 센터]에서 설정 할 수 있는 기능으로 옳지 않은 것은?

① 고대비 : 컴퓨터 화면에서 일부 텍스트와 이미지의 색상 대비를 강조하는 고대비 색 구성표를 설정하여 해당 항목을 보다 뚜렷하고 쉽게 식별되도록 할 수 있다.

② 토글키 켜기 : 토글키 기능은 [Caps Lock], [Num Lock], [Scroll Lock] 키를 누를 때 신호음을 들을 수 있다.

③ 마우스 키 켜기 : 키보드의 숫자 키패드로 마우스 포인터의 움직임을 제어할 수 있다.

④ 테마 바꾸기 : 미리 정의된 백그라운드 및 소리 그룹, 아이콘 및 기타 요소인 테마를 사용하여
   컴퓨터를 사용자가 원하는 스타일로 꾸밀 수 있다.

38 브레인스토밍(Brain Storming)의 4대 원칙으로 옳지 않은 것은?

① 비판엄금
② 자유분방
③ 양보다 질
④ 결합과 개선

39 8%의 소금물 200g에 물을 추가하여 농도가 2%인 소금물을 만들려고 한다. 추가해야할 물의 양은 얼마인가?

① 450g
② 500g
③ 550g
④ 600g

40 A는 B보다 걸음이 빠르지 않으며, C는 A보다 걸음이 느리고 D는 C와 걷는 속도가 똑같다면, 다음 중 옳은 것은?

① B는 D보다 걸음이 빠르다.
② C는 B보다 걸음이 느리지 않다.
③ D는 A보다 걸음이 느리지 않다.
④ 걸음이 제일 빠른 사람은 B가 아니다.

2회
실전
모의고사

41 다음 중 동기유발과 관련된 설명으로 옳지 않은 것은?

① 금전적 보상이나 편익, 승진 등은 장기적인 동기유발 요인이 된다.

② '긍정적 강화'는 조직원들의 동기를 부여하는데 아주 효과적이다.

③ 매일 해왔던 업무와 전혀 다른 일을 처리하는 경우 새로운 자극과 성취감을 느끼게 된다.

④ 직원을 코칭 하는 리더는 직원이 권한과 목적의식을 가진 중요한 사람이라는 사실을 느낄 수 있도록 해야 한다.

42 다음 중 부정적 동기부여로 인해 발생하는 사실로 옳지 않은 것은?

① 단기적으로는 그 일에 주의를 기울이게 된다.

② 장기적으로는 심각한 한계상황에 부딪치게 된다.

③ 상사의 눈치를 살피게 된다.

④ 업무에 열의를 갖게 된다.

43 다음 중 임파워먼트(empowerment)에 대한 설명으로 옳지 않은 것은?

① 임파워먼트란 조직구성원들의 잠재력을 믿고, 그 잠재력 개발을 통해 고성과 조직이 되도록 하는 일련의 행위이다.

② 임파워번트가 살 되는 조직은 아이디어가 존중되며, 다른 사람이 하는 일은 내가 하는 일보다 중요하다는 것을 인식하게 된다.

③ 진정한 임파워먼트는 혁신성과 자발성을 이끌어 내고 조직의 방향감과 질서의식을 창출하게 한다.

④ 진정한 임파워먼트를 위해서는 참여 및 기여의 여건 조성, 재능과 에너지의 극대화, 명확하고 의미 있는 목적에 초점을 두는 기준이 반드시 충족되어야 한다.

44 다음 국제 경제 용어에 대한 설명으로 옳지 않은 것은?

① PPP : 구매력 평가지수로 국가 간의 환율은 각국의 구매력에 의해 결정된다는 구매력 평가설을 바탕으로 전 세계적으로 잘 팔리는 코카콜라 등의 제품의 가격을 통해 각국의 화폐가치와 물가 수준을 비교한 것

② 양적 완화 정책 : 경기 부양을 위해 각종 완화정책을 취했다가, 경기가 회복되기 시작하면 이를 서서히 거두어들이는 전략

③ GDP : 국내총생산으로 국적과 관계없이 한 나라의 국경 내에서 모든 경제 주체가 일정 기간 생산 활동에 참여하여 창출한 최종 재화와 서비스의 시장 가치

④ GNP : 국민총생산으로 국경에 관계없이 한 나라의 국민이 일정 기간 국내와 국외에서 생산한 최종 재화와 서비스의 시장가치

45 리더십 유형에는 크게 독재자 유형, 민주주의에 근접한 유형, 파트너십 유형, 변혁적 유형이 있다. 다음 중 각각의 리더십 유형에 대한 설명으로 옳지 않은 것은?

① 독재자 유형 : 독단적이고 강압적인 유형의 리더로서, 구성원들과 정보를 공유하지 않고 실수를 용납하지 않는다.

② 민주주의에 근접한 유형 : 구성원들의 참여와 토론을 장려하며 혁신적인 부하직원들을 거느리고 있을 때 효과적이다.

③ 파트너십 유형 : 평등과 책임 공유를 강조하며, 통제 없이 방만한 상태 혹은 가시적인 성과물이 안 보일 때 효과적이다.

④ 변혁적 유형 : 리더가 카리스마와 자신에 대한 확신을 가지고 있으며, 조직에 획기적인 변화가 요구될 때 효과적이다.

46 A씨는 잊어버린 네 자리 숫자의 비밀번호를 기억해 내려고 한다. 비밀번호에 대해서 가지고 있는 단서가 다음의 조건과 같을 때 사실이 아닌 것은?

> • 비밀번호를 구성하고 있는 어떤 숫자도 소수가 아니다.
> • 6과 8 중에 단 하나만 비밀번호에 들어가는 숫자다.
> • 비밀번호는 짝수로 시작한다.
> • 골라 낸 네 개의 숫자의 큰 수부터 차례로 나열해서 비밀번호를 만들었다.
> • 같은 숫자는 두 번 이상 들어가지 않는다.

① 비밀번호는 짝수이다.
② 비밀번호의 앞에서 두 번째 숫자는 4이다.
③ 위의 조건을 모두 만족시키는 번호는 모두 세 개가 있다.
④ 비밀번호는 1을 포함하지만 9는 포함하지 않는다.

47 M씨는 통신회사 고객센터에 재직 중이다. M씨는 다양한 유형의 고객들을 그에 맞게 일일이 대응해야 한다. 다음의 대화에 등장하는 고객에 대한 M씨의 대응 방안으로 가장 옳은 것은?

> M씨 : 고객님 안녕하세요? 무엇을 도와드릴까요?
> 고객 : 전화를 할 때마다 상대방 목소리가 잘 안 들리고 지지직거리는 소리 같은 게 납니다. 비싼 요금내고 대체 이게 뭐하자는 겁니까?
> M씨 : 고객님 정말 죄송합니다. 혹시 통화 연결이 잘 안 되는 지역이 어디십니까?
> 고객 : 연결이 안 되는 지역을 일일이 확인해야 합니까? 서비스가 엉망이군, 이래놓고 요금은 왜 이렇게 많이 나오는지. 요금 폭탄이 따로 없다니깐.
> M씨 : 고객님, 그렇다면 요금 내역을 확인해 드릴까요?
> 고객 : 내가 사용한 요금의 배가 나오는데 그걸 확인해서 뭐합니까. 통화 품질도 엉망인데 요금을 좀 깎아줄 순 없어요? 아니면 새로운 기기로 교환해주시던가요.

① 최대한 정중하게 대하고, 고객의 과시욕이 채워지도록 내버려 둔다.
② 분명한 증거나 근거를 제시하여 스스로 확신을 가지도록 한다.
③ "글쎄요", "아마도"와 같은 애매한 화법은 피하고 빠르게 일 처리하는 모습을 보인다.
④ 고객의 이야기를 끝까지 경청하고 맞장구치며 설득해나간다.

48 효과적인 정보수집에 대한 설명으로 옳지 않은 것은?

① 정보는 우선적으로 신뢰관계가 전제되어야 수집이 가능하다.

② 인포메이션(Information)과 인텔리전스(Intelligence)를 구분하여 수집할 필요가 있다.

③ 선수필승(先手必勝)이라는 생각으로 항상 다른 사람에게 먼저 정보를 양보하는 자세를 가져야 한다.

④ 머릿속에 서랍을 만들어 수집된 정보를 잘 정리하도록 한다.

49 다음 지문이 설명하는 것으로 옳은 것은?

> 소비자 패턴에 따라 시장을 세분화하여 타깃을 설정하고 목표 시장에 적절하게 제품을 포지셔닝 하는 방법

① 3C

② 4P

③ 5 Force model

④ STP

50 다음은 A, B, C, D 네 사람의 컴퓨터 활용능력시험 결과이다.

> • 1, 2, 3급에 각각 1명, 2명, 1명이 합격했다.
> • A와 B는 다른 급수에 합격했다.
> • A와 C는 다른 급수에 합격했다.
> • D는 세 사람과 다른 급수에 합격했다.

위 사실로부터 얻을 수 있는 추론 중 항상 옳은 것은?

① A는 1급에 합격했다.

② B는 2급에 합격했다.

③ C는 1급에 합격했다.

④ D는 3급에 합격했다.

부록

공공기관

1 〉 공공기관이란?

정부의 출연·출자 또는 정부의 재정지원 등으로 설립·운영되는 기관으로서 공공기관의 운영에 관한 법률 제4조 1항 각 호의 요건에 해당하여 기획부장관이 지정한 기관

2 〉 공공기관의 유형

① 공기업
  ㉠ 지원 정원이 50인 이상이고, 자체수입이 총수입액의 2분의 1 이상인 공공기관 중에서 기획재정 장관이 지정한 기관
  ㉡ 국가 또는 지방자치단체가 소유와 경영의 주체가 되어 재화나 용역을 공급하는 기업
    • 시장형 공기업 : 자산규모가 2조 원 이상이고, 총 수입액 중 자체수입이 85% 이상인 공기업으로 한국전력공사, 한국가스공사 등의 기관이다.
    • 준시장형 공기업 : 시장형 공기업이 아닌 공기업으로 한국마사회, 한국토지주택공사 등의 기관이다.

② 준정부기관
  직원 정원이 50인 이상이고, 공기업이 아닌 공공기관 중에서 기획재정부장관이 지정한 기관
    • 기금관리형 준정부기관 : 국가재정법에 따라 기금을 관리하거나, 기금의 관리를 위탁받은 준정부기관으로써 근로복지공단, 한국무역보험공사 등의 기관이다.
    • 위탁집행형 준정부기관 : 기금관리형 준정부기관이 아닌 준정부기관으로써 건강보험평가원, 국가철도공단 등의 기관이다.

③ 기타 공공기관

공기업, 준정부기관이 아닌 공공기관으로 176개 기관이다.

유형 구분		공통 요건	지정 요건(원칙)
공기업	시장형	직원정원 ≥ 50인 총수입액 ≥ 30억원 자산 ≥10억 자체수입비율 ≥ 50%	자체 수입비율 ≥ 85%인 기관 (& 자산 2조 원 이상)
공기업	준시장형		자체 수입비율 50~85%
준정부기관	기금관리형	직원정원 ≥ 50인 총수입액 ≥ 30억원 자산 ≥ 10억 자체수입비율 < 50%	중앙정부 기금을 관리하는 기관
준정부기관	위탁집행형		기금관리형이 아닌 준정부기관
기타 공공기관		공기업·준정부기관을 제외한 공공기관	

3 〉 공기업(공사·공단) 분류

① 공사

공공성과 기업을 조화시킨 독립된 특수법인

- **정부투자기관(50% 이상)** : 조폐공사, 한국전력공사, 도로공사, 중소기업은행 등
- **정부출자기관(50% 미만)** : 가스공사, 감정원, 한국전력기술 공사 등

② 공단

경제 또는 국가적 사회정책사업을 수행하기 위한 특수법인으로 한국산업인력공단, 교통안전공단, 국민연금공단 등이 있다.

4 **우리나라 공기업**

시장형 공기업 (16)	• 산업부 : 한국가스공사, 한국광물자원공사, 한국남동발전(주), 한국남부발전(주), 한국동서발전(주), 한국서부발전(주), 한국석유공사, 한국수력원자력(주), 한국전력공사, 한국중부발전(주), 한국지역난방공사, 주식회사 강원랜드 • 국토부 : 인천국제공항공사, 한국공항공사 • 해수부 : 부산항만공사, 인천항만공사
준시장형 공기업 (20)	• 기재부 : 한국조폐공사 • 문체부 : 그랜드코리아레저(주) • 농식품부 : 한국마사회 • 환경부 : 한국수자원공사 • 산업부 : (주)한국가스기술공사, 대한석탄공사, 한국전력기술(주), 한전KDN(주), 한전KPS(주) • 국토부 : 제주국제자유도시개발센터, 주택도시보증공사, 한국부동산원, 한국도로공사, 한국철도공사, 한국토지주택공사, 주식회사 에스알 • 해수부 : 여수광양항만공사, 울산항만공사, 해양환경공단 • 방통위 : 한국방송광고진흥공사
기금관리형 준정부기관 (13)	• 교육부 : 사립학교교직원연금공단 • 복지부 : 국민연금공단 • 고용부 : 근로복지공단 • 인사처 : 공무원연금공단 • 문체부 : 국민체육진흥공단, 한국언론진흥재단 • 산업부 : 한국무역보험공사 • 중기부 : 기술보증기금, 중소기업진흥공단 • 금융위 : 신용보증기금, 예금보험공사, 한국자산관리공사, 한국주택금융공사
위탁집행형 준정부기관 (83)	• 기재부 : 한국재정정보원 • 외교부 : 한국국제협력단 • 교육부 : 한국교육학술정보원, 한국장학재단 • 과기부 : (재)우체국금융개발원, (재)한국우편사업진흥원, 우체국물류지원단, 정보통신산업진흥원, 한국과학창의재단, 한국방송통신전파진흥원, 한국연구재단, 한국인터넷진흥원, 한국정보화진흥원, 재단법인 연구개발특구진흥재단 • 문체부 : 국제방송교류재단, 한국콘텐츠진흥원, 아시아문화원, 한국관광공사 • 농식품부 : 농림수산식품교육문화정보원, 농림식품기술기획평가원, 축산물품질평가원, 한국농수산식품유통공사, 한국농어촌공사 • 산업부 : 대한무역투자진흥공사, 한국가스안전공사, 한국광해관리공단, 한국디자인진흥원, 한국산업기술진흥원, 한국산업기술평가관리원, 한국산업단지공단, 한국석유관리원, 한국에너지공단, 한국에너지기술평가원, 한국전기안전공사, 한국전력거래소, 한국원자력환경공단 • 복지부 : 건강보험심사평가원, 국민건강보험공단, 사회보장정보원, 한국노인인력개발원, 한국보건복지인력개발원, 한국보건산업진흥원, (재)한국보육진흥원, 한국건강증진개발원 • 환경부 : 국립공원공단, 국립생태원, 한국환경공단, 한국환경산업기술원 • 고용부 : 한국고용정보원, 한국산업안전보건공단, 한국산업인력공단, 한국장애인고용공단 • 여가부 : 한국청소년상담복지개발원, 한국청소년활동진흥원, 한국건강가정진흥원 • 국토부 : 한국교통안전공단, 국토교통과학기술진흥원, 한국시설안전공단, 한국철도시설공단, 한국국토정보공사, 재단법인 대한건설기계안전관리원

위탁집행형 준정부기관 (83)	• 해수부 : 선박안전기술공단, 한국수산자원관리공단 해양수산과학기술진흥원, 한국해양수산 연수원 • 행안부 : 한국승강기안전공단 • 공정위 : 한국소비자원 • 방통위 : 시청자미디어재단 • 경찰청 : 도로교통공단 • 식약처 : 한국식품안전관리인증원 • 소방청 : 한국소방산업기술원 • 농진청 : 농업기술실용화재단 • 기상청 : 한국기상산업기술원 • 중기부 : 중소기업기술정보진흥원, 소상공인시장진흥공단, 창업진흥원 • 금융위 : 서민금융진흥원 • 산림청 : 한국임업진흥원, 한국산림복지진흥원, 한국수목원관리원 • 특허청 : 재단법인 한국특허전략개발원 • 보훈처 : 독립기념관, 한국보훈복지의료공단
기타 공공기관 (218)	• 국조실 : 경제·인문사회연구회, 과학기술정책연구원, 국토연구원, 대외경제정책연구원, 산 업연구원, 에너지경제연구원, 정보통신정책연구원, 통일연구원, 한국개발연구원, 한국교육 개발원, 한국교육과정평가원, 한국교통연구원, 한국노동연구원, 한국농촌경제연구원, 한국 법제연구원, 한국보건사회연구원, 한국여성정책연구원, 한국조세재정연구원, 한국직업능 력개발원, 한국청소년정책연구원, 한국해양수산개발원, 한국행정연구원, 한국형사정책연구 원, 한국환경정책·평가연구원, 건축공간연구원 • 기재부 : 한국수출입은행, 한국투자공사 • 외교부: 한국국제교류재단, 재외동포재단 • 교육부 : 강릉원주대학교치과병원, 강원대학교병원, 경북대학교병원, 경북대학교치과병원, 경 상대학교병원, 국가평생교육진흥원, 동북아역사재단, 부산대학교병원, 부산대학교치과병원, 서울대학교병원, 서울대학교치과병원, 전남대학교병원, 전북대학교병원, 제주대학교병원, 충 남대학교병원, 충북대학교병원, 한국고전번역원, 한국사학진흥재단, 한국학중앙연구원 • 과기부 : 과학기술일자리진흥원, (재)우체국시설관리단, 광주과학기술원, 국가과학기술연구회, 국립광주과학관, 국립대구과학관, 국립부산과학관, 기초과학연구원, 대구경북과학기술원, 울 산과학기술원, 재단법인 한국여성과학기술인지원센터, 한국건설기술연구원, 한국과학기술기 획평가원, 한국과학기술연구원, 한국과학기술원, 한국과학기술정보연구원, 한국기계연구원, 한국기초과학지원연구원, 한국나노기술원, 한국데이터산업진흥원, 한국생명공학연구원, 한국 생산기술연구원, 한국식품연구원, 한국에너지기술연구원, 한국원자력연구원, 한국원자력의학 원, 한국전기연구원, 한국전자통신연구원, 한국지질자원연구원, 한국천문연구원, 한국철도기 술연구원, 한국표준과학연구원, 한국한의학연구원, 한국항공우주연구원, 한국화학연구원, 한 국재료연구원, 한국핵융합에너지연구원 • 통일부 : 북한이탈주민지원재단, (사)남북교류협력지원협회 • 법무부 : 대한법률구조공단, 정부법무공단, 한국법무보호복지공단 • 국방부 : 전쟁기념사업회, 한국국방연구원, 국방전직교육원 • 행안부 : 민주화운동기념사업회, (재)일제강제동원피해자지원재단 • 문체부 : (재)국악방송, (재)예술경영지원센터, (재)예술의전당, (재)한국문화정보원, 게임물관 리위원회, 국립박물관문화재단, 대한장애인체육회, 대한체육회, 세종학당재단, 영상물등급 위원회, 태권도진흥재단, 영화진흥위원회, 한국문화예술위원회, 한국공예디자인문화진흥 원, 한국도박문제관리센터, 한국문학번역원, 한국문화관광연구원, 한국문화예술교육진흥원,

	한국문화진흥(주), 한국영상자료원, 한국예술인복지재단, 한국저작권보호원, 한국저작권위원회, 한국체육산업개발(주), 한국출판문화산업진흥원
기타 공공기관 (218)	• 농식품부 : 재단법인 한식진흥원, 가축위생방역지원본부, 국제식물검역인증원, 농업정책보험금융원, 국가식품클러스터지원센터, 축산환경관리원
	• 산업부 : 전략물자관리원, 한국로봇산업진흥원, 한국산업기술시험원, 재단법인 한국에너지재단, 한국세라믹기술원, 재단법인 한국에너지정보문화재단, 한전원자력연료(주), 한국전력국제원자력대학원대학교, 한전엠씨에스(주)
	• 복지부 : (재)한국장애인개발원, 국립암센터, 국립중앙의료원, 대구경북첨단의료산업진흥재단, 대한적십자사, 오송첨단의료산업진흥재단, 한국국제보건의료재단, 한국보건의료연구원, 한국보건의료인국가시험원, 한국사회복지협의회, 한국의료분쟁조정중재원, 재단법인 한국장기조직기증원, 한국한의약진흥원, 재단법인 의료기관평가인증원, 국가생명윤리정책원, 재단법인 한국공공조직은행, 아동권리보장원, 재단법인 한국재단법인 자활복지개발원
	• 환경부 : 국립낙동강생물자원관, 수도권매립지관리공사, (주)워터웨이플러스, 한국상하수도협회, 환경보전협회, 한국수자원조사기술원, 국립호남권생물자원관
	• 고용부 : 건설근로자공제회, 노사발전재단, 학교법인한국폴리텍, 한국기술교육대학교, 한국사회적기업진흥원, 한국잡월드, 한국고용노동교육원
	• 여가부 : 한국건강가정진흥원, 한국양성평등교육진흥원, 한국여성인권진흥원
	• 국토부 : 주택관리공단(주), 코레일관광개발(주), 코레일네트웍스(주), 코레일로지스(주), 코레일유통(주), 코레일테크(주), 항공안전기술원, 새만금개발공사, 한국해외인프라도시개발지원공사, 건설기술교육원, 공간정보품질관리원, 국립항공박물관, 한국도로공사서비스(주)
	• 해수부 : 국립해양박물관, 국립해양생물자원관, 한국어촌어항공단, 한국해양과학기술원, 한국해양조사협회, 한국항로표지기술원, 한국해양진흥공사, 국립해양과학관
	• 중기부 : (재)중소기업연구원, (주)중소기업유통센터, 신용보증재단중앙회, 한국벤처투자, 주식회사 공영홈쇼핑, 재단법인 장애인기업종합지원센터
	• 금융위 : 중소기업은행, 한국산업은행, 한국예탁결제원, 서민금융진흥원
	• 원안위 : 한국원자력안전기술원, 한국원자력안전재단, 한국원자력통제기술원
	• 보훈처 : 88관광개발(주)
	• 방사청 : 국방과학연구소, 국방기술품질원
	• 식약처 : 한국의료기기안전정보원, 한국의약품안전관리원, 식품안전정보원
	• 관세청 : (재)국제원산지정보원
	• 공정위 : 한국공정거래조정원
	• 문화재청 : 한국문화재재단
	• 산림청 : 한국등산 · 트레킹지원센터
	• 기상청 : (재)APEC기후센터, (재)한국형수치예보모델개발사업단
	• 특허청 : 한국발명진흥회, 한국지식재산보호원, 한국지식재산연구원, 한국특허정보원

MEMO

Chapter 02

인성검사

인성검사는 원만한 인간관계, 조직에의 적응, 정신질환의 유무, 정서적 안정의 정도를 파악하기 위해, 개인이 갖는 다양한 심리적 특성인 성격과 품성을 검사합니다.

1 〉 인성검사의 목적

그동안 우리나라의 인사선발제도는 인간성 자체가 아닌 학력 · 성적 · 경력에 치중하여 시행되어 왔다. 이로 인해 선발된 직원 중 일부는 직무수행 중 정서불안과 직업 부적응 등으로 갖가지 사고 및 사건의 원인이 되기도 하였다. 인성검사는 신입사원 선발 시 1차 전형 합격자에 한해 이를 시행하여 결함자를 제외하고 적정 인재를 적재적소에 배치하는 데 그 목적이 있다고 하겠다.

2 〉 인성검사의 유형

① **선택형** : 주어진 질문을 읽고 자신의 생각이나 성격의 알맞은 정도를 보기에서 선택하는 유형이다.

예 다음 질문을 잘 읽고 자신의 생각과 일치하거나 자신을 잘 나타내는 것을 Ⓐ ~ Ⓔ중에 고르시오.

한번 실패해도 포기하지 않고 계속 시도하는 편이다.

그렇다	약간 그렇다	보통이다	별로 그렇지 않다	그렇지 않다
Ⓐ	Ⓑ	Ⓒ	Ⓓ	Ⓔ

② **비교형** : 주어진 문장을 읽고 자신의 생각이나 성격을 잘 표현한 문구를 양자택일 유형이다.

예 다음 질문을 잘 읽고 자신의 생각과 일치하거나 자신을 잘 나타내는 것을 A 또는 B중에 골라 ○표 하시오.

A : 여러 사람과 조직적으로 행동하는 것을 좋아한다. ( )

B : 혼자서 자유롭게 행동하는 것을 좋아한다. ( )

3 》 MMPI와 MBTI

(1) MMPI 검사의 특징

세계적으로 시행되고 있는 다면적 성격검사의 하나로, 1차적으로는 정신질환이나 심리적 장애를 진단하며, 2차적으로는 수검자의 성격이나 방어기제를 평가한다. 4개의 타당도와 10개의 임상척도를 합쳐 총 14개의 척도로 구성되어 있다.

(2) MMPI 검사의 구성

① **타당성 척도** : 피검자의 왜곡된 검사태도를 탐지하고, 임상 척도의 해석을 풍부하게 해주는 보충 정보를 제공한다.

타당도 유형	측정내용
?(알 수 없다) 척도	• 무응답, 혹은 '예'와 '아니오' 모두에 대답한 개수를 확인한다. • 30개 이상이면 전체 검사자료는 타당하지 않다. • 실제로 답을 할 수 없는지 혹은 고의적인지 확인한다.
L(Lie) 척도	• 자신을 좋게 보이려는 다소 고의적이고 세련되지 못한 시도를 확인한다. • 높은 점수는 방어적 태도를 시사한다. • 너무 낮은 점수는 지나치게 솔직한 태도를 의미한다.
F(Infrequency) 척도	• 심리적 고통과 부적응의 정도를 나타내는 척도이다. • 높은 점수는 과장된 증상의 표현과 실질적인 장애를 의미한다. • 낮은 점수는 적응도가 높고 스트레스가 없음을 나타낸다.
K(Defensiveness) 척도	• 개인적 정보를 노출하지 않으려는 저항적 태도를 반영하는 척도이다. • L 척도보다는 은밀하고 세련된 방어를 나타낸다. • 높은 점수는 강한 정서적 독립성, 친밀감의 문제를 시사한다. • 낮은 점수는 솔직성, 의존성, 자신감의 부족을 시사한다.

② **임상척도** : 피검자의 비정상 행동의 종류를 측정하고, 성격진단을 통해 그 유형을 해결한다.

4 》 MBTI(Myers–Briggs Type Indicator)

(1) MBTI 검사의 특징

융의 심리유형론을 근거로 하는 자기보고식 성격진단 또는 성격유형 검사이다. 개인이 쉽게 응답할 수 있는 자기보고 문항을 통해 각자가 인식하고 판단할 때 어떠한 영향을 미치는가를 파악하여 실생활에 응용한다. 성격유형은 모두 16개이며, 외향형과 내향형, 감각형과 직관형, 사고형과 감정형, 판단형과 인식형 등 4가지의 분리된 선호경향으로 구성된다.

(2) MBTI 검사의 구성

① 선호경향 : 교육이나 환경의 영향을 받기 이전에 이미 인간에게 잠재되어 있는 선천적 심리 경향을 말한다.

선호지표	외향형(Extraversion)	내향형(Introversion)
설명	폭넓은 대인관계를 유지하며, 사교적이고 정열적이며 활동적이다.	깊이 있는 대인관계를 유지하며, 조용하고 신중하며 이해한 다음에 경험한다.
대표적 표현	• 자기외부에 주의집중 • 외부활동과 적극성 • 정열적, 활동적 • 말로 표현 • 경험한 다음에 이해 • 쉽게 알려짐	• 자기내부에 주의집중 • 내부활동과 집중력 • 조용하고 신중 • 글로 표현 • 이해한 다음에 경험 • 서서히 알려짐

선호지표	감각형(Sensing)	직관형(Intuition)
설명	오감에 의존하여 실제의 경험을 중시하며, 지금과 현재에 초점을 맞추고 정확·철저하게 일처리를 한다.	육감 내지 영감에 의존하며, 미래지향적이고 가능성과 의미를 추구하며 신속·비약적으로 일처리를 한다.
대표적 표현	• 지금·현재에 초점 • 실제의 경험 • 정확·철저한 일처리 • 사실적 사건묘사 • 나무를 보려는 경향 • 가꾸고 추수함	• 미래 가능성에 초점 • 아이디어 • 신속·비약적인 일처리 • 비유·암시적 묘사 • 숲을 보려는 경향 • 씨뿌림

선호지표	사고형(Thinking)	감정형(Feeling)
설명	진실과 사실에 주 관심을 갖고 논리적이고 분석적이며, 객관적으로 판단한다.	사람과 관계에 주 관심을 갖고 상황적이며 정상을 참작한 설명을 한다.
대표적 표현	• 진실, 사실에 주 관심 • 원리와 원칙 • 논거, 분석적 • 맞다, 틀리다 • 규범, 기준 중시 • 지적 논평	• 사람, 관계에 주 관심 • 의미와 영향 • 상황적, 포괄적 • 좋다, 나쁘다 • 나에게 주는 의미 중시 • 우호적 협조

선호지표	판단형(Judging)	인식형(Perceiving)
설명	분명한 목적과 방향이 있으며 기한을 엄수하고 철저히 사전계획하고 체계적이다.	목적과 방향은 변화 가능하고 상황에 따라 일정이 달라지며 자율적이고 융통성이 있다.
대표적 표현	• 정리정돈과 계획 • 의지적 추진 • 신속한 결론 • 통제와 조정 • 분명한 목적의식과 방향감각 • 뚜렷한 기준과 자기의사	• 상황에 맞추는 개방성 • 이해로 수용 • 유유자적한 과정 • 융통과 적응 • 목적과 방향은 변화할 수 있다는 개방성 • 재량에 따라 처리될 수 있는 포용성

② 성격유형 : 4가지 선호지표를 조합하여 만들어진 16가지 성격유형 도표를 말한다.

성격유형	특징
ISTJ	• 신중하고 조용하며 집중력이 강하고 매사에 철저하다. • 구체적, 체계적, 사실적, 논리적, 현실적인 성격을 띠고 있으며, 신뢰할 만하다. • 만사를 체계적으로 조직화시키려고 하며 책임감이 강하다. • 성취해야 한다고 생각하는 일이면 주위의 시선에 아랑곳하지 않고 꾸준하고 건실하게 추진해 나간다.
ISFJ	• 조용하고 친근하고 책임감이 있으며 양심이 바르다. • 맡은 일에 헌신적이며 어떤 계획의 추진이나 집단에 안정감을 준다. • 매사에 철저하고 성실하고 정확하며, 기계분야에는 관심이 적다. • 필요하면 세세한 면까지도 잘 처리해 나간다. • 충실하고 동정심이 많고 타인의 감정에 민감하다.
INFJ	• 인내심이 많고 독창적이며, 필요하고 원하는 일이라면 끝까지 이루려고 한다. • 자기 일에 최선의 노력을 다한다. • 타인에게 말없이 영향력을 미치며, 양심이 바르고 다른 사람에게 따뜻한 관심을 가지고 있다. • 확고부동한 원리원칙을 중시하고, 공동선을 위하는 확신에 찬 신념을 가지고 있으므로, 사람들이 존경하며 따른다.
INTJ	• 대체로 독창적이며, 자기 아이디어나 목표를 달성하는 데 강한 추진력을 가지고 있다. • 관심을 끄는 일이라면 남의 도움이 있든 없든 이를 계획하고 추진해나가는 능력이 뛰어나다. • 회의적, 비판적, 독립적이고 확고부동하며 때로는 고집스러울 때도 많다. • 타인의 감정을 고려하고 타인의 의견에 귀를 기울이는 법을 배워야한다.

성격유형	특징
ISTP	• 차분한 방관자이다. • 조용하고 과묵하며, 절제된 호기심을 가지고 인생을 관찰하고 분석한다. • 때로는 예기치 않게 유머감각을 나타내기도 한다. • 대체로 인간관계에 관심이 없고, 기계가 어떻게 왜 작동하는지 흥미가 많다. • 논리적인 원칙에 따라 사실을 조직화하기를 좋아한다.
ISFP	• 말없이 다정하고 친절하고 민감하며 자기 능력을 뽐내지 않고 겸손하다. • 의견의 충돌을 피하고 자기 견해나 가치를 타인에게 강요하지 않는다. • 남 앞에 서서 주도해나가기보다 충실히 따르는 편이다. • 목표를 달성하기 위해 안달복달하지 않고 현재를 즐기기 때문에 일하는 데에도 여유가 있다.
INFP	• 정열적이고 충실하나 상대방을 잘 알기 전까지는 이를 드러내지 않는 편이다. • 학습, 아이디어, 언어, 자기 독립적인 일에 관심이 많다. • 어떻게 하든 이루어내기는 하지만 일을 지나치게 많이 벌이려는 경향이 있다. • 남에게 친근하기는 하지만, 많은 사람들을 동시에 만족시키려는 부담을 가지고 있다. • 물질적 소유나 물리적 환경에는 별 관심이 없다.
INTP	• 조용하고 과묵하다. • 특히 이론적 · 과학적 추구를 즐기며, 논리와 분석으로 문제를 해결하기를 좋아한다. • 주로 자기 아이디어에 관심이 많으나, 사람들의 모임이나 잡담에는 관심이 없다. • 관심의 종류가 뚜렷하므로 자기의 지적 호기심을 활용할 수 있는 분야에서 능력을 발휘할 수 있다.

성격유형	특징
ESTP	• 현실적인 문제해결에 능하다. • 근심이 없고 어떤 일이든 즐길 줄 안다. • 기계 다루는 일이나 운동을 좋아하고 친구 사귀기를 좋아한다. • 적응력이 강하고, 관용적이며, 보수적인 가치관을 가지고 있다. • 긴 설명을 싫어하며, 기계의 분해 또는 조립과 같은 실제적인 일을 다루는 데 능하다.
ESFP	• 사교적이고 태평스럽고 수용적이고 친절하며, 만사를 즐기는 형이기 때문에 다른 사람들로 하여금 일에 재미를 느끼게 한다. • 운동을 좋아하고 주위에서 벌어지는 일에 관심이 많아 끼어들기를 좋아한다. • 추상적인 이론보다는 구체적인 사실을 잘 기억하는 편이다. • 건전한 상식이나 사물뿐 아니라 사람들을 대상으로 구체적인 능력이 요구되는 분야에서 능력을 발휘할 수 있다.
ENFP	• 따뜻하고 정열적이고 활기가 넘치며, 재능이 많고 상상력이 풍부하다. • 관심이 있는 일이라면 어떤 일이든지 척척 해낸다. • 어려운 일이라도 해결을 잘 하며 항상 남을 도와줄 태세를 갖추고 있다. • 자기 능력을 과시한 나머지 미리 준비하기보다 즉흥적으로 덤비는 경우가 많다. • 자기가 원하는 일이라면 어떠한 이유라도 갖다 붙이며 부단히 새로운 것을 찾아 나선다.

ENTP	• 민첩하고 독창적이고 안목이 넓으며 다방면에 재능이 많다. • 새로운 일을 시도하고 추진하려는 의욕이 넘치며, 새로운 문제나 복잡한 문제를 해결하는 능력이 뛰어나며 달변가이다. • 일상적이고 세부적인 면은 간과하기 쉽다. • 한 일에 관심을 가져도 부단히 새로운 것을 찾아나간다. • 자기가 원하는 일이면 논리적인 이유를 찾아내는 데 능하다.

성격유형	특징
ESTJ	• 구체적이고, 현실적이고 사실적이며, 기업 또는 기계에 재능을 타고난다. • 실용성이 없는 일에는 관심이 없으며 필요할 때 응용할 줄 안다. • 활동을 조직화하고 주도해 나가기를 좋아한다. • 타인의 감정이나 관점에 귀를 기울일 줄 알면 훌륭한 행정가가 될 수 있다.
ESFJ	• 마음이 따뜻하고, 이야기하기 좋아하고, 사람들에게 인기가 있고, 양심이 바르고, 남을 돕는 데에 타고난 기질이 있으며, 집단에서도 능동적인 구성원이다. • 조화를 중시하고 인화를 이루는 데 능하다. • 항상 남에게 잘 해주며, 격려나 칭찬을 들을 때 가장 신바람을 낸다. • 사람들에게 직접적이고 가시적인 영향을 줄 수 있는 일에 가장 관심이 많다.
ENFJ	• 주위에 민감하며 책임감이 강하다. • 다른 사람들의 생각이나 의견을 중히 여기고, 다른 사람들의 감정에 맞추어 일을 처리하려고 한다. • 편안하고 능란하게 계획을 내놓거나 집단을 이끌어 가는 능력이 있다. • 사교성이 풍부하고 인기 있고 동정심이 많다. • 남의 칭찬이나 비판에 지나치게 민감하게 반응한다.
ENTJ	• 열성이 많고 솔직하고 단호하고 통솔력이 있다. • 대중 연설과 같이 추리와 지적 담화가 요구되는 일이라면 어떤 것이든 능하다. • 보통 정보에 밝고 지식에 대한 관심과 욕구가 많다. • 때로는 실제의 자신보다 더 긍정적이거나 자신 있는 듯한 사람으로 비칠 때도 있다.

5 〉 LH공사 인성검사

(1) LH공사 인성검사는 220문항가량에 30분 정도의 시간이 주어지며, 적/부 판정에만 활용이 된다. LH공사의 인성검사는 한국행동과학연구소의 인성검사(KPDI)를 활용하고 있다.

(2) 검사유형 예시

번호	문 항	YES	NO
1	힘들고 어려운 일이라도 참고 견디면서 한다.		
2	기분이 상하는 일이 있더라도 화를 내지 않는다.		
3	자신의 능력을 자만하고 상대를 얕잡아 보는 편이다.		
4	남들보다 앞서기 위해 가끔 거짓말을 하는 경우가 있다.		
5	다른 사람이 나보다 잘되는 것을 보면 질투심이 생긴다.		
6	머리가 맑지 못하고 무거운 기분이 종종 든다.		
7	사건의 원인과 결과를 쉽게 파악하는 편이다.		
8	개인보다 팀으로 일하는 것이 더 효과적이라도 생각한다.		
9	남에게 주목받는 데 익숙하지 않다.		
10	모든 일을 처리할 때 검토에 가장 오랜 시간을 기울인다.		

MEMO

Chapter 03

면접

1 》 면접이란?

일반적으로 서류심사, 필기시험, 적성검사 등을 실시한 후 최종적으로 지원자를 직접 대면해 인품·성격·언행·지식의 정도 등을 알아보는 구술 평가 또는 인물평가이다.

2 》 면접을 보는 이유

단순히 개인 신상에 대한 평가하는 것이 아니라 지원자의 기본적인 성향과 자라온 환경, 가치관, 관련 경험 등을 파악해 기업에 대한 열정, 가능성 등을 측정하기 위한 것이다.

3 》 면접 시 주의사항

- **결론부터 말하기** : 부연 설명은 결론을 말한 다음 구체적으로 말한다.
- **올바른 경어의 사용** : 유행어는 피하며 존경어와 겸양어는 혼동하지 않는다.
- **명확한 태도** : 질문의 요지를 파악하고, '예, 아니오'를 명확히 표현한다.
- **미소** : 웃는 것은 좋지만 가벼워 보여서는 안된다. 표정관리를 해야 한다.
- **대답하는 방식** : 결론, 구체적인 예, 확인, 끝 정노의 방식을 정한다.
- **적당한 반론** : 납득이 되지 않는 것은 면접관의 기분을 상하지 않게 하는 태도로 차분히 반문한다.
- **최선을 다하기** : 대답을 잘 못했어도 포기하지 말고 최선을 다하면 상황이 좋아질 수 있다.
- **여유** : 즉흥적인 대사와 유머 등 긴장된 분위기를 푸는 여유 있는 태도가 필요하다.
- **잘못된 버릇 고치기** : 상대를 불쾌하게 만드는 행동은 주의한다.
- **확신, 긍정적 대답** : "~같습니다.", "~라고 생각됩니다." 보다는 "~입니다.", "~라고 믿습니다."와 같은 표현을 한다.
- **압박 면접 대비** : 압박면접에 대비하여 미리 대비한다.
- **첫 이미지** : 첫 이미지가 중요하기 때문에 충분히 판단하고 행동해야 한다.
- **대답 이후의 질문에 대비** : 대답을 할 때 돌아올 질문을 예상하면서 해야 이후 실수가 적다.

4 〉 **면접 예상 질문**

- 간단히 자기소개를 해보세요.
- 본인 성격의 장·단점을 말해보세요.
- 타인과 갈등이 생겼을 때 이를 어떻게 극복합니까?
- ○○회사에 지원하게 된 동기를 말해보세요.
- 이 자격증을 왜 땄는지 말해보세요.
- 본인이 이 회사에 입사 후 하고 싶은 일이나 이루고 싶은 것이 있으면 말해보세요.
- 만약 지방 또는 해외 근무지로 가야 한다면 어떻게 하시겠습니까?
- 이 회사의 전망에 대해 말해보세요.
- 마지막으로 하고 싶은 말이 있으면 해보세요.

5 〉 **면접의 유형**

① 집단면접

- **정의** : 다수의 면접관이 다수의 지원자를 한꺼번에 평가하는 방법으로, 여러 명을 동시에 비교, 관찰할 수 있고, 평가에 있어 객관성을 유지할 수 있다는 장점이 있다. 대기업의 경우 1차 면접과 임원면접 시 주로 사용한다.
- **주의사항** : 자기주장만을 내세우거나, 다른 사람이 말할 때 한 눈을 팔거나, 발언 기회를 놓이고 침묵을 지키는 것은 금물이다. 집단면접은 토론하는 것이 아니므로 다른 사람을 설득시키려고 자기 의견을 지나치게 주장할 필요는 없다. 또한 면접관 한 사람이 지원자들에게 동일한 질문을 하는 경우에는 비슷한 내용을 답해도 불이익은 없지만 집단에 묻히지 말고 개성 있는 답변을 해야 하며 자신의 의견을 명확하게 밝혀야 한다.

② 토론면접

- **정의** : 지원자 여러 명에게 특정 주제를 제시하고 지원자들끼리 서로 토론을 전개하는 과정을 면접관이 관찰, 평가하는 방법이다. 지원자들이 토론을 벌이는 동안 면접관은 지원자들의 행동, 협동성, 표현력, 적응력, 문제해결능력, 창의성, 의사소통능력 등을 종합적으로 평가한다.
- **주의사항** : 집단토론 시에는 누가 발표를 잘하는가도 중요하지만 상대방의 발표를 얼마나 잘 경청하느냐가 더욱 중요하다. 과제를 수행함에 있어서 자신의 과제뿐만 아니라 팀원을 돕고 리드하는 헌신형 인재가 높이 평가됨을 명심하며 참여하여야 한다.

③ 프레젠테이션면접

- **정의** : 특정 주제에 관한 지원자 개개인의 발표로 지원자의 능력을 평가하는데 목적이 있다. 프레젠테이션면접은 전공 및 실무능력을 파악하는데 중점을 두기 때문에 지원하는 분야와 관련된 기술적인 질문이 나올 수 있다.
- **주의사항** : 정확한 답이나 지식보다는 논리적 사고와 의사표현력이 중요시되므로 어떻게 설명하는지에 초점을 두어야 한다. 지원 직무에 대한 전문지식을 쌓아두는 것이 유리하다. 자신의 발표 이후에도 다른 지원자들의 발표를 경청하는 자세를 유지하는 것이 중요하다.

④ 합숙면접

- **정의** : 합숙면접의 경우 일단 해당 기업의 버스를 타고 연구원으로 가서 모든 일정을 진행하는 것이 일반적이며 면접관과 지원자들이 함께 합숙하면서 인재를 가려낸다. 지원자들이 집합하는 순간부터 점수에 반영되지만 너무 의식하지 않는 것이 좋으며 지원자들끼리 서로 평가하는 경우도 있으므로 원활한 관계를 유지하는 것이 좋다.
- **주의사항** : 합숙면접은 개인이 아닌 팀별로 과제를 수행한다. 자기주장만 관철하려 들면 좋은 점수를 받기 어렵고, 면접관에게 자신이 적극적으로 문제를 해결하는 성향의 인물임을 알리고 조직에 활력을 주는 인재라는 이미지를 심어줄 수 있는 것이 중요하다. 과제가 주어지면 동료들과 토의하면서 해결방안을 준비하는 지원자가 높은 점수를 받을 수 있다.

20	년	월	일

성 명
좌측부터 빈간없이 차례대로 기재

채점 확인

문번	답 란			
1	①	②	③	④
2	①	②	③	④
3	①	②	③	④
4	①	②	③	④
5	①	②	③	④

문번	답 란			
6	①	②	③	④
7	①	②	③	④
8	①	②	③	④
9	①	②	③	④
10	①	②	③	④
11	①	②	③	④
12	①	②	③	④
13	①	②	③	④
14	①	②	③	④
15	①	②	③	④
16	①	②	③	④
17	①	②	③	④
18	①	②	③	④
19	①	②	③	④
20	①	②	③	④

문번	답 란			
21	①	②	③	④
22	①	②	③	④
23	①	②	③	④
24	①	②	③	④
25	①	②	③	④
26	①	②	③	④
27	①	②	③	④
28	①	②	③	④
29	①	②	③	④
30	①	②	③	④
31	①	②	③	④
32	①	②	③	④
33	①	②	③	④
34	①	②	③	④
35	①	②	③	④

문번	답 란			
36	①	②	③	④
37	①	②	③	④
38	①	②	③	④
39	①	②	③	④
40	①	②	③	④
41	①	②	③	④
42	①	②	③	④
43	①	②	③	④
44	①	②	③	④
45	①	②	③	④
46	①	②	③	④
47	①	②	③	④
48	①	②	③	④
49	①	②	③	④
50	①	②	③	④

20　년　월　일

성 명	

적중부터 빈칸없이 차례대로 기재

채점
확인

문번	답 란			
1	①	②	③	④
2	①	②	③	④
3	①	②	③	④
4	①	②	③	④
5	①	②	③	④

문번	답 란			
6	①	②	③	④
7	①	②	③	④
8	①	②	③	④
9	①	②	③	④
10	①	②	③	④
11	①	②	③	④
12	①	②	③	④
13	①	②	③	④
14	①	②	③	④
15	①	②	③	④
16	①	②	③	④
17	①	②	③	④
18	①	②	③	④
19	①	②	③	④
20	①	②	③	④

문번	답 란			
21	①	②	③	④
22	①	②	③	④
23	①	②	③	④
24	①	②	③	④
25	①	②	③	④
26	①	②	③	④
27	①	②	③	④
28	①	②	③	④
29	①	②	③	④
30	①	②	③	④
31	①	②	③	④
32	①	②	③	④
33	①	②	③	④
34	①	②	③	④
35	①	②	③	④

문번	답 란			
36	①	②	③	④
37	①	②	③	④
38	①	②	③	④
39	①	②	③	④
40	①	②	③	④
41	①	②	③	④
42	①	②	③	④
43	①	②	③	④
44	①	②	③	④
45	①	②	③	④
46	①	②	③	④
47	①	②	③	④
48	①	②	③	④
49	①	②	③	④
50	①	②	③	④

Challenges are what make life interesting;
overcoming them is what makes life meaningful.
도전은 인생을 흥미롭게 만들며, 도전의 극복이 인생을 의미있게 한다.

– Joshua J. Marine 조슈아 J. 마린

He makes no friend who never made a foe.

원수를 만들어보지 않은 사람은 친구도 사귀지 않는다.

– Alfred, Lord Tennyson(알프레드 테니슨 경)[英시인, 1809–92]

Nothing is more despicable than respect based on fear.

두려움 때문에 갖는 존경심만큼 비열한 것은 없다.

– Albert Camus(알베르 카뮈)[프랑스 작가, 1913–1960]

Try not to become a man of success but rather try to become a man of value.

성공한 사람이 아니라 가치 있는 사람이 되기 위해 힘쓰라.

– 알버트 아인슈타인 Albert Einstein

NCS 고졸채용
정답 및 해설

정답 및 해설

01 정답 ③

정답해설 의사소통은 내가 상대방에게 일방적으로 언어 혹은 문서를 통해 의사를 전달하는 것을 의미하지는 않는다. 의사소통은 상대방에게 메시지를 전달하는 과정이 아니라, 상대방과의 상호작용을 통해 메시지를 다루는 과정이므로, 성공적인 의사소통을 위해서는 자신이 가진 정보와 의견을 상대방이 이해하기 쉽게 표현해야 할 뿐 아니라 상대방이 어떻게 받아들일 것인가에 대해서도 고려해야 한다.

02 정답 ④

정답해설 개방적인 분위기가 아니라 폐쇄적인 의사소통 분위기가 바람직한 의사소통을 저해하는 요인이 된다.

핵심정리

의사소통 저해요인
- '일방적으로 말하고', '일방적으로 듣는' 무책임한 마음
  → 의사소통 기법의 미숙, 표현 능력의 부족, 이해 능력의 부족
- '전달했는데', '아는 줄 알았는데' 라고 착각하는 마음
  → 평가적이며 판단적인 태도, 잠재적 의도
- '말하지 않아도 아는 문화'에 안주하는 마음
  → 과거의 경험, 선입견과 고정관념
- **기타 의사소통 저해요인** : 정보의 과다, 신뢰의 부족, 폐쇄적인 의사소통 분위기, 잘못된 의사소통 매체의 선택, 메시지의 복잡성 등

03   정답 ②

핵심정리

인상적인 의사소통
- 의사소통 과정에서 상대방에게 같은 내용이라도 이야기를 새롭게 부각시켜 좋은 인상을 주는 것
- 상대방이 감탄하도록 내용을 전달
- 자신에게 익숙한 말이나 표현만을 사용하기보다 상대방의 마음을 끌 수 있는 표현을 많이 익히고 활용
- 자신을 인상적으로 전달하기 위해 선물 포장처럼 자신의 의견을 적절히 꾸미고 포장

04   정답 ④

정답해설 기획서는 적극적으로 기획하여 하나의 프로젝트를 문서 형태로 만들고, 상대방에게 전달하여 프로젝트를 시행하기 위한 문서이다.

05   정답 ③

정답해설 제시된 상황에서 필요한 것은 업무에 관련된 문서를 통해 구체적인 정보를 획득·수집하고 종합하기 위한 능력, 즉 직업현장에서 자신의 업무와 관련된 인쇄물이나 기호화된 정보 등 필요한 문서를 확인하여 문서를 읽고, 내용을 이해하고 요점을 파악하는 능력이다. 이를 문서이해능력이라고 한다. 문서이해능력은 문서에서 주어진 문장이나 정보를 읽고 이해하여, 자신에게 필요한 행동이 무엇인지 추론할 수 있어야 하며, 도표, 수, 기호 등도 이해하고 표현할 수 있는 능력을 의미한다.

06   정답 ③

정답해설 자신의 생각과 느낌을 일방적으로 표현하여 상대방에게 상황을 가리지 않고 하는 의사소통은 올바른 의사소통이라 볼 수 없고 그 기능을 다하였다고 보기 어렵다.

07   정답 ②

정답해설 명확하고 쉬운 단어를 선택하여 이해를 높이고 언어를 단순화해야 한다.

핵심정리

의사소통 개발을 위한 지침
- 사후검토와 피드백을 활용하라
- 언어를 단순화 시켜라
- 적극적으로 경청하라
- 감정을 억제하라

08　　　　　　　　　　　　　　　　　　　　　　　　　　　　　　　정답 ③

정답해설 연도와 월일은 함께 기입하고 문서 마지막에 '끝'을 넣는 것은 공문서 작성방법이다.
　　　• 설명서 : 대개 상품의 특성이나 사물의 성질과 가치, 작동 방법이나 과정을 소비자에게 설명하는 것을 목적으로 작성한 문서

핵심정리

설명서의 특징

• 정확하게 작성한다.	• 간결하게 작성한다.
• 전문용어의 사용은 가급적 피한다.	• 복잡한 내용은 피한다.

09　　　　　　　　　　　　　　　　　　　　　　　　　　　　　　　정답 ①

핵심정리

의사소통능력의 종류

- **문서이해능력** : 업무에 관련된 문서를 통해 구체적인 정보를 획득·수집하고, 종합하기 위한 능력
- **문서작성능력** : 상황과 목적에 적합한 문서를 시각적·효과적으로 작성하기 위한 능력
- **경청능력** : 원활한 의사소통을 위해 상대방의 이야기를 듣고, 의미를 파악하며 이에 적절히 반응하는 능력
- **의사표현능력** : 자신의 의사를 목적과 상황에 맞게 설득력을 가지고 표현하기 위한 능력

10　　　　　　　　　　　　　　　　　　　　　　　　　　　　　　　정답 ②

핵심정리

경청의 방법

• 논쟁할 때는 먼저 상대방의 주장을 들어준다.	• 의견이 다르더라도 일단 수용한다.
• 오감을 이용하여 적극적으로 경청한다.	• 시선을 맞춘다.
• 혼자서 대화를 독점하지 않는다.	• 상대방의 말을 가로채지 않는다.
• 이야기를 가로막지 않는다.	• 말하는 순서를 지킨다.

11　　　　　　　　　　　　　　　　　　　　　　　　　　　　　　　정답 ①

정답해설 의사소통이란 기계적으로 무조건적인 정보의 전달이 아니라 두 사람 또는 그 이상의 사람들 사이에서 의사의 전달과 상호교류가 이루어진다는 뜻이며, 어떤 개인 또는 집단이 개인 또는 집단에 대해서 정보, 감정, 사상, 의견 등을 전달하고 그것들을 받아들이는 과정이다.

12　　　　　　　　　　　　　　　　　　　　　　　　　　　　　　　정답 ②

정답해설 일정한 양식에 인쇄하여 필요한 사항을 쉽게 기입할 수 있도록 만들어진 사무 문서는 장표에 대한 설명이다.

• **공람문서** : 담당 처리 수서에서 접수, 배부 받은 문서를 담당자로부터 결재권자까지 결재를 받은 후에 그 문서 내용과 관련이 있는 구성원들에게 문서 내용을 알리는 의미에서 회람시키는 문서

> **핵심정리**
>
> **문서의 종류**
> • 공문서, 기획서, 기안서, 보고서, 설명서, 보도자료, 자기소개서, 비즈니스 레터, 비즈니스 메모 등

13 　　　　　　　　　　　　　　　　　　　　　　　　　　　　　　　　정답 ①

정답해설 문서는 객관적이고 논리적이며 체계적인 내용이 좋다.

> **핵심정리**
>
> **문서작성의 구성요소**
> • 품위 있고 짜임새 있는 골격
> • 객관적이고 논리적이며 체계적인 내용
> • 이해하기 쉬운 구조
> • 명료하고 설득력 있는 구체적인 문장
> • 세련되고 인상적이며 효과적인 배치

14 　　　　　　　　　　　　　　　　　　　　　　　　　　　　　　　　정답 ②

정답해설 • 상대를 정면으로 마주하는 자세는 함께 의논할 준비가 되었음을 알리는 모습이다.
　　　　　• 손이나 다리를 꼬지 않고 개방적인 자세를 취하는 것은 상대에게 마음을 열어 놓은 모습이다.
　　　　　• 우호적인 눈의 접촉은 자신이 관심을 가지고 있다는 모습이다.

15 　　　　　　　　　　　　　　　　　　　　　　　　　　　　　　　　정답 ②

정답해설 외국인과의 의사소통에서 말의 어조가 낮은 경우 만족이나 안심을 나타내며, 어조가 높은 것은 적대감이나 대립감을 나타내는 것이다. 웃는 표정은 행복과 만족, 친절을 표현하는데 비해서 눈살을 찌푸리는 표정은 불만족과 불쾌를 나타낸다. 눈을 마주 보면 관심이 있음을, 다른 곳을 보고 있으면 무관심을 의미한다. 목소리 크기가 큰 경우 흥분이나 불만족을 나타내며, 작은 경우 자신감 결여를 나타낸다. 말의 속도가 빠른 경우 공포나 노여움을 나타내며, 느린 경우 긴장 또는 저항을 나타낸다.

16 　　　　　　　　　　　　　　　　　　　　　　　　　　　　　　　　정답 ③

정답해설 의사소통의 형태와 종류는 크게 대화, 전화통화, 토론 등 언어적인 것과 기획서, 편지, 메모 등 문서적인 것, 그리고 몸짓과 얼굴표정, 손짓 등 비언어적인 것으로 구분할 수 있다.

17　　　　　　　　　　　　　　　　　　　　　　　　　　　　　　　　　　　　정답 ③

정답해설　외국어 의사소통에서 대화뿐 아니라 몸짓과 표정, 무의식적인 행동으로 자신의 기분과 느낌을 표현하는 문화도 이해해야 한다.

　　　　　　• **기초외국어능력** : 직장생활 중 외국어로 된 간단한 자료를 이해하거나, 외국인의 의사표현을 이해하는 능력

18　　　　　　　　　　　　　　　　　　　　　　　　　　　　　　　　　　　　정답 ④

정답해설　문서 이해의 구체적인 절차로 옳은 것은 ④번이다.

┌─ **핵심정리** ─────────────────────────────────
문서이해의 구체적인 절차
• 문서의 목적 이해 → 문서가 작성된 배경과 주제 파악 → 문서에 쓰여진 정보를 밝혀내고, 문서가 제시하고 있는 문제 파악 → 문서를 통해 상대방의 의도 및 요구되는 행동에 관한 내용 분석 → 문서에서 이해한 목적 달성을 위해 해야 할 행동 결정 → 상대방의 의도를 도표나 그림 등으로 메모하여 요약, 정리하기
└───

19　　　　　　　　　　　　　　　　　　　　　　　　　　　　　　　　　　　　정답 ③

정답해설　고객의 요구는 문서작성 시 고려사항에 해당하지 않는다. 문서작성 시에 고려해야 할 사항으로는 대상과 목적, 시기가 포함되며, 기획서나 제안서 등 경우에 따라 기대효과 등이 포함되어야 한다.

20　　　　　　　　　　　　　　　　　　　　　　　　　　　　　　　　　　　　정답 ③

정답해설　적극적 경청의 태도에는 상대가 무엇을 느끼고 있는가를 상대의 입장에서 받아들이는 공감적 이해가 중요하므로, 상대에 대한 비판적·충고적인 태도를 버리는 것이 바람직하다.

┌─ **핵심정리** ─────────────────────────────────
적극적 경청의 자세
• 상대방이 말하는 의미를 이해한다.
• 비판적·충고적인 태도를 버린다.
• 단어 이외의 표현에도 신경을 쓴다.
• 상대방이 말하는 동안 경청하고 있다는 것을 표현한다.
• 대화 시 흥분하지 않는다.
└───

21　　　　　　　　　　　　　　　　　　　　　　　　　　　　　　　　　　　　정답 ②

정답해설　상대방의 요구를 거절해야 하는 경우 정색을 하면서 안 된다고 딱 부러지게 말을 하면 상대가 안 좋은 감정을 갖게 되고 인간관계까지 나빠질 수 있으므로 주의해야 한다. 거절을 하는 경우에도 테크닉이 필요한데, 우선 거

절에 대해 사과한 후 응할 수 없는 이유를 설명하는 것이 좋다. 다만 절대 불가능하다고 여겨질 때는 모호한 태도를 보이는 것보다 이유를 말하고 단호하게 거절하는 것이 좋다.

22 정답 ①

🔷 **핵심정리** 🔷

공문서
- 누가, 언제, 어디서, 무엇을, 어떻게(왜)가 정확히 드러나도록 작성한다.
- 연도, 월, 일을 반드시 함께 기입하며 날짜 다음에 괄호를 사용할 경우에는 마침표를 찍지 않는다.
- 한 장에 담는 것을 원칙으로 하며, 마지막에는 '끝'으로 마무리한다.
- 대외문서, 장기간 보관되는 문서 등의 성격에 따라 정확하게 기술한다.

설명서
- 명령문보다 평서형으로 작성하며, 정확한 내용전달을 위해 간결하게 작성한다.
- 상품과 제품에 대해 설명하는 성격에 맞추어 정확하게 기술한다.
- 전문용어는 소비자의 이해를 위해 가급적 사용을 삼가도록 한다.

기획서
- 상대가 채택할 수 있도록 설득력을 갖추어 어필해야 하므로, 상대가 요구하는 점을 고려하여 작성한다.
- 내용의 효과적인 전달을 위해 도표, 그래프 등으로 시각화 한다.
- 핵심을 정확히 기입하고 한눈에 파악되도록 체계적인 목차를 구성한다.

보고서
- 업무 진행과정에 대한 핵심내용을 구체적으로 제시하되, 내용의 중복을 피하여 간결하게 작성하도록 한다.
- 보고서는 개인의 능력을 평가하는 요인이므로 제출 전 반드시 최종점검을 한다.
- 내용에 대한 예상 질문을 사전에 추출하고, 그에 따른 답을 준비해본다.

23 정답 ④

🔷 **정답해설** 문서의 종류 중 (A)는 결산보고서, (B)는 보도자료에 대한 설명이다. 보도자료는 정부 기관이나 기업체, 각종 단체 등이 언론을 상대로 자신들의 정보가 기사로 보도되도록 하기 위해 보내는 자료를 말한다.

🔷 **핵심정리** 🔷

보고서의 의미와 종류
㉠ **의미** : 특정한 일에 관한 현황이나 그 진행 상황 또는 연구, 검토 결과 등을 보고하고자 할 때 작성하는 문서
㉡ **종류**
- **영업보고서** : 재무제표와 달리 영업상황을 문장 형식으로 기재해 보고하는 문서
- **결산보고서** : 진행됐던 사안의 수입과 지출결과를 보고하는 문서
- **일일업무보고서** : 매일의 업무를 보고하는 문서
- **주간업무보고서** : 한 주간에 진행된 업무를 보고하는 문서
- **출장보고서** : 회사 업무로 출장을 다녀와 외부 업무나 그 결과를 보고하는 문서
- **회의보고서** : 회의 결과를 정리해 보고하는 문서

24 정답 ①

정답해설 상업성에 치중한다는 이미지를 극복하기 위해 '노 브랜드 콜라보레이션'이 도입되었음을 밝히고 있다.

핵심정리

콜라보레이션(Collaboration)
'모두 일하는' 혹은 '협력하는 것'을 의미하며, 공동 출연. 경연. 합작. 공동 작업을 뜻한다. 르네상스 시기의 이탈리아 피렌체의 메디치 가(家)와 밀라노의 스포르차 가(家) 등 당대 명문가들이 라파엘로, 레오나르도 다빈치, 미켈란젤로와 같은 예술가들을 후원함으로써 그들의 재능을 꽃피우게 한 데서 유래되었다.

25 정답 ②

정답해설 경기 침체를 예고하면 많은 사람들은 이에 대비하여 행동을 하고, 반대로 경기회복을 예고하면 또한 그에 따라 행동하기 때문에 경기 예측은 사람들의 행동에 영향을 미친다.

오답해설 ① 내일의 일기를 오늘 예보하더라도 일기가 예보의 영향으로 바뀌는 것은 아니다.
③ 경기 예측이 사람들의 행동에 영향을 미치므로 경기 변동에도 영향을 미친다. 따라서 아무런 상관이 없는 것은 아니다.
④ 경기 예측에 따라 사람들의 행동이 변화하는 것이며, 이러한 사람들의 행동이 경기 변동에 영향을 미치므로, 예측이 빗나갈 수도 있다.

26 정답 ①

정답해설 '우리보다 먼저 힐링이 정착된 서구에서는 질병 치유의 대체 요법 또는 영적 · 심리적 치료 요법 등을 지칭하고 있다.'고 제시문에 나와있다. 고가의 힐링 여행도 힐링 상품 중의 하나이며 많은 돈을 들이지 않고 쉽게 할 수 있는 힐링 방법은 찾는 것이 좋다. 또한 명상이나 기도 등을 통하여 내면에 눈뜨고, 필라테스나 요가를 통해 육체적 건강을 회복하여 자신감을 잃는 것부터 출발 할 수 있다.

27 정답 ④

정답해설 장님 코끼리 만지기 : 일부분을 알면서 전체를 아는 것처럼 여기는 어리석음을 뜻함

오답해설 ① 초상난 데 춤추기 : 때와 장소를 분별하지 못하고 경망스럽게 행동하는 경우를 이르는 말
② 호박에 말뚝 박기 : 심술궂고 잔혹한 짓을 뜻함
③ 나루 건너 배 타기 : 무슨 일에나 순서가 있어 건너뛰어서는 할 수 없음을 이르는 말

28

정답 ④

정답해설 밑줄 친 ⊙은 친족 관계를 중시하는 우리의 문화적 요소가 우리말에 반영되어 친족 관계에 대한 표현이 영어보다 섬세하게 분화되어 있다는 점을 보여주고 있다. 이는 쌀을 주식으로 했던 우리의 문화가 타 문화권에 비하여 쌀과 관련된 표현을 다양하게 만들었다는 사례와 가장 유사하다.

29

정답 ③

정답해설 ③ 기운이나 상태 따위가 겉으로 드러나다.

오답해설 ① 어떤 한 방향으로 치우쳐 쏠리다.
② 빛, 소리, 향기 따위가 부드럽게 퍼지다.
④ 전기나 가스 따위가 선이나 관을 통하여 지나가다.

30

정답 ②

정답해설 '오금이 묶이다'는 '일에 매여서 꼼짝 못하게 되어'라는 의미이다.

오답해설 ① 무슨 일을 하고 싶어 가만히 있지 못하는 것을 뜻하는 표현은 '오금이 쑤시다'이다.
③ 다리를 너무 자주 놀려 마치 불이 날 것 같다는 뜻으로, 무엇인가를 찾거나 구하려고 무척 바쁘게 돌아다님을 비유적으로 이르는 말을 뜻하는 표현은 '오금에서 불이 나게'이다.
④ 큰소리치며 장담하였던 말과 반대로 말이나 행동을 할 때에, 그것을 빌미로 몹시 논박을 당하는 것을 뜻하는 표현은 '오금(이) 박히다'이다.

02 수리능력

01 ③	02 ②	03 ③	04 ③	05 ②	06 ③	07 ④	08 ③	09 ①	10 ②
11 ③	12 ③	13 ④	14 ④	15 ①	16 ②	17 ②	18 ③	19 ④	20 ③
21 ①	22 ②	23 ③	24 ②	25 ③	26 ④	27 ②	28 ②	29 ①	30 ④

01   정답 ③

정답해설 주사위에서 홀수와 짝수는 각각 3개씩이며, 3의 배수는 2개(3,6)가 있다. 따라서 주사위를 던질 때 홀수가 나올 확률은 $\frac{1}{2}$, 3의 배수가 나올 확률은 $\frac{1}{3}$, 짝수가 나올 확률은 $\frac{1}{2}$이 된다. 따라서 주사위를 세 번 던질 때 첫 번째는 홀수, 두 번째는 3의 배수, 세 번째는 짝수가 나오는 확률은 '$\frac{1}{2} \times \frac{1}{3} \times \frac{1}{2} = \frac{1}{12}$'이 된다.

02   정답 ②

정답해설 나열된 숫자들에 적용된 규칙은 다음과 같다.

$91+4(=2^2)=95$

$95-9(=3^2)=86$

$86+16(=4^2)=102$

$102-25(=5^2)=77$

$77+36(=6^2)=(\quad)$

따라서 '$(\quad)=113$'이 된다.

03   정답 ③

정답해설 $3 \times 7+7=28$

$4 \times 9+7=43$

$6 \times (\quad)+7=55$

따라서 '$(\quad)=8$'이 된다.

04

정답해설 올라간 거리를 $x(\text{km})$라 하면 내려온 거리는 $x+4(\text{km})$가 된다. 총 시간이 4시간 30분이므로

$$\frac{x}{3}+\frac{x+4}{4}=4.5,\ 4x+3(x+4)=4.5\times12,\ 4x+3x+12=54,\ 7x=42,\ x=6$$

따라서 올라간 거리는 6km, 내려온 거리는 10km이므로 구하는 거리는 16km이다.

05

정답해설 정상가격을 a라 하면 10% 할인했을 때의 가격은

$$a-0.1a=0.9a$$

20% 추가 할인했을 때의 가격은

$$0.9a-(0.9\times0.2)a=0.72a$$

∴ 세일 기간에는 물품을 정상가격에서 28% 할인하여 판매한다.

06

정답해설 전체 일의 양이 1일 때, A, B가 하루에 일하는 양을 각각 x, y라 하면 '$8(x+y)=1$, $10x+4y=1$'이 성립한다. 두 식을 풀면 '$x=\frac{1}{12}$, $y=\frac{1}{24}$'이다. A는 하루에 $\frac{1}{12}$씩 일을 하므로 혼자서 하려면 12일이 걸린다.

07

정답해설 집에서 회사까지의 거리를 $x(\text{km})$라 하면, 갈 때 걸린 시간은 $\frac{x}{2}$(시간), 올 때 걸린 시간은 $\frac{x}{3}$(시간)이 된다. 따라서 $\frac{x}{2}+\frac{x}{3}=\frac{3}{2},\ 3x+2x=9,\ 5x=9$ ∴ $x=\frac{9}{5}(\text{km})$

08

정답해설 원형으로 연결되어 있을 때의 간격수는 나무의 그루 수이다. 따라서 필요한 나무의 그루 수는 $\frac{A}{B}$이다.

09

정답해설 먼저 모자의 20% 이익은 $10,000\times\frac{20}{100}=2,000$(원)이다. 따라서 2,000(원)의 이익을 남기고 되팔려면 모자를 $10,000+2,000=12,000$(원)에 팔아야 한다.

10　　　　　　　　　　　　　　　　　　　　　　　　　　　　　정답 ②

정답해설 A가 끈의 절반을 가져간 후 남은 끈의 길이는 $\frac{1}{2}$L이다. B와 C가 가져가고 남은 끈의 길이는 $\frac{1}{8}$L이 된

다. 이후 D가 남은 끈의 $\frac{2}{3}$을 가져갔으므로, 남은 끈의 길이는 $\frac{1}{8}$L$\times\frac{1}{3}$이 된다. 이 길이가 50cm이므로,

$\frac{1}{8}$L$\times\frac{1}{3}=50(\text{cm})$이다. $\frac{1}{24}$L$=50$이므로, L$=1200$cm$=12$m이다.

11　　　　　　　　　　　　　　　　　　　　　　　　　　　　　정답 ③

정답해설 연속하는 두 정수를 n, $n+1$이라 하면

$(n+1)^2-n^2=101$, $(n+1)^2-n^2=n^2+2n+1-n^2=2n+1=101$, $2n=100$

$\therefore n=50$, $n+1=51$

핵심정리

연속하는 수를 푸는 방식

• 연속하는 두 수 : n, $n+1$ 또는 $n-1$, n

• 연속하는 세 수 : $n-1$, n, $n+1$ 또는 n, $n+1$, $n+2$

12　　　　　　　　　　　　　　　　　　　　　　　　　　　　　정답 ③

정답해설 속력$=\dfrac{(150+30)\text{m}}{30s}=6\text{m}/s$

13　　　　　　　　　　　　　　　　　　　　　　　　　　　　　정답 ④

정답해설 기온이 25℃일 때 소리의 속력은 $0.6\times25+331=346(\text{m}/s)$이다. 따라서 번개가 발생한 지점까지의 거리는

$346\text{m}/s\times10s=3{,}460(\text{m})$이다.

14　　　　　　　　　　　　　　　　　　　　　　　　　　　　　정답 ④

정답해설 최초 회원의 수를 x라 할 때,

$(25x+20)\div(x+1)=24$, $25x+20=24(x+1)$, $25x+20=24x+24$, $x=4$(명)

15　　　　　　　　　　　　　　　　　　　　　　　　　　　　　정답 ①

정답해설 전체 해야 할 일의 양 : x

셋째 날까지 남은 일의 양 : $\left(x-\dfrac{1}{3}x\right)-\left(\dfrac{2}{3}\times\dfrac{2}{5}\right)x=\dfrac{2}{5}x$

$$\therefore \left(\frac{2}{5}x \times \frac{1}{x}\right) \times 100 = 40(\%)$$

16

정답해설 A호스가 1분간 채울 수 있는 물의 양을 $x(\text{L})$라 하면,

$$x \times 12 = 320 \times \frac{60}{100}, \ 12x = 192 \ \therefore \ x = 16(\text{L})$$

17

정답해설 62% 소금물 100g의 소금의 양은 $\frac{62}{100} \times 100 = 62\text{g}$,

26% 소금물 50g의 소금의 양은 $\frac{26}{100} \times 50 = 13\text{g}$이므로

구하고자 하는 용액의 농도는 $\frac{62+13}{150} \times 100 = 50(\%)$

18

정답해설 가로의 길이 : $2x+6$, 세로의 길이 : x

운동장의 둘레 : $2(2x+6+x)=54$, $x=7$

따라서 가로의 길이 $=20\text{m}$, 세로의 길이 $=7\text{m}$

$\therefore$ 운동장의 넓이 $=20\text{m} \times 7\text{m} = 140\text{m}^2$

19

정답해설 연속하는 세 홀수를 x, $x+2$, $x+4$라 하면, $x+(x+2)+(x+4)=591$이 된다.

따라서 $3x+6=591$이므로, $x=195$가 된다.

연속하는 세 짝수를 y, $y+2$, $y+4$라 하면, $y+(y+2)+(y+4)=714$가 된다.

따라서 $3y+6=714$이므로, $y=236$이 된다.

$\therefore x+y = 195+236 = 431$

20

정답해설 아이 5명이 원탁에 앉는 방법은 $(5-1)! = 4!$이고,

아이 5명 사이에 어른이 앉는 경우의 수를 구하면

①∨②∨③∨④∨⑤∨

5곳 중 3곳에 어른이 앉는 경우는 $_5P_3 = 60$가지이다.

따라서 $4! \times 60 = 1,440$가지

21 정답 ①

정답해설 A에서 파란색 공, B에서 빨간색 공이 나올 확률 : $\frac{3}{5} \times \frac{2}{7} = \frac{6}{35}$

A에서 빨간색 공, B에서 파란색 공이 나올 확률 : $\frac{2}{5} \times \frac{5}{7} = \frac{10}{35}$

$\therefore \frac{6}{35} + \frac{10}{35} = \frac{16}{35}$

22 정답 ②

정답해설 A요금 : $15,000 + (1,000 \times 6) = 21,000$원
B요금 : $17,000 + (2,000 \times 2) = 21,000$원
따라서 두 요금을 비교해보면 A요금=B요금이다.

23 정답 ③

정답해설 ③ 3월 핸드폰의 매출 비중이 전체 매출의 40%를 초과하고 있으므로, E사의 주력 제품이라고 할 수 있다.

오답해설 ① 3개월간의 핸드폰 매출점유율은 $\frac{21+35+43}{3} = 33(\%)$이며, TV 매출점유율은

$\frac{30+33+34}{3} = 32.33(\%)$이다. 따라서 핸드폰의 매출점유율이 더 높다.

② 1, 2월의 핸드폰 매출점유율은 $\frac{21+35}{2} = 28(\%)$이며, TV 매출점유율은 $\frac{30+33}{2} = 31.5(\%)$이다. 따라서 TV가 더 높다.

④ 전체적으로 TV의 매출점유율이 고르다. 핸드폰의 경우 매월 증가폭이 크다.

24 정답 ②

정답해설 총점이 170점 이상인 지원자는 아래 표에서 색칠된 부분으로 총 44명이다. 이 중에서 면접점수가 80점 이상인 지원자는 면접점수가 70점인 5명의 제외한 39명이다.

면접점수 / 졸업성적	60점	70점	80점	90점	100점
100점	1	5	4	6	1
90점	2	4	5	5	4
80점	1	3	8	7	5
70점	4	5	7	5	2
60점	2	3	6	3	2

25

정답해설 지원자가 100명이므로 성적 상위 25%는 총점이 높은 상위 25명을 말하며, 이는 다음 표의 색칠 된 부분을 말한다.

면접점수 졸업성적	60점	70점	80점	90점	100점
100점	1	5	4	6	1
90점	2	4	5	5	4
80점	1	3	8	7	5
70점	4	5	7	5	2
60점	2	3	6	3	2

이들의 총점 평균을 구하면, $\{(200 \times 1) + (190 \times 10) + (180 \times 14)\} \div 25 = 184.8$(점)이다. 소수점 이하는 무시하므로 184점이 상위 25%의 총점 평균이 된다.

26

정답해설 회사가 구입할 다이어리의 권수를 x라 할 때,

A업체의 가격 : $2,600 \times x$(원)

B업체의 가격 : $(2,200 \times x) + 2,500$(원)

B업체가 A업체보다 유리해지는 시점은 $2,600 \times x > (2,200 \times x) + 2,500$

$26x > 22x + 25$, $4x > 25$, $x > 6 \cdots$

따라서 7권 이상 주문했을 때 B업체가 유리하다.

27

정답해설 ② 남자의 응시자 대비 합격률은 '$\frac{331}{2536} \times 100 \fallingdotseq 13.05\%$'이며, 여자의 응시자 대비 합격률은

'$\frac{106}{1127} \times 100 \fallingdotseq 9.4\%$'이다. 따라서 응시자 대비 합격률은 여자보다 남자가 높다.

오답해설 ① 총 응시자는 '$2536 + 1127 = 3663$(명)'이므로, 총 응시자 중 남자 비율은 '$\frac{2536}{3663} \times 100 \fallingdotseq 69.23\%$'이다.

③ 여자의 응시자 대비 합격률은 대략 9.4%이다.

④ 총 합격자 수는 437명이므로, 총 응시자의 합격률은 '$\frac{437}{3663} \times 100 \fallingdotseq 11.93\%$'이다. 따라서 11%가 넘는 수준이다.

28 정답 ②

정답해설 B업체의 경우 시장 점유율은 계속하여 감소하고 있으나 시장 규모도 확대되고 있으므로 매출이 계속 줄고 있는 것은 아니다. 2016년의 경우 B업체의 매출 규모는 $9,310 \times 0.045 = 418.95$(백억 원)이나 2017년 매출 규모는 $10,120 \times 0.043 = 435.16$(백억 원)이므로 오히려 증가하였다.

29 정답 ①

정답해설 자동차 시장 규모가 전년도에 비해 2% 증가한다면 2019년 시장 규모는 $10,350 \times 1.02 = 10,557$(백억 원)이 된다. 따라서 C업체의 2019년 점유율이 전년도와 같은 3.0%라 할 때 2019년 매출 총액은 $10,557 \times 0.03 = 316.71$(백억 원)로 예상된다. 따라서 대략 3조 1600억 원이다.

30 정답 ④

정답해설 ④ 따라서 ⓒ의 비율은 $\dfrac{60}{200} \times 100 = 30$(%)이며, ⓔ의 비율은 $100 - 69 = 31$(%)이므로, ⓔ의 비율이 조금 높다. 빈칸을 채우면 아래와 같다.

만족도	응답자수(명)	비율(%)
매우 만족	㉠(44)	22%
만족	60	㉡(30%)
보통	㉢(62)	㉣(31%)
불만족	28	14%
매우 불만족	㉤(6)	3%
합계	200	100%

오답해설 ① 매우 만족을 나타내는 응답자 수는 44명이므로, 보통을 나타낸 응답자수는 62명의 절반 이상이 된다.
② 조사 대상자 수는 모두 200명이다.
③ 매우 불만족의 비율은 3%이므로, $200 \times 0.03 = 6$(명)이 매우 불만족으로 응답하였다.

03 문제해결능력

01 ②	02 ①	03 ④	04 ③	05 ①	06 ④	07 ②	08 ④	09 ③	10 ②
11 ③	12 ①	13 ①	14 ④	15 ③	16 ④	17 ①	18 ③	19 ④	20 ③
21 ④	22 ④	23 ④	24 ④	25 ②	26 ④	27 ①	28 ③	29 ①	30 ④

---

01 정답 ②

정답해설 분석적 문제는 해답의 수가 적으며 한정되어 있다는 것이 특징이다. 나머지는 모두 창의적 문제의 설명이다.

핵심정리

구분	창의적 문제	분석적 문제
문제제시 방법	현재 문제가 없더라도 보다 나은 방법을 찾기 위한 문제 탐구로, 문제 자체가 명확하지 않음	현재의 문제점이나 미래의 문제로 예견될 것에 대한 문제 탐구로, 문제 자체가 명확함
해결 방법	창의력에 의한 많은 아이디어의 작성을 통해 해결	분석·논리·귀납과 같은 논리적 방법을 통해 해결
해답 수	해답의 수가 많으며, 많은 답 가운데 보다 나은 것을 선택	답의 수가 적으며, 한정되어 있음
주요 특징	주관적, 직관적, 감각적, 정성적, 개별적, 특수성	객관적, 논리적, 이성적, 정량적, 일반적, 공통성

---

02 정답 ①

정답해설 문제 해결을 잘 하기 위해서 필요한 4가지 기본적 사고는 전략적 사고, 분석적 사고, 발상의 전환, 내·외부 자원의 활용이다.

---

03 정답 ④

정답해설 문제를 접한 다음 문제가 무엇인지 문제의 구도를 심도 있게 분석하지 않으면 문제해결이 어려워진다. 즉 어떤 문제가 발생하면 직관에 의해 성급하게 판단하여 문제의 본질을 명확하게 분석하지 않고 대책안을 수립하여 실행함으로써 근본적인 문제해결을 하지 못하거나 새로운 문제를 야기하는 결과를 초래할 수 있다.

---

04 정답 ③

정답해설 해결하고자 하는 문제와 해당 업무에 대한 지식이 없다면 문제해결은 불가능하다. 담당 업무에 대한 풍부한 지식과 경험을 통해서 해결하고자 하는 문제에 대한 지식을 갖추고 있어야 문제를 해결할 수 있기 때문에 문제해결의 기본요소는 문제관련 지식에 대한 가용성이다.

핵심정리

문제해결의 기본요소

- 체계적인 교육훈련
- 문제 관련 지식에 대한 가용성
- 문제에 대한 체계적인 접근
- 문제해결 방법에 대한 다양한 지식
- 문제해결자의 도전의식과 끈기

---

05 정답 ①

정답해설 설정형 문제는 미래상황에 대응하는 경영전략의 문제로, 앞으로 어떻게 할 것인가 하는 문제를 말한다. 여태까지 해오던 것과 관계없이 미래 지향적인 과제나 목표를 설정함에 따라 발생하므로 목표 지향적 문제이며, 업무 수행 과정 중 발생하는 문제 유형이다.

06 정답 ④

정답해설 업무 상황에서 발생하는 문제를 인식하고 문제를 방치하지 않고 도전하여 해결하려는 실천적 의지와 노력이 동반되어야 한다. 문제제기를 두려워하고 숨긴다면 그 조직의 발전은 멈추게 된다.

07 정답 ②

정답해설 하드 어프로치에 의한 문제해결방법은 상이한 문화적 토양을 가지고 있는 구성원을 가정하고, 서로의 생각을 직설적으로 주장하고 논쟁이나 협상을 통해 서로의 의견을 조정해 가는 방법이다. 이 때 중심적 역할을 하는 것이 논리, 즉 사실과 원칙에 근거한 토론이다. 제 3자는 이것을 기반으로 구성원에게 지도와 설득을 하고 전원이 합의하는 일치점을 찾아내려고 한다. 이러한 방법은 합리적이긴 하지만, 잘못하면 단순한 이해관계의 조정에 그치고 말아서 그것만으로는 창조적인 아이디어나 높은 만족감을 이끌어 내기 어렵다.

08 정답 ④

정답해설 창의적 사고는 다음과 같은 세 가지 특징을 보인다. 첫째, 창의적 사고란 정보와 정보의 조합이다. 둘째, 창의적 사고는 사회나 개인에게 새로운 가치를 창출한다. 셋째, 창의적 사고는 창조적인 가능성이나. 또한 창의적 사고는 통상적인 것이 아니라 기발하거나, 신기하며 독창적인 것이다.

09 정답 ③

정답해설 강제연상법은 각종 힌트에서 강제적으로 연결지어서 발상하는 방법으로 체크리스트가 있다. NM법은 주제와 본질적으로 닮은 것을 힌트로 하여 새로운 아이디어를 얻는 방법인 비교발상법과 관련이 있다.

10 정답 ②

정답해설 논리적인 사고를 하기 위해서는 생각하는 습관, 상대 논리의 구조화, 구체적인 생각, 타인에 대한 이해, 설득의 5가지 요소가 필요하다.

11   정답 ③

정답해설 일반적인 문제해결절차는 문제 인식, 문제 도출, 원인 분석, 해결안 개발, 실행 및 평가의 5단계를 따른다.

12   정답 ①

정답해설 ① 제시된 두 번째 문장의 대우명제는 'B를 구매하는 사람은 C를 구매한다.'이다. 그러므로 이 문장과 제시된 문장을 삼단논법에 따라 순서대로 종합하면, 'A를 구매 → B를 구매', 'B를 구매 → C를 구매', 'C를 구매 → D를 구매하지 않음'이 성립한다. 따라서 'A를 구매한 사람은 D를 구매하지 않는다.'가 성립한다.

오답해설 ② 두 번째 문장의 대우명제인 'B를 구매하는 사람은 C를 구매한다.'가 성립한다. 따라서 ②는 참이 아니다.
③ 세 번째 문장에서 'C를 구매하는 사람은 D를 구매하지 않는다.'고 했으므로, ③은 참이 아니다.
④ 'A를 구매하는 사람은 D를 구매하지 않는다.'의 역에 해당하므로, 항상 참이라 할 수 없다.

13   정답 ①

정답해설 ① 제시된 문장을 통해 '녹차를 좋아함 → 커피를 좋아함, 커피를 좋아함 → 우유를 좋아함, 우유를 좋아함 → 홍차를 좋아하지 않음'을 알 수 있다. 따라서 삼단논법에 따라 '녹차를 좋아하는 사람은 홍차를 좋아하지 않는다.'는 문장은 옳다.

오답해설 ② '녹차를 좋아하는 사람은 커피를 좋아한다.'가 성립하므로, 그 역인 '커피를 좋아하는 사람은 녹차를 좋아한다.'는 일반적으로 성립한다고 할 수 없다.
③ 우유를 좋아하는 사람은 홍차를 좋아하지 않는다.
④ 제시된 문장에서 '커피를 좋아하는 사람은 홍차를 좋아하지 않는다.'가 성립하므로, 그 대우명제인 '홍차를 좋아하면 커피를 좋아하지 않는다.'가 성립한다. 따라서 ④도 옳지 않다.

14   정답 ④

정답해설 ④ 김부장은 지금이야말로 자동차 관련 기업의 주식을 사야한다는 메시지가 있어 주장이 명확하며, 상황을 모두 망라하고 있어 "so what?"을 사용하였다고 말할 수 있다.

오답해설 ① 홍대리는 자동차 판매가 부진하다고 말하는데 그치고 있다. 상황 ㉡, ㉢에 제시된 자동차 판매 대수가 줄어들고, 자동차 업계 전체적인 실적이 악화되고 있으며, 이로 인해 주식 시장도 악화되고 있다는 점을 말하지 않고 있다.
② 허부장은 자동차 산업의 미래를 보여주고 있다며 상황 ㉢에 대해서는 고려하고 있지 못하다.
③ 신대리는 자동차 산업과 주식시장의 상황을 보여주고 있다며 주식시장에 대해서도 포함하고 있으며, 세 가지 상황 모두 자동차 산업의 가까운 미래를 예측하는데 사용 될 수 있는 정보이기 때문에 모순은 없다. 그러나 자동차 산업과 주식시장이 어떻게 된다고 말하고 싶은 것이 전달되지 않는다.

15   정답 ③

정답해설 ㉠ 어떤 그룹이나 집단이 의사결정을 잘 하도록 도와주는 일이다. : 퍼실리테이션
㉡ 깊이 있는 커뮤니케이션을 통해 서로의 문제점을 이해하고 공감함으로써 창조적 문제해결을 도모할 수 있다. : 퍼실리테이션

ⓒ 대부분의 기업에서 볼 수 있는 전형적인 문제해결 방법이다. : 소프트 어프로치
ⓔ 사실과 원칙에 근거한 토론으로 해결하는 방법이다. : 하드 어프로치
ⓜ 결론이 애매하게 끝나는 경우가 적지 않다. : 소프트 어프로치

16
정답 ④

정답해설 6인 가구의 식료품비 소비 지출액에 대한 균등화지수가 2.50이므로, 2인 가구에 비해 6인 가구의 식료품비 소비 지출액이 2.5배라 할 수 있다.

오답해설 ① 3인 가구의 균등화지수 중 교육비가 1.8로 가장 크다고 해서 3인 가구의 총 소비 지출액 중 교육비가 가장 크다고 볼 수는 없다. 균등화지수는 2인 가구의 소비항목별 소비 지출액을 1.0으로 했을 때 각 가구의 소비항목별 소비 지출액을 표시한 것이므로, 각 가구의 소비항목별 지출액의 차이를 알 수는 없다.
② 5인 가구의 소비항목별 균등화지수가 2인 가구에 비해 2배 이상인 항목도 있고, 2배 이하인 항목도 있다. ①에서 본 바와 같이 위의 〈표〉를 통해서는 특정 가구의 소비항목별 지출액 차이를 알 수 없으므로, 5인 가구가 2인 가구 총 소비 지출액의 2배 이상이라 단정할 수 없다.
③ 균등화지수를 통해 가구원수에 따른 소비항목별 지출액 증가 추이를 비교해 볼 때, 가구원수 증가에 따른 소비 지출액 증가율이 가장 높은 소비항목은 교육비이다.

17
정답 ①

정답해설 병의 조언을 통해 D가 가장 먼저 일어났다는 사실을 알 수 있다. 다음으로 갑의 조언에서 'B − A − E' 또는 'E − A − B'의 순서가 되며, 을의 조언에서 'A − C − D' 또는 'D − C − A'의 순서가 된다는 것을 알 수 있다. 그런데 D가 가장 먼저 일어났다는 것은 참이므로, 을의 조언에서 'D − C − A'의 순서(㉠)만 참이 된다. 정의 조언에 따라 A와 C는 연이어 일어나지 않았으므로, ㉠에 갑의 조언을 연결시키면 'D − C − B − A − E' 또는 'D − C − E − A − B'가 참이 된다는 것을 알 수 있다. 따라서 어떤 경우이든 네 번째로 일어난 사건은 'A'가 된다.

18
정답 ③

정답해설 ⓛ 1년은 365일이므로, 어제까지 한국 나이로 18세인 학생이 366일 후에 한국 나이로 20세가 되기 위해서는 어제가 12월 31일이 되어야 한다.
ⓒ 1년을 365일로 계산한 것이므로 양력으로 계산한 것이다.

오답해설 ㉠ 윤년이 되는 경우 1년이 366일이 되므로, 어제가 12월 31일인 경우 366일 후 한국 나이로 아직 19세이다. 따라서 올해가 윤년이어서는 안 된다.
ⓔ 어제(12월 31일)부터 366일 후에는 1월 1일이 된다.

19
정답 ④

정답해설 포유동물 A는 꼬리가 없다고 하였으므로, ⓜ에 따라 포유동물 A는 육식동물은 아니라는 것을 알 수 있다. ⓔ에서 "육지에 살면서 육식을 하지 않는 포유동물은 모두 털이 없다"라고 하였으므로, 만약 A가 털이 있다면 A는 물에 산다는 것을 알 수 있으며, A가 물에 산다면 ⓛ에 의해 다리가 없다는 것을 알 수 있다. 따라서 ④는 반드시 참이 된다.

20 정답 ③

정답해설 갑은 E에 가입해야 하므로 ⓒ에 따라 B에는 가입하지 않는다. ㉠의 대우인 "B에 가입하지 않으면 A에 가입하지 않는다"도 참이 되므로, A에도 가입하지 않는다. A에 가입하지 않으므로, ⓜ에 따라 F에는 가입해야 한다. ㉣의 대우 "F에 가입하면 D에는 가입하지 않는다"도 참이 되므로, 갑은 D에 가입하지 않게 된다. 따라서 ⓛ에 따라 갑은 C에 가입해야 한다. 따라서 ③이 옳다.

21 정답 ④

정답해설 ④의 첫 문장인 '그 문제는 아무도 풀 수 없거나 잘못된 문제이다'는 그 문제가 잘못되지 않았다면 아무도 풀 수 없을 것이고, 누군가 문제를 풀었다면 그 문제는 잘못되었다는 의미가 된다. 그런데 두 번째 문장은 그 문제는 잘못되지 않았고 누군가 그 문제를 풀 수 있다고 했으므로, 첫 번째 문장과 모순되는 주장이 된다.

22 정답 ④

정답해설 가장 작은 긴수염고래도 가장 큰 범고래보다는 크다. 그러나 일부 밍크고래는 가장 큰 범고래보다 작다고 하였으므로, 어떤 밍크고래는 가장 작은 긴수염고래보다 작다. 따라서 ④번은 반드시 참이다.

오답해설 ① 모든 범고래는 가장 큰 돌고래보다 크다고 하였으므로 거짓이다.
② 어떤 밍크고래는 가장 큰 범고래보다 작으므로, 모든 긴수염고래보다 작다. 하지만, 나머지 밍크고래들이 긴수염고래보다 크다고 언급되어 있지 않다.
③ 일부의 밍크고래가 가장 큰 범고래보다 작다고 했으나, 돌고래만큼 작다고 하지는 않았다.

23 정답 ④

정답해설 위의 문제는 한 명이 지갑을 잃어버렸을 때의 경우를 각각 정리해봐야 한다.
- **A씨가 지갑을 잃어버린 경우**
  진실을 말한 사람 : B씨, C씨
- **B씨가 지갑을 잃어버린 경우**
  진실을 말한 사람 : A씨, C씨, D씨
- **C씨가 지갑을 잃어버린 경우**
  진실을 말한 사람 : B씨
- **D씨가 지갑을 잃어버린 경우**
  진실을 말한 사람 : B씨, C씨

이들 중 오직 한 명만이 진실을 말하고 3명은 거짓말을 하고 있다고 하였으므로 답은 C씨가 지갑을 잃어버리고 B씨가 진실을 말한 ④번이다.

24 정답 ④

정답해설 ㉠, ㉢ A씨와 C씨의 진술이 모두 참이라고 한다면, A씨가 범행시간인 11시에 있었다고 주장하는 장소가 각각 다르다는 모순이 발생한다. 그러므로 A씨와 C씨 두 사람 중 한 사람은 거짓말을 하고 있다.
㉡, ㉤ B씨와 E씨의 진술이 모두 참이라고 한다면, C씨가 범행 시간인 11시에 함께 있었다고 주장하는 사람이 각각 다르다는 모순이 발생한다. 그러므로 B씨와 E씨 중 적어도 한 사람은 거짓말을 하고 있다.
㉣ 거짓말을 하는 사람의 수는 총 두 사람인데 A씨와 C씨 중 적어도 한 사람, B씨와 E씨 중 적어도 한 사람이

거짓말을 하고 있으므로 D의 진술은 참이다.

ⓒ D씨의 진술이 참이므로 B씨의 진술 역시 참이 된다. B씨의 진술이 참이므로 A씨와 C씨는 범행 시간에 B씨와 함께 서울역에 있었다. 그러므로 A씨와 C씨는 범인이 될 수 없다.

그러므로 거짓말을 한 사람은 C씨와 E씨이며, 범인은 E씨이다.

25 정답 ②

정답해설 ① 최 부장과 박 부장을 제외한 나머지팀원들이 모두 회원권이 있다면 금요일에 최 부장과 박 부장은 테이블석에서, 나머지 팀원들은 레드석에서 볼 때 총 122,000원이 든다.

→ **최 부장, 박 부장** : 40,000원 × 2 = 80,000원

나머지 6명 : 7,000원 × 6 = 42,000원

따라서 총 122,000원이다.

② 이 대리는 프로야구를 연간 12회씩 3년 동안 주중에 옐로우석에서 관람한다고 하면, 회원권 가입 후 관람하는 것이 더 저렴하다.

→ 3년 동안 총 36회를 관람, 옐로우석

• **회원권이 없을 때** : 9,000원 × 36 = 324,000원

• **회원권이 있을 때** : 120,000원(가입비) + (6,000원 × 36) = 336,000원

따라서 회원권 가입 후 구매하는 것이 12,000원이 더 비싸다.

③ 사원 C씨는 지난 달 주중에 프리미엄석으로 4회 관람하였고, 김 대리는 회원권을 가입해 주말과 공휴일에 블루석으로 6회 관람하였을 때, 김 대리가 구매한 것이 더 저렴하다.

→ 사원 C씨 : 70,000원 × 4 = 280,000원

김 대리 : 120,000원(가입비) + (12,000원 × 6) = 192,000원

따라서 김 대리가 구매한 것이 88,000원 더 저렴하다.

④ 연간 8회씩 프로야구를 주말에 레드석에서 관람하는 하대리가 회원권 가입비 50% 할인 이벤트로 가입을 했을 때, 처음 1년 동안은 손해를 보게 된다.

→ 회원권 가입비가 60,000원, 연간 8회 관람, 처음 1년

• **회원권이 없을 때** : 12,000원 × 8 = 96,000원

• **회원권이 있을 때** : 60,000원(가입비 50%) + (9,000원 × 8) = 132,000원

따라서 가입 후 처음 1년 동안은 36,000원 손해를 보게 된다.

26 정답 ④

정답해설 연간 x회 관람한다고 하면

• 회원권이 없을 때 : 12,000원 × x = 12,000x

• 회원권이 있을 때 : 120,000원 × (1 − 0.3)(가입비) + (9,000원 × x) = 84,000 + 9,000x

따라서 이익을 보기 위해서는 12,000x > 84,000 + 9,000x이어야 한다.

계산해보면 12x > 84 + 9x, 3x > 84, x > 28이다. 그러므로 1년간 29회 이상 관람을 하면 이익이 생긴다.

27 정답 ①

정답해설 ① 환경 분석을 위한 주요 기법으로는 3C 분석, SWOT 분석방법이 있는데, 3C 분석은 사업 환경을 구성하고 있는 요소인 자사(Company), 경쟁사(Competition), 고객(Customer)에 대한 체계적인 분석을 통해서 환경 분석을 수행하는 것을 말한다.

오답해설 ② SWOT 분석은 기업내부의 강점·약점과 외부환경의 기회·위협요인을 분석 평가하고 이들을 서로 연관지어 전략을 개발하고 문제해결 방안을 개발하는 방법이다.

③ MECE(Mutually Exclusive and Collectively Exhaustive)란 서로 배타적이며 중복되지 않게 문제를 분류할 수 있도록 하는 기법으로, 어떤 사항과 개념을 중복 없이, 그리고 전체로서 누락 없는 부분집합으로 파악하는 것이라고 할 수 있다.

④ SMART 기법은 구체성, 평가가능성, 어렵지만 달성 가능한 목표, 관련성, 시간 등 5가지 항목을 기초로 하는 목표설정 방법이다.

28 정답 ③

정답해설 SWOT의 전략 수립 방법을 바르게 짝 지은 것은 ③이다.

SWOT 분석은 내부 환경요인과 외부 환경요인의 2개의 축으로 구성되어 있다. 우선 내부 환경요인은 자사 내부의 환경을 분석하는 것으로 다시 자사의 '강점(Strengths)'과 '약점(Weaknesses)'으로 분석되는데, 경쟁자와 비교하여 나의 강점과 약점을 분석한다. 외부 환경요인은 자사 외부의 환경을 분석하는 것으로, 분석은 다시 '기회(Opportunities)'와 '위협(Threats)'으로 구분된다. 좋은 쪽으로 작용하는 것은 기회, 나쁜 쪽으로 작용하는 것은 위협으로 분류한다. 이를 통해 내부의 강점과 약점을 외부의 기회와 위협을 대응시켜 기업의 목표를 달성하려는 발전전략을 SO전략, ST전략, WO전략, WT전략으로 구성한다.

29 정답 ①

정답해설 제시된 사례의 상황은 직장생활에서 흔히 겪게 되는 상황으로, 논리적인 사고의 중요성을 일깨워준다. 논리적 사고는 사고의 전개에 있어서 전후의 관계가 일치하고 있는가를 살피고 아이디어를 평가하는 능력으로, 다른 사람을 공감시켜 움직일 수 있게 하며 짧은 시간에 헤매지 않고 사고할 수 있게 한다. 이러한 논리적인 사고는 특히 다른 사람을 설득하여야 할 과정에서 유용한데, 아무리 많은 지식을 가지고 있더라도 논리적 사고력이 부족한 경우 자신이 만든 계획이나 주장을 주위 사람에게 이해시켜 실현시키기 어렵게 된다.

30 정답 ④

정답해설 ④ 제시된 문장을 통해 빠른 순서대로 보면, 첫 번째 문장에서 'D>A>C', 두 번째 문장에서 'E>B>C'의 순서임을 알 수 있다. 그런데 세 번째 내용에서 E는 A와 D사이에 들어왔다고 했으므로 'D>E>B>A>C' 또는 'D>E>A>B>C'의 순서가 된다. 여기서 A와 B는 어떤 것이 빠른지 알 수 없다. 따라서 어느 경우든 E의 최고 속도가 A와 B의 속도보다 빠르다는 것을 알 수 있다.

오답해설 ① D가 가장 빠르다.

② 'D-E-A-B-C'의 순서도 가능하므로, ②와 같이 단정할 수 없다.

③ C는 가장 느리므로 A와 B 뒤에 들어왔다.

04 자기개발능력

01 ③	02 ①	03 ①	04 ④	05 ④	06 ③	07 ②	08 ②	09 ④	10 ③
11 ④	12 ②	13 ④	14 ①	15 ②	16 ③	17 ③	18 ④	19 ②	20 ④
21 ③	22 ④	23 ①	24 ③	25 ③	26 ②	27 ②	28 ④	29 ①	30 ②

01 정답 ③

정답해설 자기 개발은 달성하려는 목표의 성취뿐만 아니라 주변 사람과의 긍정적 인간관계 형성을 위해서도 필요하다.

오답해설 ① 자기개발은 자신의 능력과 적성, 특성 등에 있어서 강점과 약점을 확인하여, 강점을 강화시키고 약점을 관리하여 성장을 위한 기회로 활용하는 것을 말한다.
② 직업기초능력으로서 자기개발능력은 직업인으로서 자신의 능력과 적성, 특성 등의 이해를 기초로 자기 발전 목표를 스스로 수립하고 성취해나가는 능력을 말한다.
④ 자기개발을 하는 경우 자신감을 얻게 되며, 삶의 질이 향상되어 보다 보람된 삶을 살 수 있다.

02 정답 ①

정답해설 자기개발은 개별적인 과정으로, 사람마다 자기개발을 통해 지향하는 바와 선호하는 방법 등이 다르다.

오답해설 ② 자기개발을 학교단계 또는 일시적으로 이루어지는 과정이 아니라 평생에 걸쳐 이루어지는 과정이다.
③ 자기개발은 자신의 생활 또는 현재의 직무, 직업세계 속에서 이루어져야 한다.
④ 자기개발은 특정한 사람만 하는 것이 아니라 모든 사람이 해야 하는 것이다.

03 정답 ①

정답해설 자기개발의 구성요소는 자아인식, 자기관리, 경력개발 세 가지이다. 따라서 자기욕구는 자기개발의 구성요소가 아니다.

핵심정리

자기개발의 구성요소
- **자아인식** : 직업인의 자아인식이란 직업생활과 관련하여 자신의 가치, 신념, 흥미, 적성, 성격 등 자신이 누구인지 아는 것이다. 자아인식은 자기개발의 첫 단계이며, 자신이 어떠한 특성을 가지고 있는지를 바르게 인식할 수 있어야 적절한 자기개발이 이루어질 수 있다.
- **자기관리** : 자기관리란 자신을 이해하고, 목표를 성취하기 위하여 자신의 행동 및 업무수행을 관리하고 조정하는 것이다.
- **경력개발** : 경력개발은 개인의 경력목표와 전략을 수립하고 실행하며 피드백 하는 과정이다.

04

정답해설 매슬로우(A. H. Maslow)가 제시한 기본적인 인간의 욕구단계는 ④와 같은 단계로 진행된다.

매슬로우는 인간의 욕구는 저차원으로부터 고차원의 욕구로 단계적 상승한다는 전제하에 인간이 공통적으로 소유하고 있는 기본적인 욕구를 5단계로 제안하였는데, 인간은 생리적 욕구부터 시작되어 안정의 욕구, 사회적 욕구(애정의 욕구)를 거쳐 존경의 욕구, 자아실현의 욕구를 추구한다고 하였다.

05

정답해설 애매모호한 방법으로 계획하게 되면 어떻게 해야 되는지 명확하게 알 수 없으므로, 중간에 적당히 하게 되거나 효율적이지 못하게 자신의 노력을 낭비하게 된다. 따라서 자신이 수행해야할 자기개발 방법을 명확하고 구체적으로 수립하면 노력을 집중적이고 효율적으로 할 수 있고, 이에 대한 진행과정도 손쉽게 파악할 수 있다. 예를 들어서 '영어 공부하기'라는 조금 추상적인 방법보다 '1시간 일찍 출근하여 매일 영어 공부하기' 등으로 구체적인 방법을 계획한다. 다만 장기목표일 경우 때에 따라서 매우 구체적인 방법을 계획하는 것이 어렵거나 바람직하지 않을 수 있다.

06

정답해설 인간관계를 고려하지 않고 자기개발 계획을 수립한다면 계획을 실행하는데 어려움을 겪게 되며, 다른 사람과의 관계를 발전시키는 것도 하나의 자기개발 목표가 될 수 있다.

오답해설 ① 단기목표는 장기목표를 수립하기 위한 기본단계가 된다.

② 자기개발 계획을 수립할 때에는 현재의 직무와 관련하여 계획을 수립하여야 한다.

④ 장단기목표 모두 구체적으로 계획하는 것이 바람직하나, 장기목표의 경우 때에 따라서 매우 구체적인 방법을 계획하는 것이 어렵거나 바람직하지 않을 수 있다.

07

정답해설 사랑받는 브랜드의 조건을 안다면 이에 따라 자신을 차별적으로 브랜드화하기 위한 전략을 수립할 수 있다. 삼성 경제연구소의 2006년 4월 보고서에 따르면 사랑받는 브랜드의 요건으로 친근감, 열정, 책임감이 있다고 하였다.

08

정답해설 인간의 사고는 자기중심적이며 자신이 한 행동에 대하여 자기합리화하려는 경향이 있다. 따라서 자신의 주장과 반대되는 주장에 대해서는 무의식적으로 배척하게 되는데 이러한 제한적인 사고는 자신의 장단점을 객관적으로 파악하는데 장애요인으로 작용하여 자기개발의 방향설정을 방해한다.

핵심정리

자기개발을 방해하는 요인
- 인간의 욕구와 감정이 작용하기 때문이다.
- 문화적인 장애에 부딪히기 때문이다.
- 제한적으로 사고하기 때문이다.
- 자기개발 방법을 잘 모르기 때문이다.

---

09 정답 ④

정답해설 자기개발 계획을 수립하는 데는 자신이나 작업에 대한 정보가 부족하거나, 의사결정에 대한 자신감의 부족, 주변 환경의 문제가 있을 수 있다.

---

10 정답 ③

정답해설 자아는 자기 자신, 즉 나를 일컫는 말이다. 외면적 자아는 자신의 외면을 구성하는 요소로, 외모와 나이 등이 있다. 성격은 내면을 구성하는 요소인 내면적 자아에 속한다.

---

11 정답 ④

정답해설 자기를 지식하고 그 지각된 내용을 체계화시킴으로서 자신을 존중하여 자신을 가치 있다고 여기는 동시에 자신의 한계를 인식하고 더 성장해야 되겠다는 욕구를 가질 수 있어 자아정체감을 확고히 하게 된다.

---

12 정답 ②

정답해설 자기개발은 자아인식, 자기관리, 경력개발의 세 과정으로 구성되어 있다. 이 중 자기관리란 목표를 성취하기 위해 자신의 행동 및 업무수행을 관리하고 조정하는 것을 말한다. 자신에 대한 이해를 바탕으로 비전과 목표를 수립하고, 피드백 과정을 통해 부족한 점을 고쳐 나가도록 한다.

오답해설 ① 자아인식이란 자신의 흥미, 적성, 특성 등을 이해하고 자기정체감을 확고히 하는 것을 말한다.
③ 자기비판은 자기개발의 구성요소에 해당되지 않는다.
④ 자기반성은 자기개발의 구성요소에 해당되지 않는다.

---

13 정답 ④

정답해설 자기개발이란 직업인으로서 자신의 능력, 적성, 특성 등을 객관적으로 이해하고 이를 바탕으로 자기 발전 목표를 세워 성취해나가는 능력이다. 자기개발은 일시적인 과정이 아니라 평생에 걸쳐서 이루어지는 과정이다. 자아를 실현하고 원하는 바를 이루기 위해서는 평생에 걸친 자기개발이 필요하다.

핵심정리

자기개발의 특징

- 개발의 주체는 자기 자신이다.
- 개별적인 과정이므로 지향하는 바와 선호하는 방법 등은 사람마다 다르다.
- 평생에 걸쳐 이루어진다.
- 일과 관련하여 이루어지는 활동이다.
- 생활 가운데 이루어져야 한다.
- 모든 사람이 해야 하는 것이다.

14

정답 ①

정답해설 적성, 성격, 흥미 등은 내면적 자아에 속하고 나이는 외면적 자아에 속한다.

핵심정리

자아 구성 요소

내면적 자아	• 자신의 내면을 구성하는 요소 • 측정하기 어려운 특징을 가짐. • 적성, 흥미, 성격, 가치관 등
외면적 자아	• 자신의 외면을 구성하는 요소 • 외모, 나이 등

15

정답 ②

정답해설 경력을 개발하기 위해 자신의 흥미분야와 적성을 고려하고, 직무를 수행할 환경의 장애요인을 알아보는 것은 경력개발의 단계 중 2단계인 자신과 환경 이해에 속한다.

핵심정리

경력개발의 단계

[1단계] 직무정보 탐색	• 관심 직무에서 요구하는 능력 • 고용이나 승진 전망 • 직무만족도 등
[2단계] 자신과 환경 이해	• 자신의 능력, 흥미, 적성, 가치관 • 직무 관련 환경의 기회와 장애요인
[3단계] 경력목표 설정	• 장기목표 수립 : 5~7년 • 단기목표 수립 : 2~3년
[4단계] 경력개발 전략 수립	• 현재 직무의 성공적 수행 • 역량 강화 • 인적 네트워크 강화
[5단계] 실행 및 평가	• 실행 • 경력 목표, 전략의 수정

16

정답 ③

○**정답해설** 직장에서의 업무 성과를 높이기 위해서는 회사와 팀의 업무 지침을 따르는 것이 효과적이다.

핵심정리

업무수행 성과를 높이기 위한 행동전략
- 자기자본이익률(ROE)을 높인다.
- 업무를 묶어서 처리한다.
- 회사와 팀의 업무 지침을 따른다.
- 일을 미루지 않는다.
- 다른 사람과 다른 방식으로 일한다.
- 역할 모델을 설정한다.

17

정답 ③

○**정답해설** ③ 나만 모르는 자아는 조하리의 창(Johari's Windows)에 속하지 않는다.

핵심정리

조하리의 창

구분	내가 아는 나	내가 모르는 나
타인이 아는 나	공개된 자아 (Open Self)	눈먼 자아 (Blind Self)
타인이 모르는 나	숨겨진 자아 (Hidden Self)	아무도 모르는 자아 (Unknown Self)

18

정답 ④

○**정답해설** 업무를 효과적으로 처리하기 위해서는 가능한 모든 대안을 탐색해 보는 것이 좋다.

핵심정리

합리적인 의사결정 과정
- 문제의 특성이나 유형을 파악한다.
- 의사결정에 필요한 정보를 수집한다.
- 각 대안을 분석 및 평가한다.
- 의사결정 결과를 분석 · 평가하고 피드백 한다.
- 의사결정의 기준과 가중치를 정한다.
- 가능한 모든 대안을 탐색한다.
- 가장 최적의 안을 선택하거나 결정한다.

19

정답 ②

○**정답해설** 자신의 환경과 특성을 고려해 직무를 선택하는 과정은 ② 조직입사 단계에 속한다.

핵심정리

경력단계모형

- **직업선택** : 자신에게 적합한 직업이 무엇인지를 탐색하고 이를 선택한 후, 필요한 능력을 키우는 과정이다.
- **조직입사** : 자신의 환경과 특성을 고려해 직무를 선택하는 과정이다.
- **경력초기** : 자신이 맡은 업무의 내용을 파악하고, 새로 들어간 조직의 규칙이나 규범. 분위기를 알고 적응해 나가는 것이 중요한 과제이다.
- **경력중기** : 자신이 그동안 성취한 것을 재평가하고, 생산성을 그대로 유지하는 단계이다. 직업 및 조직에서 어느 정도 입지를 굳히게 되어 더 이상 수직적인 승진 가능성이 적은 경력 정체시기에 이르게 되며, 새로운 환경의 변화에 직면하여 생산성을 유지하는 데 어려움을 겪기도 한다.
- **경력말기** : 조직의 생산적인 기여자로 남고 자신의 가치를 지속적으로 유지하기 위하여 노력하며 동시에 퇴직을 고려하게 된다.

20 　　　정답 ④

정답해설 현대사회의 지식정보는 매우 빠른 속도로 변화하고 있으며, 이는 개인이 속한 조직과 일에 영향을 미친다. 또한, 조직 내부적으로 경영전략이 변화하거나 승진 적체, 직무환경 변화 등의 문제를 겪게 된다. 개인적으로도 발달단계에 따라 일에 대한 가치관과 신념 등이 바뀌게 된다. 따라서 직업인들은 개인의 진로에 대하여 단계적 목표를 설정하고, 목표성취에 필요한 능력을 개발해야한다. 현재는 능력주의 문화로 변화하는 실정이다.

21 　　　정답 ③

정답해설 WLB는 'Work Life Balance'의 약자로 일과 생활의 균형을 의미한다. 이는 일과 생활의 균형을 이루면서 둘 다 잘 해내는 것이다.

오답해설 ② 자신의 본업 외에 또 다른 삶의 목적을 이루기 위한 일을 가지는 것을 의미한다.
④ 지속적인 경기불황에 따라 2개 혹은 그 이상의 직업을 가지는 것을 의미한다.

22 　　　정답 ④

정답해설 자신의 약점이나 실수를 감추는 것이 꼭 좋은 것만은 아니다. 성찰을 통해 약점과 실수를 살피고 자신을 되돌아보며 무엇이 잘못되었는지를 파악하는 것이 중요하다. 이러한 과정이 있어야 같은 실수를 반복하지 않게 된다.

23 　　　정답 ①

정답해설 자기개발능력은 직업인으로서 자신의 흥미 · 적성 · 특성 등의 이해에 기초하여 자기정체감을 형성하는 '자아인식능력', 자신의 행동 및 업무 수행을 통제하고 관리하며 합리적이고 균형적으로 조정하는 '자기관리능력', 자신의 진로에 대한 단계적 목표를 설정하고 목표성취에 필요한 역량을 개발해 나가는 '경력개발능력'으로 구성된다.

정답 및 해설

24

정답 ③

정답해설 직장생활에서의 자기개발은 변화하는 환경에 적응하기 위해서 이루어진다.

핵심정리

자기개발을 하는 이유
- 직장생활에서의 자기개발은 업무의 성과를 향상시키기 위하여 이루어진다.
- 자기개발은 변화하는 환경에 적응하기 위해서 이루어진다.
- 자기개발은 주변 사람들과 긍정적인 인간관계를 형성하기 위해서 필요하다.
- 자기개발은 자신이 달성하고자 하는 목표를 설정하여 성취하도록 도와준다.
- 자기개발을 통해 자신감을 얻게 되고 삶의 질이 향상되어 보다 보람된 삶을 살 수 있다.

25

정답 ③

정답해설 단기목표는 장기목표를 수립하기 위한 기본단계이다.
- **단기목표(1년~3년)** : 장기목표를 위한 직무 관련 경험, 능력, 자격증 등을 고려한다.
- **장기목표(5년~20년)** : 자신의 욕구 · 가치 · 흥미 · 적성 및 기대를 고려하여 수립한다.

26

정답 ②

정답해설 경력개발계획 수립은 직무정보 탐색, 자신과 환경이해, 경력목표 설정, 경력개발 전략수립, 실행 및 평가로 나누어진다. 보기는 '자신과 환경이해' 단계이며 ②번을 제외하면 모두 자기 탐색에 해당된다.

핵심정리

자신과 환경이해

자기탐색	환경탐색
• 자기인식 관련 워크숍 참여 • 전문기관의 전문가 면담 • 표준화된 검사 • 일기 등을 통한 성찰 과정	• 회사의 연간보고서 • 특정 직무와 직업에 대한 설명자료 • 전직 및 경력 상담 회사 및 기관방문 • 직업관련 홈페이지 탐색

27

정답 ②

정답해설 다른 사람과의 커뮤니케이션을 통해 자신을 인식하는 방법은 다른 사람과 대화를 통해 내가 간과하고 넘어갔던 부분을 알게 되고 다른 사람들이 나의 행동을 어떻게 판단하고 보고 있는지 객관적으로 알 수 있으며, 내가 몰랐던 내 자신을 발견하는 중요한 수단이 된다는 장점을 지닌다.

오답해설 ① 자아를 인식하는 방법 중 내가 아는 나를 확인하는 방법은 객관적인 한계를 지니기도 하지만, 다른 사람이 알 수 없는 내면이나 감정을 알 수 있다는 특징을 가진다.

③, ④ 자아인식의 한 방법으로 표준화된 검사 도구를 활용하는 방법은 각종 검사 도구를 활용하여 자신을 발견하고 진로를 설계하는 것으로, 객관적으로 자아특성을 다른 사람과 비교해볼 수 있는 척도를 제공할 수 있으며, 인터넷 등을 통해 표준화된 검사 도구를 손쉽게 이용할 수 있다는 장점을 지닌다.

28　　　　　　　　　　　　　　　　　　　　　　　　　　정답 ④

정답해설 잦은 회식과 음주로 인해 지역사회 봉사활동에 참여하지 못하는 것은 자신의 욕구와 감정이 작용하여 자기개발이 이루어지지 않는 경우로 볼 수 있다. ④의 경우와 같이 이런저런 약속으로 대형면허를 취득하지 못하는 것도 이와 유사한 사례에 해당한다.

오답해설 ① 자기개발의 장애요인 중 제한적 사고로 인해 발생한 것이다. 인간의 사고는 자기중심적이고 자신이 한 행동에 대하여 자기 합리화하려는 경향이 있으므로, 자신의 주장과 반대되는 주장에 대해서는 무의식적으로 배척하게 된다.

② 사람들은 자기개발을 하려고 하지만 어디서, 어떻게 자기개발을 할 수 있는지 방법을 몰라 자기개발이 어려움을 겪을 수 있다.

③ 문화적인 장애로 인해 자기개발이 한계에 부딪힌 경우에 해당한다. 우리는 자신이 속한 문화와 끊임없이 상호작용하고 문화의 틀 안에서 관성의 법칙에 따라 사고하고 행동하게 되는데, 이로 인해 현재 익숙해 있는 일과 환경을 지속하려는 습성이 있어서 새로운 자기개발의 한계에 직면하게 된다.

29　　　　　　　　　　　　　　　　　　　　　　　　　　정답 ①

정답해설 자기개발을 할 때에는 인간의 욕구와 감정이 작용하여 자기개발에 대한 태도를 형성하는데, 이러한 욕구와 감정이 합리적으로 통제되지 않으면 자기개발이 이루어지기가 어렵다. 따라서 인간에게 작용하는 욕구와 감정을 통제하는 것은 자기개발의 장애요인으로 볼 수 없다.

30　　　　　　　　　　　　　　　　　　　　　　　　　　정답 ②

정답해설 개인에 대한 브랜드화는 단순히 자신을 알리는 것을 넘어, 자신을 다른 사람과 차별화 하는 특징을 밝혀내고 이를 부각시키기 위해 지속적인 자기개발을 하며 알리는 것을 말한다. 따라서 다른 사람과 동질적인 특징을 부각시키는 것은 자신의 브랜드화와 거리가 먼 설명이며, 자기 브랜드를 PR하는 방법으로 적합하지 않다.

01

정답 ①

정답해설 1사분면은 긴급하면서 중요한 일로, 위기의 영역이라고 할 수 있다. 이는 일을 계획하거나 수행하는데 있어 가장 우선시 되어야 한다. 이와 관련된 일로는 위기 상황에서의 일들이나 마감이 가까워진 프로젝트 혹은 과제, 갑작스럽게 잡힌 회의 등이 있다.

02

정답 ③

정답해설 스티븐 코비(S. R. Covey)는 시간관리 매트릭스를 4단계로 구분하였다. 중요성은 결과와 연관되고 사명 · 가치관 · 목표에 기여하는 정도를 의미하며, 긴급성은 즉각적인 처리가 요구되고 눈앞에 보이며, 심리적으로 압박감을 주는 정도를 의미한다고 하였다. 3사분면은 긴급하지만 중요하지 않은 일에 해당하는 것으로 잠깐의 급한 질문, 일부 보고서 및 회의, 눈앞의 급박한 상황, 인기 있는 활동 등이 이 영역에 속한다.

03

정답 ④

정답해설 %p(퍼센트포인트)는 퍼센트 사이의 차이를 말한다.

신용카드의 경우 2021년 4월을 기준으로 2021년 5월의 전월차가 -1.2%p이므로, $28.5-(-1.2)=29.7$ 이다. 따라서 2021년 4월의 거래액 중 신용카드가 차지하는 비율은 29.7%이다.

04

정답 ①

정답해설 2021년 5월 모바일결제가 차지하는 비율은 38.0%이고, 2020년 5월 모바일결제가 차지하는 비율은 26.5%이므로, $38.0-26.5=11.5\%$p이다.

05

정답 ④

정답해설 A역에서 I역까지 거리가 600km이며 노선별 연비가 각각 주어져 있으므로, 노선별로 소모되는 연료량은 다음과 같다.
- 완행 노선의 연료 사용량 : $600\div4=150(L)$
- 고속 노선의 연료 사용량 : $600\div6=100(L)$
- 급행 노선의 연료 사용량 : $600\div10=60(L)$
- 특급 노선의 연료 사용량 : $600\div12=50(L)$

따라서 A역에서 I역까지 가는데 소모되는 각 노선별 연료비용은 다음과 같다.
- 완행 노선의 총 연료비 : 150 × 600 = 90,000(원)
- 고속 노선의 총 연료비 : 100 × 900 = 90,000(원)
- 급행 노선의 총 연료비 : 60 × 1,500 = 90,000(원)
- 특급 노선의 총 연료비 : 50 × 2,200 = 110,000(원)

따라서 A역에서 I역까지 연료비용이 가장 비싼 노선은 특급 노선이다.

06 정답 ①

정답해설 시간 관리를 할 때 중요한 것은 본인이 반드시 수행해야 하는 업무, 예정되어 있는 업무를 수행하는 고정된 시간과 예상치 못한 일이 발생했을 때를 대비한 유동적 시간을 약 60:40으로 나누어 관리하는 것이다. D사원은 부수적인 업무를 할 시간이나 돌발적인 상황이 발생할 가능성을 고려하지 않고 본인의 주 업무인 보고서 작성만을 고려하여 일정을 계획해 일을 끝마치지 못했다고 할 수 있다.

07 정답 ①

정답해설 예산의 구성요소로 직접비용과 간접비용이 있다. 직접비용은 제품의 생산 또는 서비스를 창출하기 위해 직접 소비된 것으로 여겨지는 비용을 말한다. 이러한 직접비용에는 재료비, 원료비, 장비비, 시설비, 인건비 등으로 구분된다. 간접비는 직접비용을 제외한 비용으로 보험료, 건물 관리비, 광고비, 통신비, 사무비품비, 각종 공과금 등이 있다.
따라서 예산보고서에 작성된 목록 중 직접비용이 아닌 것은 ① 통신비이다.

08 정답 ④

정답해설 그날의 날씨 같은 중요하지 않은 정보는 명함에 기입할 필요가 없으며, 상대방과 관련된 정보를 기입하여야 한다. 또한 명함은 단지 받아서 보관하는 것이 목적이 아니라, 이를 활용하고 적극적인 의사소통을 통해 자신의 인맥을 만들기 위한 도구로 활용되어야 한다. 따라서 중요한 사항을 명함에 메모해야 한다.

09 정답 ④

정답해설 계획상의 자원 소비량과 실제 상황에서 자원 소비량은 차이가 있으므로 가능한 여유 있게 준비하는 것이 좋다. 고객님이 요청하신 30권의 책자보다는 넉넉하게 준비하는 것이 좋으므로 가장 적절하지 않은 지시이다.

10 정답 ①

정답해설 장기 관찰 비용이 가장 높은 호소생태계의 경우 연구 및 보전 비용은 상대적으로 낮은 편이므로, 장기 관찰 비용이 높을수록 연구 및 보전 비용이 높다고 할 수 없다.

오답해설 ② 호소생태계의 현황파악 비용이 80억 원, 농경 생태계의 현황파악 비용이 50억 원이므로 서식처 크기는 호소생태계가 더 크다.
③ 서식처 크기는 현황파악 비용과 비례한다고 하였으므로 비용이 가장 큰 산림생태계와 해양생태계의 서식처가 가장 크다.

11 정답 ④

정답해설 서식처 크기는 현황파악 비용과 비례하므로 현황파악 비용 대비 복구비용을 구하면 서식처 크기 대비 복구비용을 알 수 있다. 현황파악 비용 대비 복구비용은 다음과 같다.

① 산림생태계 : $\frac{640}{100} = 6.4$ (억 원)

② 해양생태계 : $\frac{800}{100} = 8$ (억 원)

③ 호소생태계 : $\frac{200}{80} = 2.5$ (억 원)

④ 농경생태계 : $\frac{750}{50} = 15$ (억 원)

따라서 서식처 크기 대비 복구비용은 농경생태계가 가장 크다.

12 정답 ④

정답해설 최보람 사원은 28일(월)에 숙직이므로 [당직 근무 규정] 6번 항목에 따라 26일(토)에 대체 근무를 할 수 없으므로 적절하지 않다.

오답해설 ① 일직 근무 후 숙직은 할 수 있다고 하였으므로 김다예 사원은 12일(토)에 숙직을 할 수 있다.

13 정답 ②

정답해설 김벼리 팀장은 23일(수)에 숙직을 할 예정이므로 [당직 근무 규정] 5번 항목에 따라 9일(수)에 숙직을 할 수 없다.

14 정답 ③

정답해설 모든 영업부 직원의 스케줄이 비어있는 시간대인 14:00~16:00가 가장 적절하다.

15 정답 ③

전답해설 대회의실 매뉴얼에 따르면 회의 중 생긴 이면지는 사무실내 이면지 통에 버려야 한다.

16 정답 ②

정답해설 매뉴얼에 따라 마케팅팀이 3회 모두 어겼으므로 한 달간 대회의실 이용이 불가하다.

오답해설 ① 경영팀 : 음향시설 전원 끔(O), 커튼 닫음(O), 이면지 사무실내 이면지통에 넣음(O)

③ 영업팀 : 창문 열려있음(X), 랜선 반납 안함(X), 의자 정리함(O)

④ 총무팀 : 랜선 반납함(O), 커튼 열려있음(X), 스크린 내려옴(X)

17 정답 ③

정답해설 M회사가 A제품, S회사가 C제품을 생산하는 경우 아래에서 해당하는 값을 찾으면 (2, 10) 즉 M회사의 수익이 2억, S회사의 수익이 10억이 되며 수익의 합계는 12억 원이다. 마찬가지로 나머지 경우들도 구해보면

② M : C , S : B = (-4, 4) 수익의 합계는 0 원

③ M : C , S : C＝(14, 7) 수익의 합계는 21억

④ M : A , S : A＝(－6, 4) 수익의 합계는 －2억

따라서, M회사와 S회사의 수익의 합이 가장 큰 경우는 M회사가 C제품, S회사도 C제품을 생산하는 ③이 된다.

---

18   정답 ②

◦정답해설 위와 같은 방법으로 풀어나가되, 시기별 소비자 선호도 정보를 활용해야 하는 문제이다. 각각의 경우의 값을 구해보면 아래와 같다.

① M회사 : A제품 , S회사 : A제품＝(－6, 4)

② M회사 : A제품 , S회사 : C제품＝(2, 10)

③ M회사 : B제품 , S회사 : A제품＝(－7, 12)

④ M회사 : C제품 , S회사 : A제품＝(10, －2)

그런데 제품을 선호하는 시기에 홍보를 하면 월 수익이 50%증가, 월 손해의 50%가 감소된다는 조건이 있다. 문제의 시기는 6월이므로 6월에 선호제품인 A를 홍보한 경우는 이를 적용해 값을 수정해야 한다.

① M회사 : A제품 , S회사 : A제품＝(－6, 4) 두 회사 모두 A제품 홍보 (－3, 6)

② M회사 : A제품 , S회사 : C제품＝(2, 10) M회사 A제품 홍보 (3, 10)

③ M회사 : B제품 , S회사 : A제품＝(－7, 12) S회사 A제품 홍보 (－7, 18)

④ M회사 : C제품 , S회사 : A제품＝(10, －2) S회사 A제품 홍보 (10, －1)

---

19   정답 ①

◦정답해설 세부일정을 살펴보면 퀴즈대회를 한다는 일정은 없다. 따라서 적절하지 않은 사람은 상식 책을 읽고 오겠다는 ① 신사원이다.

---

20   정답 ④

◦정답해설 물적 자원을 관리할 때에는 참여인원을 고려하여 낭비가 적은 방향으로 물적 자원을 관리하는 것이 좋으며, 인원수 파악을 정확히 하여 낭비가 없도록 해야 한다. 따라서 32명의 인원에 비해 지나치게 큰 세미나실을 5개나 잡은 것에 대한 지적을 받았을 것이다.

---

21   정답 ①

◦정답해설 각각의 열차 운임을 구해보면

- A : 출발 9일전에 예매하였고 출발일이 월요일이므로 10%할인

  32,000×0.1=3,200원, 32,000－3,200＝28,800원

- B : 출발 당일에 예매하였으므로 할인이 적용되지 않음. 32,000원

- C : 출발 17일전에 예매하였고 출발일이 일요일이므로 7%할인

  34,000×0.07＝2,380원, 34,000－2,380＝31,620원

따라서 28,000＋32,000＋31,620＝92,420원 이다.

---

22   정답 ②

◦정답해설 보기의 각 경우 열차 할인율을 알아보면

① 열차출발 13일전에 예매 후 주중에 출발하는 표 : 10%할인

② 열차출발 15일전에 예매 후 주중에 출발하는 표 : 15%할인

③ 열차출발 19일전에 예매 후 주말에 출발하는 표 : 7%할인

④ 열차출발 35일전에 예매 후 주말에 출발하는 표 : 10%할인

따라서 ② 열차출발 15일전에 예매 후 주중에 출발하는 표가 가장 저렴하다.

23

정답해설 두 사람의 대화를 통해 회의실이 갖춰야 할 조건이 무엇인지 정리해보면 회의실 수용인원은 총 22명이고, 9:00~16:00동안 회의를 진행하므로 종일 빌려야 하며, 빔프로젝트와 다과가 제공되는 곳일수록 좋다. 또한 회사 지원금이 60만원이고 식사비 30만원, 교통비 12만원, 빔프로젝트 대여비 5만원, 다과 준비 8만원이다.

① A실 : 수용인원이 맞지 않는다.

② B실 : 100,000(회의실)＋300,000(식대)＋120,000(교통비)＋50,000(빔프로젝트)＋0(다과)＝570,000원

③ C실 : 120,000(회의실)＋300,000(식대)＋120,000(교통비)＋0(빔프로젝트)＋80,000(다과)＝620,000원

④ D실 : 170,000(회의실)＋300,000(식대)＋120,000(교통비)＋0(빔프로젝트)＋0(다과)＝590,000원

따라서 지원금 600,000원에 적합한 곳은 B실과 D실인데 둘 중 더 저렴한 곳은 B실이다.

24

정답해설 자원은 기업 활동을 위해 사용되는 기업 내의 모든 시간, 예산(돈), 물적 자원, 인적 자원을 의미한다. '성공하는 사람들의 7가지 습관'의 저자로 유명한 스티븐 코비(Stephen R. Covey)는 사람들이 가지고 있는 기본적인 자산을 물질적 자산, 재정적 자산, 인적 자산으로 나누고 있는데, 오늘날은 1분 1초를 다투는 무한경쟁시대라는 점에서 시간 역시 중요한 자원이라고 할 수 있다. 따라서 자원에 포함되지 않는 것은 '기업 문화'이다.

25

정답해설 자원에 대한 인식 부재가 자원의 낭비요인이 된다. 이는 자신이 가지고 있는 중요한 자원을 인식하지 못하는 것으로, 자원을 물적 자원에 국한하여 생각함으로써 시간이 중요한 자원이라는 것을 의식하지 못하는 것을 예로 들 수 있다. 이 경우 무의식적으로 중요한 자원에 대한 낭비가 발생하게 된다.

26

정답해설 시간은 시절에 따라 밀도도 다르고 가치도 다르다. 인생에도 황금기가 있으며 하루에도 황금시간대(golden hour)가 있는 것이다. 시간은 어떻게 사용하느냐에 따라 가치가 달라지는데, 다른 자원과 마찬가지로 시간도 잘 사용하면 무한한 이익을, 잘못 사용하면 엄청난 손해를 가져다준다.

27

정답해설 일중독자(workaholic)는 일이 우선이어서 오로지 일에만 몰두하여 장시간 일하는 사람을 지칭하는 말이다. 장시간 일을 한다는 것은 일중독자일 가능성이 있다는 점을 의미하지만, 중요한 것은 장시간 일을 한다는 것 자체가 아니라 많은 사람들이 잘못된 시간관리 행동을 한다는 것이다. 시간 관리를 잘 한다면 직장에서 일하는 시간을 줄이고, 일과 가정 또는 자신의 여가를 동시에 즐기는 균형적인 삶을 살 수 있다. 따라서 시간관리가 일중독 현상을 증가시킨다는 말은 옳지 않다.

28

정답 ①

정답해설 예산관리는 활동이나 사업에 소요되는 비용을 산정하고 예산을 편성하는 것뿐만 아니라, 집행과정에서 예산을 관리하는 예산 통제를 모두 포함한다고 할 수 있다. 따라서 일반적으로 예산관리에 포함되는 않는 것은 예산 평가이다.

29

정답 ③

정답해설 자원을 크게 나누어 보았을 때 자연자원과 인공자원으로 나눌 수 있는데, 시설이나 장비 등은 인공자원에 포함된다. 자연자원의 경우 자연 상태에 있는 그대로의 자원을 말하는 것으로 석유, 석탄, 나무 등을 가리키며, 인공자원의 경우 사람들이 인위적으로 가공하여 만든 물적자원을 말한다.

30

정답 ②

정답해설 동일성의 원칙은 같은 품종은 같은 장소에 보관한다는 것이며, 유사성의 원칙은 유사품은 인접한 장소에 보관한다는 것을 말한다. 따라서 ②는 옳지 않다. 동일 및 유사 물품의 분류는 보관의 원칙 중 동일성의 원칙과 유사성의 원칙에 따르는데, 이는 물품을 다시 활용하기 위해 보다 쉽고 빠르게 찾을 수 있도록 하기 위해서 필요한 과정으로, 특정 물품의 정확한 위치를 모르더라도 대략의 위치를 알고 있음으로써 찾는 시간을 단축할 수 있다.

06 대인관계능력									
01 ③	02 ④	03 ①	04 ①	05 ④	06 ②	07 ④	08 ③	09 ①	10 ②
11 ④	12 ①	13 ①	14 ②	15 ④	16 ③	17 ④	18 ①	19 ④	20 ②
21 ①	22 ④	23 ②	24 ①	25 ②	26 ①	27 ②	28 ③	29 ④	30 ③
31 ③									

01
정답 ③

정답해설 책임을 지고 약속을 지키는 것은 중요한 감정 예입 행위이며 약속을 어기는 것은 중대한 인출 행위이다. 그러한 인출 행위가 발생하고 나면 다음에 약속을 해도 상대가 믿지 않기 마련이다. 따라서 대인관계를 향상시키기 위한 방법은 약속의 이행이다.

핵심정리

대인관계 향상을 위한 방법
- 상대방에 대한 이해와 양보
- 약속의 이행
- 언행일치
- 사소한 일에 대한 관심
- 칭찬하고 감사하는 마음
- 진지한 사과

02
정답 ④

정답해설 효과적인 팀이란, ① 팀 에너지를 최대로 활용하여 높은 성과를 내는 팀이다. ② 팀원의 강점을 잘 인식하고 이를 잘 활용한다. ③ 다른 팀들보다 뛰어난 팀이다. 그러나 ④ 업무 지원과 피드백을 위해 구성원이 독립적으로 기능하는 것이 아닌, 서로 의존하는 팀을 말한다.

03
정답 ①

정답해설 리더십과 멤버십은 서로 다른 개념이며, 각기 별도의 역할을 수행한다. 그러나 두 개념은 독립적인 관계가 아니라, 상호 보완적이며 필수적인 존재이다. 조직이 성공을 거두려면 양자가 최고의 기량을 발휘해야만 하는데, 리더십을 잘 발휘하는 탁월한 리더와 멤버십을 잘 발휘하는 탁월한 멤버가 둘 다 있어야 한다.

04

정답해설 멤버십의 유형 중 소외형은 자립적인 사람으로, 일부러 반대의견을 제시한다.

핵심정리

멤버십 유형

- **소외형** : 자립적인 사람으로, 일부러 반대의견 제시
- **순응형** : 팀 플레이를 하며, 리더나 조직을 믿고 헌신함
- **실무형** : 조직의 운영방침에 민감하고, 사건을 균형 잡힌 시각으로 봄
- **수동형** : 판단 및 사고를 리더에게만 의존하며, 지시가 있어야 행동함
- **주도형** : 적극적 참여와 실천 측면에서 솔선수범하고 주인의식을 가지고 있음

05

정답해설 리더는 새로운 상황의 창조자로서 '무엇을 할까?'를 생각하고, 관리자는 창조된 상황을 만들어 가는 사람으로서 '어떻게 할까?'를 생각하는 것이 옳다.

핵심정리

리더와 관리자의 비교

리더(Leader)	관리자(Manager)
• 새로운 상황 창조자 • 혁신지향적 • 내일에 초점 • 사람의 마음에 불을 지핌 • 사람을 중시 • 정신적 • 계산된 리스크를 취함 • '무엇을 할까?'를 생각함	• 상황에 수동적 • 유지지향적 • 오늘에 초점 • 사람을 관리함 • 체제나 기구를 중시 • 기계적 • 리스크를 회피함 • '어떻게 할까?'를 생각함

06

정답해설 협상의 과정은 크게 5단계로 나뉘는데, 해당 내용은 '상호이해'과정에 해당한다.

핵심정리

협상과정의 5단계

협상 시작	• 협상 당사자들 간 상호 친근감을 쌓는다. • 간접적인 방법으로 협상의사를 전달한다.
상호이해	• 갈등문제의 진행상황과 현재의 상황을 점검한다. • 적극적으로 경청하고 자기주장을 제시한다. • 협상을 위한 협상대상 안건을 결정한다.

실질 이해	• 상대가 실제로 원하는 것을 찾아낸다. • 분할과 통합 기법을 활용하여 이해관계를 분석한다.
해결 대안	• 협상 안건마다 대안들을 평가한다. • 최선의 대안을 선택하고 실행계획을 수립한다. • 개발한 대안들을 평가한다.
합의 문서	• 합의문을 작성한다. • 합의 내용, 용어 등을 재점검한다.

07
정답 ④

정답해설 금전적인 보상과 같은 외적 동기 유발제는 직원들의 사기를 높이고 단기간에 좋은 결과를 가져올 수 있지만, 그 효과가 오래가지는 못한다.

핵심정리

리더의 동기부여 방법
- 긍정적 강화법 활용
- 창의적인 문제 해결법 찾기
- 코칭하기
- 지속적인 교육
- 새로운 도전의 기회 부여
- 책임감으로 무장
- 변화에 대해 두려워하지 않기

08
정답 ③

정답해설 코칭은 직원들의 능력을 신뢰하며 확신하고 있다는 사실에 기초한다. 관리와는 다른 개념이며, 직원들을 지도하는 측면보다는 이끌어주고 영향을 미치는데 중점을 둔다.

핵심정리

코칭의 기본원칙
- 관리는 만병통치약이 아니다.
- 훌륭한 코치는 뛰어난 경청자이다.
- 권한을 위임한다.
- 목표를 정하는 것이 가장 중요하다.

09
정답 ①

정답해설 임파워먼트는 리더십의 핵심 개념 중 하나인 권한 위임으로, 조직 구성원들을 신뢰하고 그들의 잠재력을 믿으며, 그 잠재력의 개발을 통해 높은 성과의 조직이 되도록 하는 일련의 행위이다.

10
정답 ②

정답해설 갈등을 증폭시키는 원인에는 적대적 행동, 입장 고수, 감정적 관여 등이 있다. 팀원들이 각자의 입장만 고수하고, 의사소통의 폭을 줄이며, 서로 접촉하는 것을 피할 때 갈등이 증폭된다.

11
정답 ④

정답해설 갈등의 두 가지 쟁점 중 통제나 권력 확보를 위한 싸움은 감정적 문제에 해당한다.

> **핵심정리**
>
> **갈등의 두 가지 쟁점**
> - **핵심문제** : 역할모호성, 방법 · 목표 · 절차 · 책임 · 가치 · 사실에 대한 불일치
> - **감정적 문제** : 공존할 수 없는 개인적 스타일, 통제나 권력 확보를 위한 싸움, 자존심에 대한 위협, 질투와 분노 등

12
정답 ①

정답해설 갈등의 진행 과정은 의견 불일치 → 대결 국면 → 격화 국면 → 진정 국면 → 갈등의 해소 이므로 정답은 ①번이다.

13
정답 ①

정답해설 제시된 유형은 '수용형'이다. 수용형은 나는 지고 너는 이기는 방법(I Lose-You Win)으로, 자신에 대한 관심은 낮고, 상대방에 대한 관심은 높다.

> **핵심정리**
>
> **갈등의 해결방법**
> - **회피형(Avoiding)** : 나도 지고 너도 지는 방식으로, 자신과 상대방에 대한 관심이 모두 낮음
> - **경쟁형(Competing)** : 나는 이기고 너는 지는 방식으로, 자신에 대한 관심은 높고, 상대방에 대한 관심은 낮음(=지배형)
> - **수용형(Accomodating)** : 나는 지고 너는 이기는 방식으로, 자신에 대한 관심은 낮고, 상대방에 대한 관심은 높음
> - **타협형(Compromising)** : 서로가 타협적으로 주고받는 방식으로, 자신에 대한 관심과 상대방에 대한 관심이 중간 정도
> - **통합형(Integrating)** : 나도 이기고 너도 이기는 방식으로, 자신은 물론 상대방에 대한 관심이 모두 높음(=협력형)

14
정답 ②

정답해설 보기는 유화전략(Lose-Win 전략)의 설명이다.

핵심정리

협상전략의 종류

협력전략	• 문제를 해결하는 합의에 이르기 위해 당사자들 간 서로 협력하는 전략 • 신뢰와 우호적 인간관계 유지가 매우 중요함 • Win-Win 전략
유화전략	• 상대방이 제시하는 것을 일방적으로 수용하여 협상의 가능성을 높이려는 전략 • 양보, 순응, 수용, 굴복 전략 • Lose-Win 전략
회피전략	• 협상을 피하거나 잠정적으로 중단 · 철수하는 전략 • 나도 손해보고 상대방도 피해를 입게 되어 모두가 손해를 보게 됨 • 협상의 가치가 매우 낮은 경우, 협상 이외의 방법으로 쟁점 해결이 가능한 경우 등 • Lose-Lose 전략
강압전략	• 상대방보다 우위에 있을 때, 자신의 이익을 극대화하기 위한 공격적 전략 • 인간관계를 중요하게 여기지 않고, 어떻게든 자신의 입장을 관철하고자 함 • Win-Lose 전략

---

15   정답 ④

정답해설 맞장구치고 추켜세우는 것은 트집형의 대응 방안이 된다. 빨리빨리형의 경우 애매한 화법을 사용하지 않도록 하고, 만사를 시원스럽게 처리하는 모습을 보이면 응대하기 쉽다.

---

16   정답 ③

정답해설 빈 칸에 들어갈 단계가 순서대로 나열된 것은 ③번이다.

핵심정리

고객 불만 처리 프로세스 8단계

---

17   정답 ④

정답해설 감정은행계좌란 인간관계에서 구축하는 신뢰의 정도를 은유적으로 표현한 것이다. 만약 우리가 다른 사람의 입장을 먼저 이해하고 배려하며, 친절하고 정직하게 약속을 지킨다면 우리는 감정을 저축하는 셈이 된다. 진지한 사과의 경우는 감정은행계좌에 신뢰를 예입하는 것이 되나, 반복되는 사과는 불성실한 사과와 마찬가지로 받아들여지므로 신용에 대한 인출이 되어 오히려 대인관계 향상에 부정적인 영향을 미칠 수 있다.

핵심정리

감정은행계좌를 적립하기 위한 주요 예입 수단

- 상대방에 대한 이해와 양보
- 약속의 이행
- 언행일치
- 사소한 일에 대한 관심
- 칭찬하고 감사하는 마음
- 진지한 사과

18

정답 ①

정답해설 실수를 용납하지 않으며, 정책의사결정과 대부분의 핵심정보를 그들 스스로에게만 국한하여 소유하고 고수하려는 경향이 있는 이러한 유형은 독재자 유형이다.

핵심정리

리더십 유형

- **독재자 유형** : 실수를 용납하지 않으며, 통제 없이 방만한 상태 혹은 가시적인 성과물이 보이지 않을 때 효과가 있다.
- **민주주의에 근접한 유형** : 토론을 장려하고 구성원 모두를 참여하게 하며 혁신적이고 탁월한 부하직원들을 거느리고 있을 때 효과적이다.
- **파트너십 유형** : 집단 구성원이 평등하며 소규모 조직에서 경험과 재능을 소유한 조직원이 있을 때 효과적이다.
- **변혁적 유형** : 자기 확신이 있으며 조직에 획기적인 변화가 요구될 때 효과적이다.

19

정답 ④

정답해설 수용하기 단계에서 부정적인 행동을 보이거나 반감을 가지는 직원들이 있다면 개별적으로 면담을 하거나 수시로 소통을 하여 긍정적으로 변화를 이끌어 나가는 것이 바람직하다.

핵심정리

변화관리 3단계

- **이해하기** : 변화와 관련한 몇 가지 공통 기반을 마련하고 변화과정에는 어떤 것들이 있는지를 파악한다.
- **인식하기** : 개방적인 분위기를 조성하고 변화의 긍정적인 면을 강조하여 직원들 스스로가 변화를 직접 주도하고 있다는 마음이 들도록 이끈다.
- **수용하기** : 변화가 왜 일어나야 하는지를 직원들에게 상세하게 설명하고, 변화를 위한 직원들의 노력에 아낌없이 지원한다. 무엇보다 수시로 소통하여 직원들의 마음을 세심하게 살피고 긍정적인 방향으로 이끈다.

20

정답 ②

정답해설 상대가 실제로 원하는 것을 찾아내는 것은 협상의 과정 중 실질 이해 단계에서 고려해야 할 사항이다.

핵심정리

협상과정의 5단계

협상 시작	• 협상 당사자들 간 상호 친근감을 쌓는다. • 간접적인 방법으로 협상의사를 전달한다.
상호이해	• 갈등문제의 진행상황과 현재의 상황을 점검한다. • 적극적으로 경청하고 자기주장을 제시한다. • 협상을 위한 협상대상 안건을 결정한다.
실질 이해	• 상대가 실제로 원하는 것을 찾아낸다. • 분할과 통합 기법을 활용하여 이해관계를 분석한다.
해결 대안	• 협상 안건마다 대안들을 평가한다. • 최선의 대안을 선택하고 실행계획을 수립한다. • 개발한 대안들을 평가한다.
합의 문서	• 합의문을 작성한다. • 합의 내용, 용어 등을 재점검한다.

21 정답 ①

정답해설 나도 손해보고 상대방도 피해를 입게 되어 모두가 손해를 보게 되는 전략인 'I Lose−You Lose' 전략은 회피형 (Avoiding)전략이다.

핵심정리

갈등의 해결방법

• 회피형(Avoiding) : 나도 지고 너도 지는 방식으로, 자신과 상대방에 대한 관심이 모두 낮음
• 경쟁형(Competing) : 나는 이기고 너는 지는 방식으로, 자신에 대한 관심은 높고, 상대방에 대한 관심은 낮음(=지배형)
• 수용형(Accomodating) : 나는 지고 너는 이기는 방식으로, 자신에 대한 관심은 낮고, 상대방에 대한 관심은 높음
• 타협형(Compromising) : 서로가 타협적으로 주고받는 방식으로, 자신에 대한 관심과 상대방에 대한 관심이 중간 정도
• 통합형(Integrating) : 나도 이기고 너도 이기는 방식으로, 자신은 물론 상대방에 대한 관심이 모두 높음(=협력형)

22 정답 ④

정답해설 사고방식의 차이를 무시하는 것이 팀워크를 저해하는 요소가 된다. 따라서 ④는 적절한 요소가 아니다. 일반적 으로 팀워크를 저해하는 요소에는 ①∼③ 외에 자기중심적인 이기주의, 그릇된 우정과 인정 등이 있다.

23 정답 ②

정답해설 팀의 발전과정은 형성기, 격동기, 규범기, 성취기의 4단계로 이루어진다(B. Tuckman). 따라서 ②는 적절하지 않 다. 격동기(storming)는 단계의 특징은 경쟁과 마찰이다. 팀원들이 과제를 수행하기 위해 체계를 갖추게 되면서 필연적으로 마찰이 일어나며, 리더십과 구조, 권한, 권위에 대한 문제 전반에 걸쳐서 경쟁심과 적대감이 나타나 는 단계이다.

24 정답 ①

정답해설 팀워크는 단순히 모이는 것을 중요시하는 것이 아니라 목표달성 의지를 가지고 성과를 내는 것이다. 팀워크의 유형은 협력 · 통제 · 자율의 3가지 기제를 통해 구분되는데, 조직이나 팀의 목적, 추구하는 사업 분야에 따라 서로 다른 유형의 팀워크를 필요로 한다.

25 정답 ②

정답해설 주도형(모범형)은 우리가 추구하는 유형으로, 독립적 · 혁신적 사고 측면에서 스스로 생각하고 건설적 비판을 하는 사람을 말한다. 따라서 비판을 삼가는 유형으로 볼 수는 없다.

오답해설 ① 주도형은 조직과 팀의 목적달성을 위해 독립적 · 혁신적으로 사고하고, 역할을 적극적으로 실천하는 사람이다.
③ 주도형은 자기 나름의 개성이 있고 혁신적이며 창조적인 특성을 가진다.
④ 극적 참여와 실천 측면에서 솔선수범하고, 주인의식을 가지고 적극적으로 참여하며, 기대이상의 성과를 내려고 노력하는 특성을 가진다.

26 정답 ①

정답해설 팀 목표를 달성하도록 팀원을 고무시키는 환경 조성을 위해서는 동료의 피드백이 필요한데, 긍정적 피드백이든 부정적 피드백이든, 피드백이 없다면 팀원들은 개선을 이루거나 탁월한 성과를 내고자 하는 노력을 게을리 하게 된다. 따라서 ①은 부정적 피드백이 아닌 피드백이 존재하지 않는 경우에 대한 설명이다.

27 정답 ②

정답해설 집단이 통제가 없이 방만한 상태에 있거나 가시적인 성과물이 보이지 않을 때 사용하는 것이 효과적인 유형은 독재자 유형이다. 이러한 경우 독재자 유형의 리더는 팀원에게 업무를 공정히 나누어주고, 그들 스스로가 결과에 대한 책임을 져야 한다는 것을 일깨울 수 있다.

28 정답 ③

정답해설 전통적으로 코칭은 리더나 관리자가 직원들을 코치하는 관점에서 활용되었으나, 오늘날에는 상황이 바뀌어 판매자와 고객 등의 사람들에게 성공적인 커뮤니케이션 수단으로 활용되고 있다. 판매자에게는 새롭고 효과적인 해결책을 설계 · 진행 · 실현하는데 활용되고 있으며, 고객은 고객만족 문제를 해결하고 장기적 수익을 실현하는데 활용된다. 그밖에 직장 외의 사람들과 상황에서도 활용되고 있다.

29 정답 ④

정답해설 임파워먼트 환경에서는 사람들의 에너지와 창의성, 동기 및 잠재능력이 최대한 발휘되는 경향이 있으나, 반 임파워먼트 환경은 사람들이 현상을 유지하고 순응하게 만드는 경향이 있다.

30 정답 ③

정답해설 변화에 뒤처지지 않기 위해 변화에 따라 끊임없이 조직을 혁신하고 업무를 재편하는 것이 효과적인 대처 전략이 된다.

오답해설 ① 끊임없이 변하고 유동적인 비즈니스의 특징에 따라 변화관리는 리더에게 있어서 매우 중요한 자질로 부각되었다.

② 변화를 관리하는 기술을 연마하는 데는 여러 가지 방법이 있는데, 리더는 열린 커뮤니케이션, 역지사지의 자세, 신뢰감 형성, 긍정적인 자세, 직원의 의견을 받아들이고 그들에게 창조적으로 권한을 위임하는 방법 등에 특히 관심을 기울여야 한다.

④ 효과적인 변화관리 3단계는 변화 이해하기, 변화 인식하기, 변화 수용하기의 3단계로 설명할 수 있다.

31 정답 ③

정답해설 대안들을 평가하고 최선의 대안에 대해서 합의·선택하며, 대안 이행을 위한 실행계획을 수립하는 단계는 해결 대안의 단계이다.

07 정보능력

01 ③	02 ②	03 ④	04 ②	05 ③	06 ③	07 ②	08 ②	09 ③	10 ①
11 ②	12 ④	13 ④	14 ②	15 ①	16 ②	17 ②	18 ②	19 ④	20 ②
21 ③	22 ③	23 ②	24 ②	25 ④	26 ③	27 ②	28 ①	29 ②	30 ②
31 ②	32 ②								

01   정답 ③

정답해설 정보화 사회는 컴퓨터와 정보통신 기술의 발전과 이와 관련된 다양한 소프트웨어의 개발에 의해 네트워크화가 이루어져, 전 세계를 하나의 공간으로 여기는 수평적 네트워크 커뮤니케이션이 가능한 사회로 만들어 간다.

02   정답 ②

정답해설 바이러스는 사용자가 인지하지 못한 사이 자가 복제를 통해 다른 정상적인 프로그램을 감염시켜 해당 프로그램이나 다른 데이터 파일 등을 파괴하며, 대부분 인터넷이나 이메일 등의 첨부파일로 감염된다.

03   정답 ④

정답해설 DHCP는 ISP(Internet Service Provider) 업체에서 각 컴퓨터의 IP주소를 자동으로 할당해 주는 프로토콜이다.

04   정답 ②

정답해설 시스템 소프트웨어는 컴퓨터 전체를 작동시키는 프로그램으로 기능에 따라 제어 프로그램과 처리 프로그램으로 구분한다.
- **제어 프로그램** : 감시, 작업관리, 데이터관리
- **처리 프로그램** : 서비스, 문제처리, 언어번역

05   정답 ③

정답해설 시스템 백업 기능은 자료를 안전하게 보관하는 것이 목적이다. 컴퓨터 시스템을 안정적으로 사용하기 위해서는 디스크 조각 모음의 예약 실행을 설정하여 정기적으로 최적화 시키거나, 직사광선을 피하고 습기가 적은 곳에 컴퓨터를 설치하는 방법 등이 있다.

06 정답 ③

정답해설 정보의 평준화로 계층 간의 정보차이가 감소하는 것은 정보 사회의 장점에 해당한다.

07 정답 ②

정답해설 소프트웨어란 컴퓨터를 이용하여 문제를 처리하는 프로그램 집단을 말한다.
- **유틸리티 프로그램** : 사용자가 컴퓨터를 사용하면서 처리하게 되는 작업을 편리하게 할 수 있도록 도와주는 소프트웨어
- **그래픽 소프트웨어** : 새로운 그림을 그리거나 그림 또는 사진 파일을 불러와 편집하는 프로그램

08 정답 ②

정답해설 스프레트시트란 문서 작성 및 편집 기능 외에 수치나 공식을 입력해 그 값을 계산하고 계산 결과를 차트로 표시할 수 있는 전자계산표 또는 표계산 프로그램으로 구성단위로는 셀, 열, 행, 영역이 있다.

오답해설 ① 스프레드시트의 대표 프로그램으로는 Microsoft Office Excel 등이 있다. Microsoft Office Access는 데이터베이스의 대표 프로그램이다.
③ 워드프로세서의 주요기능이다. 스프레드시트는 계산프로그램이다.
④ 데이터베이스에 대한 설명이다.

09 정답 ③

정답해설 데이터베이스는 대량의 자료를 구조화하여 검색이나 자료 관리 작업을 효과적으로 실행하는 프로그램을 말한다.

● 핵심정리 ●

데이터베이스의 필요성
- 데이터의 중복을 줄인다.
- 검색을 쉽게 해준다.
- 개발기간을 단축한다.
- 데이터의 무결성을 높인다.
- 데이터의 안정성을 높인다.

---

10 정답 ①

정답해설 Windows7의 제어판에서 사용자 컴퓨터에 설치된 하드웨어 장치를 확인할 수 있는 항목은 장치관리자이다.

● 핵심정리 ●

장치관리자
- 현 시스템에 설치된 하드웨어의 종류 및 작동여부를 확인할 수 있다.
- 각 하드웨어의 드라이브 업데이트 및 드라이버 설치를 할 수 있다.
- 노란색 물음표가 표시된 장치는 드라이버가 아직 설치되지 않은 장치이다.

---

11 정답 ②

정답해설 성명이 이 씨 이거나 거주지가 경기이면서 마일리지가 2000초과인 조건에 맞는 행은 5행, 3행이다. 따라서 정답은 ②번이다.

핵심정리

고급필터
고급필터 조건표에서 조건을 같은 행에 작성하면 그리고 조건, 다른 행에 작성하면 또는 조건이 된다.

12 정답 ④

정답해설 셀에 입력된 데이터를 삭제하더라도 메모는 삭제되지 않는다.

핵심정리

메모
- 셀에 입력된 데이터를 삭제해도 메모는 삭제되지 않는다.
- 메모를 기록할 때의 단축키는 Shift + F2 이다.
- 메모가 삽입된 셀에는 오른쪽 상단에 빨간색 삼각형 점이 표시된다.
- 피벗 테이블 보고서에 메모를 삽입할 경우 메모 삽입위치의 레이아웃(행, 열, 보고서 필터, 값)이 변경되어도 메모의 위치는 변하지 않는다. 즉 메모는 셀 주소를 기준으로 위치한다.

13 정답 ④

정답해설 틀 고정에 의해 분할된 부분은 인쇄에 적용 되지 않는다.
[페이지 레이아웃] – [페이지 설정] – [인쇄 제목]에서 반복 인쇄 행/열을 설정 할 수 있다.

14 정답 ②

정답해설 데이터 연결 마법사를 이용하여 외부 데이터를 가져올 때 조인된 테이블을 가져올 수 없다.

15 정답 ①

정답해설 시작 메뉴를 표시하기 위한 바로가기 키는 〈Ctrl〉+〈Esc〉이고, 〈Alt〉+〈Esc〉 키는 실행중인 프로그램을 순서대로 전환하는 키이다.

16 정답 ②

정답해설 B2셀의 인접 셀 중에서 값이 입력된 셀을 선택한다. 따라서 [A1:B3] 셀이 선택된다.
- CurrentRegion : 현재 셀의 인접한 값이 입력된 셀
- Select : 선택

17 정답 ②

정답해설 HLOOKUP(찾는값,찾을범위,행번호)이므로, [A2:C7] 범위에서 "1분기실적"을 찾아 해당 열의 3번째 행을 검색한다.

18 정답 ②

정답해설 엑셀에서 한글파일(*.hwp)은 [외부 데이터 가져오기] 기능으로 가져올 수 없다.

◆ 핵심정리 ◆

외부 데이터 가져오기
- 외부 데이터 가져오기를 사용하여 가져온 데이터는 원본 데이터가 변경될 경우 가져온 데이터에도 반영되도록 설정할 수 있다.
- 엑셀에서 가져올 수 있는 외부데이터에는 데이터베이스 파일(Access, dBASE, Foxpro, Oracle, Paradox, SQL), 쿼리(*.dqy), OLAP 큐브파일(*.oqy)이 있다.

---

19 정답 ④

정답해설 셀 참조에 관한 설명으로 옳은 것은 ④번이다.

오답해설 ① 수식 작성 중 마우스로 셀을 클릭하면 기본적으로 해당 셀이 상대 참조로 처리된다.
② 수식에 셀 참조를 입력한 후 셀 참조의 이름을 정의하더라도 오류가 발생하지 않는다. 셀 이름을 지정한 경우 셀 주소와 지정한 이름 모두 사용가능하다.
③ 셀 참조 앞에 워크시트 이름과 마침표(!)를 차례대로 넣어서 다른 워크시트에 있는 셀을 참조할 수 있다.

20 정답 ②

정답해설 두 열에 입력된 값을 행 방향으로 자동 채우기 하면 아래와 같이 자동 채우기 된다.

	A	B
1	일	1
2	월	2
3	화	3
4	수	4
5		

21 정답 ③

정답해설 매크로 이름 지정 시 첫 글자는 반드시 문자로 지정해야 하는데 '3_Macro'는 첫 글자가 숫자로 시작하기 때문에 매크로 이름으로 지정할 수 없다.

22 정답 ③

정답해설 보기의 수식을 [A7] 셀에 입력할 경우 표시되는 결과 값은 다음과 같다.
- VLOOKUP(찾을 값, 찾을 범위, 가져올 열 번호)
- VLOOKUP(A6,$A$1:$B$4,2) : −5가 찾을 범위에 존재하지 않아 오류값(#N/A)이 출력된다.
- IFERROR(VALUE, 출력 값) : VALUE 값에 오류가 있으면 출력 값 표시
- IFERROR(#N/A,"입력오류") : VALUE가 오류이므로 "입력오류"를 표시한다.

23 정답 ②

정답해설 성명이 "손"으로 끝나는 세 글자이거나, 부서명이 "영업"이면서 성적이 "80" 초과인 항목을 필터 한다. 조건을 같은 행에 입력하면 and 조건이고, 조건을 다른 행에 입력하면 or 조건이 된다. "??손"은 세 글자이면서 "손"으로 끝나는 조건을 검색한다.

24 정답 ②

정답해설 서식항목에서는 특정 서식이 있는 텍스트나 숫자를 찾을 수 있다.

25 정답 ④

정답해설 ROUNDUP(값, 자릿수)은 자릿수 인수만큼 올림 한다.
ROUNDUP(6541.602, −1)수식의 6541.602에서 인수 −1은 정수 "일의 자리"에서 올림 한다. 따라서 실행 결과는 6550가 되어야 한다.

핵심정리

매크로 이름 지정 시 주의사항
- Macro1, Macro2 등과 같이 자동으로 부여되는 이름을 지우고 사용자가 임의로 지정할 수 있다.
- 서로 다른 매크로에 동일한 이름을 부여할 수 없다.
- 이름 지정 시 첫 글자는 반드시 문자로 지정해야 하고 두 번째부터 문자, 숫자, 밑줄 문자 등의 사용이 가능하다.
- / ? ˋ . ※ 등과 같은 문자와 공백은 매크로 이름으로 사용할 수 없다.

26 정답 ③

정답해설 키오스크(Kiosk)는 전시장이나 쇼핑센터 등에 설치하여 방문객이 각종 안내를 받을 수 있도록 한 것으로, 터치 패널을 이용해 메뉴를 손가락으로 선택해서 정보를 얻을 수 있는 것을 말한다.

27 정답 ②

정답해설 공장 자동화(FA : Factory Automation)는 각종 정보 기기와 컴퓨터 시스템이 유기적으로 연결함으로써 제품의 설계에서 제조, 출하에 이르는 공장 내의 공정을 자동화하는 기술을 말한다. 이를 통해 생산성 향상과 원가 절감, 불량품 감소 등으로 제품의 경쟁력을 높이게 된다. 공장 자동화의 대표적인 예로는 컴퓨터 이용 설계(CAD : Computer Aided Design)와 컴퓨터 이용 생산(CAM : Computer Aided Manufacturing)이 있다.

28 정답 ①

정답해설 정보관리란 수집된 다양한 형태의 정보를 어떤 문제해결이나 결론도출에 사용하기 쉬운 형태로 바꾸는 일로서, 목적성과 용이성, 유용성의 세 가지 원칙을 고려해야 한다. 따라서 보안성은 정보관리의 원칙에 해당되지 않는다. 한편, 정보보호의 3원칙은 보통 관리적 보안과 물리적 보안, 기술적 보안으로 나누기도 한다.

29 정답 ②

정답해설 이모티콘(Emoticon)은 컴퓨터 통신에서 자신의 감정이나 의사를 나타내기 위해 사용하는 기호나 문자의 조합을 말하는 것으로, 감정(emotion)과 아이콘(icon)을 합성한 말이다. 이모티콘은 1980년대에 미국의 한 대학생이 최초로 사용했으며, PC통신과 인터넷 상용화 초창기에 웃는 모습이 주류를 이루었기 때문에 스마일리(Smiley)로 불리기도 하였다.

오답해설 ① 네티켓(Netiquette) : 통신망을 뜻하는 네트워크(network)와 예절을 뜻하는 에티켓(etiquette)의 합성어로, 네티즌이 사이버 공간에서 지켜야 하는 예절 또는 지켜야 할 비공식적인 규약을 의미한다.
③ 스팸(Spam) : 광고성 우편물이나 선전물, 대량 발송 메시지 등을 의미하는 용어로, 주로 인터넷상의 다수 수신인에게 무더기로 송신된 전자 우편(e-mail) 메시지나 뉴스그룹에 일제히 게재된 뉴스 기사. 우편물을 통해 불특정 다수인에게 무더기로 발송된 광고나 선전 우편물(Junk mail)과 같은 의미이다.
④ 트래픽(Traffic) : 전신·전화 등의 통신 시설에서 통신의 흐름을 지칭하는 말로서, 전송량이라고 한다. 통상 어떤 통신장치나 시스템에 걸리는 부하를 의미하는 용어로, 트래픽 양이 지나치게 많으면 서버에 과부하가 걸려 전체적인 시스템 기능에 장애를 일으킨다.

30

정답해설 SNS(Social Networking Service)는 온라인상의 인적 네트워크 구축을 목적으로 개설된 커뮤니티형 웹사이트로서, 미국의 트위터, 인스타그램, 페이스북, 한국의 블로그, 카카오, 밴드 등이 대표적이다. 현재 많은 사람이 다른 사람과 의사소통을 하거나 정보를 공유·검색하는 데 SNS를 일상적으로 이용하고 있는데, 이는 참가자 개인이 정보발신자 구실을 하는 1인 미디어라는 것과 네트워크 안에서 정보를 순식간에 광범위하게 전파할 수 있다는 점, 키워드 기반의 검색정보보다 정보의 신뢰성이 높다는 점 등이 그 주요 요인이라 할 수 있다.

31

정답해설 정보관리의 방식 중 주요 키워드나 주제어를 가지고 소장하고 있는 정보원(sources)을 관리하는 방식은 색인을 이용한 정보관리이다. 목록은 한 정보원에 하나만 만드는 것이지만, 색인은 여러 개를 추출하여 한 정보원에 여러 색인어를 부여할 수 있다. 색인은 정보를 찾을 때 쓸 수 있는 키워드인 '색인어'와 색인어의 출처인 '위치정보'로 구성된다.

오답해설 ① 목록을 이용한 정보관리는 정보에서 중요한 항목을 찾아 기술한 후 정리하여 정보목록을 만들어 관리하는 방식을 말한다.

③, ④ 정보의 내용에 따라 분류하거나 정보가 이용되는 기능에 따라 분류하는 것은 모두 분류를 이용한 정보관리에 해당한다. 분류를 이용한 정보관리는 정보를 각각의 기준에 따라 유사한 것끼리 모아 체계화하여 정리하는 것으로, 시간적 기준(정보의 발생 시간별 분류)과 주제적 기준(정보의 내용에 따라 분류), 기능적·용도별 기준(기능이나 용도에 따라 분류), 유형적 기준(정보 유형에 따라 분류)으로 구분된다.

32

정답해설 미래를 이끌어 갈 주요 산업인 6T는 정보기술, 우주항공기술, 생명공학, 나노기술, 환경기술, 문화산업을 말한다. 6T는 토지·노동·자본보다는 새로운 지식과 기술을 개발·활용·공유·저장할 수 있는 지식근로자를 요구하고 있다.

오답해설 ① 미래사회는 부가가치 창출요인이 토지, 자본, 노동에서 지식 및 정보 생산 요소로 전환되고 지식과 정보가 부가 가치 창출의 3/4을 차지할 정도로 증가할 것이다.

③ 세계화는 모든 국가의 시장이 국경 없는 하나의 세계 시장으로 통합됨을 의미하는데, 미래사회는 세계화의 진전으로 WTO와 FTA 등에 의한 무역개방화, 국가 간의 전자 상거래(EC), 가상은행, 사이버 백화점, 사이버 대학교, 한국 기업의 외국 공장 설립, 다국적 기업의 국내 설치 및 산업 연수생들의 국내산업체 근무, 외국 대학 및 학원의 국내 설치 등이 더욱 증가하게 될 것이다.

④ 미래사회에서는 과학적 지식이 폭발적으로 증가할 것이다. 한 미래학자는 2050년경이 되면 지식이 급증하여 지금의 지식은 1% 밖에 사용할 수 없게 될 것이라고 전망하기도 했다.

08 기술능력

01 ①	02 ③	03 ②	04 ④	05 ①	06 ④	07 ②	08 ③	09 ④	10 ③
11 ①	12 ①	13 ②	14 ④	15 ①	16 ④	17 ③	18 ②	19 ③	20 ④
21 ③	22 ④	23 ③	24 ②	25 ①	26 ④	27 ③	28 ①	29 ③	30 ③
31 ②									

01
정답 ①

정답해설 오디오 사용 설명서를 참고하면 제품 청소 시에는 전용 세척제를 사용하라고 했기 때문에 알코올이나 락스 등을 사용하여 세척하지 않는다.

02
정답 ③

정답해설 유선 네트워크를 사용하면 기기가 무선 주파수 방해 없이 네트워크에 직접 연결되어 최적의 성능을 제공한다. 무선 연결 시 무선 전파 간섭으로 네트워크 연결이 끊기거나 재생이 중지될 수 있어 유선 연결사용을 권장한다고 하였다.

03
정답 ②

정답해설 [즐겨찾기]에는 즐겨 찾는 곡이 표시되고, 스피커에서 가장 많이 재생 된 곡은 [자주 들은 음악]에 표시된다.

04
정답 ④

정답해설 기술혁신은 조직의 경계를 넘나드는 특성을 가지고 있으며, 연구개발 부서 단독으로 수행될 수 없고, 생산부서나 품질관리 담당자 혹은 회부 전문가 등의 도움이 필요한 상호의존성을 가지고 있다.

05
정답 ①

정답해설 K씨는 벤치마킹 대상을 방문하여 수행하는 직접적 벤치마킹을 하였다.

핵심정리

• 벤치마킹 : 특정 분야에서 뛰어난 업체나 상품, 기술, 경영 방식 등을 배워 합법적으로 응용하는 방법
• 간접적 벤치마킹 : 인터넷 및 문서형태의 자료를 통해서 수행하는 방법

---

06 정답 ④

정답해설 먼지통의 필터를 제대로 장착하거나 먼지 통을 제대로 장착함으로써 청소기의 불량을 해결할 수 있는 증상은 로봇청소기의 소음이 심해졌을 경우이다.

07 정답 ②

정답해설 사용설명서를 참고하면 배터리가 완전히 방전된 상태에서 충전이 완료될 때까지 약 3시간 정도 걸린다.

08 정답 ③

정답해설 리모컨을 사용하지 않을 때에는 충전대에 있는 리모컨 거치대에 보관할 수 있다. 그러나 리모컨의 작동과 관련이 있는 것은 아니다.

09 정답 ④

정답해설 정보 부분에 수화물 및 승객명세자료 도착 지연이 있기 때문에 수화물이 늦게 오면 제시간에 출발하지 못하고 항공기가 지연된다. 그렇기 때문에 수화물이 늦게 와도 정해진 시간에 이륙해야 한다는 것은 매뉴얼의 내용으로 적절하지 못하다.

10 정답 ③

정답해설 직원 부분에서 탑승업무 수행직원의 동기 부여 부족이라고 하였기 때문에 매뉴얼에 성과금에 대한 내용은 작성되지 않았다.

오답해설 ① 고객 부분을 봤을 때 매뉴얼에 작성됐을 말로 적절하다.
② 자재 부분을 봤을 때 매뉴얼에 작성됐을 말로 적절하다.
④ 장비 부분을 봤을 때 매뉴얼에 작성됐을 말로 적절하다.

11 정답 ①

정답해설 ②, ③, ④는 기술적 원인에 해당하며 ①은 작업관리상 원인에 해당한다.

핵심정리

산업재해의 원인

기본적 원인	직접적 원인
〈교육적 원인〉 • 안전지식의 불충분 • 안전수칙의 오해 • 경험이나 훈련의 불충분 • 작업관리자의 작업 방법 교육 불충분 • 유해 위험 작업 교육 불충분	〈불안전한 행동〉 • 위험장소 접근 • 안정장치 기능제거 • 보호장비의 미착용 및 잘못된 사용 • 운전 중인 기계의 속도 조작 • 기계 · 기구의 잘못된 사용 • 위험물 취급 부주의 • 불안전한 상태 방치 • 불안전한 자세 • 감독 및 연락 잘못
〈기술적 원인〉 • 건물기계 장치의 설계불량 • 구조물의 불안정 • 재료의 부적합 • 생산 공정의 부적당 • 점검 · 정비 · 보존의 불량	
〈작업관리상 원인〉 • 안전 관리 조직의 결함 • 안전 수칙 미제정 • 작업 준비 불충분 • 인원 배치 및 작업지시 부적당	〈불안전한 상태〉 • 시설물 자체 결함 • 전기 기설물의 누전 • 구조물의 불안정 • 소방기구의 미확보 • 안전 보호장치 결함 • 복장 · 보호구의 결함 • 시설물의 배치 및 장소 불량 • 작업환경 결함 • 생산공정의 결함 • 경계표시 설비의 결함

12 정답 ①

정답해설 보기의 스위치를 눌렀을 때 바뀐 모양을 살펴보면 다음과 같다.

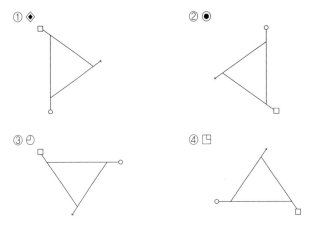

따라서 '◈'을 누르면 주어진 결과와 같은 형태가 된다.

13   정답 ②

정답해설 보기의 스위치를 눌렀을 때 바뀐 모양을 살펴보면 다음과 같다.

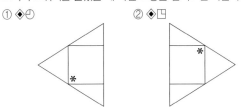

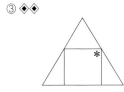 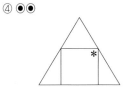

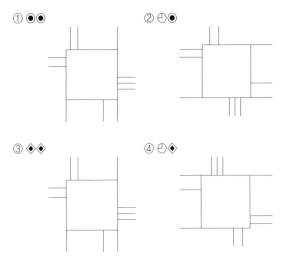

따라서 '◆◔'을 누르면 주어진 결과와 같은 형태가 된다.

14   정답 ④

정답해설 보기의 스위치를 눌렀을 때 바뀐 모양을 살펴보면 다음과 같다.

따라서 '◔◆'을 누르면 주어진 결과와 같은 형태가 된다.

15   정답 ①

정답해설 기술 개발에 대한 기업의 투자가 가시적인 성과로 나타나기까지는 비교적 장기간의 시간을 필요로 한다.

정답 및
해설

핵심정리

기술 혁신의 특성

- 기술 혁신은 그 과정 자체가 매우 불확실하고 장기간의 시간을 필요로 한다.
- 기술 혁신은 지식 집약적인 활동이다.
- 혁신 과정의 불확실성과 모호함은 기업 내에서 많은 논쟁과 갈등을 유발할 수 있다.
- 조직의 경계를 넘나든다.

---

16 정답 ④

정답해설 전문 연수원을 통한 기술과정 연수는 기술능력이 뛰어난 사람의 특징과 관련이 없다.

핵심정리

기술능력 향상방법

- 전문 연수원을 통한 기술과정 연수
- e-learning을 활용한 기술교육
- 상급학교 진학을 통한 기술교육
- OJT를 활용한 기술교육

---

17 정답 ③

정답해설 사람의 눈 가까이에서 플래시를 터트리면 일시적으로 눈이 안보일 수 있다. 플래시는 적어도 피사체에서 1 미터 정도 떨어져야 하고 유아를 촬영할 때는 특별한 주의를 기울여야 한다.

---

18 정답 ②

정답해설 스크린에 무리하게 힘을 가하거나 날카로운 물체를 대지 않는다. 타사 보호 필름이 부착되어 있거나, 손톱이나 장갑을 낀 손으로 터치하거나, 살짝 터치하거나, 너무 빠르게 움직여 손가락이 스크린에 닿지 않았을 경우 동작을 인식하지 못 할 수 있다.

---

19 정답 ③

정답해설 TV 중독 문제는 네트워크 혁명 이전부터 존재하던 문제로, 네트워크 혁명이 초래한 역기능으로 보기 어렵다. 네트워크 혁명이 초래하는 대표적인 역기능에는 디지털 정보격차, 정보화에 따른 실업 문제, 인터넷 게임과 채팅 중독, 범죄 및 반사회적인 사이트의 활성화, 범죄자들 간의 네트워크 악용, 정보기술을 이용한 감시 등이 있다.

---

20 정답 ④

정답해설 OJT는 지도자의 높은 자질이 요구되며 교육훈련 내용의 체계화가 어렵다는 것이 단점이다. 이에 따라 OJT의 대상은 비교적 기술직을 대상으로 하지만, 관리직이나 전문직에도 점점 적용시켜나가고 있다.

21
정답 ③

정답해설 'know-why'에 대한 설명이다. 즉, 'know-how'란 흔히 특허권을 수반하지 않는 과학자와 엔지니어 등이 가지고 있는 체화된 기술이며, 'know-why'는 어떻게 기술이 성립하고 작용하는가에 관한 원리적 측면에 중심을 둔 개념이다. 기술은 일반적으로 '노하우(know-how)'와 '노와이(know-why)'로 나눌 수 있으며, 원래 'know-how'의 개념이 강하였으나 시대가 지남에 따라 'know-how'와 'know-why'가 결합하게 되었고, 현대적 기술은 주로 과학을 기반으로 하는 기술이 되었다.

22
정답 ④

정답해설 기술은 인간에 의해 만들어진 비자연적인 대상, 또는 그 이상을 의미한다는 특징을 지닌다.

> **핵심정리**
>
> **기술의 특징**
> - 하드웨어나 인간에 의해 만들어진 비자연적인 대상, 혹은 그 이상을 의미한다.
> - 기술은 '노하우(know-how)'를 포함한다. 즉, 기술을 설계 · 생산하고 사용하기 위해 필요한 정보 · 기술 · 절차를 갖는 데 노하우가 필요하다.
> - 기술은 하드웨어를 생산하는 과정이다.
> - 기술은 인간의 능력을 확장시키기 위한 하드웨어와 그것의 활용을 뜻한다.
> - 기술은 정의 가능한 문제를 해결하기 위해 순서화되고 이해 가능한 노력이다.

23
정답 ③

정답해설 화학생명공학분야의 미래 첨단산업사회에서 유망한 기술로 떠오르고 있는 것은 재생에너지 산업이다. 화석에너지는 석탄 · 석유 · 천연가스 같은 지하 매장 자원을 에너지원으로 이용하는 것으로, 재생이 불가능하고 매장량이 한정되어 있으며, 대기오염 등 환경오염의 원인물질이라는 단점을 지닌다.

24
정답 ③

정답해설 지속가능한 기술이란 태양 에너지와 같이 고갈되지 않는 자연 에너지를 활용하는 기술이므로, 석탄 · 석유와 같은 고갈되는 화석 연료를 활용하는 기술이라 할 수 없다. 지속가능한 기술은 이용 가능한 자원과 에너지를 고려하고, 자원이 사용되고 그것이 재생산되는 비율의 조화를 추구하며, 이러한 자원의 질을 생각하고, 자원이 생산적인 방식으로 사용되는가에 주의를 기울이는 기술이다.

25
정답 ①

정답해설 산업재해란 근로자가 업무에 관계되는 건설물 · 설비 · 원재료 · 가스 · 증기 · 분진 등에 의하거나 작업 또는 그 밖의 업무로 인하여 사망 또는 부상하거나 질병에 걸리는 것을 말한다.(산업안전보건법 제2조 제1호) 따라서 휴가 중인 근로자가 부상당한 경우는 업무와 관계되는 일이 아니므로 산업재해로 볼 수 없다. 나머지는 모두 산업재해의 사례에 해당한다.

26 정답 ②

정답해설 기술이 발전하면서 이전에는 없던 연관이 개별 기술들 사이에서 만들어지고 있다. 산업혁명 당시 발전한 광산 기술과 증기기관, 운송기술이 이후 서로 밀접히 연결되는 현상이 나타났으며, 철도와 전신이 서로 독립적으로 발전한 기술이었지만 곧 통합되기 시작해 서로의 기술을 발전시키는 데 중요한 역할을 담당했다는 점 등에서 알 수 있다.

27 정답 ③

정답해설 기술 시스템은 기술 시스템이 탄생하고 성장하는 발명·개발·혁신의 단계, 성공적인 기술이 다른 지역으로 이동하는 기술 이전의 단계, 기술 시스템이 경쟁하는 기술 경쟁의 단계, 경쟁에서 승리한 기술 시스템의 관성화 단계인 기술 공고화 단계를 거치며 발전한다. 따라서 올바른 순서는 ③이다.

28 정답 ①

정답해설 기술선택이란 기업이 어떤 기술을 외부로부터 도입하거나 자체 개발하여 활용할 것인가를 결정하는 것을 말한다. 기술을 선택하는데 따른 의사결정은 크게 상향식 기술선택과 하향식 기술선택의 두 가지로 구분된다.

29 정답 ③

정답해설 벤치마킹의 종류는 비교대상에 따라 내부 벤치마킹과 글로벌 벤치마킹, 경쟁적 벤치마킹, 비경쟁적 벤치마킹으로 구분되며, 수행 방식에 따라 직접적 벤치마킹과 간접적 벤치마킹으로 구분된다.

30 정답 ③

정답해설 지식재산권을 활용한 다국적 기업화가 이루어지고 있다. 다국적 기업화는 각국 경제의 상호관계를 긴밀하게 하여 기술 제휴 등 협력을 기반으로 국가 간 장벽을 허물어 세계화를 촉진시키고 있다.

31 정답 ②

정답해설 기술 시스템의 발전 단계 중 3단계인 기술 시스템의 경쟁 단계에서는 기업가의 역할이 더 중요하게 부각된다.

오답해설 ① 1단계인 발명·개발·혁신 단계와 2단계인 기술 이전 단계에서는 시스템을 디자인하고 초기 발전을 추진하는 기술자들의 역할이 중요하다.
③·④ 시스템이 공고해지는 4단계에서는 자문 엔지니어와 금융전문가의 역할이 중요해진다.

09 조직이해능력

01 ①	02 ②	03 ①	04 ②	05 ④	06 ④	07 ②	08 ④	09 ③	10 ②
11 ③	12 ①	13 ④	14 ①	15 ②	16 ③	17 ④	18 ①	19 ③	20 ④
21 ②	22 ④	23 ③	24 ③	25 ④	26 ②	27 ①	28 ②	29 ④	30 ④

01 정답 ①

정답해설 조직은 두 사람 이상이 공동의 목표를 달성하기 위해 의식적으로 구성된 상호작용과 조정을 행하는 행동의 집합체를 말하므로, ①과 같이 자연스럽게 형성된 것은 아니다. 조직은 목적을 가지고 있고 구조가 있으며, 목적을 달성하기 위해 구성원들은 서로 협동적인 노력을 하고, 외부 환경과 긴밀한 관계를 가지는 특성을 지니고 있다.

02 정답 ②

정답해설 조직의 혁신기능과 의사결정기능을 조직 전체의 수준에서 담당하는 조직의 최상위층인 최고경영층의 역할에 해당한다. 중간경영자는 재무관리 · 생산관리 · 인사관리 등과 같이 경영부문별로 최고경영층이 설정한 경영목표와 전략, 정책을 집행하기 위한 제반활동을 수행하게 된다. 하위경영자는 현장에서 실제로 작업을 하는 근로자를 직접 지휘 · 감독하는 경영층을 의미한다.

03 정답 ①

정답해설 조직의 구조에는 규칙과 규정이 정해진 기계적 조직과 의사결정권이 하부구성원에게 많이 위임되고 업무가 고정적이지 않은 유기적 조직이 있다. ①에서 조직 목표는 조직이 달성하려는 장래의 상태를 뜻한다.

04 정답 ②

정답해설 조직의 내 · 외부 환경을 분석하는데 유용하게 이용될 수 있는 방법으로 SWOT 분석이 가장 많이 활용된다. SWOT 분석에서 조직 내부 환경으로는 조직이 우위를 점할 수 있는 장점(Strength)과 조직의 효과적인 성과를 방해하는 자원 · 기술 · 능력 면에서의 약점(Weakness)이 있다. 조직의 외부 환경은 기회요인(Opportunity)과 위협요인(Threat)으로 나뉘는데, 기회요인은 조직 활동에 이점을 주는 환경요인이며, 위협요인은 조직 활동에 불이익을 주는 환경요인이라 할 수 있다. 한편, 조직의 경영전략 추진과정에는 전략목표 설정, 환경분석, 경영전략 도출, 경영전략 실행, 평가 및 피드백의 과정이 있다.

05

정답 ④

정답해설 과거에는 경영을 단순히 투입되는 자원을 최소화하거나 주어진 자원을 이용하여 목표를 최대한 달성하기 위한 관리(management)라 생각하였으나, 경영은 관리 이외에도 조직의 목적을 설정하고 이를 달성하기 위하여 의사 결정을 하는 전략이나 관리활동을 수행하는 운영도 중요하다. 따라서 ④는 적절하지 않은 설명이 된다.

06

정답 ④

정답해설 조직의 변화는 환경의 변화를 인지하는 데에서 시작된다. 환경의 변화는 해당 조직에 영향을 미치는 변화를 인식하는 것으로, 이는 조직구성원들이 현실에 안주하려는 경향이 있으면 인식하기 어렵다. 환경의 변화가 인지되면 이에 적응하기 위한 조직변화 방향을 수립하고 조직변화를 실행하며, 조직개혁의 진행사항과 성과를 평가하게 된다.

07

정답 ②

정답해설 조직변화는 환경변화인지 → 조직변화 방향 수립 → 조직변화 실행 → 변화결과 평가 순으로 이루어진다. 따라서 조직변화의 과정을 순서대로 나열한 것은 ②번이다.

08

정답 ④

정답해설 조직문화는 한 조직체의 구성원 모두 공유하고 있는 가치관과 신념, 생활양식, 이데올로기와 관습, 규범과 전통 및 지식과 기술 등을 모두 포함한 종합적인 개념으로 조직전체와 구성원들의 행동지침이 되어 사회화 및 일탈 행동을 통제한다.

09

정답 ③

정답해설 문화충격이란 문화권에 속한 사람이 다른 문화를 접하게 되었을 때 체험하는 충격으로, 문화충격을 대비하기 위해서 자신이 속한 문화를 기준으로 다른 문화를 평가하는 것은 자제해야한다.

10

정답 ②

정답해설 아프리카에서는 시선을 마주보고 대화하는 것이 실례이기 때문에 코 끝 정도를 보면서 대화한다.

11

정답 ③

정답해설 경영의 구성요소는 경영목적, 인적자원, 자금, 전략이다. 자금은 경영활동에서 사용할 수 있는 돈으로 영리기업일 경우 경영활동을 통해 이윤을 창출하는 기초가 된다.

12 정답 ①

정답해설 지문은 리더의 뒤에 오는 사람인 '팔로워'에 대한 중요성을 말하고 있다. 팔로워십이란 리더십에 반대되는 말로서 추종자 정신, 추종력 등을 가리킨다. 즉 조직 구성원이 사회적 역할과 조직 목적 달성에 필요한 역량을 구비하고, 조직의 권위와 규범에 따라 주어진 과업과 임무를 달성하기 위하여 바람직한 자세와 역할을 하도록 하는 제반 활동 과정을 의미한다.

13 정답 ④

정답해설 ①, ②, ③은 잘못된 의사결정에 빠지는 함정이다. 현실을 냉철하게 직시하고 그에 맞는 전략을 세워야 한다.

잘못된 의사결정에 빠지는 5가지 함정	성공적 의사결정을 위한 포인트
1. 눈으로 보는 것만이 현실이다.	1. 서로 다른 유형의 사람들 옆에 두어라.
2. 결정한 것은 끝까지 성공시켜야 한다.	2. 현실을 냉철하게 직시하라.
3. 과거 자료나 추세만을 중시한다.	3. 가치 있는 실수는 과감히 포용하라.
4. 자신에게 편한 방식을 고수한다.	4. 현장에서 정보를 얻어라.
5. 나의 능력을 믿는다.	5. 자신에게 솔직해야 한다.

14 정답 ①

정답해설 지문에서는 마이클 포터의 경쟁전략 중 경쟁사보다 낮은 비용으로 저렴하게 판매하는 원가우위 전략을 취하는 것이 적절하다.

오답해설 ② 차별화 전략에 대한 설명이다.
③ 집중화 전략에 대한 설명이다.

15 정답 ②

정답해설 벡텔이 현지화 전략을 통해 성공한 사례이다.

핵심정리

글로벌 기업 경영전략
- 끊임없이 연구하라 – R&D를 기업의 근본으로 예 에릭슨의 매출의 15~20%의 과감한 연구 투자
- 더 이상 정해진 국적은 없다 – 다양한 현지화 전략 예 월마트의 현지 점포명 살리기 전략
- 영원한 적은 없다 – 전략적 제휴 및 M&A 예 상하이기차의 70여개 합자기업 설립
- 변화하라 또 변화하라 – 지속적인 변화와 혁신 추구 예 테스코의 경쟁기업 보다 앞선 e-Commerce 진출
- 깨끗하고 투명한 기업 만들기 – 윤리 경영의 중요성 예 비리로 인해 큰 손해를 본 기업

16　　　　　　　　　　　　　　　　　　　　　　　　　　　　　　　　　　　　　　정답 ③

정답해설　근로자가 회사의 주식을 취득하는 종업원 지주제도는 경영참가제도 중 자본참가의 형태이다.

핵심정리

경영참가제도의 형태
- **경영참가** : 경영자의 권한인 의사결정과정에 근로자 또는 노동조합이 참여하는 것으로, 대표적인 노사협의회는 노사 대표로 구성되는 합동기구로서 생산성 향상, 근로자 복지 증진, 교육훈련, 기타 작업환경 개선 등을 논의한다.
- **이윤참가** : 조직의 경영성과에 대하여 근로자에게 배분하는 것으로 조직체에 대한 구성원의 몰입과 관심을 높일 수 있 다. 근로자 혹은 노동조합이 경영의 성과증진에 적극적으로 기여하고 그 대가를 임금 이외의 형태로 보상을 받는다.
- **자본참가** : 근로자가 조직 재산의 소유에 참여하는 것으로, 근로자가 회사의 주식을 취득하는 종업원지주제도, 노동제 공을 출자의 한 형식으로 간주하여 주식을 제공하는 노동지주제도 등이 있다. 근로자들의 주인의식, 성취동기를 유발 하고, 퇴직 후 생활자금을 확보할 수 있는 방법이다.

17　　　　　　　　　　　　　　　　　　　　　　　　　　　　　　　　　　　　　　정답 ④

정답해설　지문은 유기적 조직에 대한 설명이다. ○, ○은 유기적 조직의 특징이고, ○, ○, ○은 기계적 조직의 특징이다.

핵심정리

조직의 유형

	기계적 조직	유기적 조직
적합한 환경	안정적 환경	동태적 환경
작업의 분업화	높음	낮음
의사소통	명령과 지시	충고와 자문
권한의 위치	조직의 최고층에 집중	능력과 기술을 가진 곳
갈등해결 방식	상급자의 의사결정	토론과 기타 상호작용
정보의 흐름	제한적이며 하향적	상하보 사유로움
공식화	높음	낮음

18　　　　　　　　　　　　　　　　　　　　　　　　　　　　　　　　　　　　　　정답 ①

정답해설　보기에서 설명하고 있는 조직은 매트릭스 구조에 대한 설명이다.

오답해설　② **기능 구조** : 조직의 전체 업무를 공동기능 별로 부서화한 조직으로 수평적 조정의 필요성이 낮을 때 효과적 이다.
　　　　　③ **수평 구조** : 구성원을 핵심 업무과정 중심으로 조직화한 구조로 팀조직이 대표적이다. 부서간 경계를 제거하 여 개인을 팀 단위로 모아 의사소통과 조정을 용이하게 한다.

④ **네트워크 구조** : 조직의 자체기능은 핵심역량 위주로만 합리화하고 여타 부수적인 기능은 외부기관들과 아웃소싱을 통해 연계 · 수행하는 조직

19

정답해설 이중 자율성은 낮으나 안정적이며, 외부지향적인 문화는 합리문화이다. 합리문화는 과업지향적인 문화로, 결과 지향적인 조직으로써의 업무의 완수를 강조한다. 조직의 목표를 명확하게 설정하여 합리적으로 달성하고, 주어진 과업을 효과적이고 효율적으로 수행하기 위하여 실적을 중시하고, 직무에 몰입하며, 미래를 위한 계획을 수립하는 것을 강조한다. 합리문화는 조직구성원간의 경쟁을 유도하는 문화이기 때문에 때로는 지나친 성과를 강조하게 되어 조직에 대한 조직구성원들의 방어적인 태도와 개인주의적인 성향을 드러내는 경향을 보인다.

오답해설 ① 집단문화에 대한 설명이다.
② 개발문화에 대한 설명이다.
④ 계층문화에 대한 설명이다.

20

정답해설 기안문 결재 방법에 결재 시에는 본인의 성명을 직접 서명하고, 전결의 경우에는 전결권자가 전결표시를 하고 서명한다고 되어있다.

오답해설 ① 첨부는 본문에 해당된다.
② 도로명 주소로 작성해야한다.
③ 전결을 대결하는 경우에는 전결권자의 란에는 '전결'이라고 쓰고 대결하는 자의 란에 '대결'의 표시를 하고 서명해야 한다.

21

정답해설 독일 비즈니스 문화는 금요일 2시나 3시에 업무를 종료하는 회사가 많기 때문에 금요일 오후에는 약속을 잡지 않아야 한다.

22

정답해설 법인카드로 30만 원을 결제했기 때문에 법인카드 부분에서 법인카드신청서 또는 기안서를 본부장이 결재해야한다. 따라서 ④가 맞는 결재양식이다.

23

정답해설 축의금으로 10만 원을 결제했기 때문에 접대비 부분에서 팀장이 접대비지출품의서나 지출결의서를 결재해야한다. 따라서 아래의 결재서가 맞는 양식이다.

지출결의서			
결재	담당	팀장	본부장	최종 결재
	Z	전결		팀장

24
정답 ③

정답해설 강점인 트렌디한 가게 인테리어를 내세워 기회인 주변의 가게를 모르는 사람에게 마케팅 활동을 하는 것은 ST 전략으로 옳은 방법이다.

오답해설 ① WO전략이다.
② 약점에 대한 보완점만 있다.
④ ST전략이다.

25
정답 ④

정답해설 WT전략은 약점을 보완하고 위협을 피하는 전략을 세워야 한다. 약점을 보완하기 위해 가격을 경쟁업체와 비교 하여 맞추거나 좁은 매장을 넓히는 방법과 위협을 피하기 위해 높은 가격을 피하는 인식을 극복할 전략이나 주 변의 다른 닭요리 점과 경쟁에서 이길 방법 등을 생각해 봐야 한다.

26
정답 ③

정답해설 민츠버그(Mintzberg)가 분류한 경영자의 역할은 대인적ㆍ정보적ㆍ의사결정적 활동의 3가지로 구분되는데, 대인 적 역할은 대외적으로 조직을 대표하고 대내적으로 조직을 이끄는 리더로서 역할을 의미하며, 의사결정적 역할 은 조직 내 문제를 해결하고 대외적 협상을 주도하는 협상가, 분쟁조정자, 자원배분자로서의 역할을 의미한다.

27
정답 ①

정답해설 조직의 업무 배정은 효과적인 목적 달성과 원활한 처리 구조를 위한 것으로, 이는 조직을 세로로 분할하는 것을 말한다. 조직을 가로로 분할하는 것은 직급이나 계층의 구분과 관련이 있다.

28
정답 ②

정답해설 직업인들이 업무를 공적으로 수행할 수 있는 힘을 업무 권한이라고 하며, 직업인은 업무 권한에 따라 자신이 수 행한 일에 대한 책임도 부여받게 된다. 이러한 업무 권한은 자신의 결정에 다른 사람들이 따르게 할 수 있는 힘 이 되기도 한다.

29

정답해설 전략이나 구조의 변화는 조직구조나 경영방식을 개선하는 것을 말한다. 조직변화는 제품과 서비스, 전략, 구조, 기술, 문화 등에서 이루어질 수 있는데, 조직변화 중 전략이나 구조의 변화는 조직의 목적을 달성하고 효율성을 높이기 위해서 조직의 경영과 관계되며, 조직구조와 경영방식, 각종 시스템 등을 개선하는 것을 말한다.

30

정답해설 조직 내의 기존 해결 방법 중에서 새로운 문제의 해결 방법을 찾는 것은 탐색과정으로, 개발 단계에 포함되는 과정이다. 선택단계는 해결방안을 마련한 후 실행 가능한 해결안을 선택하는 단계이다. 이렇게 해결방안이 선택되면 마지막으로 조직 내에서 공식적인 승인절차를 거친 후 실행된다.

10 직업윤리

01 ③	02 ①	03 ②	04 ④	05 ①	06 ③	07 ④	08 ③	09 ②	10 ②
11 ②	12 ①	13 ③	14 ④	15 ①	16 ④	17 ②	18 ③	19 ①	20 ③
21 ②	22 ③	23 ①	24 ④	25 ②	26 ③	27 ①	28 ③	29 ②	30 ③

01　　　　　　　　　　　　　　　　　　　　　　　　　　　　　　　　정답 ③

정답해설 윤리적 인간은 자신의 이익보다는 공동의 이익을 추구하는 사람이며 도덕적 가치 신념을 기반으로 형성 되는 것이다. 따라서 공동의 이익보다 자신의 이익을 우선으로 행동하는 사람은 윤리적 인간에 대한 설명으로 적절 하지 않다.

02　　　　　　　　　　　　　　　　　　　　　　　　　　　　　　　　정답 ①

정답해설 모든 사람이 윤리적 가치보다 자기이익을 우선하여 행동한다면 사회질서가 붕괴된다. 모두가 다른 사람에 대한 배려 없이 자신만을 위한다면 다른 사람이 자신을 해칠지 모른다고 생각하며 끊임없이 서로를 두려워하고 적대 시하면서 비협조적으로 살게 된다.

03　　　　　　　　　　　　　　　　　　　　　　　　　　　　　　　　정답 ②

정답해설 SERVICE의 의미는 다음과 같다.

- S Smile & Speed : 미소와 신속한 처리
- E Emotion : 고객에게 감동을 선사
- R Respect : 고객을 존중하는 것
- V Value : 고객에게 가치를 제공
- I Imagine : 좋은 이미지를 심어주는 것
- C Courtesy : 예의를 갖추고 정중한 태도
- E Excellence : 탁월하게 제공하기 위한 노력

04　　　　　　　　　　　　　　　　　　　　　　　　　　　　　　　　정답 ④

정답해설 근면의 종류는 두 가지로 외부로부터 강요당하는 근면과 스스로 자진해서 하는 근면이 있다. 지문에서 등산객 의 산행이 즐거운 가장 근본적인 이유는 그것이 자진해서 하는 일이라는 사실에 있으며, 나무꾼의 산행이 괴로 운 가장 근본적인 이유는 그것이 강요당한 노동이라는 사실에 있다. 근면하기 위해서는 일에 임할 때, 적극적이 고 능동적인 자세가 필요하다.

05

정답해설 적극적이고 능동적으로 근면한 태도를 가지고 일을 하는 사람은 같은 일을 하더라도 즐겁게 할 수 있다. ②, ③, ④ 의 자세를 가지고 일을 하는 사람은 즐겁게 일을 하기가 힘들다.

06

정답해설 전화회신의 경우 가능한 48시간 안에 답해주도록 한다. 하루 이상 자리를 비우게 되는 경우에는 메시지를 남겨 놓는 것이 예의이다.

07

정답해설 E-mail을 보낼 때에는 보내는 사람의 이름을 상단에 적고, 메시지에 언제나 내용에 부합하는 제목을 넣어서 간략하게 쓴다. 요점에 빗나가지 않는 제목을 쓰도록 하고 올바른 철자와 문법을 사용해야 한다.

08

정답해설 사람은 사회적인 동물이므로, 다른 사람들과의 관계가 매우 중요하다. 이러한 관계를 유지하기 위해서는 다른 사람이 전하는 말이나 행동이 사실과 부합된다는 신뢰가 있어야 한다.

09

정답해설 직업윤리의 덕목 중 천직의식이란 자신의 일이 자신의 능력과 적성에 꼭 맞는다 여기고 그 일에 긍지와 자부심을 가지고 성실히 임하는 태도를 말한다. ②번의 설명은 전문가의식에 대한 설명이다.

핵심정리

직업윤리의 덕목
- **소명의식** : 자신이 맡은 일은 하늘에 의해 맡겨진 일이라고 생각하는 태도
- **천직의식** : 자신의 일이 자신의 능력과 적성에 꼭 맞는다 여기고 그 일에 열성을 가지고 성실히 임하는 태도
- **직분의식** : 자신이 하고 있는 일이 사회나 기업을 위해 중요한 역할을 하고 있다고 믿고 자신의 활동을 수행하는 태도
- **책임의식** : 직업에 대한 사회적 역할과 책무를 충실히 수행하고 책임을 다하는 태도
- **전문가의식** : 자신의 일이 누구나 할 수 있는 것이 아니라 해당 분야의 지식과 교육을 밑바탕으로 성실히 수행해야만 가능한 것이라고 믿고 수행하는 태도
- **봉사의식** : 직업 활동을 통해 다른 사람과 공동체에 대하여 봉사하는 정신을 갖추는 태도

10

정답 ②

정답해설 직업윤리는 개인윤리를 바탕으로 각 직업에서 요구되는 특수한 윤리이다. 업무 수행 시 직업윤리와 개인윤리가 충돌할 수도 있으며, 이 경우 직업인이라면 직업윤리를 우선시해야한다.

11

정답 ②

정답해설 윤리규범은 사회적 평가과정에서 형성된 사회현상으로 어떤 행위는 마땅히 해야 할 행위, 어떤 행위는 결코 해서는 안 될 행위로서 가치를 인정받게 되며, 모든 윤리적 가치는 시대와 사회상황에 따라서 조금씩 다르게 변화된다.

12

정답 ①

정답해설 직업이란 생계를 유지하기 위하여 자신의 적성과 능력에 따라 일정한 기간 동안 계속하여 종사하는 일을 뜻한다. 사람은 직업을 통해 생계를 유지하고 사회적 역할을 수행하며, 자아를 실현하게 되므로 사람이 살기 위해서 필요한 것이며, 인간의 삶을 풍부하고 행복하게 만들어준다.

13

정답 ③

정답해설 우리나라의 직업관이 각자의 분야에서 땀 흘리며 본분을 다하는 노동을 경시하는 측면이 강하고, 과정이나 절차보다는 결과만을 중시하는 경향을 낳게 되면서 '3D기피현상'으로 힘들고(Difficult), 더럽고(Dirty), 위험한(Dangerous) 일은 하지 않으려고 하는 현상까지 생겨 노동력은 풍부하지만 생산인력은 부족하다는 파행적 모습을 보여, 실업자 증가와 외국 노동자들의 불법취업이라는 새로운 사회문제가 대두하게 되었다.

14

정답 ④

정답해설 일은 사람이 살기 위해서 필요한 것으로 인간의 삶을 풍부하고 행복하게 만들어 주는 것이다. 일은 경제적 욕구의 충족뿐만 아니라 그 이상의 자기실현이라는 면을 가지고 있으며 일을 통하여 자신을 규정하고 삶의 의미를 실현한다. 다른 사람이 시키는 일은 자진해서 하는 일이 아니므로 즐겁지 않으나 일에 포함된다.

15

정답 ①

정답해설 직업은 생활에 필요한 경제적 보상을 주고, 평생에 걸쳐 물질적인 보수 외에 만족감과 명예 등 자아실현의 중요한 기반이 되는 것이다. 따라서 경제적 보상이 있어야 하며, 본인의 자발적 의사에 의한 것이어야 하고, 장기적으로 계속해서 일하는 지속성이 있어야 한다. 취미활동, 아르바이트, 강제노동은 직업에 포함되지 않는다.

16

정답해설 근로윤리에 어긋나지 않기 위해서는 근면하고 성실하고 정직한 태도와 적극적이고 능동적인 태도가 필요하다. 위 사례는 정직성이 결여되어 있다.

- **근면성** : 게으르지 않고 부지런 한 것
- **고객중심 원칙** : 고객에 대한 봉사를 최우선으로 생각하고 현장중심, 실천중심으로 일하는 것
- **전문성** : 어떤 영역에서 보통 사람이 흔히 할 수 있는 수준 이상의 수행 능력을 보이는 것
- **정직성** : 신뢰를 형성하고 유지하는데 가장 기본적이고 필수적인 규범

17

정답해설 성 예절은 직장 내에서 성희롱에 해당하는 행동을 하지 않도록 주의하는 것이다. 성희롱이란 지위를 이용하거나 업무 등과 관련하여 성적 언동 등으로 상대방에게 성적 굴욕감 및 혐오감을 느끼게 하는 행위, 또는 상대방이 성적 언동 그 밖의 요구 등에 따르지 않았다는 이유로 고용상의 불이익을 주는 행위이다. 직장 내에서 발생하는 성희롱의 유형으로는 육체적 행위, 언어적 행위, 시각적 행위 등이 있다.

18

정답해설 전문성의 원칙이란 자기업무에 전문가로서의 능력과 의식을 가지고 책임을 다하는 것을 말한다. 법규를 준수하고, 경쟁원리에 따라 공정하게 행동하는 것은 공정경쟁의 원칙에 대한 설명이다.

> **핵심정리**
>
> **직업윤리의 5대원칙**
> - **객관성의 원칙** : 업무의 공공성을 바탕으로 공사구분을 명확히 하고, 모든 것을 숨김없이 투명하게 처리하는 원칙을 말한다.
> - **고객중심의 원칙** : 고객에 대한 봉사를 최우선으로 생각하고 현장중심, 실천 중심으로 일하는 원칙을 말한다.
> - **전문성의 원칙** : 자기업무에 전문가로서의 능력과 의식을 가지고 책임을 다하며, 능력을 연마하는 것을 말한다.
> - **정직과 신용의 원칙** : 업무와 관련된 모든 것을 숨김없이 정직하게 수행하고, 본분과 약속을 지켜 신뢰를 유지하는 것을 말한다.
> - **공정경쟁의 원칙** : 법규를 준수하고, 경쟁원리에 따라 공정하게 행동하는 것을 말한다.

19

정답해설 개인의 이득을 위해 하는 정직하지 못한 행위는 곧 부패로 이어질 수 있다. 여기서 부패란, 정부, 사회단체, 기업 등 공적인 입장에 있는 사람이 자신의 권한과 권력을 이용하여 개인적인 이득을 취하는 것이다.

20　　　　　　　　　　　　　　　　　　　　　　　　　　　　　　　　　　정답 ③

정답해설　아무리 우수한 상품도 높은 수준의 서비스가 뒤따르지 않으면 고객은 만족할 수 없다. 생산기술이 발전하고 물질이 풍부해진 최근의 고객만족 성패는 상품과 함께 제공되는 서비스에 의해서 결정된다고 볼 수 있다.

21　　　　　　　　　　　　　　　　　　　　　　　　　　　　　　　　　　정답 ②

정답해설　근면이라든가 게으름은 본성에서 나오는 것이라기보다 습관화되어 있는 경우가 많다. 인간의 본성은 괴로움을 피하고 편한 것을 향하기 마련이지만, 근면이 주는 진정한 의미를 알고 힘들지만 노력하는 태도를 길러야 할 것이다.

22　　　　　　　　　　　　　　　　　　　　　　　　　　　　　　　　　　정답 ③

정답해설　정직한 사람은 숨길 것도 두려울 것도 없으므로 조급하거나 가식적이지 않다. 정직함을 지닌 사람은 또한 자신의 삶을 올바른 방향으로 이끌 수 있는 생각과 시각을 지니고 있으며, 돈으로 계산할 수 없는 신뢰라는 자산을 지니고 있다.

23　　　　　　　　　　　　　　　　　　　　　　　　　　　　　　　　　　정답 ①

정답해설　①의 경우는 단시간에 점수를 올리기 위해 과외를 받고 학원에 다니는 경우에 해당하므로, 성실함과는 거리가 멀다. 정직하고 성실한 태도는 단기간의 성과나 업적보다는 오랫동안 꾸준한 노력을 통해 필요한 것을 성취해 나가는 것이라 할 수 있다. 나머지는 모두 이러한 태도에 부합된다.

24　　　　　　　　　　　　　　　　　　　　　　　　　　　　　　　　　　정답 ④

정답해설　고객접점 서비스가 중요한 것은, 소위 곱셈법칙이 작용하여 고객이 여러 번의 결정적 순간에서 단 한명에게 0점의 서비스를 받는다면 모든 서비스가 0이 되어버린다는 사실을 주지해야 한다. 예를 들어 백화점에서 만족한 쇼핑을 한 고객이 셔틀버스를 타고 집으로 돌아갈 때, 버스 출발이 지연되거나 버스기사가 불친절하고 난폭 운전까지 한다면 전체 서비스는 엉망이 되어버린다는 것이다.

25　　　　　　　　　　　　　　　　　　　　　　　　　　　　　　　　　　정답 ②

정답해설　책임감이 높은 사람은 동료의 업무도 관심을 가지고, 필요한 경우 적극적으로 참여하여 도와줄 수 있는 사람이다.

26　　　　　　　　　　　　　　　　　　　　　　　　　　　　　　　　　　정답 ③

정답해설　준법의식 수준이 국가경쟁력에 영향을 미치는 것은 사실이나, 그것이 곧 국가경쟁력 수준을 나타내는 것은 아니다.

오답해설 ① 우리나라는 아직까지 준법의식의 부재 수준이 큰 편이다. 그 결과 각계각층의 사회적 부패현상이 사회 곳곳에서 발생하고 있다.

② 우리나라의 경우 미국과 일본 등 선진국에 비해 준법의식 수준이 낮은 편이다.

④ 준법의식과 관련하여 선진국들과 경쟁하기 위해서는 개개인의 의식변화는 물론이고, 체계적 접근과 단계별 실행을 통한 제도적 · 시스템적 기반의 확립이 필요하다.

---

27 정답 ①

정답해설 직업에 대한 올바른 설명은 ㉠, ㉡, ㉢이다.

㉠ 직업(職業)에서 '職'은 사회적 역할의 분배인 직분(職分)을 의미한다.

㉡ 직업(職業)에서 '業'은 일 또는 행위를 의미한다. 따라서 직업(職業)은 사회적으로 맡은 역할, 하늘이 맡긴 소명 등으로 해석해 볼 수 있다.

㉢ 직업은 경제적 보상을 받는 일이다.

㉣ 직업은 성인이 하는 일이다.

㉤ 직업은 경제적 보상을 받는 일이고 계속적으로 수행하는 일이며, 자기의 의사에 따라 하는 일로서 사회적 효용성이 있어야 한다. 따라서 취미활동, 아르바이트, 강제노동 등은 직업에 포함되지 않는다.

---

28 정답 ③

정답해설 정직과 신용을 구축하기 위해서는 정직하지 못한 것을 눈감아 주지 말아야 한다. 개인적인 인정에 치우쳐 부정을 눈감아 주거나 타협하는 것은 결국 자신의 몰락은 물론, 또 다른 부정을 일으키는 결과를 가져오게 된다.

---

29 정답 ②

정답해설 전화예절은 직접 대면하는 것보다 신속하고, 경제적으로 용건을 마칠 수 있는 장점이 있으나 서로의 얼굴을 대면하지 않고 이야기를 하기 때문에 상대편의 표정과 동작, 태도를 알 수 없어 오해의 소지가 있으므로 더욱 중요하게 인식해야 한다. 제시된 내용에서는 인사를 한 후에 소속과 이름을 밝혀야 하는데 발신자가 누구인지를 밝히지 않았다. 그 외에 상대방이 통화가 가능한지를 물어본 후 용건을 전달하고 끝맺음 인사를 하는 내용은 포함 되어있다.

---

30 정답 ③

정답해설 E-mail은 정보를 공유하는 속도와 능력을 크게 증대시키는 역할을 하였다. 하지만 인격이 없기 때문에 E-mail 특유의 언어사용을 최소한으로 유지하여 상대방을 혼란스럽게 하지 않아야 한다. 또 E-mail을 보낼 때에는 주소가 정확한지 다시 한 번 확인 후에 발송해야 한다. 중요한 E-mail이 전달되지 않거나, 잘못 전달 된 E-mail을 받을 경우 서로 감정이 상할 수 있다.

실전모의고사 1회

01 ③	02 ③	03 ④	04 ①	05 ④	06 ③	07 ②	08 ③	09 ①	10 ④
11 ②	12 ①	13 ①	14 ②	15 ②	16 ④	17 ②	18 ④	19 ③	20 ②
21 ②	22 ②	23 ①	24 ③	25 ②	26 ①	27 ②	28 ④	29 ③	30 ①
31 ①	32 ①	33 ④	34 ①	35 ③	36 ②	37 ④	38 ③	39 ①	40 ③
41 ③	42 ④	43 ②	44 ④	45 ①	46 ②	47 ③	48 ②	49 ④	50 ③

01
정답 ③

정답해설 의사소통이란 한사람이 일방적으로 상대방에게 메시지를 전달하는 과정이 아니라 상대방과의 상호작용을 통해 메시지를 다루는 과정이므로 상대방이 어떻게 받아들일 것인가에 대해서도 고려해야 한다. 자신에게 익숙한 말이나 표현만을 고집스레 사용하면 전달하고자 하는 이야기의 내용에 신선함과 풍부함, 또는 맛깔스러움이 떨어져 의사소통에 집중하기가 어렵다.

02
정답 ③

정답해설 〈사례1〉은 분석적 사고가 필요함을 나타내는 사례이며, 〈사례2〉는 내·외부 자원의 효과적인 활용이 중요함을 의미하는 사례이다. 따라서 정답은 ③번이다.

03
정답 ④

정답해설 ④번은 퍼실리테이션(Facilitation)에 대한 옳은 설명이다.

오답해설 ① 소프트어프로치(Soft approach)에 대한 설명이다.
② 하드어프로치(Hard approach)에 대한 설명이다.
③ 퍼실리테이션은 제3자가 합의점이나 줄거리를 준비해놓고 예정대로 도출되어 가는 것이 아니다.

04
정답 ①

정답해설 보기에서 설명하는 문서는 공문서이며, 공문서는 년도와 월일은 반드시 함께 작성해야 한다.

② 날짜 다음에 괄호를 사용할 경우 마침표는 찍지 않는다.
③ 대외문서이고 장기간 보관되는 문서이므로 정확하게 기술해야한다.
④ 한 장으로 하는 것이 원칙이다.

05 정답 ④

정답해설 팀이 성과를 내지 못하면서 분위기만 좋은 것은 팀워크가 아니라 '응집력'이다. 팀워크에 있어서 중요한 것은 단순히 모이는 것이 아니라 목표달성 의지를 가지고 성과를 창출해내는 것이다.

06 정답 ③

정답해설 전화를 해달라는 메시지를 받았다면 가능한 한 48시간 이내에 답을 해주어야 한다. 또 하루 이상 자리를 비우게 되는 경우, 다른 사람이 대신 전화를 받아줄 수 없다면 자리를 비운다는 메시지를 남겨놓는 것이 좋다.

07 정답 ②

정답해설 미영>연아>연재의 순으로 점수가 높으며, 각각의 점수 차는 10점이다. 따라서 '② 연아와 연재의 점수 차는 10점이다.'가 가장 적절하다.

08 정답 ③

정답해설 후발대가 선발대를 처음 추월하는데 걸리는 시간을 x(시간)이라 하면

선발대가 1시간 30분 동안 이동한 거리 : $70\text{km/h} \times 1$시간 30분$=70\text{km/h} \times \dfrac{3}{2}$시간$=105\text{km}$

따라서 x시간 동안 선발대가 간 거리 : $(105+70x)\text{km}$

x시간 동안 후발대가 간 거리 : $100x\text{km}$

후발대가 선발대를 추월해야하므로

$100x>105+70x$, $30x>105$, $x>\dfrac{7}{2}$, $x>3\dfrac{1}{2}$, $x>3$시간 30분

따라서 후발대가 선발대를 처음 추월하는 데 걸리는 시간은 3시간 31분이다.

09 정답 ①

정답해설 회사의 지시 내용은 노약자나 임산부가 길을 물어볼 경우 고객을 해당 장소까지 직접 안내해 드리라는 것이므로, 만삭의 여성의 경우 해당 장소까지 안내하는 것이 적절하다.

② 통상 노인은 60대 이상을 의미하므로, 50대 부부의 경우 직접 안내할 대상에 해당되지 않는다.
③, ④ 노인이나 환자 등의 노약자는 직접 안내해 드려야 하는 대상이다.

10
정답 ④

정답해설 +2와 +4가 반복되는 규칙을 가지고 있는 수열이다. 따라서 첫 번째 괄호에는 17이 들어가고 두 번째 괄호에는 23이 들어간다. 따라서 $17 \times 23 = 391$이 된다.

11
정답 ②

정답해설 창의적 문제는 현재 문제가 없더라도 보다 나은 방법을 찾기 위한 문제탐구이며, 해답의 수가 많으며, 주관적, 직관적, 감각적, 정성적, 개별적, 특수성을 띄는 문제이다. 반면 분석적 문제는 미래의 문제로 예견될 것에 대한 문제탐구이며, 분석, 논리, 귀납과 같은 논리적 방법을 통해 해결하며, 답의 수가 한정되어 있으며, 객관적, 논리적, 정량적, 이성적, 일반적, 공통성을 특징으로 갖는다.
따라서 ㉠, ㉣은 창의적 문제, ㉡, ㉢은 분석적 문제이다.

12
정답 ①

정답해설 흥미는 일에 대한 관심이나 재미를 의미하며, 적성이란 개인이 잠재적으로 가지고 있는 재능이나 주어진 학습능력을 의미한다. 흥미나 적성은 개인마다 다르기 때문에 각자 관심을 가지고 잘 할 수 있는 일이나 분야가 다르며 선천적으로 부여될 수 있고 후천적으로 개발되는 측면도 있다.

13
정답 ①

정답해설 '60 : 40의 규칙'은 자신의 시간 중 60%는 계획된 행동을 하여야 한다는 것을 의미한다. 즉, 예측하지 못한 사태와 일의 중단(낭비 시간의 발생 요인)이나 개인적으로 흥미를 가지는 것, 개인적인 일 등에 대응할 수 있도록 자신이 가지고 있는 시간 중 60%를 계획하는 것을 말한다. 구체적으로 자신에게 주어진 시간을, '계획된 행동(60%)', '계획 외의 행동(20%, 예정 외의 행동에 대비한 시간)', '자발적 행동(20%, 창조성을 발휘하는 시간)'의 세 가지 범주로 구분하였다.

14
정답 ②

정답해설 플래시메모리는 비휘발성 메모리로, 소비전력이 작고, 정보의 입출력이 자유로우며 휴대전화나 디지털 카메라, 게임기, MP3 플레이어 등에 널리 이용된다.

핵심정리

플래시메모리
- EEPROM의 일종으로, MP3 플레이어, PDA, 디지털 카메라 등에 사용한다.
- RAM과 ROM의 장점을 결합한 칩이다.
- 하드디스크와 비교해 소형화가 가능하고 충격에 강하다.
- 비휘발성 메모리이다.

---

15 정답 ②

정답해설 사진은 하나의 고립된 이미지이다. – 시간적으로 한 순간이 잡히고 공간적으로 일부분이 찍힐 뿐, 연속된 시간과 이어진 공간이 그대로 찍히지는 않는다. – 현실이 현실 그대로 나타나지 않는 한, 사진은 결국 한 개의 이미지, 즉 영상일 뿐이다. – 따라서 사진에 대한 이해는 사진이 시간적으로 분리되고 공간적으로 고립되어 현실과 따로 떨어진 곳에서 홀로 저를 주장하는 독자적 영상이라는 인식에서부터 출발해야 한다.

16 정답 ④

정답해설 참조 범위를 인식할 수 없으므로 인식할 수 없는 문자열을 수식에 사용하였을 경우, 함수명을 잘못 사용했을 경우에 사용되는 '#NAME?' 오류가 발생한다.

오답해설 ① #N/A : 함수나 수식에 사용할 수 없는 값을 지정할 경우
② #NULL! : 공백 연산자를 이용하여 2개의 영역을 교차하는 셀 참조를 지정할 경우, 교차영역이 없을 경우
③ #REF! : 유효하지 않은 셀 참조를 지정하였을 경우

17 정답 ②

정답해설 ②번에서는 협상을 빨리 진행하자고 했기 때문에 밑줄 친 부분과 같은 전술을 구사하고 있지 않다.

오답해설 ① '다른 협상 의제와 연결시켜 처리하기'에 해당하는 발언이다.
③ '자국 내부의 사정을 들어 호소하기'에 해당하는 발언이다.
④ '협상을 연기하기'에 해당하는 발언이다.

18 정답 ④

정답해설 D씨의 점수를 x라 하고 평균을 구해보면
$$\frac{78+92+80+x}{4}=85$$
$$78+92+80+x=340$$
$$250+x=340$$
$$\therefore x=90$$

19 정답 ③

정답해설 의사결정시 자신감이 부족하다는 것이 장애요인에 해당한다. 자기개발과 관련된 결정을 내릴 때 자신감이 부족한 경우 자기개발 계획 수립이 어렵게 된다.

오답해설 ① 자신의 흥미나 장점, 가치, 라이프스타일을 충분히 이해하지 못하는 등 자기정보가 부족한 경우 자기개발 계획 수립에 장애가 된다.

② 회사 내의 경력기회 및 직무 가능성에 대해 충분히 알지 못하는 등 내부 작업정보가 부족한 경우와, 다른 직업이나 회사 밖의 기회에 대해 충분히 알지 못하는 등 외부 작업정보가 부족한 것도 장애요인이 된다.

④ 재정적 문제나 연령, 시간 등 주변상황의 제약도 자기개발 계획 수립을 방해하는 요인이 된다.

20
정답 ②

정답해설 =$A$1+$A2

A1셀은 절대 참조로 식을 복사해도 셀 주소가 변경되지 않지만 A2셀은 열에만 절대참조가 설정되어 있으므로 A7의 식을 C8에 복사할 경우 열의 변동은 없고 행만 1행 증가한 A3으로 변하게 된다. 즉 =$A$1+$A3의 값을 계산한 결과 4가 출력된다.

21
정답 ②

정답해설 기술 중 Know-how는 특허권을 수반하지 않는 과학자, 엔지니어 등이 가지고 있는 체화된 기술로 어떻게 기술이 성립하고 작용하는가에 관한 원리적 측면에 중심을 두었다.

• Know-why : 어떻게 기술이 성립하고 작용하는가에 관한 원리적 측면에 중심을 둔 개념

22
정답 ②

정답해설 지문에서 설명하는 일의 흐름을 동적으로 보여주는 시트는 워크 플로 시트이다.

오답해설 ① 간트 차트 : 프로젝트 일정관리를 위한 바(bar)형태의 도구로서, 각 업무별로 일정의 시작과 끝을 그래픽으로 표시하여 전체 일정을 한눈에 볼 수 있다. 또한 각 업무(activities) 사이의 관계를 보여줄 수도 있다.

③ 체크리스트 : 업무 결과를 점검하기 위하여 작성하는 서식으로 업무별 달성 수준을 확인하기는 쉬우나 시간의 흐름을 알기는 어렵다.

④ WBS : 목표를 이루는 데 필요한 업무를 바르게 고칠 때 이용하는 도구로 '세부업무추진구조도'라고도 불린다.

23
정답 ①

정답해설 C씨는 타인의 방문, 인터넷, 메신저 등으로 인해 업무수행을 방해 받고 있다. 이 경우에는 각 행동에 시간을 정해놓고 효율적으로 통제하는 것이 바람직하다.

오답해설 ② 사람들 간의 갈등으로 인하여 업무에 방해를 받을 때 효과적인 방법이다.

③ 스트레스로 인하여 업무에 방해를 받을 때 효과적인 방법이다.

24
정답 ③

정답해설 E씨에게 해당되는 경력단계는 '경력 중기'이다. 경력 중기는 직장에서 어느 정도 입지를 굳히게 되어 더 이상 수직적인 승진 가능성을 기대하기 어려운 경력 정체기로서, 새로운 환경의 변화에 직면하여 생산성 유지에 어려

움을 겪게 된다. 또한 이 시기에는 자신이 그동안 성취해온 것들을 재평가 하고, 생산성 유지에 힘써야 한다.

오답해설 ① 직업 선택의 단계이다.
② 경력 초기의 단계이다.
④ 경력 말기의 단계이다.

25 정답 ②

정답해설 슈코르는 러시아 우주비행사 유리 말렌첸코와 미국 우주비행사 페기 윗슨과 함께 소유즈를 타고 지구를 떠났다. 따라서 러시아 비행사 두 명과 함께 소유즈를 타고 지구를 떠났다는 것은 윗글의 내용과 일치하지 않는다.

26 정답 ①

정답해설 ㉠ 어떤 그룹이나 집단이 의사결정을 잘 하도록 도와주는 일이다. : 퍼실리테이션
㉡ 깊이 있는 커뮤니케이션을 통해 서로의 문제점을 이해하고 공감함으로써 창조적인 문제해결을 도모할 수 있다. : 퍼실리테이션

오답해설 ㉢ 대부분의 기업에서 볼 수 있는 전형적인 문제해결 방법이다. : 소프트 어프로치
㉣ 사실과 원칙에 근거한 토론으로 해결하는 방법이다. : 하드 어프로치
㉤ 결론이 애매하게 끝나는 경우가 적지 않다. : 소프트 어프로치

핵심정리

퍼실리테이션
- '촉진'을 의미하며, 어떤 그룹이나 집단이 의사결정을 잘 하도록 도와주는 일을 의미
- 조직이 어떤 방향으로 나아갈지 알려주고, 주제에 대한 공감을 이룰 수 있도록 도와주는 역할을 담당
- 깊이 있는 커뮤니케이션을 통해 서로의 문제점을 이해하고 공감함으로써 창조적인 문제 해결을 도모

---

27 정답 ②

정답해설 전체 작업량을 1이라 하면, A가 하루 동안 하는 작업량은 $\frac{1}{4}$, B가 하루 동안 하는 작업량은 $\frac{1}{8}$이 된다.

문제에서 B씨가 4일간 먼저 작업을 했으므로 $\frac{1}{8} \times 4 = \frac{1}{2}$이다. 여기서 A가 일해야 하는 일수를 x(일)라 하면,

$1 = \frac{1}{4} \times x + \frac{1}{2}$, $1 - \frac{1}{2} = \frac{x}{4}$, $\frac{1}{2} = \frac{x}{4}$, $x = 2$(일)이다.

28 정답 ④

정답해설 지식과 정보의 변화로 인해 끊임없이 직업적 능력을 개발해야 하고, 평생에 걸쳐 학습을 해야 한다는 의미의 '평생학습사회'이다.

정답 및
해설

오답해설 ① WLB는 Work Life Balance의 약자로 일과 삶의 균형을 의미한다.

29

정답 ③

정답해설 기업에서 제품을 개발 할 때 개발 책정 비용을 실제 비용보다 높게 책정하면 경쟁력을 잃어버리게 되며, 반대로 개발 책정 비용을 실제보다 낮게 책정하면 개발 자체가 이익을 주는 것이 아니라 오히려 적자가 나는 경우가 발생할 수 있다.

오답해설 ① 넓은 범위에서의 예산에는 민간기업·공공단체 및 기타 조직체는 물론이고, 개인의 수입·지출에 관한 것도 포함된다. 개인이나 기업에게 있어서 대부분의 활동에는 예산이 필요하기 마련이다.
② 예산관리능력은 이용 가능한 예산을 확인하고 어떻게 사용할 것인지 계획하여 계획대로 사용하는 능력을 의미하며, 이는 최소의 비용으로 최대의 효과를 얻기 위해 요구되는 능력이라 할 수 있다.
④ 예산 책정 비용과 실제 비용의 차이를 줄여 두 비용이 비슷한 상태가 될 때 가장 이상적인 상태라 할 수 있다.

30

정답 ③

정답해설 해당 직무 수행에 가장 적합한 인재를 배치하도록 하는 것은 적재적소 배치의 원칙이며, 직무 배당과 승진, 상벌, 근무 성적의 평가, 임금 등을 공정하게 처리해야 한다는 것은 공정 인사의 원칙이다.

오답해설 ① 공정 보상의 원칙은 근로자의 인권을 존중하고 공헌도에 따라 노동의 대가를 공정하게 지급해야 한다는 원칙을 말한다.
② 종업원 안정의 원칙은 직장에서 신분이 보장되고 계속해서 근무할 수 있다는 믿음을 갖게 하여 근로자가 안정된 회사 생활을 할 수 있도록 해야 한다는 원칙이며, 창의력 계발의 원칙은 근로자가 창의력을 발휘할 수 있도록 새로운 제안·건의 등의 기회를 마련하고, 적절한 보상을 하여 인센티브를 제공해야 한다는 것을 말한다.
④ 단결의 원칙은 직장 내에서 구성원들이 소외감을 갖지 않도록 배려하고, 서로 유대감을 가지고 협동·단결하는 체제를 이루도록 한다는 원칙이다.

31

정답 ①

정답해설 GIF 파일은 비손실 압축 방식을 지원한다. 따라서 ①은 적절하지 않다.

> ### 핵심정리
>
> GIF(Graphics Interchange Format)
> • 여러 번 압축을 하여도 원본과 비교해 화질의 손상은 없다.
> • 최대 256 색상까지만 표현할 수 있다.
> • 비트맵(bitmap)표현방식이다.
> • 배경을 투명하게 처리할 수 있다.
> • 비손실 압축 방식을 지원한다.

32

정답해설 Windows 7에서 〈Ctrl〉+〈Esc〉 키를 누를 경우 시작메뉴가 나타난다.

오답해설 ② 실행 창 종료 : 〈Alt〉+〈F4〉
③ 작업 중인 항목의 바로가기 메뉴 : 〈Shift〉+〈F10〉
④ 창 조절 메뉴 : 〈Alt〉+〈Space〉

33

정답해설 기술 교양은 모든 사람들이 광범위한 관점에서 기술의 특성, 기술적 행동, 기술의 힘, 기술의 결과에 대해 어느 정도 지식을 가지는 것을 의미한다. 기술능력은 직장생활에서 기본적으로 필요한 기술의 원리 및 절차를 이해하는 능력을 말한다.

34

정답해설 상대방을 서로에게 소개하는 것은 여러 가지 의미가 있으며, 서로가 서로를 알게 되는 것이다. 비즈니스 상의 소개를 할 때는 직장 내에서의 서열과 나이를 고려한다. 이때 성별은 고려의 대상이 아니다.

35

정답해설 복지 제도에서 위험 관리에 대한 역할은 초기부터 정부의 것으로 간주하고 있었다고 언급했기 때문에 지문과 일치하지 않는다.

핵심정리

벤치마킹의 단계

- **계획단계** : 계획단계에서는 기업은 반드시 자사의 핵심 성공요인, 핵심 프로세스, 핵심 역량 등을 파악해야하고, 벤치마킹 되어야 할 프로세스는 문서화 되어야 하며 특성이 기술되어져야 한다.
- **자료수집단계** : 내부 데이터 수집, 자료 및 문헌조사, 외부 데이터 수집이 포함된다.
- **분석단계** : 데이터 분석, 근본 원인 분석, 결과예측, 동인 판단 등의 업무를 수행하여야 한다. 분석단계의 목적은 벤치마킹 수행을 위해 개선 가능한 프로세스 동인들을 확인하기 위한 것이다.
- **개선단계** : 개선단계의 궁극적인 목표는 자사의 핵심 프로세스를 개선함으로써 벤치마킹 결과를 현실화시키는 것이다. 이 단계에서는 벤치마킹 연구를 통해 얻은 정보를 활용함으로써 향상된 프로세스를 조직에 적응시켜 지속적인 향상을 유도하여야 한다.

36 정답 ②

정답해설 우선 의사결정에 앞서 발생된 문제가 어떤 원인에 의한 것인지 문제의 특성이나 유형을 파악한다. 둘째, 의사결정의 기준과 가중치를 정한다. 셋째, 의사결정에 필요한 적절한 정보를 수집한다. 넷째, 의사결정을 하기 위한 가능한 모든 대안을 찾는다. 다섯째, 가능한 대안들을 앞서 수집한 자료에 기초하여 의사결정 기준에 따라 장단점을 분석 · 평가한다. 여섯째, 가장 최적의 안을 선택 또는 결정한다. 일곱째, 의사결정의 결과를 분석하고 다음에 더 좋은 의사결정을 내리기 위하여 피드백 한다.

37 정답 ④

정답해설 벤치마킹 수행을 위해 개선 가능한 프로세스 동인들을 확인하는 것을 목표로 하는 단계는 분석단계이다. 따라서 ④번은 적절하지 않다.

38 정답 ③

정답해설 개인의 연구 개발과 같이 지식을 획득하는 과정에서 항상 발생하는 실패는 용서받을 수 있으며, 오히려 바람직한 실패에 해당한다.

오답해설 ① 혁신적인 기술능력을 가진 사람들은 성공과 실패의 경계를 유동적인 것으로 만들어, 실패의 영역에서 성공의 영역으로 자신의 기술을 이동시킬 줄 안다.
② 실패에는 기술자들이 반드시 겪어야 하는 '에디슨식의 실패'도 있고, 아무런 보탬이 되지 않는 실패도 존재한다. 우리의 기술 문화는 지금까지 성공만을 목표로 달려온 경향이 있어 모든 실패를 다 나쁜 것으로 보는데, 이것은 올바른 태도가 아니다.
④ 실패를 은폐하거나 과거의 실패를 반복하는 것은 어떤 의미에서도 바람직하지 않다. 실패를 은폐하다보면 실패가 계속 반복될 수 있고, 결국 실패는 커다란 재앙을 초래하기도 한다.

39 정답 ①

정답해설 두 열에 입력된 값을 행 방향으로 자동 채우기 하면 아래와 같이 자동 채우기 된다.

	A	B
1	일	1
2	월	2
3	화	3
4	수	4

40

정답해설 업무를 추진하는 동안 문제에 대해 인식한다 하더라도 문제를 해결하려는 실천적 의지가 없다면 아무런 의미가 없게 된다. 업무 상황에서 발생하는 문제를 인식하고 문제에 도전하여 해결하려는 노력이 동반될 때 그것이 문제해결의 단초가 되고 개인과 조직이 발전한다. 즉, 문제를 방치하지 않고 도전하여 해결하려는 과정에서 발전이 이루어지는 것이다. 따라서 문제를 해결하려는 실천적 의지가 가장 중요한 요소임을 알 수 있다.

41

정답해설 체크리스트는 본인이 업무의 각 단계를 효과적으로 수행했는지 자가점검하는 도구이지 상사가 점검해볼 수 있는 도구는 아니다.

42

정답해설 고객접점서비스는 고객과 서비스 요원 사이의 15초 동안의 짧은 순간에 이루어지는 서비스로서, 이 순간을 진실의 순간(MOT : moment of truth) 또는 결정적 순간이라 한다. 이 15초 동안에 고객접점에 있는 최일선 서비스 요원이 책임과 권한을 가지고 우리 회사를 선택한 것이 가장 좋은 선택이었다는 사실을 고객에게 입증시켜야 한다.

43

정답해설 주어진 조건을 하나씩 살펴보면

• 맨 왼쪽에 있는 바구니에는 감이 담겨있다.

감			

• A 바구니의 바로 왼쪽에는 B 바구니가 놓여있다.
  C 바구니와 D 바구니는 감을 담은 바구니가 아니다.

B 바구니	A 바구니	C 바구니	D 바구니
감			

또는

B 바구니	A 바구니	D 바구니	C 바구니
감			

• C 바구니에는 배가 담겨있다.
  사과를 담은 바구니의 바로 오른쪽에는 귤을 담은 바구니가 놓여있다.

B 바구니	A 바구니	D 바구니	C 바구니
감	사과	귤	배

44
정답 ④

정답해설 특허청의 규정상 기업은 제 경비를 제외한 순수 실시수입액의 100분의 15 이상을 발명 종업원에게 주어야 한다. 그러나 S전자 특허팀 관계자는 연구자 본연의 업무로 얻어진 성과물에 대한 지나친 보상은 현실성이 없으며, 실정상 대부분의 대기업들은 발명 기술의 모든 권리를 회사에 양도하도록 종업원에게 요구한다고 주장하고 있다.

오답해설 ① 기업에 속한 연구원의 연구 성과에 대한 지적 재산권이 회사에 속하는 것이 당연하다면 회사는 연구원에게 성과에 따른 보상을 따로 하지 않아도 된다. 이는 S전자 특허팀 관계자와 같은 입장이다.

② 직무 발명에 대하여 충분한 성과급을 보장하는 보상금 지급기준을 법으로 정하는 것은 오히려 기업 경영의 자율성 및 연구 개발을 저해할 가능성이 크다는 내용이므로 특허청 규정에 반대하고 있다. 이는 S전자 특허팀 관계자와 같은 입장이다.

③ 기업에서 획기적인 발명에 대해 수천만 원에서 1억 원가량의 보상금을 성과급 형식으로 지급한 예가 거의 없다면 S전자 역시 연구원에게 따로 성과급을 지급할 이유가 없다. 이는 S전자 특허팀 관계자와 같은 입장이다.

45
정답 ①

정답해설 3월과 8월의 전기요금을 각각 $2a$, $5a$라 하면 8월의 전기요금에서 5만 원을 뺄 경우 비율이 3:5가 되므로

$2a:(5a-5)=3:5$

$15a-15=10a$

$5a=15$, $a=3$

따라서 3월의 전기요금은 $2 \times 3 = 6$만 원

46
정답 ③

정답해설 지속적이고 급속히 변화하는 환경에 적응하고 지식이나 기술이 과거의 것이 되지 않도록 하기 위해 지속적인 자기개발 노력이 필요하다.

오답해설 ① 직장생활에서의 자기개발은 업무의 효과적 처리 및 업무의 성과 향상을 위해 이루어진다.

② 자기개발은 사람들과 긍정적 인간관계 형성을 위해서 필요하다. 자기관리는 긍정적 인간관계 형성의 기초가 되는데, 자기개발에 있어서 자기관리는 좋은 인간관계 형성 및 유지의 기반이 된다.

④ 자기개발은 자신의 비전과 달성하고자 하는 목표를 발견하고 이를 성취하도록 도와준다.

47
정답 ③

정답해설 엑셀에서 도넛형 차트의 구멍 크기를 작게 하는 방법으로는 차트를 선택한 후 오른쪽 마우스를 클릭하여 [데이터 계열 서식] 대화상자의 [계열 옵션]에서 [도넛 구멍 크기]의 값을 조정해 준다.

48　　　　　　　　　　　　　　　　　　　　　　　　　　　　　　　　정답 ②

정답해설 혈액과 소변을 이용한 데이터 수집 방법은 자연법칙이 이용되고, 이를 이용한 데이터 수집은 기술적 사상의 창작인 발명에 해당하며 데이터 수집 방법은 산업상 이용이 가능할 수 있기 때문에 특허를 받을 프로젝트로 적절하다.

오답해설 ① 독감 바이러스는 공중의 위생을 해할 염려가 있기 때문에 특허를 받을 수 없다.
③ 구구단은 자연법칙이 아니기 때문에 발명에 해당하지 않는다.
④ 무성적으로 반복 생식할 수 있는 변종식물에만 특허가 허용된다.

49　　　　　　　　　　　　　　　　　　　　　　　　　　　　　　　　정답 ④

정답해설 근면한 태도란, 게으르지 않고 부지런한 것을 의미한다. 중요한 미팅이 있다는 사실을 알면서도 아무 연락도 없이 출근을 하지 않았다는 것은 책임감과 근면한 태도가 결여된 행동이라고 볼 수 있다. 봉사정신이나 직장 내 인사예절을 지키지 못했다는 내용은 확인 할 수 없다.

50　　　　　　　　　　　　　　　　　　　　　　　　　　　　　　　　정답 ③

정답해설 직장 내 성희롱이란 사업주, 상급자 또는 근로자가 직장 내의 지위를 이용하거나 업무와 관련하여 다른 근로자에게 성적 언동 등으로 성적 굴욕감 또는 혐오감을 느끼게 하거나 그 밖의 요구에 따르지 않았다는 이유로 고용에서 불이익을 주는 것을 말한다. 대표적인 유형으로는 입맞춤이나 포옹등 원하지 않는 신체 접촉을 하는 육체적 행위, 음란한 농담을 하거나 외모에 대한 성적 비유를 하는 언어적 행위, 자신의 신체부위를 노출하거나 음란한 사진, 낙서, 그림 등을 보여주는 행위 등이 있다.

실전모의고사 2회

01 ④	02 ②	03 ②	04 ③	05 ③	06 ③	07 ①	08 ④	09 ③	10 ③
11 ④	12 ③	13 ④	14 ③	15 ③	16 ②	17 ④	18 ①	19 ②	20 ③
21 ③	22 ②	23 ④	24 ④	25 ③	26 ①	27 ①	28 ④	29 ②	30 ①
31 ①	32 ②	33 ②	34 ③	35 ③	36 ①	37 ④	38 ③	39 ④	40 ①
41 ①	42 ④	43 ②	44 ②	45 ③	46 ③	47 ④	48 ③	49 ④	50 ②

01 정답 ④

정답해설 직업윤리의 덕목 중 전문가의식은, 자신의 일이 누구나 할 수 있는 것이 아니라 해당 분야의 지식과 교육을 밑바탕으로 성실히 수행해야만 가능한 것이라 믿고 수행하는 태도이다. ④는 이와 반대로 설명되었다. 일반적으로 직업윤리의 덕목에는 소명의식과 천직의식, 직분의식, 책임의식, 전문가의식, 봉사의식이 있다.

오답해설 ① 자신이 맡은 일은 하늘에 의해 맡겨진 일이라고 생각하는 태도는 직업윤리의 덕목 중 소명의식에 해당한다.
② 천직의식은 자신의 일이 자신의 능력과 적성에 꼭 맞는다 여기고, 그 일에 열성을 가지고 성실히 임하는 태도이다.
③ 자신이 하고 있는 일이 사회나 기업을 위해 중요한 역할을 하고 있다고 믿고 자신의 활동을 수행하는 태도는 직분의식에 해당한다.

02 정답 ②

정답해설 팀별 회식비를 계산해보면, 총무팀은 $(12,000\times7)+\{(9,000\times10)\times0.95\}+\{(15,000\times6)\times0.92\}$
$=84,000+85,500+82,800=252,300$원,
경영관리팀은 $(12,000\times5)+\{(9,000\times8)\times0.95\}+\{(15,000\times14)\times0.92\}$
$=60,000+68,400+193,200=321,600$원,
마케팅팀은 $\{(12,000\times10)\times0.9\}+(9,000\times3)+(15,000\times3)$
$=108,000+27,000+45,000=180,000$원,
배전사업팀은 $\{(12,000\times12)\times0.9\}+\{(9,000\times10)\times0.95\}+\{(15,000\times8)\times0.92\}$
$=129,600+85,500+110,400=325,500$원이다.
따라서 배전사업팀 - 경영관리팀 - 총무팀 - 마케팅팀 순으로 회식비를 많이 사용하였다.

03

정답해설 '원본 데이터에 연결' 기능은 통합할 데이터가 있는 워크시트와 통합결과가 작성될 워크시트가 다른 통합문서에 있는 경우에도 적용할 수 있다.

04

정답해설 독립적이고 혁신적이며 건설적 비판을 잘하는 유형은 '주도형'이다. 이러한 유형은 적극적 참여와 실천 측면에서 솔선수범하고 주인의식을 가지고 있어 멤버십 유형 가운데 가장 이상적인 유형이라 할 수 있다.

오답해설 ① '소외형'에 해당된다. 소외형은 자립적인 사람으로, 냉소적이며 고집이 세고 조직에 부정적인 시각을 가지고 있다. 일부러 반대 의견을 제시하기도 한다.
② '실무형'에 해당된다. 실무형은 조직의 운영방침에 민감하고 규율과 규칙에 따라 행동한다. 또한 사건을 균형 잡힌 시각으로 보는 경향이 있다.
④ '순응형'에 해당된다. 순응형은 리더나 조직을 믿고 헌신하며 팀플레이에 적합하다. 그러나 획일적인 태도나 행동에 익숙하고 적극성이 다소 부족하다.

05

정답해설 주어진 수열의 규칙을 찾아보면
$8 \times (3) = 24$
$24 \times (3) = 72$
오른쪽으로 갈수록 ×3씩 증가함을 알 수 있다.
따라서 괄호 안에 들어갈 알맞은 수는
$72 \times 3 = 216$

06

정답해설 대인관계에 있어서 정말로 중요한 기법·기술은 독립적인 성품으로부터 자연스럽게 나오는 것이어야 한다. 다른 사람의 인간관계를 형성하기 시작하는 출발점은 자신의 내면이고, 우리 자신의 내적 성품이다.

07

정답해설 성희롱이란 지위를 이용하거나 업무 등과 관련하여 성적 언동 등으로 상대방에게 성적 굴욕감 및 혐오감을 느끼게 하는 행위, 상대방이 성적 언동 그 밖의 요구에 따르지 않았다는 이유로 고용상의 불이익을 주는 행위를 말한다.

08 정답 ④

정답해설 리더는 계산된 위험(Risk)을 취하는 것이 일반적이다. 위험을 회피하기만 한다면 조직이 지속적으로 발전하기 어렵다. 또한 리더가 사람을 관리한다면 관리자는 체제나 기구를 관리하는 것이 일반적이다.

오답해설 ① 민주주의적 리더십을 발휘하여 팀원들의 참여를 독려한 사례이다.
② 책임감으로 철저히 무장하여 솔선수범한 사례이다.
③ 팀원들의 잠재력 개발을 통해 높은 성과를 창출해내도록 노력한 사례이다.

09 정답 ③

정답해설 첫 번째 문단은 유전자가 변이된 겸형 적혈구 빈혈증이란 병의 해로움을, 두 번째 문단은 그 이로움을 설명하고 있다. 따라서 글의 주제는 '③ 풍토병에 따른 유전자 변이'가 가장 적절하다.

10 정답 ③

정답해설 하수처리장 설치를 반대하는 주민들에게 시각화된 자료를 보여주고 주민들이 직접 보고 느끼게 함으로써 설득에 성공한 사례이다. 이는 '직접 보고 느끼게 한다.'는 의미의 See-Feel-Change 전략이다.

오답해설 ① 호혜관계 형성을 통해 협상을 용이하게 하는 전략이다.
② 협상 당사자 간 기대하는 바에 일관성 있게 행동하고 상대방의 기대에 부응함으로써 협상을 용이하게 하는 전략이다.
④ 어떤 과학적인 논리보다는, 동료나 사람들의 행동에 의해서 상대방을 설득하는 전략이다.

11 정답 ④

정답해설 조건을 만족하는 합계를 구하는 방법은 다음과 같다.
{=SUM((조건범위=조건)*계산범위)}
{=SUM(IF(조건,계산범위,0))}
조건 사원번호의 첫 글자이므로 LEFT 함수를 활용한다.
LEFT($A$2:$A$6,1)="S"
즉 {=SUM((LEFT($A$2:$A$6,1)="S")*$B$2:$B$6)} 수식을 입력한다.

12 정답 ③

정답해설 컴퓨터의 입력장치로는, 타자기와 같은 형태의 키들이 배열되어 있는 장치로 키를 누르면 그 키에 표시된 글자가 입력되는 키보드, 마우스, 트랙볼, 디지타이저, 터치스크린, 터치패드, 스캐너, 광학 문자 판독기 등이 있다. 펌웨어는 하드웨어의 동작을 지시하는 소프트웨어로, 주로 ROM에 반영구적으로 저장되어 하드웨어를 제어하고 관리하는 역할을 수행한다.

13 정답 ④

정답해설 원인 파악 시에 나타날 수 있는 원인과 결과사이의 패턴 중 원인과 결과를 구분하기 어려운 경우에 해당되는 패턴은 닭과 계란의 인과관계이다. 복잡한 인과관계는 두 가지 유형이 복잡하게 얽혀 있는 경우 나타나는 패턴이다.

14 정답 ③

정답해설 경력개발계획 수립 단계는 직무정보 탐색 → 자신과 환경이해 → 경력목표 설정 → 경력개발 전략수립 → 실행 및 평가의 5단계로 이루어지는데, 자신과 환경을 이해하기 위해서는 자기탐색과 환경탐색의 과정이 필요하다. 자기인식 관련 워크숍에 참여하는 것은 자기탐색의 활동이다. 나머지는 모두 환경탐색 활동에 해당한다.

15 정답 ③

정답해설 ㉮ 즉시 상환을 받지만, 채권규모 비율에 따라 일부분만 상환 받는 것이므로 부분상환이다.
㉯ 상환기일을 연기하지만 채권액 전부를 상환 받는 것이므로 상환연기이다.
㉰ 상환기일을 일정 기간 연기해 주면서 채권액 중 일부분만을 받는 것이므로 혼합이다.

16 정답 ②

정답해설 자동차 연비는 15km/L이므로, 300km를 달리기 위해서는 $300 \div 15 = 20L$의 기름이 필요하다. 따라서 A씨가 주유한 휘발유의 가격은 $20L \times 1,800$원$= 36,000$원이다.

17 정답 ④

정답해설 그날 먹었던 음식 같은 중요하지 않은 정보는 명함에 기입할 필요가 없으며, 상대방과 관련된 정보를 기입하여야 한다. 또한 명함은 단지 받아서 보관하는 것이 목적이 아니라 이를 활용하고 적극적인 의사소통을 통해 자신의 인맥을 만들기 위한 도구로 활용되어야 한다. 따라서 중요한 사항을 명함에 메모하는 것이 매우 중요하다.

18 정답 ①

정답해설 인간관계를 형성할 때 가장 중요한 요소는 우리의 사람됨이다. 이는 깊은 내면에서 나오는 우리의 진정성 있는 말과 행동을 말한다.

19 정답 ②

정답해설 Delete키만 누를 경우 셀에 입력된 내용만 삭제된다. 서식과 함께 삭제하고 싶을 경우에는 [홈] – [편집] – [지우기] – [모두 지우기]를 선택해야 한다.

20 정답 ③

정답해설 올바른 휴대전화 예절로는 운전 중에는 스마트폰을 사용하지 않는다. 지나친 SNS의 사용은 업무에 지장을 주므로 휴식을 취한다. 집 밖에서는 벨소리를 진동으로 하고 주위에 방해가 되지 않도록 조용한 목소리로 짧게 통화한다. 병원 대중교통 수단 등 공공장소에서는 휴대폰을 사용하지 않는다. 등이 있다.

21 정답 ③

정답해설 3D 기피 현상은 힘들고, 더럽고, 위험한 일은 하지 않으려고 하는 현상이다. 이 현상으로 노동력은 풍부하지만 생산인력은 부족하게 되며, 실업자 증가와 외국 노동자들의 불법취업이라는 새로운 사회문제를 초래하게 된다. ③ 노동을 경시하며, 과정보다 결과만을 중시한다는 것은 '입신출세론'이다. 이러한 입신출세는 곧 '부의 축적'과 동일시하게 되어, 직업은 부의 축적과 권력의 획득 수단으로 오인하게까지 되었다.

22 정답 ②

정답해설 피라미드 구조는 하위의 사실이나 현상부터 사고함으로써 상위의 주장을 만들어가는 방법으로, 보조 메시지들을 통해 주요 메인 메시지를 얻고 다시 메인 메시지를 종합한 최종적인 정보를 도출해 내는 방법이다. 예를 들어 현재 제품 판매 업무를 맡고 있는 한 부서에서 발견할 수 있는 현상(보조 메시지)이 제품 A의 판매 부진, 고객들의 불만 건수 증가, 경쟁사의 제품 B의 매출 증가가 발견되었다고 한다면, '우리 회사의 제품 A에 대한 홍보가 부족하고, 고객의 만족도가 떨어지고 있다'라는 메인 메시지를 도출할 수 있을 것이다. 이러한 메인 메시지들을 모아서 최종적으로 결론을 도출하는 방법이 피라미드 구조이다. 이러한 피라미드 구조를 사용함으로써 주변 사람들과 논리적인 이해가 가능하다.

23 정답 ④

정답해설 헨리포드는 권위주의적 리더십을 지닌 사람이다. 그는 하급자의 의견을 무시하고 독단적으로 조직을 이끌어갔다. 이러한 통치 방식은 그 어떤 탁월한 부하 직원들을 거느리고 있다 할지라도 효과적일 수 없다. 탁월한 부하 직원들을 거느리고 있을 때 효과적인 통치 방식은 민주주의적 리더십에 해당한다.

24 정답 ④

정답해설 보기의 스위치를 눌렀을 때 바뀐 모양을 살펴보면 다음과 같다.

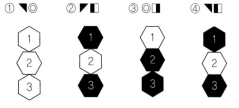

따라서 '◥◨'을 누르면 주어진 결과와 같은 형태가 된다.

25

정답 ③

정답해설 보기의 스위치를 눌렀을 때 바뀐 모양을 살펴보면 다음과 같다.

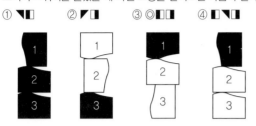

따라서 '◎■□'을 누르면 주어진 결과와 같은 형태가 된다.

26

정답 ①

정답해설 보기의 스위치를 눌렀을 때 바뀐 모양을 살펴보면 다음과 같다.

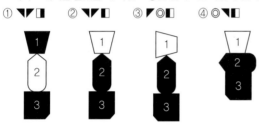

따라서 '▼▼□'을 누르면 주어진 결과와 같은 형태가 된다.

27

정답 ①

정답해설 인력 선발과 배치는 양적배치, 질적배치, 적성배치 등의 유형이 있으며 이들 간에 적절한 조화를 이루어야 한다. 많은 상품과 품목을 관리해야하며 소비자에게 가장 어필할 수 있는 상품을 매일 분석하고 선택해야 하기 때문에 트렌드에 민감한 상품 개발 담당자를 채용해야 한다.

오답해설 ② 인터넷을 주 업무로 한다고 해서 많은 자격증을 보유한 사람을 우선 채용해야 하는 것은 아니다.

③ 양적배치를 고려하여 예산이 허락되는 범위 내에서 필요한 인원을 모두 선발하는 것이 좋으므로 예산이 충분하고 지원자들의 능력을 검증하지 않은 상황에서 부족인원보다 적은 인원을 선발하려는 것은 적절하지 않다.

④ 온라인 활동만을 주 업무로 담당하는 직원을 채용한다고 했기 때문에 현장에서 실무 능력을 키워야 한다는 의견은 적절하지 않다.

28

정답 ④

정답해설 현재 나이의 비에 따라 A사원과 B과장님의 나이를 각각 $2x$, $3x$라 할 때, 6년 후 A사원의 나이는 $2x+6$, B

과장님의 나이는 $3x+6$이 된다.

6년 후의 나이의 비를 이용하면 $5:7=2x+6:3x+6$, $7 \times (2x+6) = 5 \times (3x+6)$, $14x+42 = 15x+30$, $x=12$이다. 따라서 현재 A사원의 나이는 24살, B과장님의 나이는 36살이며 두 사람의 나이차는 12살이다.

29 정답 ②

정답해설 코칭과 관리는 대표적인 커뮤니케이션 도구이나, 양자는 전혀 다른 접근법을 특징으로 한다. 관리의 도구로 활용되는 전통적인 접근법에서는 리더가 지식이나 정보를 하달하며 의사결정의 권한을 가지고 있는 것이 당연하게 받아들이지만, 코칭은 이와 같은 전통적인 접근법과는 거리가 멀다. 코칭활동은 다른 사람들을 지도하는 측면보다 이끌어주고 영향을 미치는 데 중점을 두기 때문에, 리더는 자신이 가지고 있는 통제 권한을 기꺼이 버려야 한다. 코칭은 지침보다는 질문과 논의를 통해, 통제보다는 경청과 지원을 통해 상황의 발전과 좋은 결과를 이끌어낸다.

30 정답 ①

정답해설 데이터베이스의 작업 순서는 다음과 같다.
- 시작 → 데이터베이스 제작 → 자료 입력 → 저장 → 자료 검색 → 보고서 인쇄 → 종료

31 정답 ①

정답해설

0	→	2	→	8	→	14	→	112	→	(122)
	+2		×4		+6		×8		+10	

32 정답 ②

정답해설 집과 목적지 사이의 거리는 일정하므로 집에서 목적지로 갈 때 걸리는 시간을 x라고 하면
$(0.5h \times 3km/h) = (xh \times 5km/h)$, $x=0.3$이다.
따라서 A가 집에서 목적지로 갈 때 걸리는 시간은 $0.3 \times 60 = 18$분이다.

33 정답 ②

정답해설 추세선을 사용할 수 있는 차트는 분산형 차트이다. 3차원, 방사형, 원형, 도넛형, 표면형 차트에는 추세선을 추가할 수 없고, 추세선이 추가된 계열의 차트를 3차원으로 변경하면 추세선이 삭제된다.

34
정답 ③

정답해설 제품 사용자의 유형과 사용 능력을 파악하고 혹시 모를 사용자의 오작동까지 고려하여 만들어져야 하는 것은 제품 매뉴얼이다. 제품 매뉴얼은 제품의 의도된 안전한 사용과 사용 중 해야 할 일 또는 하지 말아야 할 일까지 정의해야 한다.

35
정답 ③

정답해설 전략은 조직의 장기적인 목적과 계획 그리고 이를 달성하기 위한 장기적인 행동지침이며, 보기의 설명은 '제도 · 절차'에 대한 내용이다.

36
정답 ①

정답해설 전체 작업량을 1이라 하면, A씨의 1일 작업량은 $\frac{1}{12}$, B씨의 1일 작업량은 $\frac{1}{20}$

A씨와 B씨의 1일 공동작업량은 $\left(\frac{1}{12}+\frac{1}{20}\right)\times 1.5=\frac{2}{15}\times 1.5=\frac{1}{5}$이다.

따라서 전체 일을 하는데 걸리는 시간은 $1\div\frac{1}{5}=5$(일)이다.

37
정답 ④

정답해설 테마 바꾸기는 [제어판] − [디스플레이] 메뉴에서 변경 할 수 있다.

38
정답 ③

정답해설 브레인스토밍의 4대 원칙의 하나는 '질보다 양(Speed)'이다. 즉, 양(量)이 질(質)을 낳는다는 원리로, 질에는 관계없이 가능한 많은 아이디어들을 생성해내도록 격려하는 것으로, 많은 아이디어를 생성해 낼 때 유용한 아이디어가 들어있을 가능성이 더 커진다는 것을 전제로 한다. 브레인스토밍 활동 시 시간을 정해주거나 아이디어의 개수를 정해주기도 하는데, 이는 두뇌를 긴장시켜 빠른 시간에 많은 아이디어를 생성하도록 유도하는 것이다.

39
정답 ④

정답해설 소금의 양=(소금물의 양)$\times\frac{농도}{100}$이므로 8%의 소금물 200g에 들어있는 소금의 양을 구하면

$200\times\frac{8}{100}=16(\text{g})$이다. 농도가 2%인 소금물을 만들기 위해 추가해야 하는 물의 양을 $x(\text{g})$라 하면,

농도$=\frac{소금의\ 양}{소금물의\ 양}\times 100(\%)$이므로 $2=\frac{16}{200+x}\times 100$, $2(200+x)=1600$, $400+2x=1600$,

$2x=1200$, $x=600$g이다.

40 　　　　　　　　　　　　　　　　　　　　　　　　　　　　　　　　　　　　　　　정답 ①

정답해설 'A는 B보다 걸음이 빠르지 않으며, C는 A보다 걸음이 느리고 D는 C와 걷는 속도가 똑같다.'를 표현해 보면 $B \geq A > C = D$이다.

오답해설 ② C는 B보다 걸음이 느리다.
③ D는 A보다 걸음이 느리다.
④ 걸음이 제일 빠른 사람은 B이다.

41 　　　　　　　　　　　　　　　　　　　　　　　　　　　　　　　　　　　　　　　정답 ①

정답해설 금전적 보상이나 편익, 승진, 스톡옵션 등의 외적인 동기유발제가 일시적으로 효과를 낼 수도 있지만 인간관계 적인 측면에서는 전혀 먹혀들지 않으며, 단기간 좋은 결과를 가져올 수 있지만 그 효과는 오래가지 못한다. 즉, 외적 동기 유발제는 조직원들이 지속적으로 최선을 다하도록 동기를 부여하는 데는 충분하지 않다.

42 　　　　　　　　　　　　　　　　　　　　　　　　　　　　　　　　　　　　　　　정답 ④

정답해설 칭찬과 격려 속에서 긍정적인 동기부여를 받은 직원들은 업무에 열의를 가지고 더욱 더 노력하게 되어 더 큰 성 과를 얻게 된다.

오답해설 ①, ② 부정적인 동기부여는 여러 가지 문제를 낳을 수 있다. 만일, 회사가 제시한 목표를 달성하지 않으면 감봉, 해고 등의 불이익을 주겠다고 하면, 직원들이 단기적으로는 그 일에 주의를 기울이게 되나, 장기적으로는 심 각한 한계상황을 초래하게 되어 공포의 리더십은 결국 실패하게 된다.
③ 회사 내에서 공포의 리더십이 활용되는 경우 직원들은 사기가 떨어지고, 상사의 눈치만 살피면서 회사를 떠 날 기회만 엿보게 된다.

43 　　　　　　　　　　　　　　　　　　　　　　　　　　　　　　　　　　　　　　　정답 ②

정답해설 임파워먼트가 잘 되는 조직은 내가 매우 중요한 일을 하고 있고, 그것이 다른 사람이 하는 일보다 중요한 일이 라는 사실을 인식하게 된다.

오답해설 ① 임파워먼트(empowerment)란 조직성원들을 신뢰하고 그들의 잠재력을 믿으며, 그 잠재력의 개발을 통해 고 성과(high performance) 조직이 되도록 하는 일련의 행위로 정의할 수 있다.
③ 진정한 임파워먼트는 혁신성과 자발성을 이끌어 내고 조직 전체의 목적에 헌신하도록 유도함으로써 방향감 과 질서의식을 실제로 창출하게 한다.
④ 진정한 임파워먼트를 위해서는 사람들이 자유롭게 참여하고 기여할 수 있는 일련의 여건들을 조성하고 사람 들의 재능과 에너지를 극대화하며, 명확하고 의미 있는 목적과 사명에 초점을 두는 3가지 기준이 반드시 충 족되어야 한다.

44

정답해설 ②번은 '출구전략'에 대한 설명이다. '양적 완화 정책'은 중앙은행이 통화를 시중에 직접 공급해 신용경색을 해소하고, 경기를 부양시키는 통화정책으로 자국의 통화가치를 하락시켜 수출경쟁력을 높이는 것이 주목적이다.

45

정답 ③

정답해설 평등과 책임 공유를 강조하는 것은 파트너십 유형에 해당되지만, 통제 없이 방만한 상태 혹인 가시적인 성과물이 안 보일 때 효과적인 것은 독재자 유형에 해당된다. 따라서 ③번은 적절하지 않다.

46

정답 ③

정답해설 조건을 통해 비밀번호가 될 수 있는 것을 찾아보면
- 첫 번째 조건에서 소수(2, 3, 5, 7)는 포함되지 않으므로, 비밀번호를 구성하는 숫자는 0, 1, 4, 6, 8, 9이다.
- 세 번째 조건과 네 번째 조건에서 비밀번호를 구성하는 숫자에서 9가 제외된다는 것을 알 수 있다. 따라서 0, 1, 4, 6, 8이 비밀번호를 구성하는 숫자가 된다.
- 다섯 번째 조건에 따라 모든 숫자가 한 번씩만 사용된다는 것을 알 수 있다.
- 두 번째 조건에서 6이나 8은 하나만 들어간다고 했으므로, 가능한 비밀번호는 '8410' 또는 '6410' 두 개이다. 따라서 위의 조건을 모두 만족시키는 번호는 모두 두 개가 있다.

47

정답 ④

정답해설 고객은 통화 품질, 요금과 같은 사소한 이유로 계속해서 트집을 잡고 있다. 이는 고객 불만표현 유형 중 '트집형'에 해당한다. 이와 같은 유형의 고객에게는 이야기를 경청하고 맞장구치며 추켜세우는 대응 방법이 효과적이다.

오답해설 ① 거만형 유형의 고객에 대한 대응 방법이다.
② 의심형 유형의 고객에 대한 대응 방법이다.
③ 빨리빨리형 유형의 고객에 대한 대응 방법이다.

48

정답 ③

정답해설 선수필승(先手必勝: 먼저 행동해야 승리함) 이라는 생각으로 정보를 남들보다 빠르게 잡아야 한다.

핵심정리

효과적인 정보수집 방법
- 정보는 신뢰관계가 전제되어야 수집이 가능하다.
- 인포메이션(Information)과 인텔리전스(Intelligence)를 구분하여 수집할 필요가 있다.
- 선수필승(先手必勝: 먼저 행동해야 승리함) 이라는 생각으로 정보를 남들보다 빠르게 잡아야 한다.
- 머릿속에 서랍을 만들어 수집된 정보를 잘 정리하도록 한다.
- 사람의 기억력은 한계가 있으므로 정보수집용 하드웨어를 활용하도록 한다.

49

정답해설 소비자 패턴에 따라 시장을 세분화하여 타깃을 설정하고 목표 시장에 적절하게 제품을 포지셔닝 하는 방법은 STP에 대한 설명이다.

오답해설 ① 3C : 기업(Corporate), 소비자(Customer), 경쟁사(Competition)를 중심으로 시장 환경을 분석하는 방법
② 4P : 제품(product), 가격(Price), 유통(Place), 판매촉진(Promotion)을 통해 마케팅을 극대화 하는 방법
③ 5 Force model : 기업에 대한 5개의 경쟁세력을 나타낸 모형으로 기존 산업 내 경쟁 정도, 신규 시장진입자의 위협, 대체재의 위협, 구매자의 협상력, 공급자의 협상력에 따라 경쟁력이 커지거나 작아질 것이라는 분석

50

정답해설 D는 세 사람과 다른 급수에 합격했다고 했는데 2급은 2명이 합격했다고 했으므로 D는 2급에 합격할 수 없고 1급 또는 3급에 합격했다.
A는 B, C와 다른 급수에 합격했다고 했는데 A가 2급에 합격하면 B, C 중 한 명이 반드시 2급에 합격하게 되어 주어진 조건과 모순이므로 A는 2급에 합격할 수 없다.
즉, A는 1급 또는 3급에 합격했고, B, C는 2급에 합격했다.
따라서 A가 1급에 합격했다면 D는 3급에, A가 3급에 합격했다면 D는 1급에 합격했고, B, C는 2급에 합격한 것이므로 보기 중 ②가 항상 옳다.